送法下乡

中国基层司法制度研究

第三版

苏力 著

北京大学出版社
PEKING UNIVERSITY PRESS

图书在版编目（CIP）数据

送法下乡：中国基层司法制度研究／苏力著. —3 版. —北京：北京大学出版社，2022.7
ISBN 978-7-301-32926-9

Ⅰ. ①送… Ⅱ. ①苏… Ⅲ. ①基层组织—司法制度—研究—中国 Ⅳ. ①D926

中国版本图书馆 CIP 数据核字（2022）第 044338 号

书　　　名	送法下乡：中国基层司法制度研究（第三版）
	SONG FA XIAXIANG：ZHONGGUO JICENG SIFA ZHIDU YANJIU
	（DI-SAN BAN）
著作责任者	苏　力　著
责 任 编 辑	靳振国　杨玉洁
标 准 书 号	ISBN 978-7-301-32926-9
出 版 发 行	北京大学出版社
地　　　址	北京市海淀区成府路 205 号　100871
网　　　址	http://www.pup.cn　http://www.yandayuanzhao.com
电 子 邮 箱	编辑部 yandayuanzhao@pup.cn　总编室 zpup@pup.cn
新 浪 微 博	@北京大学出版社　@北大出版社燕大元照法律图书
电　　　话	邮购部 010-62752015　发行部 010-62750672
	编辑部 010-62117788
印 刷 者	大厂回族自治县彩虹印刷有限公司
经 销 者	新华书店
	650 毫米×980 毫米　16 开本　26 印张　387 千字
	2000 年 10 月第 1 版　2011 年 1 月第 2 版
	2022 年 7 月第 3 版　2025 年 1 月第 4 次印刷
定　　　价	79.00 元

未经许可，不得以任何方式复制或抄袭本书之部分或全部内容。
版权所有，侵权必究
举报电话：010-62752024　电子邮箱：fd@pup.cn
图书如有印装质量问题，请与出版部联系，电话：010-62756370

……
不要前行!前面是无边的森林,
古老的树现着野兽身上的斑纹,
半死半生的藤蟒一样交缠着,
密叶里漏不下一颗星星。
你将怯怯地不敢放下第二步,
当你听见了第一步空寥的回声。
……

——何其芳:《预言》

献给我远去了的同学和朋友邹斌，
纪念我们已经凝固为历史的友谊。

目 录

第三版序 …………………………………………………… 001
新版序 ……………………………………………………… 003
世纪末日的交待（自序）…………………………………… 007
致 谢 ……………………………………………………… 017

导 论 研究中国基层司法 ……………………………… 001

第一编 司法制度

第一章 为什么送法下乡？…………………………… 023
 一、问题和材料 ……………………………………… 023
 二、为什么送法下乡？……………………………… 026
 三、权力的运作与空间 ……………………………… 030
 四、下乡——局部支配性权力关系的重建 ………… 033
 五、村干部——地方性知识的载体 ………………… 036
 六、知识的另一种可能和村干部的另一角色 ……… 039
 七、结语 ……………………………………………… 041
  附录 感受中国法律的现代性 ……………………… 043
第二章 法院的审判与行政管理 ……………………… 049
 一、问题的界定 ……………………………………… 049
 二、法院的两套制度及其结构 ……………………… 053
 三、司法过程中的行政化审判制度 ………………… 058

四、行政化中的集体决策 …………………………………… 062
　　五、最后的评论 ……………………………………………… 065
第三章　基层法院审判委员会制度 ………………………………… 070
　　一、问题的界定 ……………………………………………… 070
　　二、进路、方法和材料 ……………………………………… 073
　　三、审判委员会的构成和运作 ……………………………… 082
　　四、法官的看法和理由 ……………………………………… 085
　　五、法官的理由是否可信？ ………………………………… 091
　　六、另一个视角的考察 ……………………………………… 095
　　七、审判委员会的问题 ……………………………………… 098
　　八、两个例子的简析 ………………………………………… 101
　　九、结语 ……………………………………………………… 108

第二编　司法知识与技术

第四章　初审法院与上诉法院 ……………………………………… 119
　　一、作为地方性知识的司法知识 …………………………… 119
　　二、司法知识谱系的勾勒 …………………………………… 122
　　三、作为初审法院的中国基层法院 ………………………… 127
　　四、作为中国的初审法院的基层法院 ……………………… 131
　　五、作为开头的结尾 ………………………………………… 136
　　　附录　初审法官的重要性 ………………………………… 138
第五章　纠纷解决与规则的治理 …………………………………… 141
　　一、问题的提出 ……………………………………………… 141
　　二、两个"案件" …………………………………………… 143
　　三、关注的差异 ……………………………………………… 147
　　四、为什么关注纠纷解决？ ………………………………… 149
　　五、特殊主义背后的规则 …………………………………… 152
　　六、现代化与规则 …………………………………………… 155
第六章　纠缠于事实与法律之间 …………………………………… 158
　　一、引子：韦伯与秋菊 ……………………………………… 158

目 录

  二、耕牛的纠纷与法律的纠纷 ………………………………… 161
  三、中国司法中的事实争议 …………………………………… 164
  四、事实，还是法律 …………………………………………… 169
  五、事件的社会格式化 ………………………………………… 172
  六、事件的公文格式化 ………………………………………… 178
  七、反证？ ……………………………………………………… 182
  八、尾声 ………………………………………………………… 185
   附录　作为格式化工具和过程的司法 ……………………… 186

第七章　穿行于制定法与习惯之间 ……………………………… 191
  一、从司法透视习惯的意义 …………………………………… 191
  二、案情始末和"法律"处置 ………………………………… 193
  三、习惯的弥散和广泛认同 …………………………………… 199
  四、制定法与习惯的互动 ……………………………………… 203
  五、余论 ………………………………………………………… 209

第八章　基层法官司法知识的开示 ……………………………… 212
  一、司法知识与法官的关系 …………………………………… 212
  二、法官知识生产的主要制约和资源 ………………………… 214
  三、在事实争议上 ……………………………………………… 218
  四、在法律争议上 ……………………………………………… 222
  五、基层法官知识的实践意义 ………………………………… 227
  六、基层法官知识的理论意义 ………………………………… 233

第三编　法官与法律人

第九章　乡土社会中的法律人 …………………………………… 241
  一、乡土社会法律人概述 ……………………………………… 241
  二、法律工作者 ………………………………………………… 245
  三、法律文书送达人 …………………………………………… 252
  四、作为律师的法官 …………………………………………… 255

第十章　基层法院法官的专业化问题
   ——现状、成因与出路 ………………………………… 260

一、"复转军人进法院" …………………………………… 260
二、基层法院法官的大致状况 …………………………… 263
三、法学院学生都去哪儿啦? …………………………… 273
四、"解放军是个革命大学校" …………………………… 280
五、"一盆水洗脸,一桶水也洗脸" ……………………… 291
六、"学校[学]的那点东西,我都还给老师了" ……… 298
七、"化作春泥更护花"——复转军人进法院的再反思 … 304
八、"世界上的事情是复杂的" …………………………… 310
附录　美国的治安法官和治安法院管辖 ……………… 313

第十一章　基层法官的司法素质
　　　　　　——从民事一审判决上诉率透视 ……………… 318
一、问题 …………………………………………………… 318
二、操作定义、假说和可测定假说 ……………………… 320
三、原始材料的说明和处理 ……………………………… 324
四、研究结果和分析 ……………………………………… 327
五、关于司法不公或司法腐败 …………………………… 337
附录　刑事/经济案件一审判决上诉率简析 …………… 341

第四编　研究方法的反思

第十二章　法律社会学调查中的权力资源
　　　　　　——社会调查过程的一个反思 …………………… 345
一、问题的提起 …………………………………………… 345
二、权力关系分析之一 …………………………………… 348
三、权力关系分析之二 …………………………………… 352
四、启示 …………………………………………………… 355

参引文献 ………………………………………………… 363
索　引 …………………………………………………… 375

第三版序

北京大学出版社要出新版。对全书,我仅有个别文字修订,未作实质性修改。

苏 力

2022 年 6 月 16 日于北大法学院陈明楼

新版序

一

一本 10 年前的著作重版，是好事，也是坏事。

对作者也许是好事，意味着北大出版社认为该书还有些商业或其他价值；而如果这个判断不错，那就意味着这本书对今天的中国读者也还有点价值。但这个价值是什么？是书写得好吗？而所谓"写得好"，又是什么意思？

校订之后，我发现，也许重版的主要价值在于，本书各章（有关方法的第十二章除外）集中关注和讨论的中国司法制度的所有问题，在不同程度上或以改变了的方式仍然存在；有的有所改善，有的则更尖锐了；并且不限于基层法院，甚至不限于中国的中西部或农村地区；当年研究问题的基本思路，以中国问题和经验为基础的分析和理论追求，至今或许仍然前沿，特别是面对概念法学和教义法学的泛滥；随着中国的和平崛起，本书中展现的对中国问题和中国学术的关注甚至变得更为急迫了。这本曾引发很多讨论和争议的书，因为不合时宜，才没过时，甚或更有针对性了。

对于一般所谓以学术安身立命的人，这好像是一个成功，一种安慰；但由于任何文本——包括文学文本——的意义从来都是由社会需求构成的，对一个希望以学术研究来参与促进中国社会发展的人来说，这其实是一个失败，一个悲剧。

我渴望速朽。

二

毕竟 10 年了，中国社会的快速发展，包括 10 年来的司法改革，中国基层的司法还是有了不少变化。10 年间我也曾写过其他一些文字，触及了这些变化和问题。[1] 概括说来，大致有：

1. 中国基层司法，特别是在农村，变得更为重要了。由于包括立法和司法自身在内的多种社会原因，目前中国处于社会矛盾的多发期和凸显期，人们诉诸司法解决纠纷更多了；人们对司法的期待高了，但失落感也更多了。经济社会的快速发展也令纠纷发生了一些重大变化。社会流动性的增加，人们交往的对象更多变化和更为多样，纠纷增加了；由于人际关系的变化，即使在农村，调解的适用性和有效性也在明显下降；即使农村的案件类型也变得不再那么简单了，特别是在东部沿海地区，纠纷中有了更多城市生活的因素；即使在偏远的农村，离婚案也更多由女性提出；因车辆、机器、电器引发的各种人身伤害已经完全改变了侵权纠纷的类型；涉诉上访的问题变得很突出。

2. 尽管规则治理仍然是整个司法制度的核心问题之一，但在基层司法中，纠纷解决——"案结事了"——仍然是重点，仍然是基层法官的主要追求。

3. 法院体制中基层法院的制度功能（不同于其社会功能）定位，法院内部的审判和行政管理体制，包括对防止司法不公的内在和外在监

---

[1] 直接或间接相关的主要有，《法官遴选制度考察》，《法学》，2004 年第 3 期；《法官素质与法学院的教育》，《法商研究》，2004 年第 3 期；《这里没有不动产》，《法律适用》，2005 年第 8 期；《透视中国农村的司法需求》，《制度是如何形成的》（增订版），2007 年（原为《中国农村对法治的需求与司法制度的回应》，《人民法院报》，2006 年 3 月 27 日，版 B1—2）；《中国司法中的政党》，《法律和社会科学》创刊号，法律出版社，2006 年；《崇山峻岭中的中国法治》，《清华法学》，2008 年第 3 期；《读〈乡土中国的司法图景〉》，《法律书评》，卷 7，2008 年；《谨慎，但不是拒绝——对判决书全部上网的一个显然保守的分析》，《法律适用》，2010 年第 1 期；《关于能动司法与大调解》，《中国法学》，2010 年第 1 期；《关于能动司法》，《法律适用》，2010 年第 2、3 期；《中国法官的形象塑造——关于"陈燕萍工作法"的思考》，《清华法学》，2010 年第 3 期。

督、防范机制,还没有理顺。之前的问题基本没变。

4. 1990年代以"谁主张谁举证"为起点展开的审判方式和司法改革,强调抗辩制,强调坐堂办案和程序,在城市地区收获很大,但与基层司法的现实需求和制度支持还有相当的差距。由于严重缺乏司法的诸多格式化条件(律师代理和公文化的证据材料等),基层司法,特别是人民法庭主要涉及民事案件的司法,其实一直主要是特定意义上的"能动司法",且往往调解优先。

5. 基层司法的法律专业人才总体上仍然严重匮乏。尽管在东部发达和比较发达的地区,即使是在农村,基层司法中已不时出现了有正规法学教育背景的律师的身影,但在绝大部分中西部基层社会,律师仍然罕见。统一司法考试提高了初任法官的标准,由此带来中西部和基层法官向东部沿海地区和高层级法院流动,大批老法官退休及为了提高所谓的专业化水准而推行的强制性"离岗退养",以及法学院毕业生由于待遇问题不愿到基层法院就业,中西部的基层法院甚至更缺乏法官了。人民法庭的总数在减少,基层法院中有法学院教育背景的法官严重匮乏,甚至难以为继。

6. 1990年代以来强调专业化和职业化令法官总体的专业和职业能力有了很大提升,但法律界、司法界和法学界对基层法官需要的特殊和综合的知识和能力关注不够,甚至有所弱化,对具体社情重视不够,对法官在这种环境下有效司法的经验关注不够,总结提升不够。甚至出现了比较刻板的法条主义倾向。

7. 社会变革带来了社会法律共识和道德共识的重新凝聚和形成,正式的法律知识、信条与比较稳定的习惯或社会的道德共识还有不少冲突。

社会和形势都变了,但一些核心问题基本没变。

三

这次新版,我没有对书的内容作任何实质性修改,即使有新的数据和材料可以对相关章节予以充实修改,例如第十一章关于民事一审的上诉率问题。我的研究历来以基本（另一种意义上的重大）问题为导向，细节上的与时俱进如果不影响分析的基本结论，则毫无意义。

我对文字作了些许调整；除了修订错别字，我尽可能简化一些表达，去掉或尽力淡化原文中的翻译味；个别地方，因今天看来说理或注释不够，略微增加了些许文字。

作此说明，固然考虑到已有本书初版的读者不必再破费，但更想为历史留下一片化石——有关我们曾走过的20世纪末期的中国社会、司法和法学。

苏 力

2010年8月4日于北大法学院科研楼

世纪末日的交待（自序）

一

1996年我出版了第一本论文集《法治及其本土资源》，在法学界引出了一些动静。除不少赞扬之外，也有不少怀疑和批评。对于所有这些赞扬和批评，我都真心感谢，即使有些人说话很重，即使有点决心要意气用事或"上纲上线"的意味。说句很俗的话，批你也算是看得起你了：至少你的观点、论证让他/她感到有点激动，感到不吐不快，非要同你干上一架不可。而这些辩论会迫使我审视一下自己是否有什么错误、缺陷，至少也可以了解别人是怎样看这些问题的，是从什么角度、基于什么假定看这些问题的，这对自己实际上会是一种鞭策；尽管我对自己的观点至今死不悔改。也许唯一不能原谅的只是极个别人承认自己连书什么样都没见过，仅仅听说了这个书名就开始横溢（横行？）他的才华了，这种学风和文风是任何学界都不应容忍的。

但是，我多少也还有些失望，我觉得很多批评，甚至某些赞扬，都基于一些大而化之的误解，并且往往都只关注诸如"本土资源"这样的词。在这个过程中，我也被贴上了不少标签，"保守主义""后现代主义""法治本土化"，甚至被称为"危险思潮"等。一些学者认为我是主张依据中国的传统文化来重建中国法治；在他/她们看来，中国文化本身不存在任何现代法治的基础，因此我的说法只是一种美梦；也有学者认为我主张拒绝吸收外国法治和法学经验，认为我强调法律是一种地方性知识有可能走向封闭。这种误解也许是注定的,因为即使"全新的历史创举都要遭到被误解的命运,即只要这种创举与旧的甚至已经死亡的社会生活形式可能有某些相似之处,它就会被误认为是那些社会生活形式的对应物"[1];更何况我的并非全新也并非历史创举的观点呢?

然而,我还是想在此对这些问题说明一下,也算是对朋友们的一个交待,甚至是一种尊重,因为"有来无往非礼也"。但为了避免人们说"你改口了",我还是引证原书上的一些文字,括号内是原书页码。

关于本土资源是否等于传统以及当代中国社会中有无现代法治的基础:

> 寻求本土资源,注重本国的传统,往往容易被理解为从历史中去寻找,特别是从历史典籍规章中去寻找。这种资源固然重要,但更重要的是要从社会生活中的各种非正式法律制度中去寻找。研究历史只是借助本土资源的一种方式。但本土资源并非只存在于历史中,当代人的社会实践中已经形成或正在萌芽发展的各种非正式的制度是更重要的本土资源。
>
> 但随生产方式的变革,人口的流动,应当说使宗法关系或变相的宗法关系得以强化的经济基础制度将不断削弱。我之所以强调借助中国的本土资源建立现代法治,正是在经济体制变革这一根本前提下。(页14—15)

关于法律移植,我确实认为法律移植不大可能。我的观点基于字面上的法与实际的法的区分,或更大一点说,法学与法制/治的区分,在我看来:

> 即使[是]紧密关注实际的法学研究对当代法制的影响也主要是一个正当化的过程,最多只能对法制的形式结构和正当化论证产生一些影响。而法制是从社会中生发出来的,其实际运作可能符合但不必然甚至不必须符合某个或某些法学研究成果。
>
> ……一个民族的生活创造它的法制,而法学家创造的仅仅是关

---

[1] 马克思:《法兰西内战》,《马克思恩格斯选集》卷3,第2版,人民出版社,1995年,页57。

世纪末日的交待（自序）

于法制的理论。（页287、289；省略了着重号）。

我不想再多引证下去了，免得有骗取稿费之嫌疑。但是，我想说，这些观点或思想在那本书以及此后的其他文章中都一直保持，是其中的主要线索或边界；尽管我并不认为这些观点单独拿出来具有什么特别的重要性。在我看来，最重要的不在于如何表态，而在于作者文章中流露出来的那种分析问题的态度和方式是否与他/她的其他文字在逻辑和思路上保持了一种融贯性，或是否有一种连续性发展；如果有断裂，是什么理由，什么因素造成的，必须在适当时候给个交待；否则就有"投机""见风使舵"的嫌疑，或者是自己也不明白自己写的是什么，而这后一种情况，在中国法学界经常可以发现。

二

必须交待的另一个问题是"地方性知识"的问题。我确实没有在书中细细讨论这个问题，只是提了一句："社会生活中所需要的知识至少有很大部分是具体的和地方性的。"（页18）我以为这一点是很清楚的，只要点到，人们就都会明白。但情况似乎并非如此。原因何在？问题在于许多人对知识有一种前见或偏见（迦达默尔意义上的，并不必然是贬义的；在迦达默尔看来，所有的知识都不可能完整，因此都是偏见，偏见构成了求知者求知的基础和必要），一种不必要的知识神话感，即认为只有进入书本的才是知识，只有进入大学甚或研究生课本的才是知识，只有能成为普遍命题的才是知识，甚或必须用某些激动人心的语词或"大词"包装起来的才是知识。但知识是以多种形态出现的。社会生活中有许多知识是无法用言语或一般命题表达的（而只要求会做），要表达也是拙劣的。请想一想你在恋爱中的感受，你可能会用"幸福"来表达（你"知道"的幸福）；可是幸福和幸福不同，这种幸福绝不是你小时候考试得了100分、你妈给买了根冰棍时的幸福。法律的知识也是如此，法律的运作除诸多命题、原则、规则、标准这些可以抽象概括的知识外，还需要其他各类知识，即所谓的实践理性或技艺，或"无言之知",甚至还需要对当事人的某种了解(请看本书第一章)。

与法律是地方性知识相关的另一个问题可能是,关注并强调地方性知识是否会导致知识的封闭。我认为不会。我自认为是很关心地方性知识的,甚至对许多细节都非常关注,试图开掘出其中的理论意义。但我并不认为这就使自己封闭起来了。坦白地说,仅就我在书中引证的中外书目而言——不仅是法学,而且包括其他学科,都表明对地方性知识的关注不必然导致思想的封闭或知识的老化。而且,我在该书中还多次强调,由于法学不是一个自给自足的学科,因此思想的开放不仅应当理解为对外国的、被标记为法学的知识保持敏感和开放,还应当和必须对自身和周围其他普通人的知识和经验保持敏感和开放,还要对其他一切相关学科的知识和研究成果保持敏感和开放。如果仅仅关注自己喜欢的那个学科(甚至专业内)的某个或某几个外国学者写了什么,提出了什么观点,就自以为获得了真传,对其他普通人的知识,对其他学科的研究成果都抱一种抵制或者"于我如浮云"的态度,这不可能是开放的态度,不是学者的风范,而很可能是一种卫道士的态度。

即使是从逻辑上看,确立地方性知识的合法性也不是要确立,且不会导致地方性知识的霸权。因为,基于我个人的经验,如果想关注地方性知识,思想就必须开放,因为只有在开放中你才有可能理解、感受、发现甚至是看到地方性知识。理解知识的地方性是以并且必须以理解更多其他知识(同样是地方性知识)为前提的。一个人在一个地方待久了,不注意吸收他人的视角,他会发现周围每天不过如此,只有"外面的世界很精彩"。但如果你保持一种开放的心态,不断通过了解他人和其他学科的视角和知识来改变、充实自己的参照系,你就会发现周围平淡无奇的世界或生活中其实同样充满了活力和绚丽,有许多有趣的问题,你的心将重新敏感而年轻,"这一个心跳的日子终于来临"(何其芳诗句);你会感到——还是我昔日的诗——"一切都是熟悉的,一切又都是初次相逢;一切都理解过了,一切又都在重新理解之中"。如果说句太实在乃至失去学术品位的话,那就是,只有看到了别人,才能理解自己。说句有点拗口的,因此有意通过包装来"提升"自己学术品位的话,那就是,地方性是在各种地方性知识相互关联中体现出来的知识的品质之一。

世纪末日的交待（自序）

三

因为我用了"本土资源"一词，就有不少人将我同"法治本土化"联系在一起。这是一种望文生义的阅读，一种基于"本土"的误解。细心的读者应当注意到，我从来没讲过法治的本土化。只是在《法治及其本土资源》一书收集的一篇文章中，我谈到法学研究的本土化，主要因为当时学界正在讨论学术规范化和本土化问题，我的文章自然必须扣紧主题。我确实主张法学研究要本土化，即像我这样留洋回来的中国学者一定要（但并不是只能）研究中国问题，并且要有自己的眼光，追求（能不能获得则是另一回事）自己的发现；不能如同毛主席批评过的那种留学生，"从欧美日本回来，只知生吞活剥地谈外国。他们起了留声机的作用，忘记了自己认识新鲜事物和创造新鲜事物的责任"[2]。

但我不主张法治本土化，认为这种提法没什么实际意义，多少有招摇过市之嫌，无实事求是之心。为什么？首先，和我前面的第二节的自我引证一致，我认为，一国的法治最终如何，从来不是法学家说了算的。是一个民族的生活创造其法治，法学家创造的最多也只是对这种法治的一种理论正当化。那种仅因为自己说的什么成了流行口号或被政府采纳了就自以为了不起的人，那种认为口号会决定法治结果的人，其实都有点把自己看得太重了，把别人看得太轻了。法治如果事实上本土化了，你想让它西化也不成；如果同国际接轨了，法学家全都主张本土化也不行。我是很知道理论的局限的。只要想一想，法学家能命令法官听你的？命令老百姓听你的？你连一个偷渡客（他/她不也正想以自己的实践方式同世界接轨？）都管不了！

"这些话都太现实了，一点理论都没有"，有人会说。其实，我有更深一些的理论分析和思考。这就是，我认为法治本土化的口号中隐含了一种中国天生并将永远同外国（主要是西方）不同这样一个前提预

---

[2] 毛泽东：《改造我们的学习》，《毛泽东选集》，人民出版社，1966年，页756。

设。这是强调文化类型且将之固化的一种理论：由于中西文化类型不同，因此无论西方的什么东西（包括法治），到中国来都必须先变成本土的，才有效；还假定这种状况会永远继续下去（这种理论的前设是从生物学的基因中借来的一个隐喻）。我尊重这种理论，尊重接受和主张这种理论的学者（他/她们也可能对，但谁对谁错，我们目前还无法验证），但尊重不等于信服和接受。我还是更相信马克思的历史唯物主义，以及与此相关或相兼容的社会学、经济学理论。我认为，所谓的文化差异更多是自然环境、生产方式等物质性因素之差别带来的结果，而不是造成这些差别之原因。文化论的弱点是从总体上的结果（现状）之差异反推出历史文化的原因之差异，在我看来，它隐含了一种将各种差异固化且永恒化的潜在危险（这个词也许太重了）；有时还可能被一些人用作标榜。从近代以来中国发展的历史来看，似乎，中国人并不那么坚持传统文化，如果一种新东西、外来的东西确实能带来实际的利益，无论是马克思主义、民主科学还是电视或盗版光盘（我相信最初的盗版光盘一定是来自境外），他/她们都能接受。随着国际经济交往、信息交往的日益频繁，事实上当代中国与发达国家的相似处已越来越多，与传统中国社会的区别越来越大。这一点已经是一个事实。仅仅是为了减少交易费用，增加社会财富，也没必要以强调差别的法治本土化为目标。

　　这并不否认个体有差别，民族有差别，各国的经济发展水平不同，各国之间有时会有很大的利益冲突等。我相信，各国法律在不同程度上肯定会有本国的色彩。但是这种色彩不是本土化口号呼喊程度和音高不同的产物，而是人们（不只是法学家或立法者）为应对自己生活中遇到的一个个具体问题而行动的结果。也就是说，口号不解决问题，问题必须通过具体的研究和行动才能解决，法律必须针对具体问题量体裁衣，看菜吃饭。由于法律本身的世俗性和实践性，法律真正并首先要考虑的是它是否"可行"（是否为人们的实际行动所接受），而不是它是否"本土"（是否同别人不一样）。无论本土化还是国际化，如果不解决问题，那就不是好的法律或法治。如果在解决实际问题的过程中法治本土化了，那么这只是一个结果，还是没必要事先把这一点拿出来作为目标。也正是在这个意义上，我认为法治本土化和法治同国际接轨的说法都更像是

世纪末日的交待（自序）

一个招牌，未必真能拿出什么货色。这些口号其实很有些意识形态的痕迹，即强调概念的政治正确和方向对头，不大关心实际内容，更少关心实际效果。在这个意义上，我是既反对法治同国际接轨也反对法治本土化的说法。因为这两种说法都忽略了法律或法律家真正要解决要关心的问题，把"提法"放在首位，把文化的实际上是政治的标准放在首位，不务实。我是实用主义者，强调法律的制度功能，而不看重它的"名分"。

正由于这个原因，在法学研究上，我不关心被现行知识体制贴在各种材料或观点上的文化标签，不关心中外古今学者的"本质"或"核心"思想是什么，我关心的是这些材料和观点——在我认真阅读之后——是否拓展了我对当代中国法律制度问题的理解，给了我新的启示（我也不强求别人如何理解这些材料和观点）。我不会因为我研究中国问题，就仅仅梳理中国传统文献；我也不会因为审判独立和专业化的概念来自西学，就忘记了孔子"不在其位，不谋其政"中隐含的类似智慧。学术传统的认同其实并不那么重要，更重要的是你能否感受到问题和你能否作出智识的回应。学术是一种高度个人化的实践。认同学术传统并不使人的智慧突然猛增，相反，真正的智慧是可以创造和改变学术传统的。

四

这些话其实早就有人敦促我说。有家法学杂志曾提议以此为题举行学术讨论会并发专号，我觉得自己不配。也有一家报纸先是连续转载一系列主要是批评我的文字，并将这些报纸寄给我，也仅仅寄了这几期；大约见我无动于衷，后来干脆主动约我写稿回应这些批评。我还是谢绝了。我怕为媒体也怕为批评者利用——弄不好就被别人牵着鼻子走了；我还是躲远点好——好读我的书，做我的研究，写我的文章。但是，更主要的原因是，我觉得这种争论没有多大意思。在给学生的一个答辩中[3]，我就谈到，本土资源这个概念本身其实并不重要，它的提出几乎

---

[3] 参看，苏力：《关于"本土资源"的几点说明》，《北京大学研究生学刊》，1997年第3期。

带有一点偶然性；重要的是研究中国的问题，回答中国的问题，提出一个个解决问题的具体办法。谁要是争论本土资源的精确含义，那就是太没意思了（也是对我的最大误解）。一旦争论起来，这个本来仅仅是用于特定语境表达一个观点的语词就有可能实体化，变成一个独立于语境之外的什么"东西"。结果大家都为这个词打仗，会像刘欢的歌中唱的"几乎忘了——曾经不改变的初衷；几乎没了——与生俱来的真诚"（《报应》）。这是我不愿看到的（又是实用主义！）。这种现象在哲学上就叫作异化：好像大家都在说这个词，实际上是这个词把大家都给说了。我能干这号子傻事？我们的老祖师爷孔子就懂这个道理了，因此他"不语怪力乱神"，对"六合之外，存而不论"。为什么不论和不语？不是说孔先生就同意这些"东西"了，而是他老人家精明。他知道，这种问题一旦论起来，由于没有一个确定的指涉，不但不会有什么结果（想一想，世界上有谁真正是被驳倒的？），而且适得其反，你想收也收不回来了——怪力乱神就在人们心目中实体化了。人只有不说什么才能说些什么；人不可能在一切时候说一切的话；沉默是金，雄辩是银；"不争论"。这些都是智慧之言。

但最重要的是，争论不解决实际问题。就算我争胜了，也许有点"名气"了，但不就落个"本土资源"的虚名吗？晴雯都知道枉担一个虚名不好！你要想真正说服人，让人少一点怀疑，你得拿出东西来，让人看看：在中国的土地上，只要你认真，有眼力，有能力，研究那些看上去很不起眼的问题同样可以出好货、真货。中国人是很聪明的，只要有好东西，他/她们是认得的；接着，他/她们就会模仿（当然也可能会有盗版），然后会创造。因此，最重要的是不要太多（偶尔可以，也难免）争论或构建那些"众妙之门"的问题：诸如"本土资源"何以可能？"本土资源"是否存在？"本土资源"是否必要？重要的是你从对中国的研究中拿出显然是外国人写不了同时还够得上是学术的东西。

3年多过去了，我现在拿出了这个东西。我认为它像是一个中国人写的，不像抄的，也不像编的，更不像译的；它包容和体现并推进了我先前的那些思考，是我比较系统地开掘"本土资源"后的一个产品。它来自一个生长在这块土地上的人对中国司法中一些常见现象的探讨和

世纪末日的交待（自序）

思考，来自对中国基层普通法官之经验的总结和概括。但它又不是对中国现象的罗列或枚举，它有理论追求。它不仅深入了一个法学界长期关注不够的基层法院的司法实践领域，突现了一些在现有法学知识框架中很少或很难为法学家注意的问题；而且在理论分析上，它也没有诉诸那种强调文化不可通约的理论框架，而是力求在一个即使是普通人也能理解交流的理论框架中对经验材料作出分析和解说。它也许还不完美，甚至有错误；但是，它只能产生于这块我深爱着的土地。在这个意义上，它是原创的，是不可替代的。

五

这是 20 世纪的最后一个黎明！

在这样一个具有象征意味的时刻结束这样一本书，无法不让自己感动。尽管我知道这个日子仅仅是一个符号，并无太多意义，但我还是感到，这是一个壮丽的时刻！（现代化已经把我们规训得够齐整的了。）

此刻，大洋彼岸，我的学生们、我的同事们、我的同胞们聚在一起吃年饭，怀着各种复杂但充满憧憬的心情迎接新的一年、新的世纪和新的千年；再过几个小时，将是一片欢腾……而"独在异乡为异客"的我，在办公室中度过了这一时刻。

我思念我的祖国。

我想起了一个诗人的诗句：

为什么我的眼里常含泪水？
因为我对这土地爱得深沉……[4]

苏 力
20 世纪末日清晨 6 时于坎布里奇

---

[4] 艾青：《我爱这土地》，《艾青诗选》，人民文学出版社，1979 年。

致　谢

本书是美国福特基金会资助的"中国农村基层司法及其运作"研究项目的成果；同时也得到教育部跨世纪优秀人才研究基金的资助。

参加这一调查的人员先后有强世功博士、赵晓力博士、贺欣、朱晖、任煜南、杨柳、陈绪刚等；文中的许多观点都曾经和他/她们交谈过，讨论过，他/她们也曾看过其中某些篇章的初稿，提过珍贵的意见。中南政法学院齐文远、李汉昌、刘茂林等教授以及该院院长吴汉东教授对我们的调查曾给予很多帮助和照顾。湖北省基层法院培训班的法官们对我们的调查给予了很多支持和协助；此外，在我们田野调查中，许多基层法院的院长、法官都曾提供方便和支持。没有这些法官的支持和合作，这项研究是不可能的。除合作支持外，从他/她们那里，我不仅获得了研究资料，更有一种智识上的挑战，一种历史责任感。

我还应当感谢，但如今只能追思的，是我的最好的朋友，大学同学，湖北省委政法委政策研究室原主任邹斌同志。这是一个有罕见才华、眼光独到且非常注重中国实际的人。同学多年，他曾对我的学术思路的形成和发展有重大影响。是他最早向我推荐了费孝通先生的《乡土中国》（一本一块钱的油印本）；自我回国任教以来，每年他到北京开会，或者我去湖北讲课，往往会畅谈通宵；他讲的许多故事，许多精湛的分析，都融入了这本书和我的其他文章。但如今故人已逝，我再也不能看到他那自信的神态和纯真的笑容；令人潸然泪下。我将此书献给他和我们的友谊。

多年来，贺卫方教授一直和我有很好的合作，我有许多观点，包括与他的分歧，我们都曾私下交流过，同样的朋友还有中国社科院法学所的张志铭教授。北京大学老师葛云松、龚文东和韩流，研究生王晴以及其他学生也曾给我的写作提供了资料和许多细致的帮助。来美国以后，我同冯象博士、沈远远博士、於兴中博士等朋友谈论过本书的一些内容，得到了他/她们的鼓励和肯定；冯象博士阅读了全书初稿，并提出了非常有见地的、细致的修改建议，对我很有启发。必须感谢的还有北大法学院院长吴志攀教授，特别是他同意我来美国访问一年，集中精力和时间写作；而本当由我承担的许多工作都由他以及法学院的其他领导分担了。

我要特别感谢哈佛燕京学社及其社长杜维明教授，访问学者的身份使我可以从容写作。哈佛法学院东亚法律研究中心主任安守廉教授为了我访美曾给予很多切实的帮助，令人感激。美国福特基金会项目官员张乐伦女士对本研究自始至终给予了支持和关注，并提出了不少建议。

本书中的许多篇章都曾作为论文先后发表于《北大法律评论》《社会学研究》《中外法学》《法学》《比较法研究》《中国社会科学》《法商研究》《法律科学》《现代法学》，还有一些论文曾在各种研讨班发表过，听取过与会者的批评和评议。还需致谢的有中国政法大学出版社编辑丁小宣和宋军夫妇；由于他/她们的"催逼"才使得此书得以在二十世纪完稿。

最后，我还感谢我的妻子周云博士和女儿乐乐，因为她们，我这才有了家；还感谢北大法学院学生们，因为他/她们，我这才有了业。

感谢了这么多的人，这足以表明现代社会的任何产品几乎都是集体合作的产物；但一如既往，所有的责任都是我个人的。

苏　力
1999 年 12 月 31 日于坎布里奇

导论　研究中国基层司法

本书研究中国基层司法制度。但是，为什么？导论将在总体上对一些相关基本问题作初步的分析和阐述。这些问题大致是，第一，为什么研究司法？第二，为什么研究基层司法？第三，为什么研究中国？以及第四，这种研究有什么社会的实践意义和学术意义？我将在前三节讨论前三个问题，并在这些讨论中简单回答第四个问题的前一半，而将后一半问题的讨论单独作为一节。最后，我对全书的理论框架和方法进路作一个交待，对全书结构进行一种阅读的格式化。

一、为什么司法？

中国应当实行法治，中国正在走向法治；无论当代中国人对中国社会的政治法律现状和走向如何评价或作什么样的预测，"法治"已经变成了一种公众信仰，就如同先前中国人对"革命"、如今对"改革"的信仰一样。尽管其中已经有了某些迷信的成分[1]，但这种信仰和追求是有一定道理的；并且，从历史的发展来看，似乎也将如此。[2]

然而，法治的理想必须落实到具体的制度和技术层面。没有具体的制度和技术的保障，任何伟大理想不仅不能实现，而且可能出现重大失

---

[1] 参看，冯象有关评论，《木腿正义》，中山大学出版社，1999年，特别是"前言"、《法律与文学（代序）》《秋菊的困惑与织女星文明》等文。

[2] 参看，苏力：《20世纪中国的现代化与法治》，《法学研究》，1998年第1期。

误。即使记住一些举世公认的法治基本原则,例如,法律必须是大多数人可遵守的,法律必须对同样的人给予同样的保护,法律不溯及既往等,也无法保证可欲的法治结果出现。这不仅因为"原则不是研究的出发点,而是它的最终结论"[3],而且因为"一般原则不能决定具体的案件"[4]。让我细致地作些分析。

  首先,这些基本原则并非先验的原则,而是在实践中对正反两方面实践经验的概括总结。换言之,这些原则当初并非原则,而是人们在社会实践中逐步确认其为原则的。例如,法律对同样的人给予同样的保护,或法律面前人人平等的原则,在人类的实在历史上并非从一开始就被普遍认为是正当无疑的。各种各样的"奴隶制""封建等级制"之所以在世界各地曾长期普遍地实行,除当时社会的经济基础之外,还有与之相适应的上层建筑和意识形态。亚里士多德这位认为法治即良法之治的伟大思想家就曾认为奴隶不是人,妇女则是不完全的人[5];在《美国独立宣言》中宣称"人(men)生来平等"的杰弗逊自己也拥有大量黑奴。[6] 指出这些事实并不是想贬低这些伟大的思想家、政治家,说他们口心不一,有意欺骗,或者说是他们有"时代或阶级的局限性"。我只是说,我们今天认可的所有原则都只是对历史的总结,代表了我们时代对先前知识的一种选择性的认可。至少从历史角度上看,所有原则都是人类经验的产物,而不是先验的存在。

  由于这些原则是后天的、经验性的,因此很难说它们是终极真理。即使作为总体的我们可以确信,事实上许多时候我们也"不得不"确信,我们这代人比先人视野更为广阔,知识更为广博,对"真理"有更好把握,但逻辑上无法令人信服地证明我们已经到达了终极真理;即使对我们今天将之视为或几乎视为不可动摇的终极真理的那些原则也是

---

[3] 恩格斯:《反杜林论》,《马克思恩格斯选集》卷3,第2版,人民出版社,1995年,页374。

[4] *Lochner v. New York*, 198 U. S. (1905), dissenting, in *The Mind and Faith of Justice Holmes: His Speeches, Essays, Letters and Judicial Opinion*, sel. and ed. by Max Lerner, The Modern Library, 1943, p. 149.

[5] 亚里士多德:《政治学》,吴寿彭译,商务印书馆,1965年。

[6] 更准确的翻译应为"男人生来平等",因此这还排斥了所有女性和未成年人。

如此。既然,前方还有我们无法想象的人类生存时间,我们怎么可能设想至此为止人类总结的有关法治的原则已经穷尽,已经确定?!我们必须假定我们的生命和知识都不过是庄子所说的"白驹过隙",是人类时间的一个链条。我们又怎么可能假定,未来的社会只是今天的一成不变的延续,不会发生我们今天无法预想的重大社会变化,今天的所有原则足以供未来者应对他/她们的生活甚或是我们的未来生活?!如果历史真的——如同我们常说的那样——不会重复,那么就必须接受这样的结论:从过往历史中提炼的原则永远不足以应对未来。

更重要的是,一般性原则,由于其抽象,可能永远正确,但也因此毫无用处。一个原则并不能告诉我们什么时候可用来检验某个法律,该检验哪个法律。我们的原则有很多,有时这些原则会打架,我们无法用一张关于原则效力的结构表(其实是另一些原则)来有效解决这些冲突。例如,除一般的法律保护之外,我们是否应当对妇女、儿童、老人、残疾人、少数民族、华侨、外商或其他被分类的人们予以某些特殊保护?我们一方面有"法律面前人人平等"的原则(字面上不承认人有差别),另一方面又有"同等的人予以同等保护"的原则(字面上就承认人有差别)。这两个原则在这些问题上就可能打架。甚至问题不限于此。因为这些概念一进入实践都可能出麻烦。比方说,因工伤失去了小拇指,我是否是残疾人?或者失去了食指、大拇指或整个手掌(左手,还是右手)?所有这些问题,都不是原则本身或原则推论可以告诉我们的,不是这些概念本身或其定义可以告诉我们的,人们必须作出非常具体的判断,而这就是司法(在英文中,法官和判断是同一个词)。由此可以看出,在法治中,司法有特殊的作用。它是从书本上的法到实际生活中的法之桥梁,是从原则转化为实际规范的中介。

司法的另一重要意义在于,至少有时,它也是一种有立法意义的活动。尽管如今人们习惯严格区分立法和司法,但这种区分无论在逻辑上还是在实践上都不很清楚,只是一种约定俗成;其界限是专断的。如果不把立法仅仅视为某贴了立法机关之标签的机构按照所谓立法程序制作法律条文,而是将立法视为为社会实际生活设定或确认规则,那么司法必然是广义立法的构成部分。从各国实践来看,司法适用、司法解释历来被认为是对立法的补充,即所谓空隙立法。在普通法国家,在普通法领域,绝大部分法律都是法官创制的,并通过法官改造或发展;在制定法领域,自马歇尔以来,其含义之确定就断然是(尽管不只属于)法院的领地和责任。[7] 即使在欧洲大陆法系国家,司法实际上也补充了立法。许多国家的有关法典都明确规定,当法律没有明文规定的时候,法官应按照立法者在此种情况下可能颁布的法律或审慎的自由裁量或含义不明的自然法原则作出法律判决。[8] 而一个司法判决,无论其是否意图作为或补充立法,客观上对此后此类争议的司法都构成一种约束和导向,并在此意义上,具有法律规则的作用。[9]

司法对于当代中国的法治形成和发展意义更为重要。中国是一个各地政治经济文化发展不平衡的大国,毛泽东 70 年前的这个基本判断[10],我认为,仍然是今天研究中国问题的一切社会科学学者必须直面的一个最基本的现实;并且今天的中国正处于一个令人眼花缭乱的变革时期。在这样一个国家,在这样一个时期,你可以用"中国"或"转型时期"或"法治"这样的宏大概念抹去一切具体的差别,但你不能用这些概念本身来解决任何问题。要保证法律规则的统一性、普遍性、一定的前瞻性,同时又不失灵活性、丰富性、现实性,司法具有立法无

---

7 *Marbury v. Madison*, 1 Cranch 137 (1803).
8 例如,1807 年《瑞士民法典》第 1 条第 2 款规定:"如果不能从法律条文引出规则,法官应按照如果他是立法者将会颁布的规则来决定案件。"《德国民法典》则规定了如果一个法律空白不能通过类推解决,法官应当本着"审慎的自由裁量"确定适用的规则;意大利法则规定在缺乏明确法律规范甚至调整类推事项的规范时,法官应根据该国实证法的一般原则作出裁决。1867 年《葡萄牙民法典》第 16 条则强调"如果不能依据法律文本或精神或类推来解决权利义务问题,则依具体情形根据自然法原则来解决"。《法国民法典》第 5 条尽管规定法官不得用确立一般规则的方式进行判决,但第 4 条又规定了法官"借口没有法律或法律不明确不完备而拒绝受理者,依拒绝审判罪追诉之";诚如由嵘教授所言,这实际迫使"法官在适用法律时,按自己对立法精神和公正性的理解,……提出法律没有规定或规定不明确的解决办法,以填补法律的空白"。由嵘主编:《外国法制史》,北京大学出版社,1992 年,页 277。
9 罗马著名法学家乌尔比安指出:"任何东西只要为法律所采用,就会有良机通过解释或至少是裁决把它扩大适用于涉及相同社会目的的其他案件。"转引自,博登海默:《法理学——法哲学及其方法》,邓正来、姬敬武译,华夏出版社,1987 年,页 506—507。
10 毛泽东:《中国的红色政权为什么能够存在》《井冈山的斗争》以及《星星之火,可以燎原》,均集于《毛泽东选集》卷 1,第 2 版,人民出版社,1991 年。

法替代的优点。

法官以及有关的司法人,每天都直面大量、多变的现实,直面活生生的人和事,因此他/她更容易发现立法的不当之处、空隙和盲点;由于法定的职能,他/她还必须作出具体的决定。无论我们在理论上如何论述或规定法官的行为,实际生活中的法官都不得不作出一些裁量性判断,调整有关法律,来争取他/她认为比较好的结果(假定法官没有偏私)。在法律未有规定的地方,一位理想的法官可能根据习惯做法、有关政策规定或原则以及多年司法经验作出实践理性的决断,补充法律空白;在法律不明确的地方,他/她会以实践的智慧加以补充,使之丰富和细致;在法律规定有冲突时,他/她会选择自认为结果更好或更言之成理的法律;在法律的语言具有弹性、涵盖性、意义增生的情况下(而这不可避免),他/她会追求一种自认为更为合理的法律解释。所有这些,我们可以称其为解释,但在一定层面上也是为社会生活"立法"的过程。通过这种司法实践,制定法获得了它的生动性、再生力和可塑性,保持了与整个社会以及具体社会生活的贴近、相关和大致同步。

尽管上述分析有扩大司法裁量权的寓意,但我的主旨并非主张扩大司法裁量权,以司法来改造立法。我的分析是经验现象的,而非规范的;仅指出司法实际具有的特点,力求打破以法条主义"法治观"构建起来的司法与立法的概念分离,承认司法的现实。这种反思可以使我们避免一些不切实际的空谈,力求在局限之内追求可能的最佳,将一个不着边际的问题化解成一些可操作的问题。这种对人的无限创造力的否定恰恰是对人的有限创造力的肯定。对于变革中的中国,对于一个必定具有中国特色的法治国家的形成,司法研究因此具有格外重要的意义。

二、 为什么基层?

至少有几个因素影响了我选择基层法院作为主要研究对象,其中既有实践的,也有学术的。我把学术的因素留待第四节论述,这里主要考虑实践的因素。

　　首先我有这样一个判断，中国的问题仍然主要是农村问题。中国最广大的人口仍然居住在农村，中国社会现代化的最重要任务之一就是农村社会的现代化。一个真正关心中国人（不仅仅是中国知识分子）喜怒哀乐的人就不能不关心中国最基层社会的普通人的生活。记得有位同学到苏南调查，回来后对我讲，一位乡镇企业家对他们说，大意是：你们这些知识分子，没有一个是替我们农民讲话的，只有费孝通先生替我们讲话。这位乡镇企业家的话可能有些过激，但确实有几分道理。我们这一代知识分子往往以为自己是在代表人民说话，但实际上往往是从我们的生活境遇出发思考问题，或美其名曰，启蒙。我们往往依据某个所谓普适原则说话，并不真正理解基层社会的普通人究竟需要些什么。我在某地基层司法调查时，就曾看到发给或要求农民购买的由该省司法局编印的所谓的《农村普法读本》，其中汇编的第一部法律是《中华人民共和国宪法》，第二部是《中华人民共和国反不正当竞争法》! 这不仅令我和其他调查者震惊，我更感到一种良心上的谴责。在乱哄哄你方唱罢我登场的所谓法治建设和司法改革的汹涌浪潮中，我们的法律究竟在为谁服务？在各种各样的关于"权利"的话语中，我们行使的"权利"是否在更多谋求法律界和法学界的各种巨大利益？我们能用这样的"假冒伪劣"产品对待我们的父老乡亲？如果说知识还有点什么用处的话，那么"为什么人的问题"就始终是一个不能回避的问题，至少对于我们这些法学工作者来说是如此。因为，正如卡多佐所言，"法律的最终目的是社会福利"，任何法律都要在社会生活面前表明其存在的理由。[11] 如果不了解普通人的喜怒哀乐，不从日常生活中考察他/她们的需求，只从法治的原则、概念出发，那么由此产生的法律和司法就不仅可能是伪劣的，而且是假冒的。

　　其次，现代法律在很大程度上主要适用于城市社会、工商社会、陌生人社会；由于经济的、社会的和文化的原因，在世界各国，现代法律及相关制度都很难进入农业社会、熟人社会或很难在这样的社会环境中

---

[11] 参看，卡多佐：《司法过程的性质》，苏力译，商务印书馆，1998年。

有效运作。[12] 从中国目前法学研究现状来看，大量学者都更着重规范性的法律研究，侧重于研究城市工商业发展的需要，包括司法制度改革也基本以现代都市生活为背景，例如抗辩制的研究、庭审方式的改革等。这当然不错，对于中国社会的现代化、市场经济发展和对外开放，都非常必要。但一个健全的法学研究总体格局必须保持研究的多样性，必须考虑为不同消费者提供他/她们各自喜欢的商品。而这方面的许多研究，包括许多司法研究都与中国的基层社会无关，或关系遥远。在一个根本找不到或雇不起律师的地方[13]，你如何抗辩？如果当事人连什么是辩论都不明白，你如何让他/她们明白证据开示和相互质证？如果大量当事人因种种知识或能力或财力的原因而期待甚或要求法官为自己做主，而你恰恰是这个法官，你怎么可能安心于审判技术上以及职业伦理上的"坐山观虎斗"？不错，中国最重大的案件审理也许都发生在中级以上的法院，但对中国老百姓的日常生活最要紧的案件审理却发生在基层法院。也许陆俊是否吹了黑哨引起了广大球迷的关心，也许毛阿敏偷税问题引起了不少歌迷或艺人的关注，也许陈希同审判引发了更多中国人甚至外国人对中国政府打击腐败的决心的猜测；但这并不是全部的中国司法，也不是中国司法的主要部分，甚至很难说这是当代中国司法最关键的部分。

再次，基层法院是中国法院的重头。我们可以看一看有关数字。手边可以获得的只有1986年的数据[14]，全国各级人民法院总数为3404个，其中基层法院为3007个，而人民法庭为15000～18000个（1994年数字）[15]，中级以上的人民法院仅仅是总数的一个零头。就审判人员来看，总数不到15万人[16]，而基层法院审判人员大约占了全国审判人员的5/6。由于中国各级法院在一定层面上都是初审法院，因此，从现有可

---

12 Donald Black, *The Behavior of Law*, Academic Press, 1976.
13 参看，本书第九章"乡土社会中的法律人"。
14 《中国法律年鉴》（1987），法律出版社，1988年。
15 "法庭管理是个大课题"，《人民司法》，1994年第12期，页7，称全国有城乡人民法庭18000个；1998年《中国法律年鉴》（页138）称全国有城乡人民法庭15000多个。
16 同上，这个数字排除了法医和法警。

以得到的数据,我们无法判断基层法院审理调解结案数在全法院系统审理调解结案数中的精确比例;尽管如此,就与普通百姓生活联系最直接的民事一审案件来看,这个比例不会低于90%。无论从法官的人数来看,还是从处理案件的数量上看,基层法院实际都是中国司法的最主要部分。

但我们对这些真正影响普通百姓生产、生活的法院和法官并不了解。除了每年上报的审理、调解结案的数字,以及报刊时而曝光的一些司法腐败或不公的案件,基层法院和法官完全进入不了法学家的眼界。我们知道他/她们的生活环境吗?我们了解他/她们的喜怒哀乐吗?我们知道他/她们怎样处理离婚、赡养、继承案件吗?我们知道他/她们有什么司法技能和技巧吗?我们知道他/她们对中国司法制度的看法、想法和判断吗?他/她们都被忽略了,在目前的司法制度特别是法学知识体制中,他/她们变成了"无言的大多数",变成了"不作数"的数字。他/她们的观点、看法和意见不仅要求统一到上级法院(这有一定的合理性),而且他/她们常常被法学家认为是要予以教育和提高的。似乎司法知识、技能与司法实践无关,而只与官职、职称、学历、文凭或充斥着各种(包括政治的和外国的)权威说法的文章有关,似乎司法知识不来自司法的实践,而来自法学家的脑瓜。

最后,法律与社会现实之间的错综复杂,往往在基层法院中有更直接、生动、鲜明的反映和体现。由于制度的分工,基层法院最大量地同初审案件打交道,它们不得不面对大量复杂的事实争议以及相应的法律争议。中级以上的(特别是高级和最高)法院一般很少直接处理具体的事实争议;即使处理,由于已经有了基层法院的努力,事实争议到了中级以上的法院往往已经比较格式化了(这种格式化的结果,在美国,往往是律师努力的结果,而在中国,由于基层社会律师很少,更多是初审法官努力的结果)。[17] 原生状态的生活同法律的遭遇,主要是在基层法院。在这种遭遇中,法律无时无刻不在接受生活的检验,接受最普通、最广大的人民以他/她们的行动作出的选择。尽管大案、要案主

---

[17] 参看,本书第六章"纠缠于事实与法律之间"。

要发生在城市,但是,如果放弃传统的道德主义和理想主义的视角,对中国当代法治发展最具理论意义的和最具挑战性的一系列问题却是在农村最突出、最显著。对于这些问题,现有的教科书无法告知答案,现有的法律理论无法涵盖或容纳。你可以用一套既有概念或原则来谈论它们,甚至可以牺牲与这些问题相伴的普通人的权利来祭奠你神圣的法治"理想",但是你无法用这套概念或原则将这些问题打发;相反,这些问题的长期存在将一次次揭开我们这些法学家穿的那身皇帝的新衣。事实上,只要看一看《秋菊打官司》这部电影中展示的基层司法,就给我们的法学家提出了多少书本上没有的新问题?![18] 如果不认真面对,不认真研究这些具体问题。仅仅靠"依法治国,建设社会主义法治国家"的口号,靠几位法学家或抄或编几本外国人的书,不可能指望法治的形成。法治是一种实践的,而不是玄思的事业。

三、为什么中国?

应当说这本不构成一个问题。只是因为近年来强调法律移植、同国际接轨等,才似乎成了问题。但是,我认为,无论如何,我们都必须研究中国。

首先,必须明确,当代中国的问题本身具有毫无疑问的正当性。我曾在其他地方提到这一观点,在此我要重申这一点。近年来,我们在司法制度上总是盯住了外国,似乎忘记了,法律是实践的,是要解决问题的,是要解决我们的问题的,是要解决我们眼下的问题的。不论中国法治的未来将如何,我们首先要解决的是当代的中国问题。即使要移植法律,我们也必须了解我们需要什么;拿来主义也要有眼光。作为一个事

---

[18] 参看,苏力:《秋菊的困惑与山杠爷的悲剧》,《法治及其本土资源》,中国政法大学出版社,1996年;冯象:《秋菊的困惑与织女星文明》,《木腿正义》,中山大学出版社,1999年。其中提出的问题至少有,法律作为地方性知识,法律的普适性,乡土社会对法律类型的需求,法律概念系统的冲突,法律救济类型的比较,法治叙事与反叙事的社会构建和互补,"法盲"的界定和形成,法律的定义,秋菊的说法以及法律与文学等。这些问题目前在中国只是提出来了,还没有真正比较系统的研究。

实问题,我们不可能什么都移植,移植是要成本的,因此我们必须选择。而且各国情况也不一样,我们同样不可能只要是外国的就全都移植进来,也还是要有个选择。选什么,不选什么,就涉及选择标准问题。标准,在我看来,不是法律在其他国家曾经如何如何,而只能是当代中国社会发展的需要、老百姓的需要。假如我是个胖子,我就一定不能选择林黛玉的服装;但前提是知道自己胖。东施效颦的错误不在于东施追求美、模仿了西施,她的错误在于她不了解自己,没有找到适合自己的美。

这不是放弃追求,放弃理想,放弃制度的理性设计,放弃法学家的理想追求。我们当然可以理想,可以设计,但是,第一,每代人都应首先关注他/她们面临的问题,必须知道自己理性的限度,"儿孙自有儿孙的福",那种"为万世修太平"的理想隐含了一种权力意志[19],追求的至少是知识的霸权,隐含了对他人、对后代选择权的剥夺。第二,怎么可以想象后代甚或我们的同辈都会按照我的意志去做?怎么可以设想此后的社会生活中不会出现新的"事变",打乱我们设计的前提呢?除非假定历史已经终结!

研究中国问题,会不会使我们获得的知识失去普遍意义呢?我认为不会。知识是否有普遍意义,起决定作用的并不是知识生产者的主观意图或追求,而在于它有没有效用,能否为不同的人有效借鉴和使用。知识的产地或知识资源的产地本身并不决定知识的市场(尽管我不否认其他因素会影响知识的市场),而在于产品的质量和效能。在这一点上,知识产品和其他产品是一样的。日本生产的电视照样在世界销售。不错,针对知识发展的总格局,针对当今世界西方发达国家累积的全部经验,中国的问题是地方性的。但如果不是将现代化视为一个单线进化过程,不是将法治视为只有单一模式,那么,任何国家的经验和知识都是或曾经是地方性的(不要忘记,今天英美法的基本制度源自英国皇室派出的巡回法官依据本地普通人的习惯裁决纠纷,这是一种非常地方性

---

[19] 参看, Friedrich Nietzsche, *Beyond Good and Evil*, trans. Walter Kaufmann, Vintage Books, 1966; 又请参看, Michel Foucault, *Power/Knowledge: Selected Interviews and Other Writings, 1972—1977*, ed. C. Gorden, Pantheon, 1980。

的实践)。地方性与普遍性之间从来没有,而且永远不会有,一个截然的界限。

我们也不应把中国的现代化视为世界现代化中的一个异端,只有西方社会的发展才是正统。我们不应把中国的现代化和法治过程视为对正统理论的不断适应,因此,中国的现实问题都没有实践价值和理论价值。中国人口占了世界人口的五分之一,它的问题本身就已经具有正当性。退一万步说,即使中国的问题是异端,但这就是我们生活的环境,也必须认识、回答、解决我们的问题。我们总不可能老是——借用米兰·昆德拉的一部小说名——"生活在别处"吧?!

四、还有学术意义

中国正处于一个空前的发展时期,中国的法治也处于一个重要的发展时期;与之相伴,中国的法学也应当有一个繁荣。然而法学的发展并不必然伴随着法治的发展。法治的确立是一种秩序的社会形成和确立,这主要是社会的公共选择和试错过程的产物,而法学更多是一种智识性的表现,是对法律实践和法治实践的正当化和表述。我拒绝那种唯心的观点——认为法学的发展是中国法治发展的原因或主要原因。[20] 但我也不主张一种相反的决定论。这两者的关系更可能是互动的、辩证的、互相强化的。如果其关系真的如此,那么法学研究对中国法制建设就并非完全没有意义。即使假定法学的发展不可能对中国法制的形成和确立直接起决定性作用,我还是认为,它可能间接起作用,即通过法律话语的形成而促成法律共同体,构建法制和社会生活所必需的共识,促进法治的确立。最后,假定法学研究具有不依赖法制建设的独立的学术意义,那么作为中国学术的体现,作为中国法学人存在意义之基础,我们也必须努力推动法学的发展。

---

20 我在其他地方对此曾有分析论述,参看,苏力:《后现代思潮和中国的法学》,《法治及其本土资源》,中国政法大学出版社,1996年,特别是第4节。

问题是如何发展中国的法学。当代中国法学的现状，在我看来，是非常不令人满意的。大而空的研究，从条文到条文的法条主义研究，处处可见。好一点的也只是倚重国外或我国台湾地区一些学者的著述，或者国外或我国台湾地区的一些做法；尽管在法律条文解说上有所丰富，回答了国外或我国台湾地区是如何做的，但并没有回答为什么要这样做。或者是诉诸一些无法操作，因此难以形成实践共识的抽象价值，或试图发现一种研究者看来具有先验性的永恒真理，把在一定时空中行之有效的做法或正当化方式当成永恒普遍有效的真理。一旦中国社会的法律实践与这种理论不相符，学者往往会用应然论断替代实然分析。尽管面对的是中国当代社会的急剧变化，中国当代法制的迅速发展，中国法学界至今没有而且似乎目前也不可能给出有力的回应。我们的法学基本是在炒西方学者的冷饭，没有自己的见识和洞察，没有自己的发现；乃至在国内的其他学科中，也被讥笑为"幼稚的法学"。这种状况是中国法学家的一种耻辱；中国法学人有义务改变这种状况。

"知耻者近乎勇。"但光有勇还很不够，我们还必须找到法学发展的突破口。从总体看，这个问题必须通过研究中国问题来解决；具体看来，我觉得司法研究有理论创造的很大潜力。

我在本书第四章中对此有比较细致的分析，为了行文的顺畅，我在此作个简要概括。我的基本分析是，欧陆法学以立法为中心，司法知识在那个知识体系中黯淡了，甚至看不见了（请想一下，你能否想出一本欧陆学者写的有关法官司法的学术著作？）；英美法学以司法为中心，司法知识在这个知识体系中得到了突现，但其司法理论主要围绕着上诉审法官的司法意见展开，其司法制度和法学教育制度都为这一法学知识的形成创造了条件（请想一下，司法审查制度、苏格拉底教学法、法律推理、法律解释、宪法原旨以及正当程序等）。这个格局中留有一块巨大的理论空白，那就是，对初审法官的实践和经验的研究总结。正是在这种开阔的国际学术视野中，我们看到了中国法学可能开拓的处女地。

中国学者可以便利地接近这一资源。中国现、当代司法制度就其直系血缘来说是欧陆法系的。在这一制度下，至少在 1990 年代初司法改革之前，由于种种原因[21]，绝大多数案件无论事实争议还是法律争议都由法官处理；改革之后，法官仍然就事实争议和法律争议作决定。因此，中国的基层法院法官与其欧陆同行更相似，而与美国同行有别。由于这些特点，中国基层法院法官积累了如何处理事实的大量经验，形成了一系列处理事实问题的制度、知识和技能。制度的例子之一是，事实争议大多由合议庭审理决定，这限制了独任审判中法官可能拥有的对于事实的过大裁量权。对这一极为简单常见的制度实践，我们其实都没有作出细致的道理分析，特别是在制度比较中进行理性的分析、讨论和批评。在这种制度中累积的知识或技术，并没有得到足够研究，甚至没有起码的研究。

中国初审法官依凭和形成的制度，累积的知识和技能并不仅仅源自欧陆法系的传统，还更多与中国的特殊情况相联系，甚至是由后者决定的。首先一个因素是，中国的疆土辽阔，民族众多；即使同属汉族，由于地理、人文环境不同，经济交往缺乏，也形成了"千里不同风，百里不同俗"的现象。这与欧洲国家的疆域相对狭小、工业化和商业化带来社会同质化程度较高，形成了鲜明的对照。在中国的社会环境中，一方面尤其需要统一的法律规则作为指导，另一方面，为保证法律有效执行和落实，又不可能过于刻板地执行统一的法律规则。中国司法中是强调合法，但经常挂在法官口边的一个重要说法是"合情合理"。一丝不苟按法律办事往往被认为太教条主义。对这些问题的研究（注意，研究并非简单认同，而是如同对待中外一切前人的做法那样，有一点怀疑的眼光，仔细分析权衡其利弊)，都可能发展法学的理论，推动法律的实践。

此外，必须看到，我们目前心目中许多关于法官的印象都来自书本，很少经验性理解；许多已经被当成"事实"为人们接受的，其实未必真实。比方说，许多研究都说，由于中国的司法不是讲法官独立，又有审判委员会等制度，因此中国法官的权力很小。但这个印象或

---

[21] 这些原因有：刑事诉讼不允许辩诉交易；民事诉讼中，"讯问制"（其实是超职权主义）的诉讼费用，对于当事人来说，比抗辩制更低；先例不具有约束作用，因此缺乏细致的规则指导；缺乏律师居间谈判和解；目前法院经费缺乏，有动力鼓励诉讼增收诉讼收费；还有近年来普法宣传引发的对司法有某种程度的迷信。

概括是从诸多概念、命题中推出来的。只要略加经验的研究，就会发现中国法官的权力并不像人们认为的那么小，受到很多限制——尽管确实受到一些限制。首先，由于法官不仅审理法律问题，而且审理事实问题，法官因此拥有很大裁量权。[22] 我后面的经验研究也表明，这种权力过大的情况确实存在，甚至造成某些法官至少在一些案件上寻求各种制度来推卸审判责任，而不是要求权力。这种裁量权还表现在只要审判结果符合社会有关"实质正义"的基本共识，越位的判决往往也能获得同行甚至是社会的接受、认可和欢迎。1997年3月，在中国没有关于精神损害赔偿的法条和司法实践的前提下，海淀区法院通过解释《消费者权益保护法》第41条的"残疾赔偿金"，在一个侵权案件中判决给予受害人精神损害赔偿。[23] 尽管这一判决法理上违背了法律不溯及既往的法治原则，却得到了上级法院和社会舆论的普遍认可；没有学者对这一判决提出异议甚或是讨论。又如，就在我写作此书期间，海淀区法院对一个学术机构的内部规则进行了司法审查。[24] 我并不笼统地认为这种司法权力扩张丝毫没有道理，但必须看到其完全可能严重违反民主制度（司法推翻立法）和法治原则（法律不溯及既往），带来某些不可欲的后果。对于这种可能的不好后果，社会或法学界必须未雨绸缪，不能"肉食者，未能远谋"。但是，出于某些看似深刻实际相当天真的政治便利，这种司法权力的扩张简单地得到了一些学者的认同甚至是欢呼，而没有讨论其潜在危险或限定其范围。仅这两个例子就足以表明当代中国法院和法官的实际状况与法学家对法院和法官的概括描述或感受不完全等同，我们习惯使用的各种概念和意识形态很容易妨碍我们看到比概念复杂得多的现实。必须对中国基层司法的实际状况予以系统研究和分析，仅此就需要中国学者至少一代人的努力。

正是在中国这一环境中，以一种开阔的视野认真研究中国法官，特

---

[22] 关于美国初审法官的裁量权，特别是在事实争议上，可参看，Jerome Frank, *Court on Trial: Myth and Reality in American Justice*, Princeton University Press, 1973（原版1949）。

[23] "贾国宇诉北京国际气雾剂有限公司、龙口市厨房配套设备用具厂、北京市海淀区春海餐厅人身损害赔偿案"，《中华人民共和国最高人民法院公报》，1997年第2期，页68—70。

[24] 《北大博士生状告母校，谁是谁非？焦点何在？》，《人民法院报》，2000年1月18日。

别是基层法官在解决纠纷上体现的种种知识和智慧,如果能够以学术语言予以总结,同各国学者有效交流,难道不可能做出一番中国人的贡献吗?

必须指出,就实际的可行性而言,绝大多数中国学者也不可能在研究他国司法制度上做出重大贡献。不仅因为司法是实践的,不仅因为对文化背景的要求,也不仅因为文字表现力的有限并因此通过文本研究外国司法制度的必然局限[25],最重要的是,就一般而言,中国学者研究的比较优势只可能在于研究中国的法律和司法。如果要研究外国法,你就不应当同中国人比,而应当同外国学者比(同国际接轨)。你觉得,就一般而言,我们有这个知识上的比较优势吗?而如果接受法律知识地方性的前提,你对外国司法制度的研究也不必然比另一位学者对本国司法制度的研究,知识品位更高。中国法学界应当在追求理论的同时,更为务实,从中国当代的社会变革和法治建设的实践中获得更多滋养;这是我们的根,是最贴近、最可及也最为丰富、独特的本土资源。是的,我们应当学习外国司法的先进经验;但是,一般而言,中国的学者不能因此而忽视现实中国社会的法律实践可能具有的学理意义,忘记了身边的宝贵学术矿藏。至少我们是就近拥有这一资源和进入这一资源之路径的,等待我们的也许是更多的开掘行动。

五、 本书结构与安排

本书是一部研究中国基层(特别是农村)司法制度的著作,但

---

[25] 尽管有例外,例如托克维尔(《论美国的民主》,董果良译,商务印书馆,1988年)对美国司法制度的一些精辟见解就是当年美国学者没有发现的,却至今为美国学者频频使用。但这种特例恰恰证明了一般,而不是推翻了一般。此外,即使托克维尔也曾远足美国,作了比较长期细致的实地考察。相反的著名例子则是孟德斯鸠在《论法的精神》一书中更多依据了传闻对所谓英国司法制度的描述和概括,被一些后代学者认为是一个很有创造性的笑话——伏尔泰认为是孟德斯鸠的文笔拯救了这本充满错误的书;尽管这些错误并不减损该书的思想价值。参看,维尔:《宪政与分权》,苏力译,生活·读书·新知三联书店,1997年,页71、78。

是，它的重点不在于介绍。它的关注点始终是其中有实践意义和理论意义的问题。它力求开掘出只有中国学者（由于他/她的生存环境和文化修养上的比较优势）才可能敏感察觉和提出的中国当代司法的问题，不仅将给予适当的描述，而且力求细致的理论分析，希望能给阅读者智识的挑战和愉悦。

由于这种追求，本书在结构上似乎比较松散。它不是以规范的或某具体的基层司法制度为标准，追求相应的表达形式上的结构完整和面面俱到，尽管后者是当代中国有关司法著述的常规。如果仔细阅读，可以发现我的理论主线是明确的、一贯的。它力求将中国当代基层司法制度放在 20 世纪中国背景下考察，放在具体的社会条件下予以考察。它的基本理论框架是马克思的历史唯物主义，即认为不能从法律和司法本身来理解法律，不是从人类的一般发展来理解司法制度，而强调其根源于社会的物质生活关系。[26] 但在这一理论主线的基础上，我也着重汲取了社会学的研究成果，特别是费孝通先生，法国的福柯和布迪厄等显然受马克思历史唯物主义影响或与之兼容的思想，强调法律与社会生活各个方面的相互支持和影响。我还汲取了制度经济学和法律经济学的一些思想。这些思想，在我看来，与马克思主义的基本理论是相通的，并且在对社会和法律问题的分析上，丰富了历史唯物主义的理论框架，使历史唯物主义具有了更强大、更细致的解释力。我反对历史唯心主义，即把法律和司法视为知识和观念的产物；我也反对法治研究上中国传统的历史唯心主义——道德主义——的分析进路。

在方法上，我汲取了经验主义、功能主义、实用主义（这三者有一致的地方）的分析进路，强调实践是检验理论的唯一标准，强调制度、法律的实际功能，反对形而上学的先验，强调有可观察的效果和可比较的效用，不尚空谈，不搞概念分析之类的文字游戏。我尽量采取

---

[26] 参看，马克思：《〈政治经济学批判〉序言、导言》，人民出版社，1971 年，页 2。

一种"冷静又热烈"[27]的"同情的理解"（包括批判）[28]的态度，尽可能设身处地考察我研究的对象，包括对自我以及所在职业的反思和批评，尽可能"公道"。我努力在全书中贯彻这种理论的追求。在这个意义上，这也是一部理论的著作；但我追求的不是那种从生活世界中完全分离开来的抽象理论原则，而是力求在生活中展现理论的力量。我追求历史与逻辑的统一。

按照制度、知识与技术、法官与法律人以及研究方法，我将本书分为四编。

第一编主要从三个层面探讨中国当代基层司法的三个具有代表性的制度。在有关"送法下乡"的文章中，我从宏观历史层面，考察了中国基层司法制度发生的政治历史背景。我的分析表明，基层司法制度及其"送法下乡""巡回审判"的司法实际是中国现代民族国家建设的一个重要组成部分，因此，司法在中国从一开始就具有一种政治性功能，独立于常规司法强调的解决纠纷与规则治理以外的功能。这一研究把中国基层法院置于一个新的、更为广阔的理论和政治实践层面，从根本上改变了目前中国学者对这一问题理解和研究的基本进路。在中观层面，我研究了法院内审判制度与行政管理制度之间的冲突，分析了在当代中国法院内前者如何为后者所吸纳，造成法院审判功能之弱化。这一章尽管是基于基层法院的调查，但我认为其给人的启发不限于基层法院。在微观层面，我集中分析了基层法院实际实行的审判委员会制度，力求公允地（尽管批评者可能会给出不同评价）展示这一制度在当代中国基层社会中的复杂功能，并予以温和的语境化的肯定。

选择分析这一制度是有更多考虑的。中国的许多司法制度有中国特点。很少有人对这些特点展开细致的经验性同时也是理论性的分析，更多是根据从外国搬进来的既有理论甚或从概念里引申出来的命题进行简单对比；结果往往是一种意识形态化的讨论，无论是支持还是赞同。在

---

[27] 关于这种态度，参看，Richard A. Posner, *The Problems of Jurisprudence*, Harvard University Press, 1990, 特别是"导论"。

[28] 这种态度，源自迦达默尔的哲学阐释学；在中国当代法学研究中，梁治平最先引入并运用了这种方法。参看，梁治平：《法辨》，贵州人民出版社，1992年，页180。

目前的司法改革中，不少法学人已盯上了审判委员会，认为没"同世界接轨"，准备下一个就拿它来开刀。在这个也许我的努力从一开始就注定以失败而告终的时代，我希望尽自己的能力为这个制度作一点前人从没进行过的理论的和功能的分析。即使这一制度在"汹涌"的改革大潮中被革除了，我仍然相信，这种分析的思路也许有助于学者分析中国的其他司法制度甚至是外国的司法制度。我也许会为自己的失败作证，但我并不畏惧这种作证；说不定我会为这个时代——说轻点——"幼稚的法学"作了证。一个理论的成功不必然导致其社会实践的成功，同样，一个实践的失败并不必定意味其理论的失败。在这个意义上，选择一个具体的制度已经具有足够普遍的理论和方法的意义。

在第二编，我有一个更为艰难也更为大胆的学术努力，我试图描述和分析中国基层法官的一些在现有司法知识体制中无法被人看到，或看到后也备受蔑视或误解的知识和技能，并试图发掘这些知识、技能产生的制度性条件。以当代的进化主义认识论（它认为"一切适应都是知识"）为基础，我首先分析了中国基层法院的制度空间位置（初审法院）及其社会空间位置（中国基层社会），我简单分析了西方法学发生的知识谱系，从而论证了中国基层法院的特定位置必然产生某些独到的知识。随后第五章讨论分析了中国基层法官司法的外显特点，格外重视解决纠纷，而不是那么重视规则治理。分析表明，这种特点并非来自某种抽象的文化，而是对社会生活环境的一种适应。我特别强调，所谓重视纠纷解决的司法实践，只是从现代社会的规则角度来看，才是缺乏规则的；事实上，这种纠纷解决常常依据了具有地方性色彩的规则。此外，我还分析了从纠纷解决到现代规则治理的某些必要社会条件。

第六章讨论现代司法的格式化特征，它在中国基层司法中带来的问题，以及法官对所谓"事实争议"的处置。分析表明，在中国当代社会，所谓事实争议有很大部分其实是现代司法和法律作为一种强制性"格式"引发的；现代格式化司法的前提条件是社会事件的预先格式化，而这需要社会现代化过程来造就。第七章讨论制定法与习惯的互动，着重分析了习惯作为实践性规则的强大和普遍；法官如何处理制定法规则与习惯冲突的案件，如何穿行于制定法与习惯之中；以及特别重要的是，他/她们为什么会穿行其中。我批评了文化论的解说，对法官的行为给出一个历史唯物主义的解释，一种制度经济学的解释。在该编最后的第八章中，我试图概括提炼这一编以及本书其他文章展示出来的基层法官在处理事实和法律问题上的知识和技能。这一力求原创的努力非常艰难。

在第三编中，我讨论了法官以及乡土社会中的其他法律人。在第九章中，我介绍并简单分析了乡土社会中的法律人，特别是语境化地介绍了法律工作者、法律文书送达人以及法官承担某些律师职能的一些情况，作了一些初浅却未必浅薄的分析。这一章主要是提出问题，包括一些理论和社会的问题，为后两章的分析作一铺垫。在随后两章中，我集中讨论了基层法院的法官问题。第十章把基层法院法官放在中国社会结构中和语境中进行了近乎全方位的社会生态考察。我的结论认为，尽管中国基层法官的文化和专业训练素质都不高，但这种情况在市场经济条件下短期内难以改变，因此必须重新考虑法官专业化的进路。我的建议是将人民法庭和基层法院的部分法庭根据其现有状况将之"准司法化"，这不仅符合这些法官的实际工作，而且有利于法官专业化的形成。该章还比较细致地分析了中国军队在中国社会中作为或曾经作为人才筛选机制和训练制度的功能，分析了法学院教育相对于司法审判实践而言存在的先天性弱点，以及农村需要的法律知识类型等相关问题。我个人认为这些分析都具有某种先锋性。在第十一章中，我采取了最初等的统计数据分析，根据基本由基层法院法官审理的民事案件在10年内的上诉率变迁，分析了基层法官的专业水平。我的结论是，以案件双方当事人的满意作为评判司法公正的标准，中国基层法官的司法素质一直在提高，这种状况表明中国法治的良好发展；据此，我对目前媒体上比较流行的关于"司法不公"或"司法腐败"的说法提出了质疑和分析。

第四编仅有一篇文章，主要对我在田野调查中的一些问题进行了反思。这并非对本专题研究方法的系统介绍和理论反思，而仅仅是其中已完成的一部分，一个相对完整、有学术新意且具有一般理论意义的反思。其他一些有关方法的理论思考，或者已经在其他文章中有比较细致的论及（例如关于审判委员会制度），有的则有待今后进一步的整理。

在我看来，将这篇文章加入本书并没有降低本书追求的理论性、创造性和经验性，相反是一种补充和提升。它有可能促使读者从其他的角度（例如研究方法的角度）来阅读本书，注重本书的分析论证，而不只是关注本书的一些结论。这篇文章实际上代表了我较长时期以来研究和写作中一直潜心的另一追求，即对方法的思考，对思维方式的训练，以及研究过程中对于研究者自身的考察和反诘。

1999 年 12 月 31 日凌晨于坎布里奇

第一编

司法制度

第一章　为什么送法下乡？

> 分兵以发动群众，集中以应付敌人。[1]
>
> ——毛泽东

> 战争是流血的政治，政治是不流血的战争。[2]
>
> ——毛泽东

一、问题和材料

本章研究的是我们在农村基层司法调查中发现的一个普遍存在的现象："司法下乡"或"送法上门"。送法上门并不仅限于农村，但本章分析将限定于农村。用作具体分析的个案材料是强世功、赵晓力和贺欣1996年年底在中国陕北农村调查时参与观察的一起法院下乡依法收贷案。对这一收贷案，强世功、赵晓力已利用了其中部分材料各自作出了相当深入和富有新意的研究，提出了许多新的观点。[3] 我的关注点不是

---

[1] 《星星之火，可以燎原》，《毛泽东选集》卷1，第2版，人民出版社，1991年，页104。
[2] 《论持久战》，《毛泽东选集》（合订本），人民出版社，1966年，页447。
[3] 强世功：《法律知识、法律实践和法律面目》；该文的简本以《乡村社会的司法实践：知识、技术与权力》为题发表于《战略与管理》，1997年第4期，页103—112。赵晓力：《关系/事件、行动策略和法律的叙事》。这两篇文章均收入，王铭铭编：《中国民间社会的权威》，中国政法大学出版社，1997年。

这一案件本身,而是"下乡"这一普遍的、习以为常的、以至无人提问的现象。借助于这一案件仅仅是为了使本文的分析有所附着,不致过于空泛,同时也是对当代中国基层司法制度之功能的一种反思。本文利用了强、赵二文中未予利用或公布的一些背景材料;同时,为了避免"解剖麻雀"必定具有的令人怀疑的典型性和代表性问题,我还利用了在湖北省对基层法院法官的一些访谈材料[4],以及一些社会常识。

为便利读者阅读,不必寻找有关的原始材料,在此,我将此案前后经过作一介绍。介绍势必简略、概要,不可能将许多背景材料以及材料之间的微妙联系和意义一并展示,即便展示了,也未必能引起读者的足够关注;许多细微之处将会在后面细致分析时予以点出、补充和展开。案件的大致状况如下:

陕西北部靠近内蒙古毛乌素沙漠的某村农民大约10年前向镇信用社贷了一笔200元的款,期限为3个月,一直未还。信用社曾几次托人捎话,或见面催要,甚至上门催款都没有结果。1996年,在地区和县政府有关部门要求加强"依法收贷"的促动下,信用社向该县法院派驻该乡的人民法庭提出诉讼请求。人民法庭庭长因此带着信用社的人下乡收贷,他们不仅从县农工部租了一辆小面包车,而且请了派出所民警同行"以壮声势"。调查人强、赵、贺三人碰巧得以随行。到了该村,法庭庭长首先找到该村干部,由村长领到借贷人家中。不巧,借贷人外出放羊不在家,村长因此出去找借贷人。原籍陕北的调查人之一强心存疑问:村长是否会让借贷人躲起来。事实上没有。借贷人回来之后,请诸位直接上炕就座,不用脱鞋(不脱鞋显示了对"客人"的尊敬),接着烧水、泡茶、进烟;当得知随行的调查人强、赵等人的身份时,借贷人称自己"太跌面子了"。随后,炕上"开庭",信用社和法庭首先称借贷人之前还有一笔借款未归还;借贷人称已归还,并称有某某人作证(后来的补充调查发现,确已还贷)。法庭随即对此"案"不再深究,转而追问这笔贷款为何不还。除称没有钱以及其他借口外,借贷人还称,民间流传:到1997年年底,政府会把农民欠"政府"(其

---

[4] 1997年5月湖北省武汉市,中南政法学院法官培训班。

实是银行）的所有贷款一笔勾销。庭长当即批驳了这种流言，反复强调这次是"依法收贷"；而借贷人应交纳的金额为，本金200元加10年利息，共700多元，还要加上这次法官送法下乡的交通费、诉讼费各200元。借贷人称还不了这么多钱。村长此时发言，首先批评了借贷人借钱不还，随即在未同法庭庭长和原告信用社商定的情况下，自作主张地要求借贷人及时还上本息，诉讼费和交通费就免了，由村长自己"给你顶这个人情"。对此，法庭庭长并未表示反对，反倒说，这是调解解决的办法，没有加15%的罚款；如果借贷人不接受，就要到镇上法庭去审理，按国家法律规定办，该罚就罚；现在这个方案全都是为借贷人考虑。借贷人于是出去借了钱，还了贷款的本息。这一"开庭"究竟是"审理"还是"调解"，事先并不清楚。但据后来的补充调查，发现此案案卷的"制作"完全是按调解进行的，记录中看不出场景，也看不到开庭期间的种种讨价还价，似乎一切都严格符合法定要求。[5]

我对这一案件的关心集中在为什么"送法下乡""炕上开庭"。在世界上的各现代国家，特别是能进入中国法学家眼帘的发达国家中，都没有这种现象。这种现象可以说是中国独有，是典型的中国现象；但在中国又如此普通和常见，乃至于至今为止无人对这一现象及其功能效用提出疑问和予以细致研究，似乎是天然合理的。即使偶尔有所分析，也往往停留在宣传或意识形态层面，认为这是一个司法深入群众、便利群众、为民服务，或"为改革开放保驾护航"的范例。本章试图从国家权力向社会深入、建立现代民族国家的角度对这一问题作一些新的分析，求教于其他学者。

我的解释是，由于种种自然的、人文的和历史的原因，中国的现代国家权力至少对某些农村乡土社会的控制仍然相当孱弱，"送法下乡"是国家权力试图在其有效权力的边缘地带以司法方式建立或强化自己的权威，使国家权力意求的秩序得以贯彻落实的一种努力。鉴于"下乡"在中国近代以来一直相当普遍，因此，这一研究的意义也许不仅仅限于司法。本章的分析因此也略微超出司法下乡，而顺带论及一般的干部下

---

5 同前注3。

乡，乃至近年的"科技、文化、卫生三下乡"活动。

二、为什么送法下乡？

这是本章的基本问题，也是研究的切入点。在调查基层司法制度的时候，法官经常谈到下乡办案。这里所说的"办案"并不限于实地调查案情，甚至主要不是调查案情（例如在本案中）；不时会有乡间开庭，出现上文提及的"炕上开庭"的现象。于是，我要问，司法权力为什么以这种方式运作？

首先，并不因为要处理案件，就一定会出现这样的司法权力运作。一个习惯于书本上的司法理论和制度的人，或者是了解西方发达国家司法程序的人，就会发问，为什么有国家强制力支持的法庭不传唤"被告"呢？更何况，人们不是常常说，相对于民间的力量，中国的国家或政府的权力太强大了吗？

其次，也不能简单认为国家在乡下设立了人民法庭，它就一定要以这种方式送法下乡。事实上，《民事诉讼法》也只是规定了法院可以"根据需要进行巡回审理，就地办案"[6]；即使如此，该法仍然规定了传唤制度。[7] 下乡与否并非一项强制性的规定，而是可以根据需要斟酌取舍、灵活变通的。自改革开放以来，司法领域一直强调司法的专业化和职业化，并且也确实日益制度化、规范化了，无论是审判人员的着装，还是法庭的庭审方式；无论是审判人员的普通学历，还是他/她们的专业训练。而为什么在基层司法上要留下这么一个明显非规范化的"口子"（尽管不是唯一的口子[8]）？我们也不能笼统地说是"需要"。我们必须追问的恰恰是，这个"需要"具体是什么？是怎样构成的？

6　参看，《民事诉讼法》（1991），第 121 条。
7　同前注 6，第 144 条规定："基层人民法院和它派出的法庭审理简单的民事案件，可以用简便方式随时传唤当事人、证人。"
8　同前注 6，第 64 条第 2 款规定："当事人及其诉讼代理人因客观原因不能自行收集的证据，或者人民法院认为审理案件需要的证据，人民法院应当调查收集。"

第一章 为什么送法下乡？

司法实践中，法官或法院在实际行动中究竟是如何理解处理这个"需要"的（这其实是一个很好的博士论文题目，并且会是有创造性的）。

再次，我们也不能说，在中国，法院与当地政府关系密切，司法事实上还不完全独立，因此——比方说，在这个案件中——为协调和配合政府的中心工作，法官一定要下乡。的确，我承认，乡干部经常下乡；基层法院法官也有不少人来自乡村，或长期生活在这种环境，因此受乡干部下乡办事的习惯影响。但这并没有回答我的问题，相反它本身也是一个问题；我们要问，为什么这种工作作风在中国乡村相当普遍。

最后，这还不能用乡镇工作复杂、众多来解释。事实上，当地许多乡镇政府的工作作风是非常稀松的。我们的调查者就发现，乡政府常常是上午9点上班，但10点半以后也许就找不到人了。这表明乡镇事务并不总是很多，其繁忙往往是"季节性的"（季节性，既有自然季候的因素，有时则是政治季候的因素——上级机关部署的特殊工作，例如抗旱救灾）。并且，就算乡镇事务多、杂乱，其复杂和繁多的程度也不可能超过国务院或城市地区的许多机构，而国务院或城市地区有关机构的工作基本是按照韦伯的官僚制原则运作的。

一个重要的传统解释是，这是一种深入基层，为人民服务，为人民排忧解难的好作风。我不否认这个因素，甚至愿意承认是因素之一；但我又不能简单地接受这种解释。的确，中国政府和中国共产党多年来倡导了这种工作作风和相关意识形态。但倡导并不意味法官一定会自觉服从。中国政府和中国共产党主张和倡导的其他一些做法在基层就常常得不到真正或切实的贯彻，例如，减轻农民负担的政策。另一个例子是，1980年代后期到1990年代前期，山东曾向全省行政机关、企事业单位派出巡回法庭、执行室，"送法下乡"，就地审判，"为改革开放服务"。这一做法还曾上过《人民日报》，作为经验在全国推广。然而，1995年4月山东省高级法院就决定于当年6月月底前撤销所有派驻的各类巡回法庭、执行室（共647个）等机构。[9] 第三个例子更为相关但也更具意味的是，中华人民共和国成立初期，尽管毛泽东多次赞赏深入群众的马锡

---

[9] 《山东法制报》，1995年4月21日。

五审判方式[10]，法律界也曾试图贯彻[11]，并有专门的学术论著[12]，但在城市地区，即使在"文革"之前，马锡五审判方式就基本被韦伯意义上的官僚化审判方式替代了。[13] 所有这一切都表明，一种制度的存废固然受领导人的偏好和流行的意识形态的影响，但制度与社会经济生产方式以及社会组织结构可能有更深刻的关系，不完全服从意识形态的逻辑。

自然，这也就不能用传统、习惯或习性来解释。传统、习惯或习性如果能够长期延续，至少得有某种效用。一般说来，人们不会盲目地长期坚持某个具体的传统，完全不考虑其效果；否则的话，任何传统就不会发生任何改变。那些不顾效用，坚持"祖宗之法不可变"的人甚或生物必定会在生物演化进程中逐渐被淘汰。[14] 的确，中国共产党在长期的革命战争中创造了深入基层、深入农村的工作传统，但是，传统一直在顺应时代而发展，上一段文字的第二、第三个例子都是明证。此外，多年来，在农村工作的干部已经换了几代人，因此也就不存在布迪厄所谓个体的"习性"问题。事实上，今天的干部下乡以及司法下乡

---

[10] 参看，周旺生：《中国立法改革三策：法治、体制、决策》，《新华文摘》，1996年第2期，页10。马锡五是中国共产党的高级干部，1943年在担任陇东专员时，他同时兼任陕甘宁边区高等法院陇东分庭庭长，从事司法工作；他经常有计划地下乡，深入调查研究，进行巡回审判，及时纠正一些错案，解决了一些缠讼多年的疑难案件，受到了当时人民群众的欢迎。人们把这种贯彻群众路线，实现审判与调解相结合的办案方法，称之为"马锡五审判方式"。其要点有三：深入调查研究；就地审判，不拘形式；依靠群众解决问题（张希坡：《马锡五审判方式》，法律出版社，1983年，页41）。这种审判方式与传统中国的包公式（群众也确实称马锡五为"马青天"）的审判方式在许多方面都颇为相似：高级官员，集行政司法权为一体；强调个人道德品质、个人魅力和能力；关心民众疾苦，惩恶扬善。这是一种比较典型的人治——人治并不带贬义。

[11] 1954年，马锡五被任命为最高人民法院副院长；院长董必武曾多次要求他总结有关的司法经验，予以理论的提高。1955年，毛泽东在接见全国司法会议代表时曾对马锡五说："你来了，事情就好办啦。"参看，张希坡：《马锡五审判方式》，同前注10，页64、68。

[12] 张希坡：《马锡五审判方式》，同前注10。

[13] 关于韦伯的官僚制，可参看，韦伯：《经济与社会》，林荣远译，商务印书馆，1997年（这个译本很难读）。

[14] 关于知识在生物演化中的淘汰和发展，可参看，Henry Plotkin, *Darwin Machines and the Nature of Knowledge*, Harvard University Press, 1993。哈耶克在其许多著作中也触及了这一点，可参看，哈耶克：《自由秩序原理》，邓正来译，生活·读书·新知三联书店，1997年。

第一章 为什么送法下乡？

已远不是当年的"红区干部好作风,自带干粮来办公"的延续和重复,至少有些干部下乡会要吃要喝。但这也不能匆忙得出司法下乡或基层干部下乡就是为了鱼肉百姓的极端结论。不仅因为确实有不少勤勤恳恳的准焦裕禄式的干部;更重要的是,即使有吃喝的"好处"或有补助,许多干部也不情愿下乡,还是认为下乡是个苦差事。[15] 从效用或便利程度上看,送法上门对于审判工作来说并不便利,在城市地区效果也不好。[16] 最后,即使假定司法下乡是一种传统、习惯或习性,这些语词本身也不能回答问题,相反需要回答的问题是:什么样的社会结构或社会需要创造了这种传统、习惯或习性?为什么中国政府和中国共产党一贯倡导深入基层的工作作风?

尽管意识形态和优良传统不足以解释"司法下乡""炕上开庭",但是,考察这种意识形态和传统是如何发生的,却可能有助于理解今天的类似现象。当年,中国共产党在建立全国政权的过程中,选择了农村包围城市的战略。毛泽东高度重视中国农村,在农村建立了中国共产党得以发展、取得全国胜利的基地;在革命战争中,毛泽东也提出"分兵以发动群众,集中以应付敌人"的军事战略。正是在这一革命历程中,产生了这种深入群众、下乡上山的意识形态和传统。重视农村、深入农村为的是保证共产党获得强有力的社会基础,确保共产党对革命的领导;"下乡"从一开始就是一种权力运作的战略。[17]

今天,尽管历史已发生根本性变化,20世纪末期的中国与1920—1930年代的中国已完全不同,中国共产党已经从反抗国民党统治的一个局部弱小力量成为一个建国50年的全国性统治力量。如今不能简单搬用毛泽东的分析了,但在保证权力深入农村并有效运作这一层面上,当年中国共产党深入农村,建立根据地所要解决的问题和当代的干部下乡和送法下乡确实有一致性。正是基于这一点,本章的核心论题是,今天的司法下乡是为了保证或促使国家权力,包括法律的力量,向

---

15 "到法庭工作确实是对法院干部的考验,每月多给补助费有人都不愿意去。"戴建志:《再唱南泥湾的歌》,《人民司法》,1994年第11期,页44。
16 参看,前注9及相关正文。
17 关于这一战略的形成,必须构建性阅读《毛泽东选集》卷1。

农村有效渗透和控制。从大历史的角度看，司法下乡是 20 世纪以来中国建立现代民族国家的基本战略的延续和发展。

但我们还是要问，为什么国家要这样做？国家本身就意味着对全国的统治；从理论上说，它已经拥有无上的权力（即主权），并合法垄断了暴力的使用。那么为什么中国不能像韦伯描述或设想的现代官僚统治那样，以"形式理性"的正式法律和程序来贯彻国家的意愿？

这与中国社会的特点有关，与权力运作的自身特点有关。

三、权力的运作与空间

倡导司法下乡、送法下乡与国家权力在中国农村社会的羸弱相关。尽管中国已经是一个现代民族国家，在一般人看来，已经拥有绝对的权力，特别是经历过相当时期计划经济体制的当代中国。但理论的辨析可能与事实不兼容。对于任何一种权力的考察，在福柯看来，应当是在微观层面，应当在权力运作的末梢，在一种权力与另一种权力交界的地方[18]；只有在这里，我们才能真正了解权力是如何实现的。在考察当代中国国家权力时，我们不应当停留于法律文字的规定，或从"共产主义国家"的概念中推演，也不应仅仅看行使权力的人是否有"国家干部"的身份，或是否以这种或那种方式与国家相联系；而应当看普通人如何同这些代表国家的人打交道，以及代表国家的人又以何种方式同国家权力意图治理的对象打交道。对中国农村基层司法的考察是可能的进路之一。

若分析一下此案，我们就可以看到国家权力在收贷案发生地的弱化。案件发生在陕北农村，一个靠近沙漠地带的地方。从理论上讲，地域特点和地理空间的广阔就有可能影响权力的运作方式。[19] "天高皇帝

---

[18] 参看，Michel Foucault, *Power/Knowledge: Selected Interviews and Other Writings*, 1972-1977, ed. by C. Gordon, Pantheon, 1980。

[19] 参看，Michel Foucault, *Discipline and Punish: the Birth of the Prison*, trans. by Alan Sheridan, Vintage Books, 1978。

第一章 为什么送法下乡？

远"这句老话，说的就是这个道理。而强、赵、贺三人的调查材料也证明了这一点：当地政府的办公时间很不正规——"上午 10 点半以后也许就找不到人了"；乡民当中普遍流传着国家在 1997 年可能一笔勾销所有发放的贷款；此案贷款人 10 年未归还贷款；当地镇营业所多次索要毫无结果；以及当地欠贷不还的此类"案件"颇多；等等。这一切都表明，至少在这里，国家权力的支配并不足够强大，至少不像我们通常想象得那么强大。

由于国家权力在这样的地区颇为羸弱，可以说这里是国家权力的边缘地带。所谓边缘地带，并不仅仅指国家权力能力的边缘；从另一个角度来看，边缘地带也是抵制国家权力的另一种力量（例如个人的力量或社区的力量）的边缘，因为权力只有在权力与权力的碰撞中才能看见。在这样的边缘，从理论上，意味着不存在着一贯的、独霸的权力支配关系，而很可能发生权力支配关系的流变。总体强大的国家可能在某一点上变得相对羸弱，而总体羸弱的某个体的力量可能在某一点上变得相对强大。必须重视空间位置对权力实际运作可能产生的影响。由于农村的广阔空间，借贷者在另一种意义上确实可能成为强者，而放贷者（即使放贷者是国家）同样可能成为弱者。这种借贷双方强弱关系的变化，在民间俗话中就有所表现，即所谓"要钱没有，要命就这一条"；一旦事态到了这一步，如果放贷人的目的是"要钱"而不是"要命"，或是正式的或非正式的制度不允许你"要命"，借贷双方的强弱关系就发生了微妙的变化。近年来这种状况在中国也似乎愈演愈烈。企业间的"三角债"是一例；银行考虑账面上的盈利不愿企业申请破产则是又一例；民间的黑色幽默"杨白劳要挟黄世仁"固然有点调侃过分，却也对借贷双方的支配被支配关系之流变作出了一种颇有意味的概括。

不仅是自然空间有可能，人文空间同样可能，改变这种强弱关系。所谓人文空间，我在此指乡土中国的熟人社会。相对于借贷者所在社区而言，国家对借贷者几乎只是一种概念的存在，代表国家收贷或"依法收贷"的法庭庭长和镇信用社代表固然拥有不可置疑的政治合法性，其身后有国家暴力的支持，但他/她们或多或少是外来的陌生人，他/她们代表的权力在当地没有太深的根基。对现代民族国家的信仰在中国至多也是这100年来才开始发生，在乡土社会的生产方式和相应的社会组织结构尚未发生根本性变化之前，借贷者很容易将国家权力视为外来力量。生活在熟人社会中的借贷者与该社区的其他人很容易，事实上也总是会，构成一种互利互惠的"亲亲相隐"的关系。强文初稿中就显露了这一点：出生并成长于陕北的强本人曾怀疑村干部是否会借外出找借贷人的机会通知借贷人逃跑躲避？尽管后来的事实消除了他的这一怀疑，但这并没排除这种可能性；相反，强之所以在当时当地本能地产生这样的怀疑，这本身就是一个支持性的尽管并不是强有力的例证。我们在湖北基层法院的调查也发现，同村人往往拒绝出庭证明货真价实、铁证如山的本村人的违法犯罪行为。这种情况甚至更为普遍，乃至于1998年新颁布的《刑事诉讼法》有关证人出庭作证的规定几乎完全无法落实[20]；这可以说是另一个极有力的旁证。"胳膊肘向里拐"仍然是中国社会的一种普遍现象。

正是在这种地理和人文空间中，我们才可能理解借贷人何以可能欠债10年不还，甚至营业所上门催款也无济于事。所有这些表明的都是国家权力在乡村的实际控制力甚为羸弱。而从这一角度看，干部下乡、法院下乡、送法上门、炕上开庭等就有了另一种意味。我们不能轻易接受一个我们已经习惯了的理论预设：只要是国家就必定是强大；只要是贫苦的、可怜的农民就必定是弱者。在这样的一个地理空间和人文空间中，从中央政府散发出来的国家力量来到这似乎有很强隐喻意味的"沙漠边缘"，势必是"强弩之末不能穿鲁缟"了。

我们还必须看到，尽管现代国家几乎完全垄断了暴力的合法使用，但这种使用仍然必须合法。国家不能一味使用暴力。确实，代表国家行使权力的人有时会滥用权力，鱼肉乡民，甚至在极少数情况下草菅人命，但这是不正当的；无论是正式的国家意识形态[21]、传统的儒家意

---

[20] 但这并不是唯一原因，甚至可能不是主要原因；这种状况在城市地区同样严重存在，甚至更为严重。据一个报道，在刑事案件审理中，上海黄浦区法院近年的证人出庭率只有5%；江苏省某市的出庭率为不足10%；而某县法院的证人出庭率为25%（但受贿案件无一证人到庭）。请看，武鼎之：《证人拒证，良策何在》，《人民检察》，1999年第3期，页6。

[21] 例如，人民政府、人民法庭，以及既支持又限制国家使用暴力的"法治"本身。

识形态[22]还是乡村干部与乡民之间某种程度的共栖关系[23]，都势必对收贷者的暴力行使或威胁暴力行使有所约束。我们在此案中就看到，收贷人没有威胁把欠贷不还的人抓起来，而只是威胁要传唤他到镇上的人民法庭公开审理，以此让他在乡间"丢脸"。这在法律意义上也许根本不算什么威胁，只是"依法办事"或"依法收贷"，但在当地的社会语境中，对借贷人或对普通乡民来说，这却构成了一种实实在在的同时颇有分量的威胁。这就再次印证了我在其他分析中指出的，什么构成伤害，什么构成威胁，什么构成制裁，在乡间与在城市是不一样的。[24] 事实上，庭长在这里也利用了这种民间的威胁方式，一种本土的和传统的资源（对这一点后面会有更细致的分析）。但即使如此，如果借贷人真的没有能力还贷，甚至根本不愿借钱还贷，情愿丢脸，那么，这种威胁也不起作用（俗话说，软的怕硬的，硬的怕不要命的，不要命的还怕不要脸的）。这再次表明，名义上至高无上的国家权力事实上并非无所不能。

据此，我们可以说，就权力行使而言，无论是地理空间还是人文空间都很重要，权力运作的位置（locality）很重要。在这个案件以及类似案件中，正是由于这种空间位置，使法院和信用社代表的国家与这位借贷者之间的具体权力关系发生了一种令笔者在写作之前也没有意想到的变换。

四、下乡——局部支配性权力关系的重建

上面的分析大致有助于我们理解中国农村基层政权的各类干部为什

22　例如传统的父母官的说法。
23　在乡村工作的干部（包括人民法庭的法官）中，尽管有许多是国家的正式代理人，即拿国家工资，但是他/她们的利益并不等同于国家的利益。他/她们当中有许多人生于斯，长于斯，将死于斯，绝大多数几乎没有什么提拔和晋升的指望；他/她们往往与当地有千丝万缕的联系，这种联系往往使他/她们与乡民有某种程度的共栖关系。
24　苏力：《现代法治的合理性和局限性——秋菊的迷惑和山杠爷的悲剧》，《东方》，1996年第4期。

么要下乡,以及中华人民共和国成立50年来"下乡"为什么会一直在延续。总体来看,"下乡"可以说是国家权力试图在乡土社会中创立权威并得以真正实现的一个战略选择。就这一依法收贷案件来看,炕上开庭可以视为在乡土中国某一局部空间重建国家对于某个体的支配性权力关系,是权力运作的一种表现方式,即所谓"集中优势兵力,各个歼灭敌人"。[25] 特别是考虑到,收贷方和法院都想借助这一案件创造一个具有示范性的先例,为以后的依法收贷开个好头(创造先例),因此,在一个国家权力相对羸弱的地方造就这种局部的权力支配,就格外重要了。

下乡是在局部建立权力支配的可行方式之一,甚至可能是既定制约下唯一可行的方式,但这并不必然是稳操胜券的方式。还是要重申权力关系的可能流变。从另一方面看,下乡可能会对权力行使构成新的威胁,甚至可能完全丧失那本来就已羸弱的权力。因为,首先,如前所言,送法下乡本身是权力羸弱的表现之一。其次,但更为重要的是,权力一旦离开自己的基地或中心地区,作为外来力量进入某个相对陌生的社区,本身就有风险。民间历来有"强龙压不过地头蛇"和"关起门来称大王"的说法,军事上也有所谓"引蛇出洞""在运动中歼灭敌人"的战略。这些说法都表明权力在其据点内、在其熟悉的环境内行使往往更为有效,更少风险。在我们的访谈中,法官常常抱怨法院判决"执行难";但是他/她们说的难其实有限定,真正难的往往是到外地去执行本法院的判决,因为外地政府和法院常常拒绝给予配合。[26] 有法官称自己和公安干警解救被拐卖的孩子或妇女时的狼狈样就像"鬼子"进村,要"悄悄地进庄""打枪的不要"(这些都是电影《平原游击队》中日本鬼子的话),一旦找到了拯救对象,他们会"连滚带爬"地跑出来。这些事例也表明,即使有国家权力的支持和为了正义事业的外

---

[25] 必须指出,这种战术并不仅限于农村,在城市中也普遍存在。法庭审理案件时,有一系列仪式和程式,实际上都是为了强化这种支配性权力关系。日常生活中,人们也会下意识地运用这种战术。例如,老师让调皮学生"下课后到我办公室来",以及家访;而哪怕是再调皮的孩子,到这时也会"战战兢兢,汗出如浆"或"战战兢兢,汗不敢出"。

[26] 法官称法院执行有"三难",即到河南、海南、湖南执行最难。虽然这是借助谐音的笑谈,但抽象看来,说的都是到外省执行判决很难。

第一章 为什么送法下乡？

来力量，要进入陌生社区或地区也有风险。上门收贷，送法下乡，同样如此。最后，送法下乡、炕上开庭还必定拉近了执法者与当事人之间的关系，由于普遍存在的"近则不逊远则怨"和"亲人眼里无伟人"的社会心理，除法官本人有特殊魅力外，一般来说，这种近距离交往必定会降低法官和法院的威严，进而削弱法律执行的权威和有效性。[27]

尽管有风险，法院却不能不执行上级的决策，不履行自身的职责。为保证权力下乡的成功，就必须在有风险的自然和人文空间中重建局部的、暂时的权力支配关系。首先是增派人员，"人多势众"是一句老话。但人民法庭往往没有那么多人可派[28]，因此，我们也许可以理解此案中法庭为什么要拉上个民警"以壮声势"。还要充分利用其他一切可以利用的因素，这也许是庭长在审判/调解中为什么要向借贷者明确几位调查者是"从北京来的"，也许就是想让借贷者感到自己"坏名"传得太远，这实际也是权力运作的策略之一。从这个意义上看，我甚至认为，那辆小面包车也未必是为了交通的便利，更可能代表了一种权力的符号资本，是保证这一局部权力支配得以实现的构成部分。我们也可以进一步理解开庭中庭长运用的一系列特定技术、策略和知识。[29] 这确实像是一场战斗，庭长"集中优势兵力"，目的在于保证这一司法下乡的成功。

我们也由此可以理解基层司法甚至基层工作的一些特点。例如，调解之所以在农村更为通行，完全可以视为一种可用的并且是有效的技术和策略，而并不因为某些学者习惯认为的那样，它为民众"喜闻乐见"（农民喜闻乐见的东西多着呢！作为一种民众娱乐方式的赌博，政府就不允许或予以限制）。既然乡民不愿上法庭，那么，只要能达到收贷的目的，调解就可以作为替代方式。"炕上开庭"究竟是"审判"还是"调解"，其性质之所以不那么明确，以及"开庭"中法官对借贷人使用的又打又拉，先打后拉等战术和策略与这一点也可能有关，这更便于

---

[27] 参看，我在《法律活动专门化的法律社会学思考》（《中国社会科学》，1994年第6期）一文中更细致的分析。
[28] 据我们在陕北和湖北的调查发现，乡间人民法庭的正式工作人员一般只有2~4人。
[29] 参看，强世功和赵晓力的文章，同前注3。

讨价还价。也因此，严格的法定程序也不重要了——如果严格的程序可能使这一次"依法收贷"失败的话。我们甚至可以结论说，后续调查中发现的法庭对此案的"案件制作"（事后将"开庭"定性为审判或调解，并对文件作相应处理）几乎是必然。[30] 调解之所以能进入中国的正式司法，成为一道法定程序，绝非偶然，绝不仅仅因为它为民众"喜闻乐见"，更重要的，它是权力行使的有效工具。

五、 村干部——地方性知识的载体

我上文已经提到了"地方性知识"的问题，例如调解是因为中国人一般怕上法庭丢面子；又如，炕上"开庭"性质的不确定和可变性等。但这些知识还是权力行使者——在本案中即法官——直接了解的，是或多或少已经一般化的知识（例如中国农民爱面子、偏好调解、爱讨价还价等），或是法官可以自由控制的知识（例如开庭性质的最后界定，例如"案件制作"）。这些地方性知识、技能固然重要，却还是比较一般化的"地方性知识"，在某种程度上是可以进入书本的知识，事实上有些已经进入了书本。

仔细考察本案会发现，对于一个具体的开庭、对于开庭的法官来说，这些知识、技术和策略还不足以保证其权力的有效实现。权力运用还必须更细致地了解受权力影响的对象[31]，即所谓的"知己知彼，百战不殆"。有关受权力影响之对象——借贷者——的许多具体知识就变得重要起来了：借贷人的个性、品行、脾气、家境，他对法官可能的反应，他的实际财力，他向其他人借钱还贷的可能性，他对面子的看重程度，等等。所有这些情况都是保证本案法官有效行使权力必须考虑的因

---

[30] 事实上，在湖北以及其他地方的法官调查中，我们也普遍发现这种案卷"制作"的情况。
[31] Foucault, *Discipline and Panish*, 同前注19。

第一章 为什么送法下乡？

素。所有这类信息对于这位法官在这一刻都是非常有用的地方性知识。[32]

这些知识并不浮在空中，你无法信手拈来，随取随用。这些知识也不见于书本，至少不全见于书本，因为这些知识不仅是地方性的，而且是非常个人性的，是交流起来不经济的知识，不值得规模化生产并进入书本。这些知识在很大程度上无法为正式法律制度利用，正式制度一般也予以否认和拒绝。[33] 但当相对羸弱的外来权力短期进入乡村时[34]，为保证收贷的成功，为集中兵力，则必须利用这类知识。于是，问题之一就是如何发现这类知识的载体。

这类知识载体，在这类案件中，常常是尽管不必定是村干部。作为当地熟人社会中的一员，村干部长期生活在这个社区，也许他没有许多得到社会承认的上得了台面的知识，但他的独特生活环境确实使他拥有许多可能令外来者想行使权力必须予以重视的具体知识，即对当地的山山水水和社区中每个人特性的深知。由于他拥有这些知识，这就决定了他在国家权力下乡时可能扮演一个特别角色，起到重要作用。在乡土社会中，并非只有村干部独享这类知识，每个乡民都拥有这种知识。但由于村干部已经被国家权力机构"标记"为村干部，他在乡村拥有某种权威，以及他同国家权力机制有联系，村干部往往是国家权力下乡时最有迹可循因而是便利的地方性知识库房。这就决定了在各类干部下乡办事（当然，查办村干部时除外）的具体场景中，村干部都不可或缺。

---

32 注意，我所使用的地方性知识受到吉尔兹（Clifford Geertz, *Local Knowledge*, Basic Press, 1983）的启发，但有重大不同。吉尔兹的地方性知识虽说是地方性的，但是他的分析脉络却同时赋予这种地方性知识以同质性；而我所说的地方性知识是具体的知识，是与 locality 相联系才有意义的知识，是交流不经济并因此不一定值得批量化生产传播或文本化的知识。

33 例如，法律面前人人平等的原则，在另一个意义上，就是否认人实际上必定具有的许多差别。并不是这些差别在法律上毫无意义，事实上某些差别以各种方式得到了程度不同的承认，并且法官对这种事实问题拥有裁量权（采纳或不采纳，或不明确地采纳）；但就原则来说，如果承认太多差别，就会使"法律"无法以规则的方式运作，成为无法之法。

34 注意，我强调的是短期；如果是长期进入，则可能通过其他方式，例如广泛交谈，亲身经历，来获得这种知识。这就是要求其他干部下乡"深入了解情况"的现象。法官下乡审案不属于这种情况，他只是短促突击、短暂进入，没有这种可能。

在我们了解人民法庭下乡的工作方式时，所有法官都告诉我们，进村要首先找村干部，获得他/她们的配合，然后才开始工作。[35] 村干部是基层法官获得这类地方性知识的一个基点。

村干部在这类场景的频繁和普遍出现，因此，就不能仅仅视为方便或习惯。仅仅方便或习惯不足以构成制度性的做法。[36] 方便之外，必定有效用的因素。由于村干部拥有和代表了这类场景下权力运作不可缺乏的部分知识，在相对陌生的局部地区构建权力支配关系时，村干部就并非临时的可有可无的维度，他/她构成了这类知识/权力结构中一个不可或缺的部分。他/她的在场代表了与国家正式法律权力不同的另一种结构性权力/知识，支撑着国家权力和法律在乡土中国的运转。任何熟悉乡间社会运作之规则的人对这一点都很了解，尽管未必清醒意识到这一点。

那么村干部为什么愿意扮演这一角色？这不能用其他来解释，必须用利益交换来解释。村干部既然为法官提供了这种知识/权力，强化了法官代表的国家权力，那么法官就总要给村干部留点情面。在这一收贷案的审理过程中，村长就敢不同法庭庭长商量，自作主张"免了"那400元交通费和（特别是）诉讼费，庭长不仅未予反驳，竟然还默许了。这种情况，让一位不了解中国的西方法学家或法官看见，如果不是当场晕过去，也会目瞪口呆。村干部并不是无偿提供地方性知识，他利用自己的知识获得了一些象征性利润。在这位村民面

---

[35] 在湖北省访谈基层法官时，人民法庭法官几乎一致强调下乡办案首先要找村干部，村长、会计等，要让他/她们陪着一块儿去找当事人。一位法官甚至告诉我们一个故事，一位新近从学校毕业的"法官"第一次下乡，直接去找当事人，由于言辞过于"教条"和简单化，被当事人打了出来，眼镜也被打碎了。

[36] 这一点是否为制度性的做法？可以争论。这种做法不见于国家的正式法律、文件，人们可以说它是非正式的；但如果这种做法已被普遍接受，得到国家政权的承认，以此为标准，那么这种做法无疑是制度性的。事实上，这种做法在我国的权力运作中是作为工作程序和方式得到正式承认的，例如"上情下达"的说法，以及"密切联系群众"的要求。此外，制度性和字面上的合法性并不等同，制度性的做法有时不一定具有字面上的合法性。"第一书记说了算"与党章规定的民主集中制显然不一致，因此不具有字面上的合法性，然而，由于种种原因，这种状况是稳定的、长期和普遍的，因此是制度性的。一种做法是否是制度性的不能仅仅以是否有文字规定作为判断标准。

前，他"露了脸"：连镇上的干部（村民们并不区分法官或乡政府官员，这种区分至少目前对他/她们意义不大）都要给他面子。他在村民中的威望会更高。而且，无论这位村长内心的想法如何，至少外观上他在替借贷者着想，帮借贷者解决困难，村民或多或少会对他心怀感激。这些对这位村长今后的权力行使更为有利。在此，村长实际上处于一个相当有利的中间人地位。一方面，他借助国家权力对村民行使权力，借助国家权力强化自己在乡间的地位；另一方面由于他的地方性知识，他可以影响国家权力的行使，借助村民的力量强化自己对于国家的作用。

六、 知识的另一种可能和村干部的另一角色

关于权力的分析没有完结。正如所有的知识都具有两面性一样，正如权力有流变之可能一样，从国家的角度来看，村干部拥有的知识也有一种危险，即弱化国家权力在乡土社会的运作。

首先，前面已经提到，村干部是有面子的人，庭长无论真假、是否愿意，都必须予以照顾。否则，此后再有这类事件发生，村干部只要略施小计，甚至仅仅是消极、不配合，法院的权力就难以有效进入这个村庄。因此，在这个案件中，村干部可以自作主张减免 400 元原则上属于国家所有的钱，尽管这些钱有部分（交通费）可收可不收（在这里更可能是法官用来"砍价"以获得当事人服从的筹码）。

其次，现代法律及其有效运作的前提是陌生人社会或个体主义社会。但在此案中，村干部是这一乡土熟人社会的成员，某种程度上还与乡镇干部构成另一类"熟人社会"。因此，一旦村干部在场，游戏规则势必改变，法学家主张的法律严肃性势必减少，因为熟人间一般无需法律，或只需要很少的法律。[37] 在这个意义上，我们可以理解为什么这个

---

[37] 参看，费孝通：《乡土中国和乡土重建》，风云时代出版社，1993 年；〔美〕布莱克：《法律的运作行为》，唐越、苏力译，中国政法大学出版社，1994 年；以及 Robert C. Ellickson, *Order without Law: How Neighbors Settle Disputes*, Harvard University Press, 1991。

"开庭"的性质让外来观察者很难界定是"审判"还是"调解";也可以理解,"调解"为什么在中国农村至今仍是一种比判决更为普遍、有效的纠纷解决方式,尽管近年来一直强调司法的专业化。[38] 究其原因,也许不完全是法官的司法素质不够,而是这种社会结构、国家司法权在乡村运作时依据的这一知识/权力结构,决定了司法专业化的理想愿望难以落实。

最后,尽管在一定意义上,村干部是国家权力的末梢,但村干部真正的根还是乡村,他/她们不拿工资,没什么晋升的指望,有的早已死了这个心;他们反倒与本乡本土有割不断、理还乱的千丝万缕联系。村干部更多属于乡土社会,不属于国家权力系统。因此,在特定情况下,村干部也完全可以经常运用其知识/权力来对付国家。在此案中,村干部完全可以如观察者之一怀疑的那样,通知借贷的乡民躲过今天,令法庭无功而返。放开一点,我们还可以看到,"文革"时期中国农村曾普遍发生过瞒产多分粮食的现象。特别是在一些山区,上级政府从来也没有真正了解村里的实际土地面积,"学大寨"开荒拓耕的土地往往被村干部隐瞒下来了;由于这往往有利于全村,得到全村人的拥护,这就成为一个仅仅属于本村的地方性知识。由于村干部也了解国家权力的运作规则,能有效应对国家,保护自己。糟糕时,则可能出现严重的违法乱纪现象。至少部分由于这最后一点,我们又可以理解,强调基层干部下乡了解情况的另一种意义。这一点已经超出了收贷案本身的展示,但这一分析是可以成立的。

当分析到这一点,回头看这一收贷案,我们发现,在这个后来被法官制作为"法庭调解"的案件中,如果从社会学意义上的调解结构看[39],

---

[38] 有关民事案件的庭前调解与判决的数据,参看,《中国法律年鉴》(1998),中国法律年鉴社,1998年。

[39] 社会学意义上的调解是一个分析的空缺结构;在这一结构中,谁是调解人,谁是双方当事人,是根据实际扮演的角色功能决定的。司法中调解是一个规范结构,法律规定了法官是调解人。

法庭和营业所更像是一个共同"原告"[40]，借贷的乡民是被告，而村长更像是调解者。整个"开庭"中，庭长和营业所夸大借贷者所欠本息以及诉讼和交通费用，然后卖人情给村干部；借贷者以各种方式（包括招待）作出抵抗；以及村干部"替借贷人着想"作出安排；这一切更像是由村干部主持的争议双方的讨价还价过程。国家的权力居然落到了这种地步，这更说明了本文的一个前提性判断：中国国家权力在乡土社会，至少在偏远的乡土社会，是相当羸弱的。在国家权力的这一边缘地带，就功能而言，村干部扮演的几乎就是费孝通先生50多年前在《皇权与绅权》[41]中描述的乡村绅士的角色，尽管不能简单等同。

七 结语

写到这里，令我都感到有点吃惊。但我的分析并不隐含什么规范性的应然判断，例如国家应加强对乡土社会的行政或法律控制等。我只是通过分析个案来了解中国的"国情"，并没打算从中简单得出一个价值判断或推导出某个政策选择。在我未对这种状况的利弊进一步系统分析之前，我不可能也不愿意提出一个简单的政策建议。如果一定要提出点什么，我的初步看法是，中国近代以来一直进行的民族国家建立虽然总体已经完成，但在许多局部地区尚未实现，这至少部分是法治未能或不能在中国农村真正确立的一个基本制约。

这个结论并非仅仅基于这一个案分析，还有些旁证。正如20世纪

---

[40] 这一点不仅形式上成立，而且就各方利益来说也可以成立。(1) 这表面看来是一个私法案件，但由于，营业所属于国家，法院代表国家，以及法院依法收贷是在地区、县政府强调收贷之后进行的，这就使营业所和人民法庭有共同的利益；(2) 由于法院财政困难，因此希望通过帮助收贷来增加法院"创收"（访谈中有不少法官介绍，在某些地方财政非常困难的地区，法院经常主动找到银行问询是否有"欠债不还"的案件），因此法院和营业所之间有共同的经济利益。因此，至少在一定意义上，它们几乎是一家。据此，这个收贷案件在我看来更像是一个以"私法"关系（公民之间的关系）掩盖的"公法"关系（国家与公民之间的关系）的案件。

[41] 吴晗、费孝通等：《皇权与绅权》，天津人民出版社，1988年。

初年一些中国学者指出的,中国近代以前的"国"并非近代西方意义上的民族国家,而只是一个文化共同体[42];近代以来中国的一个重要任务就是建立民族国家(state-building)。[43] 在黄仁宇看来,中国共产党领导的革命在建立现代国家上的最大成就在于,在中国农村成功建立了现代国家的基层组织。[44] 毛泽东在《中国的红色政权为什么能够长期存在》《井冈山的斗争》《星星之火,可以燎原》等早期著作中就曾细致分析了为什么当时中国的国家权力无法深入农村,经此提出了为后来的历史证明是正确的、农村包围城市的夺取政权的道路。这表明中国的乡土社会在一定意义上的确处于一种"天高皇帝远"的状况。正是这种状况使中国共产党强调深入农村,发动群众,建立农村根据地。由于中国共产党的这一战略,的确从总体上改变了中国农村的政治状况,国家政权网络开始从清代的县进入乡和村。

但这一过程不可能随着一个新政权的建立就完成了。由于中国城乡地区的经济差别(在我看来,这是前述状况发生的根本社会条件),现代化、工业化的生产方式还没有深入农村,这种状况一时很难彻底改变。在毛泽东时代,在计划经济体制下,国家的行政权力以及与国家权力紧密交织的党的组织网络非常强大,也相当深入,尽管如此,毛泽东还是清醒意识到自己并没有改变中国,而仅仅是改变了北京附近的一些地方。[45] 我们不能认为,这只是这位敢于"粪土当年万户侯""问苍茫大地,谁主沉浮"的伟大人物的谦虚,其中没有某种程度的真实。

改革开放以来,市场经济的发展,在一定意义上正重新改造着乡土中国,但由于人民公社制度的废除,国家权力在农村地区某种程度的退出,至少在某些地区,国家权力对乡土社会的实际影响力有所削弱,即使国家权力以"法治"的名义或方式进入乡土社会也很困难。这也许是为什么"司法下乡""送法下乡"重要的根本原因。司法也因此在当

---

42 参看,梁漱溟:《中国文化要义》,学林出版社,1987年,页18—20。
43 参看,杜赞奇:《文化、权力与国家》,王福明译,江苏人民出版社,1994年;又请参看,强世功:《法律移植、公共领域与合法性》,北京大学法律系,硕士论文,1996年。
44 参看,黄仁宇:《中国大历史》,生活·读书·新知三联书店,1997年。
45 毛泽东晚年会见尼克松时,尼克松称赞毛泽东"改变了中国",毛回答时说了这番话。

第一章 为什么送法下乡？

代中国不可避免地有很强政治色彩，因为它的功能已不限于西方经典司法理论对司法功能的界定：纠纷解决和规则确认。它本身就是现代民族国家建立的一个组成部分。也正是在这个背景下，我们也许还可以理解近年来提出的"科技下乡""文化下乡"和"医疗下乡"以及普遍开展的"希望工程"、修建"希望小学"在另一层面上的战略意义。在本章的分析框架中看，可以说它们在一定意义上都继承了毛泽东强调的深入农村的基本战略，只是以另一种方式，一种对于建立现代国家也许更有效的方式。

但是今天与昔日的深入农村还是有些重大变化。如果说，先前的深入农村是为了发动群众，以农村包围城市，因此权力运作的战略是自下而上；那么，今天深入农村的目的似乎更多是改造或征服农村，权力运作的战略更多是自上而下，由城市渗透农村。毕竟，中国已发生了天翻地覆的变化，哪怕因现代化而出现的乡土中国问题还没完全解决。

这也许是对"送法上门""司法下乡"分析后的最重要启示，也是它发生和得以长期延续的根本性和社会结构性的原因。

1997 年 8 月 10 日凌晨草稿
1997 年 9 月 21 日凌晨二稿

附录　感受中国法律的现代性
——《为什么送法下乡？》的一个注释

一

赵兄汀阳要编一部书，专门讨论中国的现代性问题，一定要我写一章。不得已，以一篇旧作抵数。说是抵数，其实也不准确，我不敢欺骗读者，也不敢欺骗自己的学术良心。"什么是你的贡献？"一直是"吾日三省吾身"的一省。说到底，我认为此文与中国的现代性是有关的，只不过我不愿用目前比较流行的现代性语词或命题来言说这个问题。

  为什么？因为，我很痛恨在概念层面讨论诸如"现代性"之类的问题。痛恨是因为在这样一个高度抽象的理论层面，你怎么可能进行有意义的、不致发生误解的交流？何以证明你不是在自言自语、瞎兜圈子？甚至你很难发现误解从何处发生，就如同在森林中迷路一样。更重要的是，这种几乎注定的"宏大叙事"构建很危险，很多看上去琐碎细小然而未必不重要的东西可能因其与宏大叙事难以兼容而被有意无意忽略、压制或篡改了。

  也正是出于这个原因，我选择了《为什么送法下乡？》一文，首先是感受，然后是理解中国法律现代性的某些问题。我希望，因为这个个案的具体和生动，能将中国人的某些日常实践同现代性问题联系起来，给那些不擅长或不习惯概念话语的人一种察觉中国法律现代性的新可能。（当然，即使不理解这种现代性，但只要能从生活中敏感发现问题并予以理论分析，在我看来，就可以了。）与此同时，我也希望本文使那些习惯于在西方创造的概念和命题层面宏大叙事（作动词用）的学者和知识分子理解这一种或另一层面的法律现代性。

  我希望读者首先阅读正文，然后再来看这一注释；如果觉得还有点意思，并且愿意，回过头来再次阅读"送法下乡"，包括那个似乎不伦不类因而当初曾被编辑删掉的题记。在阅读过程中，我希望，读者不断调动自己的日常生活经验质疑、挑战或印证本文。

二

  当下很多人都习惯于将法律的现代性同"正义"或"社会正义"或"权利"相联系；或者是同某些西方的具体法律原则（比方说，刑事被告人的沉默权）或实践（比方说，辛普森审判）联系起来。但是，正义这个词太抽象了，太大了，它可以包括一切，因此才有了成为数千年人类社会之追求的可能，尽管有些人从来没有使用过甚或没有听说过这一语词。正义是一个没有时间、没有生命的概念，用霍姆斯的更为形象的话来说，是不会"摇尾巴的"。它被不同的人用来投射自己的情感、正当化自己欲求。律师中流传的一个故事是，新来的律师打赢了官司，向老律师电告"正义获得了胜利"，而老律师马上命令他"赶紧上诉"。这至少表明某些律师对正义与法律之关系的看法。而"权利"，波斯纳的谱系学分析展示，其实是生物人身上的一种本能，如果没有这种本能，作为一个物种的人类就无法存活下去。无论你是否用权利来称呼它，这种生物的本能感觉是与生俱来的，而不是现代才有的，更不是教育灌输的。西方的法律原则或实践当然可能浸染了西方社会的现代性，但它不等于中国法律的现代性。相反，至少在绝大多数中国法学家那里，这些原则或实践更多可能反证了我们目前的法律实践还属于"前现代性"，因此证明了我们无法讨论当代中国法律的现代性，或至多只能在"同国际接轨"的心愿上、在畅想层面上讨论未来中国法律的现代性。但，这是作为实践之法律的现代性吗？它最多也只是反射了当代中国法律人思维方式、情感方式以及心态的现代性。

更重要的是，在这种话语中，"现代性"变成了一个判断好坏、可欲与否的意识形态标准，一种意向性概念，而不是一种描述性概念；一种似乎是先验的必然，而不是一种感受现实的可能。于是，"生活在别处"成为这种话语的一个基本特征。与此相关的，上帝的眼光是这种话语的另一基本特征。

三

我们必须从中国当代法律的实践，而不是从我们的情感、意向中去考察它的现代性。而我从当代中国法律实践中"劫夺"（无预谋和特定对象的抢劫）来的这个个案，或许有助于我们感受这种现代性。

首先，这个个案展现了中国的法律是在什么样的自然地理人文环境中运作的。中国是一个大国，疆域辽阔，地形多样，这使得中国各地的政治经济文化发展不平衡，当代中国的法律是在而且只能在这一环境中运作，由此显现出某种程度的法律实践的"马赛克"现象。本文分析的收贷案发生地，一个"沙漠边缘"的村庄，因此不仅仅是纯自然的环境，对于阅读敏感者，它应当有一定的暗示或启示意义。自然地理环境已在当代中国的法律运作上深深打下了其印记。在这里，法律不是韦伯的"形式理性"的，也不是哈贝马斯的"法律实体化"的，它不是形式正义的，甚至也不是实质正义的。用这些来自西方的概念分析感受中国社会时，你或多或少会感到力不从心。在这里，没有很多的法律概念演绎和法律推理，没有法官袍和律师，也没有直接的警察和监狱，从政治关系的界定上它是代表国家的法官与公民之间的作战，但你感受到的也许更多是具体的人与人的交涉，是各种资源（不仅是政治权力资源）的调动，是自觉不自觉的策略运用，追求着运作中的各个个体自己的一个个不起眼的具体目的。

但这并非如同有些人可能认为的那样，显现的不过是"前现代"的法律。这种评价有一定的道理，中国的司法制度，特别是农村的司法实践确实有相当浓重的从传统熟人社会向陌生人社会转变的印记，这种转变在许多西方法律社会学家的著作中有过描述和分析。如果仅仅关注这一点，我这里的描述就仅仅是对传统学术命题的一个重复。

然而，我的分析一直关注并在一定程度上也显示了"送法下乡"是同近代以来中国的民族国家建立相联系的。法律下乡、法律上门，作为这一背景由本文作者纳入分析的从当年"农村包围城市"战略，以及近年来文化科技医药三下乡，在一定意义上一脉相承，是现代民族国家形成和确立过程中的一次次战役。甚至这就是现代民族国家的形成与确立的过程本身，因为并不存在一个过程之外的结果。

也正是在这一层面，我们看到了，这里的故事与19世纪或20世纪初人类学家目睹记录的荒野丛林中初民社会的"法律"故事，与学院派法律社会学家视野中的非正式法律或非法律的纠纷解决的理论模型有着深刻不同。从这个角度看，这个故事中确实渗透了现代性。它的现代性不在于它发生在现代；赋予它现代性的不是时间，而是一整套现代的政治实践和政治制度框架。甚至我们难以说它完全是另一种法律的现代性，它与世界的现代性紧密关联。

历史也经此进入了这一图画。"送法下乡"与中国共产党在根据地时期建立现代民族国家的努力和成就联系起来了。由此，我们也就可能理解今天的"依法治国"本身具有的那种强烈的政治追求。然而，这种历史联系还不仅仅是政治意向性的或政治逻辑的，本文在一定程度上也显示了它们在知识谱系上的联系。我的那个可能令一些读者感到莫名

第一章　为什么送法下乡？

其妙的题记、文中不时出现的那些战争的隐喻以及"诉讼"各方的策略运用都提示了：革命战争年代的战略和技术是如何在当下中国以其他方式和名称为不同的人和实践延续和转换着。这种对当代中国法律的知识和技能谱系之开掘，也许不深入，但它仍可能从另一方面展示了中国当代法律自身的现代性。

不要误解，我并不试图以此个案作为中国法律的一个代表或一个缩影，我仅仅将之作为一个个案（如何理解则是读者个人的事）。这种个案很多，但正因为其多，且很平常，它给人常常更多是遗忘、忽略，而不是启发和对于自身存在和偶在的关注。我只是试图尽可能细致然而注定是拙劣地通过文字将它突现出来，看看，什么是中国的法律！因此，尽管这个分析个案发生在农村，在西北，但即使在城市地区，在东南沿海地区，只要你不是过分为西方的现代法治学术话语支配并以此切割对现实的观察，而是坚持维特根斯坦的"不要想，只是看"，那么我们同样可以看到西方经典法律话语无法涵盖概括的法律运作。毕竟，法律不是法条，不是机构。在这个意义上，我想，这个个案本身已具有足够的解构各种新旧法治意识形态话语的力量了。

四

我不要求，也不可能要求读者接受这就是中国的法律，我甚至不要求他/她们接受本文的结论。中国法律的现实形态是多样的，任何描述、分析都势必受到各种挑战，尤其是受到流行的法律话语的批评。但它也许还是可以让人们感受到我们身边的法律原来有如此精妙、微妙和巧妙之处，我们的生活也具有理论的可能性和现代意味，由此它可能激活我们对自己偶在之关注，对自身话语之寻求，激活对现实的关注，激活学术研究的自信。

本文称不上创造性，但它力求创造。它利用了驳杂的来自西方的学术理论资源，但它不是对任何一种西方社会理论或法律理论的搬用，它也不追求推进某个西方学术理论，因此流露出一种不屑不顾（既不屑于套用西方理论来表明这一研究的学术性，也不屑于以批评或回应西方理论来验证自己的独特性）。它运用了毛泽东的著作，土地革命战争的经验，中国民间的俚语、格言以及几乎人人或多或少感受到但通常进入不了学术的轶事、传闻；它是驳杂的。但这些运用不是意识形态的，不为证明文章的或结论的真理性。它既不猎奇式地展现社会学家眼中很容易发现的异国或异乡的情调；也不摆出法学家的架子，以社会裁断者身份急于对眼前的一切作出规范性评价；它甚至没有对案件中的穷人或弱者展示足够的所谓知识分子良心（而是分析了他如何可能在这一具体纠纷中成为一个强者，以此剥夺了他在其他法律文本中本来可能获得的某种廉价的同情）。它冷酷，但不是没有立场。

至少，中国的法律学术本身就是中国法律实践的一部分。如果这一点还有道理，即使上面的理由都不能令你信服中国法律的现代性，那么，本文追求的这种对于自身（中国的）经验、情感、事件、语言乃至读者群的重视、理解和反思，这种对于自身研究的有理由的自信，这种似乎是对传统学科界限和传统知识分子伦理之无忌和无赖（"最喜小儿无赖，溪头卧剥莲蓬"之无赖），也可以说是中国法律（学术）现代性的一个证据。

1999 年 5 月 2 日于北大蔚秀园

第二章 法院的审判与行政管理

> 历史传统在法国农民中间造成了一种迷信,以为一个名叫拿破仑的人将会把一切美好的东西送还他们。于是就出现了一个人来冒充这个人,只是因为他——根据拿破仑法典规定:"不许寻究父方"——取名为拿破仑。
>
> ——马克思[1]

一、问题的界定

一国的法院[2]系统的职责是完成国家赋予它的审判职能,这一点已是常识。但,这通常只是从政治学或宪法角度对法院功能的规范性分析和规定,是法院概念的赘述。在现实中,各国法院都由诸多人员(法官以及其他辅助人员)组成,有财政预算和支出,也还有其他办公室的和支援性的工作,因此,任何一个法院内部都有行政管理事务。在各国,这些非审判的事务工作至少有部分是由甚或只能由法院自己承担,尽管由于制度不同,各国法院承担的这类工作总量也有所不同。例

---

[1] 马克思:《路易·波拿巴的雾月十八日》,《马克思恩格斯选集》卷1,人民出版社,1994年,页678。
[2] 这在美国一般称为"司法"部门,即拥有司法权的政府机构。在中国,"司法"往往指政府下属的一个行政机构,而国家的司法权是由法院和检察院分享的,因此本书在谈及中国并可能造成含混之处会尽可能使用"法院"。

如，与中国的最高人民法院相比，美国联邦最高法院承担的行政管理工作就比较少，美国联邦大法官的工作也比较单纯。[3] 但即使被视为纯粹司法之标志的美国联邦首席大法官和大法官们，也得管不少"杂事"，得履行某些行政管理职能。以美国联邦最高法院首席大法官为例，他得负责联邦最高法院案件的上诉状清单；主持最高法院的会议、讨论案件，把握时间；在具体案件上，当他属于多数派时，则由他分派一位大法官撰写司法意见。这都是与司法有关但又显然有行政意味的事务，是法院的行政管理工作。此外，还有超过 50 多条联邦法律规定了首席大法官负责的其他管理工作。[4] 这些行政工作也反映在工资上——作为多劳多得的报酬，首席大法官的年薪比其他大法官也更高一些。各个大法官也有些管理工作。他们每个人手下都有至少 4 名法官助理（law clerk）和 2 名秘书；法官助理往往由各个大法官本人亲自面试挑选，听从大法官本人调遣，按照大法官的个案判断撰写司法意见。如果前美国联邦最高法院大法官鲍威尔说得不错，九位大法官及其法律助手、秘书构成了"9 个独立的小律所"[5]；那么每位大法官也都是律所的主任。

---

[3] 例如，美国联邦法院设有行政管理局，该局"为联邦法院行使基本的管理职能。它还收集和处理联邦法院活动的资料。……另外，管理局还是联邦［法院系统］、会议、立法和行政机构之间的联系纽带。管理局代表会议向国会提出预算要求，倡议增加法官席位，提出关于改变法院活动规则及其他对联邦有重大影响和事项的建议。"美国联邦法院系统内还设有"全美司法会议"（Judicial Conference of the United States）、"巡回司法理事会"（Circuit Judicial Council）以及联邦司法中心（Federal Judicial Center），各法院近代以来还都设有一个非司法官员的"法院管理官"，专门管理法院的非司法性工作，例如草拟预算、招募法院工作人员以及管理法院案件，这些机构和人员的设置都承担了类似中国法院的某些行政管理的决策工作和日常工作。参看，伦斯特洛姆编：《美国法律词典》，贺卫方等译校，中国政法大学出版社，1998 年，页 45—47、51—52、60—61、57、84—85；又请参看，Henry J. Abraham, *The Judicial Process*, 4th ed. Oxford University Press, 1980, pp. 175-178。此外，关于德国法院的行政事务管理，在案件分配上的一个非常简单的介绍，请参看，傅德：《德国的司法职业与司法独立》，宋冰编：《程序、正义与现代化》，中国政法大学出版社，1999 年，特别是页 28—30。

[4] David M. O'Brien, *Storm Center: The Supreme Court in American Politics*, 2nd ed., W. W. Norton & Company, 1990, p. 178.

[5] O'Brien, *Storm Center*, 同前注 4, p. 157.

第二章 法院的审判与行政管理

正由于现实的法院总要履行与审判相关的行政管理职能，因此法院内的行政管理就必然与法院的审判工作有所交叉、混合，甚至与司法权的行使发生某种冲突，在一定程度上会影响司法审判权的行使。一个众所周知的事实是，美国联邦最高法院首席大法官就常常利用自己的行政管理职权来谋求，并实际获得了对司法判决的某些特殊影响。在个案司法中，他总是力求自己属于多数派，借此把最重要的司法意见的撰写分派给自己，或分派给与自己的观点最相近的法官，从而影响了该判决以及相关法律的未来发展。[6]

尽管法院行政管理会对审判产生有时甚至是重大的影响，但长期以来，在传统的规范法学研究中，这个问题一直没有得到重视，特别是在中国。[7] 中国近代以来的司法制度是从西方移植过来的，移植后，由于频繁的社会变革，司法制度一直没能真正确立独立的实践传统，更多停留于理念。中国法学界长期以来也侧重于演绎抽象的"审判独立"这样的司法理念或司法原则，不很了解——严格地说是不自觉、反省和不关心——法院的实际运作。甚或因为认可行政管理与审判之间冲突难免有损心中的法治形象，许多学者也有意无意地回避或忽略了这个问题。概念世界总是比现实世界更纯真并令人欣慰的。

在我所见到的有限的中国学者的系统论述中，贺卫方发表的《中国司法管理制度的两个问题》[8] 是一个例外。该文第一次比较系统且尖

---

[6] 关于美国联邦最高法院首席大法官在司法意见撰写之分配上的技巧和考虑因素，可参看，David J. Danelski, "The Influence of the Chief Justice in the Decisional Process of the Supreme Court", in Sheldon Goldman and Austin Sarateds., *American Court System: Readings in Judicial Process and Behavior*, 2nd ed., Longman, 1989, pp. 486-499; 又可参看，Abraham, *The Judicial Process*, 同前注3, pp. 215-218; O'Brien, *Storm Center*, 同前注4, p. 159 ff。

[7] 在美国，这传统上属于行为主义政治学研究的问题；在法学领域中，尽管从事法律实务的律师都知道这一事实，在审判实践中也往往运用了这一既定事实，只是在法学著作中，这个问题往往被忽视。这一方面是因为律师关心的法律是法官可能作出的决定，他/她们没有能力改变法院运作的制度框架，因此他/她们一般不考虑这个问题；另一方面，法学院的关注点更多是规范性的法律研究，因此，这种不干净的"司法政治"恰恰是传统的法学教授力求排除的。

[8] 原载《中国社会科学》1997年第6期，后收入，贺卫方：《司法的理念与制度》，中国政法大学出版社，1998年；文章改名为《论司法的非行政化和非官僚化》。相关的分析还可参看，胡健华、李汉成：《谈法院司法行政工作的自行管理》，《人民司法》，1992（转下页）

锐地提出了当代中国法院（即贺文的司法）行政管理体制的问题。贺文指出中国法院系统有严重的行政色彩和官僚色彩，例如法官等级制、审判委员会制度以及上下级法院之间的关系等，认为这严重影响了中国法院充分履行其审判职能。

在许多问题上，我分享贺指出的问题。但在我看来，贺文的分析还可以深入，分析框架上也可以作出某种调整。贺文在相当程度上仍停留于规范研究，更多以外国的（主要是美国的）或所谓"国际标准"的正式司法制度同中国法律明文规定的正式制度进行比较；这种进路影响了他对中国司法制度的问题作出更深的理解和更中肯的批评。因为，如果前面我对法院行政管理的分析还有点道理，那么影响中国法院审判功能实现的因素就不仅包括《法院组织法》、各诉讼法以及其他相关法律明文规定的正式审判制度，它势必还包括与审判相关的法院内的行政管理制度和习惯。若仅仅或过于注重正式制度，分析中将审判制度同行政管理制度混淆起来，很容易将一些因法院内部行政管理制度或习惯引发的问题或弊端都归因于法院的某些审判制度设置，或夸大法院的某些审判制度的弊端。[9] 以所谓的"国际标准"来比较，固然有警醒作用，即通过参照系改变、唤起人们对问题的新认识，从而促进问题的解决，但这种原则比较本身无助于人们着手解决面临的问题。强调原则总是容易的，原则可以是并且总是比较单纯的。审判独立的原则可以在概念层面、原则层面完全"清洗"或"隔离"法院的行政管理工作，但这种清洗或隔离在现实中无法根除法院运作不可或缺的内部行政管理。

本章关注在实际运作层面上，中国法院内的行政管理制度如何影响

（接上页）年第12期，页33—34；胡与李的论文基本是强调法院内部的行政工作应当由法院自己管理，而不应当由司法行政机关管理；文章也谈到国外的一些情况，但作者显然没意识到审判职能与司法行政之间必然会有冲突。

[9] 一个典型的例子是贺卫方与我对审判委员会制度的不同看法。贺的观点除见于前文之外，还见于《关于审判委员会的几点评论》，《北大法律评论》卷2，法律出版社，1998年，该文也被收入了贺的文集《司法的理念与制度》；该文是对我的论文《基层法院审判委员会制度的考察及思考》（《北大法律评论》卷2，法律出版社，1998年；该文即本书的第三章）的评论。当然我集中讨论的仅仅是基层法院中的审判委员会。

了或可能影响法院的审判职能；主要从法院系统内部的常规制度设置来考察。我的基本观点是，由于面临着无法避免的内部行政事务，法院内的行政管理有其合法性和必要性；但这种行政管理制度有可能侵蚀和扭曲审判制度；中国法院系统目前面临的诸多问题，如审判独立，都与对这个问题处理不当或重视不够有联系。我的结论是，重要的不是排斥这种行政管理事务，而是要随着社会分工的发展，注意将法院的行政管理职能同法院的司法职能逐步制度化地分离开来。

二、法院的两套制度及其结构

我首先简单叙述中国法院内的两套相互交织的正式制度，这两套制度原则上分别针对的是法院的宪法职能即审判工作和法院内部的行政管理工作。

首先是审判制度。从正式制度层面上看，我国各级法院均由院长一人，副院长、庭长、副庭长和审判员若干人组成。[10] 法律没有区分院长、副院长、庭长、副庭长乃至审判员作为法官在审判职责上的差别。相反，依据《法官法》第6条，似乎在审判上这些"长"们同其他审判员一样，首先是法官，必须履行法官的职责。在法院内部，依据《法院组织法》设立了各个业务庭并设有庭长，但并没规定，在审判上，这些业务庭的具体功能、庭长的特殊职责。对业务庭庭长之职责的明确法律规定，只有一条，即合议庭审判长由法院院长或业务庭庭长指定。[11] 但严格说来，这并非对其审判职责的规定，也不是审判权限的分配，而只是对审判中不可避免的、附属性行政管理职责的分配。依据《法院组织法》，具体审理案件的是合议庭或独任审判员。[12] 但实践中，只有基层法院

---

10 《法院组织法》第19、24、26条和第30条。
11 参看，《法院组织法》第10条；《最高人民法院关于审理刑事案件程序的具体规定》(1994)第94条；《民事诉讼法》第42条。但在我们调查的基层法院，审判长事实上都由业务庭庭长指定。
12 《法院组织法》第10条。

一审简单案件中适用独任审判，中级以上各级法院以及基层法院审理非简单案件均采用合议庭制，即至少由3名审判人员组成合议庭审理。[13]

依据《法院组织法》，法院内部还设有一个集体领导审判工作的专门机构，即审判委员会，对重大、复杂、疑难案件进行讨论并作出决定。[14] 这是一个与审判真正有关的制度。但不清楚的是，由合议庭或独任法官审理的案件究竟通过何种程序进入审判委员会讨论决定；无论是《法院组织法》还是《民事诉讼法》和《行政诉讼法》对此均无具体规定，只是规定各级法院院长对本院已经发生法律效力的判决、裁定，发现确有事实或法律错误，认为需要再审的，应提交审判委员会讨论决定或讨论决定是否再审。[15]《刑事诉讼法》以及最高人民法院对该法的解释概括地规定了独任审判或合议庭审判之案件进入审判委员会讨论决定的程序：由承办案件的合议庭或独任法官提起。[16]

这是中国现行法律对各级法院的审判制度的正式制度安排。如仅仅从文字上看，仅仅就履行审判职能而言，这种制度安排虽然与西方各国的法院制度有诸多不同，但由于西方各国法院的审判组织也并不甚至很不相同，因此从概念层面来看，也难说中国法院的审判制度就一定有毛病。即使是颇受法学界非议的审判委员会制度，如果认真考究中国社会的一系列制约因素，也不是全无道理。[17]

如果严格依据这一制度，我们无法说，院长、副院长、庭长、副

---

13 《刑事诉讼法》第147条；《法院组织法》第11条。

14 《法院组织法》第11条。

15 《法院组织法》（1986）第14条；《民事诉讼法》（1996）第177条，《行政诉讼法》（1989）第63条。若严格依据这一规定，在民事、经济和行政案件的审理过程中，合议庭或独任法官的判决应当说就是生效判决，除非发生了错误并且由院长提交审判委员会，否则审判委员会无权干预。但对基层法院的调查发现，并非如此。关于这一点，可参看，本书第三章"基层法院审判委员会制度"。

16 《刑事诉讼法》（1996）第149条。又请参看，《最高人民法院关于执行〈中华人民共和国刑事诉讼法〉若干问题的解释（试行）》（1996），其第115条规定对疑难、复杂、重大的案件，合议庭认为有必要的，可以提请院长决定提交审判委员会讨论决定。该条所列举的案件有拟处死刑的；合议庭成员意见有重大分歧的；人民检察院抗诉的；在社会上有重大影响的；以及其他需要由审判委员会讨论决定的。该条还规定独任审判的案件，开庭审理后，独任审判员认为有必要的，也可以建议院长提交审判委员会讨论决定。

17 有关的分析和讨论，请看本书第三章"基层法院审判委员会制度"。

第二章　法院的审判与行政管理

长在审判上比普通审判员有更大法定的司法权威，无论是判决的正确还是决定性。就司法审判而言，他们都只是法官，在审判权力上是平等的。[18] 但依据这种制度安排，院长、副院长、庭长和副庭长在现行法院审判体制内确实拥有了某种影响其他普通法官乃至影响判决的能力，例如通过指定审判长和确定合议庭组成来影响判决。但是，由于在有众多法官的法院中，这种附属于审判的管理权势必存在，不可能理想主义地指望在不增加其他交易费用或制度弊端的情况下完全消除这种影响，也还没有经验研究表明其他制度设置交易费用更低或弊端更小。即使假定美国法院的运作模式可欲，这种影响力也未必超过美国法院内首席法官对其他法官的影响。

还须讨论一下法院内各业务庭的设置。依据《法院组织法》，各级法院都要设置或可以设置（基层法院）各"业务庭"：民庭、刑庭、行政庭、经济庭（后改为民二庭）等，分别设有庭长、副庭长。[19] 尽管这一设置为美国法院所没有，但如前所说，相关法律并没规定其在审判中的具体功能。如果从法院内部的专业分工的角度看，特别是考虑到目前中国法官，就总体而言，文化和法律专业素养普遍相对欠缺，这种专业分工或许可以弥补专业化不足的弱点（至于是否起到这个作用，则需要实证研究），并有利于司法专门化（尽管，从另一角度看，这种分工也会有弊端，我将在后面讨论，也确实引发了一些弊端）。事实上，欧陆国家的法院内也有类似分工或者分设了各种专门法院。[20] 美国也有专门

18　这一点在关于审判委员会制度的法律规定中也有体现。参看《法院组织法》（1986）第11条，审判委员会"实行民主集中制"，而不是如检察委员会实行的"首长负责制"。又参看，《最高人民法院关于审理刑事案件程序的具体规定》（1994）第87条，"审判委员会的决定，必须获得半数以上的委员同意方能通过"。我们的调查发现这一条在基层法院普遍得到了贯彻，参加审判委员会的无论是院长、副院长还是庭长，都一票。当然，这一普遍性结论并不排除现实中院长或某个委员对其他委员有意或无意施加影响。

19　《法院组织法》第19、24、26条和第30条。

20　例如，法国的最高法院就设有6个审判庭，分别受理私法、经济贸易、劳资关系以及社会保险和刑法案件。请看，由嵘主编：《外国法制史》，北京大学出版社，1992年，页436。德国和日本法院系统中也分别设有民庭和刑庭。请看，曾广载编著：《西方国家宪法和政府》，湖北教育出版社，1989年，页548、625。此外，德国还设有联邦专利法院、行政法院、劳动法院、社会法院和财税法院等。参看，《德国的法院体系》，宋冰编，《读本：美国与德国的司法制度及司法程序》，中国政法大学出版社，1999年，页128—131。

法院逐渐发达的趋势。[21] 由于分了庭，庭内必然有行政管理事务，设立庭长，也不无道理。

如果这就是中国的审判制度，不能说尽善尽美，至少也无可厚非。但中国各法院的这套制度实际上不仅用于履行法院的司法审判职能，甚至不仅用于履行附着于审判的行政管理职能，它一定还承担了其他一些职能。因为，即便是要处理一些附着于审判的行政杂事，那也没法解说为什么几乎每个法院、每个业务庭实际上都设了多个副职。中国法院内部的实际制度设置一定有某些尚未进入规范性宪法、司法制度或政治学研究者学术视野的功能。[22] 其中对于本章所讨论的问题最重要的就是法院内部的行政管理。

中国法院系统的行政管理事务比美国法院要复杂得多，也繁重得多。依据法律，院长或副院长不仅要承担许多与审判有关的行政管理工作[23]，还必须承担与审判并无直接联系的诸如纪检、监察甚至是统计这样的行政管理工作。[24] 此外，还有一些无明文规定，但由于现行制度设置势必要由或事实上一直由院长、副院长承担的大量的行政管理工作。例如，各业务庭庭长、副庭长，基层法院各人民法庭的庭长、副庭长，以及院机关非业务部门负责人的任免、调配；法官职称评定和晋升

---

[21] 参看，Richard A. Posner, *Federal Courts: Challenge and Reform*, Harvard University Press, 1996, ch. 8。

[22] 例如，设置大量副职就创造了许多符号性资源，便于人事安排，与之相伴的还有其他政治权力和物质财富资源的分配；因此这种制度设置起到了资源分配的功能。但这些非常重要的方面与本章集中讨论的问题没有太大关系，因此点到为止。如果有兴趣，其他学者完全可以从这一角度进一步分析中外的法院制度。

[23] 例如《法院组织法》(1986) 第 11 条规定，"地方各级人民法院审判委员会委员，由院长提请本级人民代表大会常务委员会任免"；《法官法》(1995) 第 11 条规定，"人民法院的助理审判员由本院院长任免"；第 47 条规定，"法官考评委员会的组成人员为五至九人。法官考评委员会主任由本院院长担任。"

[24] 《最高人民法院关于印发〈人民法院监察工作暂行规定〉〈人民法院监察部门查处违纪案件的暂行办法〉的通知》第 8 条规定："最高人民法院设立监察室，在最高人民法院院长的领导下，负责领导和管理全国法院系统的监察工作，并对本院及其工作人员，高级人民法院及其院长、副院长进行监察。"《最高人民法院关于人民法院的司法统计工作的若干规定》第 4 条规定了要将统计工作"作为法院的一项重要工作，由院长或一名副院长主管"。

第二章 法院的审判与行政管理

等。并且随着各级法院机构的日益复杂，相关的机构人事任免和调配的工作也日益增加。至于其他非正式的但仍然是行政性、事务性的工作就更多了。据我们对基层法院的调查，这些工作有，法院系统为提高法官文化和业务素质而举办的各类业余教育（函大、业大、电大），司法改革，改善法院工作条件和法院人员福利待遇的各种工作（例如"开发案源"，例如盖宿舍、办公楼），各种评比、检查，参与当地政府的扶贫、抗灾、捐献、精神文明等大量非司法职业的工作，以及参与本地党政领导召集的各种有关甚至无关的会议。每个法院都因此增加了许多行政管理事务。中国的法院与中国的许多工厂、企业、机关、学校一样，是一个单位；有时甚至就是一个小型"社区"。

不仅院一级有大量行政工作，业务庭这一级也有不少行政性工作。法定的，例如，案件的分配、合议庭的组成、审判长的指定，至少在我们调查的基层法院中，这都由庭长、副庭长操作落实，而并非由院长操持。上一段提到的法院的其他行政杂事，由于往往必须"落实到人头"，也给各业务庭增加了许多行政管理工作。

正由于中国法院是一个单位、一个社区，内部有很多行政事务，这就使中国法院系统本身对行政管理就有一种相当强烈的制度需求；设立众多院长、副院长、庭长、副庭长就是处理这些行政事务、管理这个社区、维护和增加社区福利的一种必须。

必须小心的一点是，法院及业务庭有行政管理的制度需求，为满足这一需求设立了相应的行政管理制度，并不必定导致法院系统行政化。前面提到，各国的法院系统，例如美国法院系统内部，同样有法院行政管理工作，尽管少很多，但是美国法院并没有强烈的行政色彩。甚至从理论上看，行政管理事务增多也未必导致机构的行政色彩增加。西方国家的权力分立宪政制度恰恰是在近代国家行政事务急剧增多的历史背景下发生的。事务增加、劳动分工催生了解决不同类型问题的专门职能部门。这种分工不仅提高了效率，而且促成了各职能部门形成自身的运作逻辑。

中国法院行政化的问题出在法院系统内两套分别处理两类不同问题的制度在实践中发生了职能的交错和混合，没有实现制度设置的或我们欲求的那种职能分工。这两套制度设置都有其合理性，但既然法院的基本社会职能是审判，那么其内部的行政管理从制度逻辑上看就应当用来支撑法院的审判职能，因此是辅助性的。但这两套制度附着于同一机构，在一个制度相互交叉的机构空间中运作，这两套制度的逻辑就有可能混淆和交叉。我在基层法院的调查发现，这两套制度不仅经常完全混同，甚至主次关系位置在相当程度上也被颠倒了，审判制度常常嵌在法院的行政管理制度中，成为法院行政管理制度的一个部分。行政管理制度在法院履行审判职能中起了很大作用，有积极的，但更多可能是消极的作用，尽管具体评价还取决于观察者和读者的视角和立场。并且，在这两套制度交叉作用中，法院实际上形成了一系列尽管非正式但很有影响的审判体制，与法律文本上的正式审判体制相差甚大。

三、司法过程中的行政化审判制度

上面只是理路的清算，要真正发现实际起作用的非正式的审判制度[25]，我们必须细致考察法院审判决定的实际过程。

---

[25] 所谓正式制度，本章指的是由成文法律规定的法院的组织结构、运作程序；非正式制度指上述法律并无明文规定，但法院工作人员通常会自觉不自觉遵守甚至必须遵守的习惯或惯例，以及与这种习惯、惯例相伴随的观念。这些习惯或观念之所以称其为制度，是因为它们同正式的法律规定一样，制约个人行为，成为一种人们不得不遵循的社会规范。这一关于制度的定义与我们通常所说的制度（即正式的组织机构或规则）不一样。但是，如今越来越多的人接受了"制度实际上就是个人或社会对有关的某些关系或某些作用的一般思想习惯，……今天的制度，也就是当前公认的生活方式"（凡勃伦：《有闲阶级论》，蔡受百译，商务印书馆，1964年，页138—141）。必须指出，有时，有些制度虽然是正式的，但由于种种非正式制度的制约，实际上正式制度反而是无效的，不过是纸面上的制度；非正式制度总是因其在生活中起了作用，才被人们认定为制度。因此，非正式制度一般说来应当是实际发生影响的制度。一个重要的例子就是1980年代制定的《破产法》。还必须指出，在研究当代中国法院之际，什么是正式制度或非正式制度往往不那么明确，也取决于研究者的研究视角和界定。例如法院党组或党管干部是中国的一个现实，坚持中国共产党的领导是宪法规定的基本原则。从这一角度来说，党在法院内部（转下页）

第二章 法院的审判与行政管理

当一个案件进入法院,并确定为——例如——民事案件之后,就转交民庭来审理。一般说来,民庭庭长指定承办法官;庭长会依据案件复杂程度,确定独任审判还是合议庭审判。如果是合议庭审判,庭长有权指定审判长。庭长的这些职权都有法律明文规定,有行政管理的色彩,也是不可避免的附带性的行政活动。但是,从这里开始,法院的行政管理制度已经开始介入审判,把审判决定的过程拉入或纳入了行政管理制度。

长期以来,在法院内部,无行政职务的法官均习惯认为自己是在法院院长、副院长,业务庭的庭长、副庭长的领导下工作,在一些比较重要的问题上,无论是审判的或是非审判的,都习惯向领导请示汇报。虽无法律明文规定,但这已成为各级法院的一种惯例。即使独任审判的案件并无疑难问题,或合议庭意见一致并已初步判决,该案判决也常常会逐级上报业务庭庭长、主管副院长审批。有疑难或争议的且经业务庭庭长、主管副院长的干预后争议仍未解决的案件,最后会上报院长,进入审判委员会讨论。院长还可以直接依据有关法律或在某些情况下依据其行政管理的职权直接干预案件审理。[26]

合议庭和独任法官并非如同法学界或法律界所批评的那样,真的是"审者不判"或"只审不判"。事实上,在把案件送交业务庭庭长、主管副院长之前,一般说来,合议庭都会提出,事实上是必须提出一个结论性意见。[27] 业务庭庭长会审核合议庭拟制的案件判决意见,如果他同

(接上页)的影响和运作应当说是正式制度。但如果仅仅从《法院组织法》或各诉讼法条文上看,党在法院内部的实际影响和运作是没有法律明文规定的,其具体运作方式和影响是中国当代历史发展约定俗成的,因此,仅就法院的制度而言,法院党组是法院运作中的一个非正式制度。当然,究竟党组在法院中是一个正式制度还是非正式制度,这一区分并不重要;重要的是,如同我将在后面讨论的,我们在考察法院制度之际不应当仅仅关注法律明文规定的制度,而忘记了许多实际发生影响的哪怕是非正式的制度。

26 有关的法律规定,可参看,《法院组织法》(1986)第10、11、14、16、37条;《法官法》(1995)第6条;《民事诉讼法》(1991)第42、47、177条;《行政诉讼法》(1989)第47、63条;《刑事诉讼法》(1996)第30、147、205条,《最高人民法院关于审理刑事案件程序的具体规定》第26、112、115、120、283条。

27 参看,《刑事诉讼法》(1996)第149条。而在民事诉讼和行政诉讼中,调查发现,这已经成为惯例。

意合议庭的意见，通常就会将案件送交主管副院长审批；如果他不同意合议庭的意见，则会简单写出或面谈他自己的意见，要求合议庭重新评议。案件到了院长或主管副院长那里，则大致会碰到下面三种情况：第一，同意合议庭意见，签发判决；第二，不同意合议庭意见，同业务庭庭长一样，他会要求合议庭复议；第三，如果他/她认为案情重大、复杂，会要求将案件移到审判委员会进行讨论。但一般说来，业务庭庭长、主管副院长个人也没有完全的和最后决定案件的权力。他们的意见，对于合议庭来说，只是一种参考，尽管分量很重。合议庭完全可能坚持他们的最初意见，再次要求庭长、院长审批签发。这因为案件判决的署名是合议庭成员，而不是庭长、院长。[28] 对案件后果负责的主体仍然是合议庭。当然，合议庭也可能接受庭长、院长的"批示"，重新合议案件；但一般说来，庭长、院长对案件的批示并不总是十分明确，有时批示的意见往往有意比较模糊。这一方面是便于推脱责任，如果案件在二审判定错了，批示者可以左右逢源地解释自己的批示；另一方面是正式司法制度毕竟还有一定的制约作用，业务庭庭长或副院长本人并非法定的判决案件的人或组织。[29] 审判委员会是法院内部设立的最高审判机构，它不直接听审案件，不直接作出裁判；但是，一旦案件进入审判委员会，审判委员会就有权对具体案件作出处理决定，合议庭必须执行[30]，并且以合议庭的名义发布判决书。

我们看见，法律规定的审判制度在实际审判过程中变形了，形成了

---

[28] 《民事诉讼法》（1991）第138条规定，"判决书由审判人员、书记员署名，加盖人民法院印章"。《刑事诉讼法》（1996）第164条规定："判决书应当由合议庭的组成人员和书记员署名，并且写明上诉的期限和上诉的法院。"

[29] 我们不仅在同法官的访谈中感受到这一点，而且在一些正式文件中也可以看到承办案件的法官试图利用有关法律规定抵抗法院内行政权对审判权的侵蚀。《最高人民法院关于人民法院审判严重刑事犯罪案件中具体应用法律的若干问题的答复》（1983年9月20日）第14条就留下了这种抵抗的痕迹。一个来自浙江省的问题是："目前对严厉打击和迅速审判的严重刑事犯罪案件，在法院的法律文书上，可否不签署审判员和书记员姓名，只加盖人民法院的印章？"对此最高法院的答复是："刑事诉讼法第122条规定：'判决书应当由合议庭的组成人员和书记员署名'。目前，仍应按此执行。"

[30] 《最高人民法院关于审理刑事案件程序的具体规定》第87条规定："审判委员会的决定，合议庭应当执行。如果仍有不同意见，可以建议院长提交审判委员会复议。"

中国法院审判的实际的尽管是非正式的制度。

第一，审判制度和行政管理制度混同了。业务庭庭长在一定程度上成为独任法官或合议庭之上的一个上级；在法定的审判机构合议庭或独任法官与审判委员会之间，不仅有庭长，往往还有分管业务庭的主管副院长，以及院长。因此，一个案件的审理，实际并非承办案件的法官或合议庭最后决定，而是必须逐级上报或"请示"业务庭庭长、主管副院长，乃至院长。一旦这种做法成为惯例，具有制度的意味，这些行政领导有时就可能直接插手案件，对案件产生重大影响。如果不是从法律文字，而是从决定案件之权力的角度来看，就会发现，法院的审判制度就不是独任审判或三人合议庭制，而是四人、五人甚至更多人的合议制。

第二，不仅审判职能和行政管理职能混同了，更重要的是审判制度反倒成了法院行政管理制度的附属。独任法官、合议庭和审委会都只是法院内部实现审判职能的一种组织形式，而不是独立行使审判权的机构或个人。独任法官和合议庭，事实上是而且原则上也必须在庭长、院长的领导下进行审判活动。

第三，一个法院内也出现了某种"审级制度"，特别是在一些疑难、复杂和重大案件上。一级法院的审判决定实际上是该法院内部逐级审判过程的产物。不仅主审法官的审判权被分割了，而且法律规定的这一级法院的审判权也高度分散了。

还有诸多其他因素强化了行政管理制度对审判制度的影响。其中之一是法官的任免。尽管依据《法院组织法》，法院的院长、副院长、庭长、副庭长和审判员的审判职能是平等的；法院只能任免本院的助理审判员，同级人大常委会才能任免审判员。[31] 但到目前为止，人大的任命基本是程序性的，只是一道必须的手续，绝大部分法官实际由各法院的领导提名。法官首先由其所在的业务庭的领导和院领导推荐，由人事部门考查，然后由院党组——往往由院长、副院长、政治部主任和纪检组长组成——最终决定。一旦一位法官能否获得法官职位在相当程度上由

---

31 《法院组织法》（1986）第35条。

其所在法院内另外一些"法官"决定,他/她的案件审理也就势必在某种程度上受后者的影响,他/她会倾向于揣摩"领导意图"。而庭长、院长有时也可能利用这种权力格局对案件处理施加影响。在这种权力结构中,有行政职务的法官和无行政职务的法官对案件的决断力是不同的,一个法院内的法官因此也有了三六九等。

四、 行政化中的集体决策

但千万不要以为,中国法院内的这种制度安排仅仅使实际的审判活动具有强烈行政色彩,或是认为中国法院内的案件决定方式都是行政科层制的。法院审判决定的行政化仅仅是法院的两套制度职能交错混合显现的特色之一;如果以此概括中国法院的审判不很公平。这两套制度的职能交错混合还体现出其他特点,其中之一是"民主化的"集体决策模式。这里说的民主化或集体决策并不自然具有目前流行意识形态中所赋予的那种褒义;它仅仅指决策权的分散,介入这一过程的每个人对最终决策都可能施加某种影响。这一特点原则上似乎与前述审判行政化的特点相悖,但这种悖论在现实中确实存在。因为如果法院纯粹是行政化的,那么审判就应是严格的首长负责制;但中国法院的审判制度并非如此。它同时有行政请示的特点和决策分散的特点,是两者的混合,是两者的相互强化和支持。

审判委员会就是法院行政化审判中一个民主化的集体决策组织;对此,我在第三章讨论,此处不再赘述。前面描述的审判一般过程也从另一个角度展现出了这一点。作为一种非正式制度,从起诉到判决,在这一过程中,审判决定权被分割了,审理和判决没有集中在任何一个机构或个人手中[32],与这一过程有联系的任何个人都可以发言、干预,只要符合情理,最终在某种程度上也会吸纳其意见。这种决定权的分散,在

---

[32] 甚至对审判委员会的决定,合议庭也可以建议提交审判委员会复议的,参见《最高人民法院关于审理刑事案件程序的具体规定》第87条规定,"审判委员会的决定,……如果[合议庭]仍有不同意见,可以建议院长提交审判委员会复议"。

第二章　法院的审判与行政管理

特定意义上,是一个民主的集体决策过程。当然,这种民主化集体决策方式的后果常常是没有哪一个人对案件结果负最终责任,也很难要求某个人负全责。

我们也因此不难理解另一种从未见于任何法律规定,却在各法院普遍存在和运作的非正式制度——庭务会。我们的调查发现,各业务庭庭长有时会把某合议庭正在审理的案件拿到庭务会上研究,要求该业务庭的全体法官参加,进行讨论。讨论的案件有可能是业务庭庭长与合议庭意见分歧较大的案件,要求更多法官参加进来便于了解庭内多数法官的意见,吸纳集体的智慧;也可能是合议庭自身有分歧,拿不出一个自认为令人信服的完整意见,因此希望听取其他法官的意见。甚至,由于集体办公,没有各自独立的办公室,没有思考研究案件的私隐空间,法官很容易,事实上已习惯于就自己"拿不准"的案件同其他法官交流,征求和听取其他法官的意见和建议。[33] 这种司法民主化的做法与前述的法院行政化也形成了强烈反差。尽管这种民主化的集体决策方式同样未必能获得法学界的认同。

甚至在合议庭内部有时也体现了这种民主化的集体决策方式。合议庭通常由三名法官组成,其中一位法官是案件的具体承办人,对案件的事实和法律问题负主要责任。案件从开庭前的准备、证据调查和案件初步处理意见之撰写,基本由该法官独自完成。合议庭其他成员只在开庭前简单看一下案卷,然后参加审理,合议时凭着看案卷时和法庭审理中获取的印象,加上承办法官的汇报,提出自己的看法。由于一般情况下合议庭成员构成相对稳定,相互间的博弈将重复多次,合作比不合作好,这决定了合议庭各位法官会尽可能维系一种协作的关系格局。合议庭实行的是少数服从多数的原则[34],承办法官一般都希望自己的意见能获得另外两位法官的认可和支持,如果承办法官的意见在合议时处于少数,这就意味着他不大称职。作为一种礼尚往来,只要没有实质性分歧,希望自己承办的案件结果获得其他法官认可

33　北大法学院学生凌斌在其实习期间发现了这种关联。在此表示感谢。
34　《刑事诉讼法》第148条。

的法官一般也趋于认可其他法官承办的案件结果。[35] 这种礼尚往来并不意味着合议庭总是会意见一致,只是说,在法律允许的自由裁量范围内,合议庭的各位法官会尽可能争取一致意见。

即使在这里,仍然可以发现合议庭决策方式受目前法院行政管理制度的影响。与国外有关法院决策的小群研究(micro-group analysis)相比[36],在国外相关研究中不曾出现,但在中国法院合议庭中出现的一个促成法官更多合作的重要因素就是后者的行政管理体制。如果合议庭意见不一致,案件就要进入法院内的行政性审判体系,要请示庭长和主管副院长,这会增加业务庭庭长、主管副院长、院长乃至审判委员会的工作量,而总体而言,这些人或机构并不欢迎自己的工作量增加。合议庭在案件审理上的分歧外在化,对合议庭各位法官都没有好处。如果一个合议庭经常无法自行化解分歧,很可能令法院领导认为该合议庭各位法官的业务水平低、办案能力差,这就可能影响他们的未来利益。这一因素因此促使合议庭各法官一般都努力争取意见一致。这表明,即使在合议庭的民主化集体决策中,也留下了法院行政管理制度的印记。毕竟,合议庭是嵌在法院内的审判制度之一。

---

[35] 对于这一点,如果从理念层面上看,也许不符合"法官独立"或所谓的"法官内部独立"。但必须指出,这种观点实际上忘记了一个司法判决从来都是一个法院——一个机构——的决定,而不是法官个人的判决。群体的合作是必要的、应当的,因为我们谁也不知道哪位法官的个人观点正确,或是否总是正确;法官的某种程度的合作、相互妥协,实际上是有功效的,至少可以避免走极端。事实上,为许多中国学者羡慕的美国联邦最高法院决策模式中产生的重要的司法判决意见(即多数意见)大多是多数派法官的甚或是全体法官妥协的产物。

[36] 例如美国的司法研究发现,三人审判庭发生分歧的概率明显低于由七位或九位法官组成的审判庭;审判群体越小,异议率越低。请看,Richard J. Richardson and Kenneth N. Vines, *The Politics of Federal Courts*, Little, Brown and Company, 1970, pp. 122 ff.;有关的解释,参看,Sheldon Goldman and Thomas P. Jahnige, *The Federal Courts as a Political System*, Harper and Row, 1971, p. 178.

第二章　法院的审判与行政管理

五、最后的评论

基于对现实的抽象，本章"描述了"中国法院内部的审判决策过程以及由此发生的复杂特点；这是一种"理想型"的描述。现实中，每个法院，甚至每个案件的决策过程都不尽相同，但本章还是大致概括了中国法院，特别是基层法院的案件审理过程的基本特征。这种概括既不同于法律规定的法院的正式审判制度，也不等同于法院的行政管理制度，而是这两种制度在现实中实际运作的混合。

本章不打算深入探讨这种制度的合理性和局限性[37]，也不想追溯其历史起源或变迁，不想考察引起法院审判制度行政化的其他外部制度或社会因素，尽管这些外部因素也许是促成法院需要和有一个强有力的行政管理制度的先决条件。我想仅就上述的描述和分析，开掘某些对策性和法理学研究的寓意。

就对策而言，尽管本章指出中国法院审判制度为法院内部行政管理制度支配，在一定程度上成为法院内部行政管理的附属，因此隐含了我对此的批评，但我并不试图以鸵鸟战术来回避或排斥法院的行政管理问题，以一种逻辑的生活替代生活的逻辑。相反，本章的分析指出了，尽管设立法院是让它履行审判职能，但只要设立了法院，行政管理就不可避免，因此，必须认真对待这一在中国法学家眼中长期失落或被有意遗忘的问题。至少从美国联邦最高法院的经验来看，法院要能够有效履行其审判功能，首席大法官的行政管理能力，而不仅仅是他的司法审判经

---

[37] 尽管本章对中国目前法院内部的行政管理制度及其对审判制度的侵蚀提出了批评，但我并不否定它在中国当今社会环境中也起到了某些积极作用。例如，由于我国法官的专业素质普遍不高，因此，层层汇报、审批使更多的法官参加案件审理过程，这在一定程度上可能有利于发挥集体的智慧，防止错案发生；也可能在某种程度上限制了个别法官的舞弊和腐败。但以这种制度履行审判职能，从长远看，其合理性和经济性都值得怀疑。要支撑这样一种审判机制会付出巨大成本；层层审批无疑会增加当事人的诉讼费用并造成诉讼延误，而目前进行司法改革的一个重大原因就是希望提高诉讼的效率。

验或法律知识,是非常重要的因素之一。[38] 当今中国要讨论法院改革或司法改革,自然不能仅限于审判方式改革,不能把法院内部的行政管理制度改革排除在外。这一点在当代中国甚至更为重要。因为,中国法院面临的行政性事务更多、更杂、更繁重。尽管从努力目标来看,应当在国家政治体制改革的总体框架内尽可能减少因体制不顺给各级法院带来的行政事务,诸如"吃皇粮"之类的问题,但这种目标不大可能在短期内实现,法院的行政事务短期内不可能急剧削减,更不可能完全消除。法院内的行政管理将是中国法院必须长期面对的一个现实问题。法学家可以在审判独立的法理学框架中消除这些事务,但无法从生活中的法院消除它。

本章隐含的另一要点是,中国法院的问题也许不在于有大量的行政事务(当然这是一个因素),而在于法院的行政管理制度和审判制度的职能混淆,没有以法院的基本功能或宪法职能为中心实现法院的诸多功能的分工和剥离。如果要提高法院专业化、职业化水平,这种职能分离就更是值得关注的问题。我不赞同一些学者的观点,认为中国司法改革的问题主要就是废除法院内部的诸如审判委员会这样与国际不接轨的制度。在我看来,审判委员会是我国法院内少数正式审判制度之一,在目

---

[38] 自马歇尔就任美国联邦最高法院首席大法官,联邦最高法院的制度重要性得以真正确立以来的近200年里,共有12位首席大法官(将马歇尔之前的首席大法官排除在外,是因为这之前联邦最高法院还没有确立其权威),有5位首席大法官就任前没有任何司法审判经验,有3位首席大法官在任职联邦最高法院之前没有任何司法审判经验,1位首席大法官有一年半的作为州法院法官的经验,而马歇尔本人也只有三年大致相当于当今中国基层人民法庭的司法经历。为美国法律界公认最有能力的4位首席大法官马歇尔、塔夫特、休斯和沃伦都很擅长行政管理;在担任首席大法官之前,他们都担任过非常重要的行政领导职务或表现出出色的管理才能;马歇尔是国务卿,塔夫特是总统,休斯当过副总统并且曾是共和党的总统候选人,沃伦是加利福尼亚州州长。参看,Abraham, *Judicial Process*, Oxford University Press, pp. 56-58, table II。如果没有马歇尔大法官以他出色的政治家而主要不是法律家的才能,今天的美国联邦最高法院甚至美国宪法都是不可思议的。卡多佐曾指出:"马歇尔大法官在美国宪制上打下了他自己心灵的印记;我们的宪法性法律的形式今天之所以如此,就是因为马歇尔在它还仍然具有弹性和可塑性之际,以自己的强烈的信念之烈焰锻铸了它。"参看,卡多佐:《司法过程的性质》,苏力译,商务印书馆,1998年,页107。卡多佐的评论是客观的,而在法条主义者看来则是不可思议的:一位法官,其首要的规范性职责就是遵循宪法和法律的法官,竟然锻铸了美国的这部号称是最具刚性的宪法。然而,这就是历史,历史是不必须且往往是不合规范和不遵循逻辑的。

第二章 法院的审判与行政管理

前中国基层法院的功能有相当的合理性。如果将其废除,在目前的法院行政管理制度下,我预测只会进一步强化法院的行政色彩。(在现有法院行政管理制度支配下,在诸如错案追究制、人大监督司法、舆论监督的种种压力下,独任法官和合议庭法官如何可能"一步到庭",又会如何"一步到庭"?)我不否认,目前各级法院审判委员会的运作都存在问题,但这些问题反映的恰恰是,由于审判委员会制度嵌在目前的法院行政管理制度中,行政管理的逻辑限制了其成员构成,限制了其在中国法院内的作用,削弱了其司法的功能。如果真正强化该制度的审判作用,将之从法院现行行政管理制度中剥离开来,使之真正成为法定的、法院内最后的审判决策机构,也许不完全符合法官独立的理念,但至少可以大大弱化法院目前实际上浓重的"首长负责制"的行政特色。

如果这一分析成立,那么,法院的审判方式改革或体制改革,就可以从制度功能分离这一点入手。甚至在我看来,必须抓住这一点,才可能实现中国法院的职能转换,才能理顺法院作为审判机关的制度逻辑。因此本研究的进路与目前法院系统流行的解决问题的进路有所交叉,也有所不同。目前法院系统和法学界流行的观点是,要强化中国的法院或审判独立,一是搞审判方式改革;另一个是要解决法院的财权和人事权问题,即财政上"吃皇粮",人事上有用人权。这两个方面确实非常重要,但我的分析表明,这样改革很不够,甚至没抓住要害。其实,目前的审判方式改革同样可以,甚或更应看作法院行政管理制度的改革,它实际是将目前混杂在审判中、具有行政管理性质的程序从审判过程中剥离出去(例如,所谓的"一步到庭")。但上一节最后一段对合议庭内求同趋势的分析也已表明,即使是目前法学界几乎一致看好的合议庭审判,实际也经由其他渠道受到目前法院行政管理制度的影响。我们必须意识到,如果不注意分离和调整法院内这两类制度的职能,即使有了"皇粮"和用人权,中国法院目前具有的行政色彩也难以弱化,相反法院系统的行政色彩会更浓。结果可能是法院相对于行政部门有了更大的独立性,但是审判独立的问题未必有多少改善。因为,在司法专业问题上,一个陷在高度行政化且独立于行政部门的法院中的法官未必比当下的法官有更大的司法决定权,甚至会更没司法决定权。

此外,本章还表明,简单地谈论司法民主化、民主参与和民主监督实际上是不着边际,是用流行的意识形态开药方,用万金油治百病。中国法院的行政化审判过程中也伴随了决策的民主化,尽管这种民主化的产品并非我们之所欲。

必须强调中国法院在职能分工的基础上逐渐形成自身的制度逻辑和司法职业传统。[39] 在中国历史上,法官和行政官员一直没有区分,近代的法院大致是按照三权分立的理念人为地从"衙门"中分离出来的,因此很容易被政治领导人和广大民众视为一个专门解决纠纷的行政性机构,而不是典型的审判机构。缺少职能分工,自然很难培养出专业化的法官。缺乏专业化的法官,就不得不借助行政管理制度和逻辑来保证法院审判职能的履行;借助行政管理制度和逻辑然后又改变了法院本应有的制度和逻辑。由此可以看出,法院独立或审判独立的形成不仅仅是,甚至主要不是在法律上如何规定,是否移植了或坚信某个理念或原则的问题,而是一系列综合社会条件的产物。

就法学研究的寓意而言,首先,本章展现了附着于同一机构的、针对不同类型问题的不同制度何以可能相互侵蚀从而导致制度变形。行政管理制度严重侵蚀、同化了某机构的其他制度,这种现象在当代中国并不少见。大学里的行政管理逻辑压倒了大学作为教学科研部门的逻辑,企业的行政管理逻辑压倒了企业的市场经营逻辑,都是范例。因此本章的分析,或许对当今中国社会许多机构的制度问题研究有所启发。作为副产品,它也对流行的、在某种程度上已成为新型意识形态的严格的三权分立理念提出了挑战:现实中的任何机构都不可能只履行单一且纯粹的职能。其实许多西方国家的宪政发展史也证明了这一点。[40] 此外,这一研究还有助于理解某一特定机构的制度功能(即职能)是如何变迁或蜕变的。

其次,就司法制度研究而言,本章的实证研究方法有助于消除从传统法理学进路讨论法院职能带来的研究盲点,它把法院必备的内部行政

---

[39] 参看,苏力:《论法律活动的专门化》,《法治及其本土资源》,中国政法大学出版社,1996年,页129—155。

[40] 参看,维尔:《宪政与分权》,苏力译,生活·读书·新知三联书店,1997年。

管理纳入了法学研究者的视野。这可能令我们对中国法院实际运作的制度有更为公道、更为全面的理解；有可能对中国法院系统目前存在的问题，以及法院制度改革的可能性和进路提供一种新的且比较现实的理解，而不是简单参照司法原则或国际标准展开一些过于意识形态化的批评。

最后，长期以来，中国的法理学和法理学界都关注法律条文的研究，看不到非正式制度，不重视非正式制度，特别是在正式制度中形成的非正式制度，尽管人们普遍受到这些非正式制度的制约。本章从分析中国法院内部的两套正式制度入手，指出了这两套正式制度交错混合形成的显而易见却为人们视而不见的非正式制度。这种无论称之为惯例还是习惯的非正式制度是大量的，在中国当代社会各个方面实际上起着作用。本研究不仅证明必须对大量具体制度展开实证研究和分析，发现（并不等于认同，发现可能是为了改造）实际影响社会生活的各种非正式的制度。它还表明，并不如同许多法学家设想的那样，非正式制度（包括习惯或惯例）仅存于尚待现代化的中国农村。它们就在我们的身边，就在我们自以为完全为正式制度控制和发挥作用的领域之内。

1999 年 2 月 26 日初稿
1999 年 3 月 6 日改定于北大蔚秀园

第三章 基层法院审判委员会制度

> 致知在格物，格物而后致知。
>
> ——《大学》

一、问题的界定

上一章提及的审判委员会是当代中国法院一个颇具中国特色的具体制度。近年来，随着"同世界接轨"的口号的流行，随着司法制度改革和诉讼程序法修改的推进，法学界对这一制度开始了较多的思考。就总体来看，一些已发表的[1]和学界议论的看法倾向取消（尽管大多数并没有言明）审判委员会；持相反意见的论述则至今未见。但这种状况未必意味着法学界或法律界一边倒；反倒可能是坚持审判委员会的人事实上居于优势地位，有《法院组织法》等法律的认可，因此心态上理所

---

[1] 有关的几篇文章，例如，王祺国、张狄秋：《论审判独立的双重属性》，《法律科学》，1989年第3期；吕亚中：《关于完善审判委员会工作制度的思考》，《法学》，1996年第5期；孔宪翠：《人民法院独立审判有待建立法律保障机制》，《现代法学》，1995年第5期；谭世贵：《论司法独立》，《政法论坛》，1997年第1期。贺卫方的论文《中国司法管理制度的两个问题》（《中国社会科学》，1997年第6期）主要从司法官僚化角度批评了审判委员会的设置和运作。此外，还有一些文章集中以国际标准评判中国司法程序，其中也批评了审判委员会制度，如，陈瑞华：《修改后的中国刑事诉讼法典——从刑事司法国际标准角度的分析》，《现代法学》，1996年第5期；岳礼玲、陈瑞华：《刑事程序公正的国际标准与修改后的刑事诉讼法（上）》，《政法论坛》，1997年第3期。

第三章　基层法院审判委员会制度

当然。

就实践层面而言，并且长远来看，真正证明一个制度的合理性和正当性的，必定是它在诸多具体社会制约条件下的正常运作，以及因此而来人们对该制度事实上的接受和认可。但在一个需要改革，以致"改革"自身在某种程度上已经意识形态化之际，一个即使事实上可行的制度也必须在智识上证明自己存在的正当性和合理性。当"同世界接轨"和"中国特色"都可以作为论辩杀手锏之际，一个制度仅仅声称其具有地方特色已不具有强大说服力。仅从这两个命题出发展开论证，不论其倾向和最终结论如何，事实上都是一种新的意识形态话语；论证越是充分，反映出来的反倒越是思想的贫困。表面的轰轰烈烈只是一种因缺乏基于实证研究和理论反思而发生的"失语症"。当然，缺乏思想和理论力量的论证未必不具有（事实上往往更具有）强大的行动力；当社会思潮——既包括"中国特色"也包括"同世界接轨"——一旦涌起，人们有时甚至不得不妥协让步。但无论如何，中国法学界不应放弃自己独立的实证研究和理论思考。不应仅仅因某制度有"地方特色"而予以简单肯定，正如同不能因其"同世界接轨"而予以简单肯定一样。因此，关于审判委员会制度的研究和思考不仅有意义，而且其意义不限于这一制度之废存本身。

概括起来，主张取消审判委员会的根本论点大致有二。一是所谓"世界"通例。具体说来就是，无论英美法系还是大陆法系，发达国家的法院中均没有审判委员会的设置。二是审判委员会就法官提交的重大、复杂、疑难案件进行讨论并作出决定[2]，侵犯了司法的特别是法官的独立审判，因此（这个逻辑关系其实不一定成立）不利于司法公正履行社会赋予的职能。实际上，这两个论点及其依据很不相同，首先应当予以梳理，以便集中讨论在我看来最重要的问题。

第一个论点——审判委员会不符合世界通例——实际上是一个归纳推理。假定这一归纳是完整的，真的是"世界"通例，即使只是西方

---

[2] 《法院组织法》（1986）第 11 条。

发达国家的通例³，我们自然应予以重视。无论是从功能主义的角度，还是从波普尔—哈耶克的演进理性知识社会学的角度出发，一般都假定，一种制度得以长期且普遍的坚持，必定有其存在的理由，即具有语境化的合理性；应首先得到后来者或外来者的尊重和理解。在这个意义上，世界各发达国家法院均无审判委员会这一通例确实值得重视。

但恰恰是这一理由又削弱了这一命题作为论点的说服力。首先，我们完全可以基于同样的理由说，审判委员会在当代中国得到长期坚持，也必定有其合理性。其次，基于归纳推理得出的命题之说服力，自从休谟之后，已被公认是有限的。⁴ 现有的归纳推理必定是不完全的归纳，它的基础总是以往和现在如何如何；这种归纳可能构建我们对于未来的预期，但它无法规定未来的进程应当如此或必定如此。特别是，制度都是在解决往日的常规性问题中形成的，其真正意义是实践的意义，是指向未来的，而未来永远是开放的。因此，真正有说服力的论证必须从简单枚举走向更加深入细致的理论分析论证。最后，这种论证隐含了知识的终结，把中外前人在具体社会历史时空中创造的制度看成知识的终结，是真理的化身，这实际上否认了人类实践创建新的制度和知识之必要和可能；它隐含了对制度和知识产生和运作之具体时空的彻底遗忘。⁵ 固然，这种观点在某些时候可能会提醒我们不妄自尊大，慎重从事；但另一方面，却也有可能使我们失去自信，失去对自己长期切身经验的关注，失去我们作为学者的意义——如果我们的任务仅仅是追寻前人和外国的话。如果真理已经确立且昭然于世，我们的学术在什么意义上还能称之为学术或科研呢？当然，也许真实情况就是"太阳底下无新事"，但在确证这一假定之

3　就我目前看到的，这实际上是基于中国目前努力模仿发达国家的实践而得出的一个经验性命题，因为我从来没有看到有谁引证马尔代夫或爱斯基摩人的"法律"批评审判委员会。我这样说，不是"抬杠"；只是试图显现这个所谓的通例以及人们认为这一论点具有的说服力背后都隐含了当代中国人对于"现代化"的追求。但如果说审判委员会的有无与一个国家的现代化与否之间一定有因果关系，恐怕既很牵强，也难以令人信服。

4　休谟：《人性论》，关文运译，商务印书馆，1980年。

5　关于知识对于时空的依赖，可参看本书第六章"纠缠于事实与法律之间"以及第八章"基层法官司法知识的开示"。

前，我们不能将之作为事实予以接受。学者的生命在某种意义上就是要不断逾越已知的界限。

第一个论点之所以缺乏说服力还在于，这一论点不能单独构成一个论点。事实上，"通例"无法自然而然成为参照的标准或追求的对象，通例只有在人们心目中与某种公认的可欲目标建立起"自然"联系之际，才具有说服力，才可能作为参照系，才会被认为值得追求。即使世界通例是吃面包，也不能证明应当放弃吃米饭，除非你证明面包比米饭更富营养并因此更可欲。而一旦证明了米饭比面包更有营养，也就没必要讨论米饭是通例还是特例了。

正因此，相比之下，第二个论点更为务实、更有力量、更值得重视。因为，人们真正关切的是审判独立允诺的法院或法官公正、有效地履行社会职能，以及人们从中设定并推导出来的社会繁荣和现代化。世界通例的似是而非的说服力其实就在于此。因此，具体考察审判委员会对审判独立的实际影响，特别是考察对背后更重要的、被假定与审判独立直接因果相连的司法公正的实际影响，在论证上更具战略意义。此外，由于这个论点突现了审判委员会在现实生活中的作用，是一个经验性命题；这就使我们有可能通过经验研究来考察和验证，避免充满经院哲学意味的定义和命题之战。本章主要考察这一反对理由是否真实可靠。

二、进路、方法和材料

上述第二个论点是有某些经验证据支持的。许多学者都提出不少例子证明审判委员会有种种弊端，例如"审而不判，判而不审""先审后判""集体不负责"等。[6] 这无疑有一定说服力。但如果据此就废除审判委员会制度，理由不充分。历史告诉我们不可能有什么只有优点、没有弊端的完美制度。如果看到某个制度有弊端，就予以废除，恐怕世界

---

6 同前注 1。

上过去、现在乃至将来可能建立的任何制度都没有理由存在。追求完美的心态有必要；但之所以有这种心态恰恰因为每一个现实的制度都不完美。完美意味着没有改进的余地，意味着历史的终结，意味着制度固化不再发展变化，意味着制度与具体时空环境完全无关，因此不再是具体的，而是普适的。

经验研究与有某些经验支持的愿望不等同（尽管有联系）。它追求尽可能全面了解一个制度的利和弊，以及对谁的利弊；努力在利弊比较的基础上作出判断和选择；而不是从现实生活中发现一些支持或强化自己已有经验、印象甚或是某个教义。后一种"研究"，即使有某些经验支持，也只会令人们盲人摸象、各执一词，很难相互理解和交流，无法进行有意义的讨论。这种心态和固执成见引导下得出的研究结论，无论是支持还是反对一个制度或观点，都是"一丘之貉"，因为思维方式和论证方式是一样的。

要真正验证或发展一个可能具有或已被视为具有普遍性的命题，重要的是要在实证研究中关注甚或是努力发现与普遍性命题或与自己已有的识见相反的例子。波普尔称其为"证伪"，中国人的说法则是"抬杠"。当然，人文社会科学研究中很难严格照搬波普尔的"证伪论"；社会生活中，"抬杠"在任何国家也不是讨人喜欢的，并且这种人之常情很容易进入学术圈。但无论如何，经验性研究的一个起码要求就是尽可能将有悖于我们前设判断的事实提出来。更具体地说，如果反对审判委员会，一个研究的必要就是眼中或心中留心那些至少看起来是有利于审判委员会的事实和证据；反之亦然。这并不是没有原则，也不是人格分裂，更不是所谓的"宽容"，这是我们的知识得以增长的唯一道路。求知，如果还有任何意味的话，就不可能是固化我们已经理解的，恰恰要努力理解我们尚未理解的。

事实并不自然而然支持或反对一个观点，事实的证据力和说服力都是理论的构建。对于同一事实，不同的人作出不同的与价值相关的判断，对事实的意义也可能各执一词。考虑到这一因素，本章不打算一般地论证审判委员会是否符合审判独立概念，不一般地论证审判委员会的好处或/和弊端，而是试图展示审判委员会制度是如何同中国社会的一些现实和特点联系的，展现"事物的逻辑"。当然，这可能只是理

第三章　基层法院审判委员会制度

想,事实上,没人可能将中国社会的特点一一展现给读者,甚至不同的人对这些特点的存在与否及其合理性都会有争论,因此,还需读者调动自己在中国社会生活中的经验感受来理解审判委员会制度。但这不妨碍我基于这些材料提出一些结论和观点。必须注意,我提出这些现实或特点,强调和承认它们对制度运作的影响,并不意味着我认同或赞同这些现实,而仅仅意味,我将它们视为一个短期内不大可能发生太大变化,因此法院或法官必须在其中运作的社会环境或一个制约条件。

还要选择恰当的切入点。我不关注文本,也不重视这一制度创立者的设计意图。有关的权威性历史文件谈及审判委员会设置的原初目的"主要是总结审判经验,也研究重大疑难案件"[7];由于中华人民共和国建立之初的历史条件,可以说从一开始,这一制度就与如何保证刚刚获得政权的中国共产党建立、领导全国统一的司法并改造"旧司法"相联系,实际上是保证中国共产党和国家政权的集中统一领导、保证政权稳固和有效运作的制度措施之一。[8] 对中国共产党人的这一制度设计,不同立场的人当然会有不同的判断和评价。因此,很难从文本材料切入展开富有成效的讨论。

不关注文本和制度设计意图还有更重要的一面,这就是,我不认为,意图能决定这一制度出生之后的运作以及运作中实际获得的制度性功能。审判委员会制度在中华人民共和国成立初期的初始设计和后来的实际功用变化就是一个典型的例子。就此而言,制度设计者当初的目的并不重要[9],其起源也不重要[10],尽管不能完全忽视。旧瓶装新酒是人

---

[7] 董必武:《认真贯彻执行法院组织法和检察院组织法》,以及《在军事检察院检察长、军事法院院长会议上的讲话》,均集于《董必武选集》,人民出版社,1985年。

[8] 参看,董必武:《关于党在政治法律方面的思想工作》以及《旧司法工作人员的改造问题》等文字,同前注7。

[9] "'法的目的'应当是最后探讨的课题。……一件事的起因和它的最终的用途、它的实际应用,以及它的目的顺序的排列都全然不是一回事;……在 [……] 重新解释与正名的过程中,以往的'意义'和'目的'就会不可避免地被掩盖,甚至被全部抹掉。"尼采:《论道德的谱系》,周红译,生活·读书·新知三联书店,1992年,页55—56。参看,苏力:《制度是如何形成的?——关于马歇尔诉麦迪逊案的故事》,《比较法研究》,1998年第1期。

[10] 福柯:《尼采·谱系学·历史学》,苏力译,贺照田主编:《学术思想评论》辑4,辽宁大学出版社,1998年。

类社会制度变迁的普遍现象，在法律制度演化上也频繁可见。[11] 在考察这一制度时，更应注意这一制度今天是如何运作的，其实际的制度功能是什么。

另一个令我困惑的是，作为一种概念抽象和理想似乎很明确的审判独立，在经验层面上如何操作。一般理解的审判独立或法官独立大致是，法官根据自己对案件事实的评价和对法律的理解，自由地对案件作出公道裁决，不受任何方面的或因任何原因的直接和间接的限制、影响、诱导、压力、威胁和干涉。[12] 但作为经验现象，每个法官的权力行使都必定会受到他/她所在社会认为可欲或不可欲的，以及介乎其间的各种影响、限制、诱导甚至压力[13]，除非该法官没有权力或无足轻重。以最为"独立"的美国司法为例，在每个诉讼中，各方律师的雄辩和经常是不择手段的举证、质证无一不力求影响和诱导法官作出有利于自己（而并非公正的）的判决[14]；在所有刑事案件和绝大多数民事案件中，陪审团对事实争议享有决断权，这不但限制了而且根本排除了法官对案件事实之评价在司法中的作用（即使法官同意陪审团的决定，也是如此）[15]；美国联邦最高法院法官除外，几乎每个法官在一定程度上都

---

[11] 例如，英美法中的陪审团制度的演变，合同法中对价制度的演变，海商法中的对物诉讼的演变。历史将这些制度变得无论是面目还是功能都已全非了。

[12] 参看，《世界司法独立宣言（草案）》第 2 条。

[13] 在波斯纳的分析模型中，甚至审判独立本身可以理解为前任立法机关的成员为保证它们同社会利益集团的交易稳定（不为后来的立法机关成员取消这一交易）而形成的一种设计，换言之，所谓审判独立就是要使司法更多受前任立法机关成员的影响而少受后任立法机关成员的影响；波斯纳进一步推断，一个立法的预期有效期越短，[在这一立法上]的审判独立就会越弱。波斯纳还引用了一些实证研究成果支持这一点。参看，Richard A. Posner, *Economic Analysis of Law*, 4th ed., Little, Brown and Company, 1994, p. 533 & n. 4。

[14] 德肖维茨在一本书中认为司法斗争的规则之一就是"没有一个人当真需要正义"，而"具有讽刺意味的是，实际达到的结果很可能是一种大致上公允的正义"。德肖维茨：《最好的辩护》，唐交东译，法律出版社，1994 年，页 5—12。

[15] 这类一般性的描述和实证性研究很多。例如，美国著名法官弗兰克基于自己多年的审判经验称"陪审团是'法律至上'的最糟糕的可能敌人"，他认为由审判法官自己听审案件更好。支持陪审团的一般说来都是审判律师，因为他/她们"有能够影响陪审团的既得利益"。参看，Henry J. Abraham, *Judicial Process*, 4th ed., Oxford University Press, 1980, pp. 138-139。波斯纳认为陪审团的实际作用之一就是让一些有不同经历和不同观点的人评议案件，以此来抵消职业法官的专长。请看，Posner, *Economic Analysis of Law*, 同前注 13, 页 583。（转下页）

第三章 基层法院审判委员会制度

不得不考虑自己的判决是否会为上级法院撤销和改判,并因此会调整自己的判决[16];即使独立性最强的美国最高法院法官,他/她们相互之间也会在某些案件的判决上拉票和相互投票,力求自己的一票有更大决定力;首席法官或某更具魅力的法官都力求影响其他法官的判决,并且也确实有影响。[17] 一个最著名的例子是"布朗诉教育委员会案",当时新任首席大法官沃伦为使判决更具权威性,做了"大量耐心的思想工作",甚至说了诸如美国联邦最高法院这种时候必须团结一致这类话,才说服了反对派法官,获得了意见一致的判决。[18] 另一个著名例子是,1936年,在罗斯福"重新包装最高法院"的威胁下,美国联邦最高法院改变了自己对"罗斯福新政"立法的司法判断。[19]

(接上页) Kalven 和 Zeisel 在 1960 年代的著名研究则发现,在刑事案件中,有 25% 的案件中陪审团对事实争议的决定与法官的判断不同。请看,Harry Kalven and Jr. And Hans Zeisel, "The American Jury: Some General Observation," *American Jury*, Little, Brown and Company, 1966。据许多学者的观点,1960 年代美国社会的同质性还比较高,进入 1970 年代以后,美国社会的同质性降低了,因此陪审团与法官之间的分歧应当是增加了,这就意味着法官的实质性判断受到了陪审团的更大限制。

[16] 在分析评价霍姆斯的"法律是对法院判决之预测"的观点时,波斯纳指出,大多数法官对上级法院推翻自己的判决会非常敏感,因此都会预测上级法院的决定,并据此调整自己的判决;尽管波斯纳认为这种做法并不可欲。请看,波斯纳:《法理学问题》,苏力译,中国政法大学出版社,1994年,页285。又请看,德肖维茨认为,最重要的是,法官"不希望上级法院推翻他们的判决,……他们把上级法院推翻原判看作个人的羞辱,事业上的失败……"德肖维茨:《最好的辩护》,同前注14,页6。在当代中国,至少是在相当数量的基层法院有这样的规定,如果判决被上级法院推翻甚或改判,判决此案的原审法官将失去奖金和其他一些可见和不可见的利益,这使得收入本来不高的中国法官特别是基层法官至少在理论上对自己判决被推翻更为敏感和更多顾忌。

[17] 这类实证研究甚多,视角也各有不同。可参看,例如,Herbert Jacob 以组织理论为基础的实证研究和理论模型,"Courts as Organizations" in Keith O. Boyum & Lynn Mather (eds.), *Empirical Theories about Courts*, 1983, pp. 291 ff.; David J. Danelski, "The Influence of the Chief Justice in the Decisional Process of the Supreme Court",以及,David J. Danelski and Jeanne C. Danelski, "Leadership in the Warren Court",两文均集于,Sheldon Goldman and Austin Sarat (eds.), *American Court Systems*, Longman, 1989, pp. 486-499, 500-510。

[18] 可参看,Bernard Schwartz, *Super Chief*, New York University Press, 1983。

[19] 许多有关美国宪法的著作记录了这个事件。可参看,David M. O'Brien, *Storm Center: The Supreme Court in American Politics*, 2nd ed., Norton, 1990, pp. 87 ff.。

这些信手可得的例子和经验研究[20]并不否认审判独立的概念以及审判独立的可欲性，更不是揭露西方审判独立之虚伪；我只试图指出，审判独立在经验层面上并不指法官不受任何影响、制约和干涉。事实上，在实践中，审判独立的核心问题之一就是要有一套机制来防止法官利用权力谋求自己的利益，甚或是要防止他/她把个人的、超越社会标准的哪怕是崇高的理想强加给社会。[21] 然而，我们很难区分什么是正当的、社会认为可欲的或至少可以容忍的、支撑了审判独立并保证了司法公正的限制、制约和影响，而什么又是非此类的影响。

难区分并不是完全不能区分。在理论上，比方说，我可以设计一套问卷，包容了一系列设想的和真实发生过的问题，甚至可以将我后面讨论的许多社会背景和条件都纳入问卷，对公众进行调查；也可以有其他办法。但是，这些方法不仅费用高昂，而且——在我看来——既不可能精确，也不现实。比方说，公众对法官的道德要求可能会很高（秉公执法），却不能理解许多法律问题其实不是法官道德品质能解决的；又比方说，中国目前可能没有多少普通人认为一个法官可以而且应当不理睬他/她的"上级"（院长、县长或人大主任），或不理睬波动不定的即时民情。当然，我们可以加上许多限制；但那种太弯弯绕的问卷调查，恐怕不是许多老百姓可能理解的，他/她们更不可能有时间和精力同我们合作。

我的切入角度是法官自己对审判委员会的评价。选择这一切入角度有比较坚实的理由。首先，尽管审判独立是并且首先是一个政治学命题（在这个意义上是每个公民都可以发言的），但这个问题在近代首先是

---

[20] 这也许是中国法学在学习西方中引进最少的。迄今为止，最大量"引进"的仍然是20世纪版的18、19世纪政治哲学（广义的法律哲学）的命题和概念，而不是20世纪以来已经大大发展了注重经验的实证研究的方法和实证性研究的结果。

[21] 参看波斯纳对这一问题的分析："如果独立性仅仅意味着法官按照自己的意愿来决定案件，不受其他官员的压力，那么这样一个独立的司法机构并不显然会以公众利益为重……"《法理学问题》，同前注16，页8。

第三章 基层法院审判委员会制度

由法官真正提出来的[22],并且是伴随法官职业群体的出现而实现的。[23]因此,一般说来,法官对这个问题不仅理应更为敏感,而且由于"鞋子合适不合适,脚指头最知道"的定理,他/她们的感受也理应最真切。其次,我们还有一个来自常识的基本假定,即没有谁愿意老被人"管"着;即使这种管不过分,人们也不愿意。因此,如果审判委员会确实经常不恰当地干预、限制和影响了法官的独立判断,那么法官一定比我们这些局外人感受更强烈,他/她们对审判委员会利弊的了解会更深,分析会更切中要害。因此,这一进路突出了法官的主观感受和主观视角,避免了以制度"通例"或理想化的逻辑作为判断标准必然隐含的且容易带来的强加于人。

如果将法官大致划分为初审法官和上诉(二审、再审)法官,我们选择了调查基本是初审法官的基层人民法院法官。这种选择,也有一番理由。

首先因为资料的可获得性。在位于武汉的中南政法学院和湖北省高院的推动下,由福特基金会资助,自1995年以来,中南政法学院举办了湖北省基层法院和中级法院法官培训;我有幸成为这个班的授课教师之一,每年两次,到写作本章时已先后7次为培训班上课。这种状况为我的项目调查和集中访谈创造了可能和便利。若是访谈中级以上法院的法官,就会有时间、进入、费用等种种不便。

其次是初审法院的工作更为复杂,初审法官的知识和经验对于我们的研究可能更有意义。我这样说,理由至少有二:一是,初审要同时解决事实争议和法律争议;而一般说来,上诉审更关心法律争议(中国的

---

22 如今人们引用最频繁同时也可能是最早的关于审判独立的例子,是英国大法官柯克抵制英王詹姆斯干预司法的著名轶事。可参看,萨拜因:《政治学说史》(下册),刘山等译,商务印书馆,1990年,页509以下。

23 一般性的论证,参看,苏力:《论法律活动的专门化》,《法治及其本土资源》,中国政法大学出版社,1996年,特别是第2节。事实上,柯克抵制詹姆斯干预审判的最重要、最核心的论点就是法官拥有司法的专门技能,即所谓的"人为理性",而不是如今法理学教科书上流行的政治哲学和道德哲学。实际体现美国审判独立的司法审查制度也是美国联邦首席大法官马歇尔的创造,参看,苏力:《制度是如何形成的?——关于马歇尔诉麦迪逊案的故事》,《比较法研究》,1998年第1期。

二审更多关心法律争议，虽然也关心事实争议），因此相对简单。两者的不同位置很可能使他/她们对制度的要求不很相同甚至相当不同。[24] 二是，初审法官对每个案件都可以说都是白手起家，而上诉审（二审）法官除有其他法律信息和职业训练上的优势外，还可以得到初审法官的判决意见作为其决定之参照；即使一审法官的判决有误，这种参照作用也无法否认。此外，在中国，最大量的初审案件都是由基层法院和中级法院承担的（中级法院也承担着很大一部分二审工作），我们调查的着重点顺理成章地放在基层法院法官。

本章分析讨论的材料主要是我们在1997年春秋两季和1998年春季对法官的访谈，以及1998年春季对一些基层法院的实地调查。我们前后总共比较详细访谈了约100名基层法院法官以及少数中级法院法官。这些法官的文化程度绝大多数是高中以上[25]；尽管其中有少数大学本科毕业生或专科毕业生，也有相当数量是进入法院工作后通过函授、电大特别是法院系统的业大获得了法律专科甚至本科学历，但没有一位法官在进入法院前就已获得法律专业的本科或专科学历。据我们后续的实地调查，这种状况大致能反映湖北省基层法院法官之教育水平。[26] 这一点对我后面的分析具有重要意义。接受访谈的法官年龄大致在25～45岁

---

[24] 参看，波斯纳有关的分析，见《法理学问题》，同前注16，页261以下。必须注意，仅就制度层面而言，中国的二审比美国上诉审甚至更为简单。首先，因为中国采用成文法制度，适用法律相对简单；美国采用的是判例法制度，法官造法或法律解释是非常重大、复杂的活动。其次，目前，中国社会的同质性要比美国的同质性更高，因此，在一般情况下，法律适用和法律解释在中国要比在美国更少争议，因此对上诉法官的专业智识性挑战也低一些；但在特殊情况下（例如，法律与民情有冲突或与地方利益有冲突时），这种高同质性对直接审理案件的法官，即初审法官的压力，则显然大于对二审法官的压力。又请参看，本章后面"两个例子的简析"一节的有关分析。

[25] 由于近年来中国有学历贬值的现象，因此法官的实际受教育水平可能略低于其档案中的学历。参看，贺卫方：《通过司法实现社会正义：对中国法官现状的一个透视》，夏勇等编，《走向权利的时代》，中国政法大学出版社，1995年，页225以下。

[26] 从原则上看，这不能说明中国目前基层法院法官职业训练的基本状况。我们调查的是法官培训班，已经获得正规法律本科学历的法官一般不会接受这样的培训。但我们的田野调查和访谈使我们注意到绝大多数基层法院也很少甚或根本没有正规法律院校本科以上毕业生。即使在中国东部经济最发达的上海市郊区某县基层法院，大学本科生也只有10%，可以肯定法律本科毕业生会更少。请看，王元："法院独立及其困境"（未刊稿）。

第三章 基层法院审判委员会制度

之间;在法院工作的平均时间大约是8~10年;大约一半以上的访谈者是法庭庭长或曾经担任过法庭庭长以上的职务。有些法官本人就是审判委员会的成员,是"管人的",因此可能与"被管的"的法官有所不同;对此,我也将在分析中给予适度的关照。

访谈中,绝大多数法官显示出对本法院的情况了如指掌,不仅对有关的法律条文相当熟悉、敏感,而且洞悉当今中国法院工作中的问题和社会的人情世故。一般说来,他/她们对法院工作有一种职业自豪感,甚至有相对于政府其他机构或部门而言的道德优越感[27],但他/她们并不讳言法院系统的工作存在许多问题,有些甚至是亟待解决的严重问题。他/她们并不缺乏自我批评和自我反思。最为典型的也最使我们震动以至感动的是,一位10年前率先进行某些司法改革、取得显著成绩并因此多年一直被树为典型的法官,在访谈中,对自己当年作为经验普遍推广的改革措施进行了深刻的反思和批评,原则上推翻了自己当年改革的路子。

我们自信访谈获得的材料是比较可靠和可信的。第一,访谈都是单个进行的,由于远离法官的工作单位,不涉及法官的同事和单位,因此一般说来法官少有顾忌。第二,我们访谈的关注点是法院的运作,一般不直接关注具体案件处理的对错,我们从他/她们的一般经验和感受入手(但我们也不拒绝了解,有时也会追问受访者提及的某个案件或案件细节),因此对他/她们不构成上级检查工作式的威胁。第三,从我们的观察来看,访谈的法官大多数相当坦诚,他/她们不讳言问题,包括对法院系统的人事、财政制度问题的批评,对党风和社会风气问题的批评,甚至有真实可信的自我批评或自嘲。第四是调查者与访谈者之间的关系特殊。我是从外地短期来培训班教学的教员,与访谈的法官之间既没有潜在的或公开的、当下的或未来的利益冲突,也不可能给他/她们带来什么特别的利益。这种特殊的关系和我的特殊身份使得双方既有相当程度的信任:他/她们可以不说某些话,但至少无须说假话;又有相

---

[27] 几乎所有受访法官都称公、检、法三家中,法院最廉洁,群众意见最小,尽管这一声言并不可靠。

当程度的相互尊重:值得对我们这些来自北京大学的访谈者说真话。一些法官甚至将他/她们遇到的疑难案件提出来请我们帮助分析。第五,由于访谈的法官数量较多,并且我们还曾在陕西省等地进行过类似的调查研究,之后又深入湖北省一些基层法院和人民法庭实地调查,这就使我可以用不同的访谈材料和实地调查材料互相参证。虽然,在理论上,参证材料并不一定或总是有助于辨识由衷之言和虚伪应付,但长期的社会生活经验以及由此而产生的直觉判断足以令我自信:获得的材料是有把握的。

三、 审判委员会的构成和运作

我们调查的各个县(市)基层法院审判委员会的人员构成大致相似。一般均由法院院长、副院长和主要业务庭的庭长组成,一般9人或11人。

审判委员会讨论的案件范围都有原则限定。如果是独任审判的案件,法官本人对案件定性或法律适用拿不准,先向庭长汇报;如果庭长与承办法官的倾向性意见一致,则可以定案;如果不一致,庭长将向主管副院长汇报,副院长也拿不准的,经副院长向院长报告,进入审判委员会讨论。

如果是合议庭审理的案件,合议庭的意见与庭长意见不一致,由庭长向主管副院长汇报,副院长提出意见,要求合议庭重新审查;重新审查后,意见仍不统一,副院长向院长报告,进入审判委员会讨论。

究竟哪些案件、因什么原因进入审判委员会讨论呢?民事案件如今进入审判委员会讨论的已经很少。[28] 据我们了解,在一个每年审理民事、经济案件总数达4000多起的某县法院,每年进入审判委员会讨论的案件也就大约20起;但据称1995年以后,由于落实"错案追究

---

[28] 依据《民事诉讼法》,对本院已经发生法律效力的判决、裁定,发现确有事实或法律错误,法院院长认为需要再审的,才提交审判委员会讨论决定;但作为一种非正式的制度,审判委员会仍然会讨论决定确有疑难的民事经济案件,尽管数量很少。

第三章 基层法院审判委员会制度

制",加上新任主管副院长是从外单位调入的,专业能力稍弱,因此,进入审判委员会讨论的案件有所上升,1996年有30多起进入审判委员会讨论。而另一基层法院也称,近年来每年很少有民事案件,最多3~5起,进入审判委员会讨论。

要讨论的民事、经济案件,基本是定性上拿不准;以及地方有关机关或领导干预的(特别是涉及地方、部门利益)。从谈及的一些具体案件来看,有些实际上不存在事实上的或法律上的疑难问题,只是如果依法判决,判决无法执行或执行起来会带来严重后果。[29] 这样的案件进入审判委员会讨论主要因为需要法院决定是否以"单位"身份出面协调执行并落实判决。

刑事案件,每年大约有10%~15%,约20起案件,进入审判委员会讨论。[30] 据称,凡是判拘役、缓刑、免予处分的案件一律要经过审判委员会。除此之外,审判委员会讨论的都是疑难案件。所谓疑难案件,又可分成三类,首先是社会影响大,社会反响强烈的案件;其次是人大、政府或其他机关有某种干预的案件;最后是有法律疑惑,定性拿不准的案件。事实上,这三类案件有可能是交错的,甚至完全合一,例如我后面讨论的警察依法开枪伤人案。

据称,绝大多数行政案件都会进入审判委员会。[31] 根本原因是,行政案件总是涉及当地政府或政府下属机构。但总的说来,在基层法院,这类案件数量相当少。

审判委员会的具体工作程序是,据介绍,首先由承办法官介绍案件情况,特别是介绍分歧点,并提出各方的理由;当案件本身没有问题时,则提出法庭面临的难题。理论上讲,审判委员会委员都必须查看案卷;但据称,事实上不可能都看,因为案件较多,各个委员不可能都仔

---

[29] 参看本章后面"两个例子的简析"一节。
[30] 据王元的调查,1997年上海市某县法院由审判委员会讨论的刑事案件共31件,占这一年该法院处理的刑事案件总数的8.2%,而历年平均比例大约为10%。请看,王元:《法院独立及其困境》(未刊稿)。
[31] 这一点与法律规定有很大不同。依据《行政诉讼法》(1989)第63条,人民法院院长只有对本院已经发生法律效力的判决、裁定,发现违反法律、法规规定认为需要再审的,才有责任提交审判委员会决定是否再审。

细看，而且也很难评判；也没有必要都看，因为许多案件并非事实或法律不清，而是定性有分歧或有种种原因难以处理。

讨论案件时，第一把手（院长）一般不先发言，其他委员先谈，特别是对这类案件经验比较丰富的委员，例如参加审判委员会的现任或前任庭长、主管这类案件的副院长或以前管过这类案件的副院长。院长总是最后表态，据说是为了保持其"一贯正确"的形象。

审判委员会委员从法律规定上看是平等的。但不排除少数情况下"第一把手"或个别审判委员会委员会试图影响其他人，并对其他委员确实有影响。即使如此，却不是哪一个人说了就能算的，会有不同的意见和争论。据称，由于争论是为了工作，不是针对个人，因此这种分歧本身不会引起个人之间的矛盾；个人之间已经有矛盾或隔阂时除外。接受访谈的法官认为，这种讨论还是出于公心的。（我们调查组的一个成员曾利用法院的熟人关系在陕西省某县"旁听"过法院审判委员会的一次会议，据他报告，讨论时，委员们确实是从工作出发，坦诚争论；尽管这个例子并不有普遍意义，说服力不大。）

讨论后，大多数情况下，审判委员会会尊重承办案件的法官提出的处理意见，或在多种分析意见中作出选择，并且常常意见一致。少数情况下，审判委员会也有较大分歧；这时，则不表决，该补充材料的则要求补充材料，该请示上级法院要求明确法律的也会请示上级法院的有关审判庭，留待下次会议再作决定；有极少数案件甚至会多次上会讨论。但有时多次讨论还是无法意见一致，最后只能以投票表决作出决定。

审判委员会决策原则是少数服从多数，每人一票，院长也不例外，服从多数，否定少数；但表决情况及各自意见都会记录在档。对外，审判委员会决定的案件会由审判委员会和合议庭共同承担责任；但在内部，实际是由持多数意见的委员对该决定负责。特别是由于近年实行了错案追究制以及与此相联系的经济利益（年终奖），这种状况甚至更为严格了。如果某案被上级法院发回重审（这在目前许多法院都被视为"错案"），那么多数派意见的委员将对这个"错案"负责。具体的负责方式在各地法院并不相同。在某县法院，据称，每个办了"错案"的委员都会被扣50块钱奖金，并算办了一个错案。

第三章 基层法院审判委员会制度

四、法官的看法和理由

访谈中，尽管许多法官都对审判委员会的运作提出了一些批评意见或可能的改进意见，却没有法官对这一制度的功用和必要性质疑。在建立了足够的相互理解和信赖、交谈已相当坦率之际，我们常常会正面对审判委员会的功用质疑，指出许多学者提出的审判委员会的"弊端"。与前面的分析一致，我们的问题并非审判委员会是否会影响法官自由办案，而大致是，是否（不恰当地）影响法官办案和公正决定，或者"你觉得废除审判委员会怎么样"这样的问题。所有的——而不是几乎所有的——法官都认为，总体而言，不存在审判委员会影响办案和司法公正的问题。他/她们不否认在少数情况下，他/她们个人的观点与审判委员会的决定有分歧，但他/她们显然将这种分歧视为工作中的正常分歧，可以接受，并且只要最后结果好，不出问题，就可以了；这显示了一种非常务实的态度。

他/她们也不否认，审判委员会中有些委员（特别是院长和某些非专业的副院长）业务水平不够，或在某些案件中个别委员对审判委员会的决定有更大影响力；也不否认有时迫于地方党政部门的干预或社会压力，审判委员会的实际作用受到了损害，甚至有违心的判决（例如后面讨论的警察依法开枪伤人案），但总体来看，他/她们认为，审判委员会至少在目前对于他/她们的法院利大于弊，认为应当坚持。事实上，若仔细分析，所有这些"不否认"中体现的态度实际上是"应当加强审判委员会的作用"，而不是相反。当然，在每个北京出租车司机都可能是一个政治评论员的今天，听到人们支持什么或反对什么没什么了不起；真正令我们这些调查者吃惊的是，他/她们回答的口径是如此一致！

我们并不仅此就接受了他/她们的评价和判断。从理论上说，他/她们口径一致完全有可能因为他/她们已经在这种制度中生活得太久，没有另一种制度作为新的参照系，因此接受了目前这一制度的天然合理性，完全缺乏对这种制度之合理性的质疑和挑战的能力；就如同哥白尼之前的人们总是接受"地心说"那样。而另一个更大的可能是，因为生活于其中，这些法官在这一制度中有某种在学者或民众看来不恰当的既得利益[32]，出于维护这种不恰当的既得利益，法官们形成了一种关于审判委员会的职业意识形态。[33] 这两种可能都存在。但仅有这种有道理的猜测不能证明其存在，也不足以令人信服，因为人们可以提出各种乃至无数逻辑上可能成立的解说性猜测，甚至完全相反的猜测。对这两种可能，我从两个层面予以辨析。

我首先概括地从理论层面分析这两种可能。我们承认，依据社会存在决定社会意识的马克思主义基本原理，制度环境必定对人的观念和意识形态有构成作用。但是，我们又不能将这一原则上正确的哲学基本观点推演到每一个细小的问题。否则，我们就无法解释为什么经历了长期计划经济之后，人们仍然会自发地寻求市场交易，农民们会自发搞包产到户，突然焕发出一种在长期的人民公社制度下一直缺乏的工作热情。甚至，我们更无法解释许多当年亲手参与设计、建立和运作计划经济的高级干部甚至中国共产党和中华人民共和国的高级领导人——包括邓小平——最终都积极主张或不反对引进市场的因素，乃至建立社会主义市场经济体制。历史有大量的例证告诉我们，往往是那些长期生活在某种不当限制了个人自由和创造性的制度中的人会最先、最深切感受到该制度的弊病，从而最先要求变革，并总会以各种日常行动实际改变着这一制度。[34] 我们无法肯定地说，这么多的法官都因为制度的内在化而失去了他/她们对该制度的反思能力和批判能力。

这种逻辑分析需要经验证据的支持才更有力和可信。事实上，我们

---

[32] 我在此之所以强调"不恰当的"，是因为有些既得利益如果不损害法院的政治社会职能，则是恰当的，是应当保护的。例如制度的稳定性，会便利在这个制度中生活工作的人们的工作；而这就是一种既得利益的关系；并且在一定意义上，可以说，法律制度就是要保护一种可预期的同时也就是既得的利益。

[33] 关于职业化形成的意识形态，特别是法律职业的意识形态的形成，有关的外国学者的分析，参看，Richard A. Posner, "The Material Basis of Jurisprudence," in *Overcoming Law*, Harvard University Press, 1995, p. 33。

[34] 共产主义运动的主要领袖绝大部分不是出自工人或贫农家庭；当年教会的改革者如马丁·路德本人就是教士。这些都是一些最典型的例子。

访谈的法官，特别是担任着或担任过一定职务的法官，无不对我国目前的司法制度有某种程度的，有时甚至是相当深刻的反思和批判，其中有不少思路同目前一些研究司法制度的学者的观点完全一致或基本一致，例如有关法院的人事制度、管辖和财政制度改革的问题。他/她们普遍希望而且强烈要求审判独立，少受地方政府和其他部门的不恰当干预。他/她们甚至提出了一系列相当具体的主张。如果我们接受法官缺乏对现行制度的批判反思能力这样的命题，这不仅违背了常识和有危险（这等于说法官不懂得审判独立对于他/她们的重要性，说法官不知道自己需要什么，只有学者或其他人才能为他/她们设计制度；而这种说法又为我们或者其他人现在或未来干预法官和干预司法创造了一个非常危险的理论前提），并且这也完全无法解释他/她们为什么对现行法院体系提出了尖锐批评。我们将面临一个无法自圆其说的悖论。

其次，法官是否在审判委员会制度中有既得利益？以及更重要的是，有什么样的既得利益？对这个问题，我还是要首先从一般命题谈起，这就是，不能假定接受访谈的法官都没有起码的社会正义感。我不否认法官中有腐败分子，但就法官总体而言，他们并不而且也不可能比立法者、学者甚或普通民众更缺乏社会正义感或良心。社会上的"好人"和"坏人"分布都是正态的，与职业无关。我们没有理由说法官完全不考虑社会利益，只是为了自己的利益而坚持一种法律制度。更重要的是，一旦接受了这一假定，目前关于审判独立或法官独立的要求也会失去其正当性——难道我们能让这些没有起码社会正义感的人独立行使审判权吗？在分析问题时，我们必须始终关注自己的命题能否保持逻辑的一贯性。那种僵化地、教条式地把立法者或学者或民众同法官分开、认为前者更可信赖的观点不仅无法令人信服，而且势必陷入一个貌似激进然而根本无法自洽的立场。法官是一个职业角色，他/她们也是人，生活在这个世界之中，他/她们必定分享着我们普通人的一般道德、价值和判断。

逻辑是反驳的武器，但不足以正面确立一个命题；我还是必须回到经验层面来考察。所谓经验层面，在这里，我指的是，分析法官们支持审判委员会的理由在当代中国社会环境中是否合理和可信。

法官们支持审判委员会的理由大致如下。第一，他/她们认为，在目前的情况下，如果一律实行法官独任审判或合议庭多数法官决定（也就是只要有两位法官意见一致），太容易造成司法腐败或司法不公正。在基层法院，根据前一节，我们可以看到，除行政案件外（对这一例外，我将在后面简单讨论），绝大多数案件目前已经因案件增多或因其他种种可行性原因不再进入审判委员会了；进入审判委员会的案件一般说来都是一些比较重大的民事、经济和刑事案件，或既重大且有疑难因此合议庭意见不一致的案件。由于案件比较重大，一般会有来自各方的各种影响，包括地方党政机关和部门头头的传话，熟人的求情、送礼，甚至公开但并非罕见的贿赂。访谈的法官一致认为，在这种情况下，如果都搞法官独任审判或合议庭审判，对可能的滥用权力就缺少足够的制约和监督。当然有些案件判得太离谱了，人们一眼就可以看出来法官作了弊，事后可以查出来，予以纠正，并处理徇私舞弊之法官（但这也还是无法弥补严重受损的法院声誉）。但问题是，法官一般不会太离谱，绝大多数在任法官一般不会因一些即刻的，哪怕是很大的利益而放弃已有的职业、前程、自由乃至性命。即使舞弊，他/她们也往往会利用一些上得了台面的理由和根据，例如事实的认定、某个证据的采信与否、费用或损害赔偿的计算方式、量刑从轻还是从重等。在这类问题上，只要是有一点司法经验的人都知道：不同的法官一般会有不同的判断，无法获得科学上的那种可重复的确定性。[35] 这也就意味着，即使有些案件让人们感到不公正，你却很难在经验上发现法官是否做了手脚。[36]

因此，至少在我看来，法院对判拘役、缓刑、免予处罚的案件一律经审判委员会讨论的做法，很有道理。因为这种可出可入的案件特别容易出问题，特别容易引发人们的疑虑、猜疑，并给社会留下不良印象。一个可判3至7年有期徒刑的案件，法官判了3年，有人可能认为判轻了，但未必显失公平；但一个应判两年监禁的案件，即使判了两年，但

---

[35] 参看，波斯纳：《法理学问题》，同前注16，第6章。
[36] 美国法官波斯纳曾分析过这个问题以及由此而来的例如回避制度设置。参看，波斯纳：《法理学问题》，同前注16，特别是第1章。

只要同时判了缓刑，就有可能让人感觉到显失公平。因为缓刑在当代中国普通百姓看来等于没有受任何惩罚（注意这里体现出来的惩罚的"地方性标准"）。又如，在一些案情比较重大且复杂的民事和经济案件中（往往标的额比较大），个别法官只要在某个地方小小做点手脚，完全可能出现胜诉不胜、败诉不亏反大赚一把且似乎无可指摘的情况（该赔你100万，但判决赔70万，表面上你是赢了；但只有双方当事人才知道谁真正输、谁真正赢了）。也恰恰是这种标的额比较大、比较复杂的案件，诉讼各方也更愿意通过不正常的甚至非法的手段来影响主审法官。这类案件进入审判委员会讨论虽然不一定都能防范腐败可能带来的审判不公；在极其个别的情况下，甚至也不排除有买通整个法院的可能，但是这种可能会大大减少。有好几位访谈的法官都说过这样的话，大意是："你可以买通一（独任审判）、两个人（合议庭审判），甚至更多一些，但是你很难买通9个人（指审判委员的人数；尽管原则上并不要求审判委员会一致通过）。"法官们还认为，一旦到了审判委员会，你还不能仅仅说该怎么办就行了，你总要拿出点理由；没有理由，提出的判决结果又离谱，大家心里就会有察觉，这就形成了一种制约。

第二，审判委员会在某些地方已经起到了或可能进一步起到在辖区内统一执法标准，提高法官职业素质的作用。在每个基层法院，一般都有近20个法庭和派出的人民法庭。由于法律条文必然具有一般性，不可能包容所有实际发生的情况；由于近年来中国社会的迅速发展变化，有许多传统的法律做法或多年前制定的法律显然已不适应当下的需要；以及由于中国地域辽阔、风土人情不同，在实际审判和案件处理中，各法庭的法官往往会针对手边的案件形成一些新的具体做法。这些具体做法可能原则上符合法律规定，有的原则上未必符合法律规定（尽管可能符合或基本符合当地实际生活之需要，又为当时的情境所要求），如果不予协调，就可能造成同一辖区内各法官、各合议庭以及各人民法庭之间执法标准不统一。尽管对一个各地政治经济文化发展不平衡的省（乃至中国），或对于转型时期的中国社会来说，这种不统一或灵活掌握的执法状况并不必定是坏事，有某种实践上合理性；但这种做法会使同样的案件得不到同样的或相近的处理,造成法律的不同等保护,容易给人们留下司法不公正的印象,哪怕法官并无这样的意图。另外,中国司法不是普通法制度,没有遵循先例或直接引用其他同级法院的先例的传统,法官除私下交流之外,在法律上无法且不允许直接引证和借鉴其他法官的判例,这就妨碍了中国基层法院对同类案件的处理达成共识,逐步形成一种制度化的或习惯性的做法,这也妨碍了个体法官的经验为其他法官分享,妨碍了法官知识的积累和司法传统的形成。

审判委员会在这方面的工作有助于弥补这个缺陷。访谈中,尽管法官们没有谈什么判例法制度,但许多法官都谈到,审判委员会在一定程度上保证了本法院辖区内司法实践的统一,便于形成一些规则性的具体做法,限制了个体法官的自由裁量权;特别是在缺少明确的法律条文的情况下,审判委员会的集体协商还有助于形成一些规则,解决没有明确法律规定但必须即刻解决也有权即刻解决的问题。当然,这种类乎法官"空隙立法"的活动在学界看来并不一定恰当——即使暂时不考虑有无立法权问题;但法官的日常工作常常要求他/她们这样做,为履行其作为法官的义务甚至必须这样做。我认为这种做法对于转型中国的法治甚至是有利的,会积累一些具体的可操作的经验,有助于未来基于司法经验的立法,改变目前我国立法普遍具有的、法官认为常常过分"纲领化"缺乏操作性的特点。

第三,当然并非最不重要的是,除规则统一的问题外,还必须提出法官能力的问题。如果依据理想的法官标准或近年通过的《法官法》的要求,有相当数量基层法院法官的文化素质和法律职业素质都不能达标。许多基层法院的法官是从其他政府部门调入的官员,有的是考进法院的中、小学教师,相当一部分是转业军人;接受过系统正规法律教育、长期从事司法审判因此有较高司法能力的法官,在基层法院有,但数量极少。[37] 尽管中国法院系统为改变这一状况,多年来进行了法律业

---

[37] 参看,本书第十章"基层法院法官的专业化问题"。

大等教育[38]，但坦白地说，实地调查使我们确信，由于我在其他章节中详细论述的种种原因，中国法官的文化和职业素质很难期望在短期内有实质性的重大改变，在基层法院尤其如此。[39] 基层法院面临的一个现实的问题是，必须主要依据现有的这些在文化和职业素质与理想法官有一定差距的法官来处理、解决当代中国基层社会最大量、最普遍的法律纠纷。除加强在职业务训练和少量的进修、培训外，审判委员会显然是法院内部一个提高法官司法审判素质和水平的可能的制度设置。许多法官都明确指出，审判委员会在县法院辖区内起到了统一具体司法做法的作用，有助于解决难办案件、新案件，对指导法官办案、提高法官业务水平起到了一定的积极作用。

五、 法官的理由是否可信？

法官支持审判委员会制度的理由，不容易为我们轻信。我有两点怀疑：第一点怀疑是，中国法院系统的组织逻辑一直受行政管理制度（学术意义上的）的影响很大（例如法院管理类似政府机构，是一个单位，法院院长对法院人事安排有相当程度的决定作用等）[40]；基层法院第一把手很少直接从法院系统产生，大多是从其他党、政机关调进的，有意无意地会把他/她们在党政机关工作养成的习性带进法院系统；加上中国传统的官本位的影响；很多学者以及我本人都怀疑法官给出的理由在实践中会有很大折扣。院长在多大程度上能决定或影响审判委员会的决策？我们提出了这样的怀疑。

法官们不否认有这种影响；但同时认为，由于种种原因，这种情况

38　参看，贺卫方：《通过司法实现社会正义》，同前注25。
39　其中最主要的一点是，目前法官的收入太低，特别是与法学院毕业生可能选择的律师或经商的报酬相比。再者是基层法院都位于小城市（镇），对绝大多数年轻的法学院毕业生（22岁左右）显然不具有吸引力。参看，本书第十章"基层法院法官的专业化问题"。
40　关于中国法院管理体制的行政化和官僚化问题，请看，贺卫方：《中国司法管理制度的两个问题》，同前注1，又请看本书第二章"法院的审判与行政管理"。

并不像外界想象得那么严重和普遍。首先,审判委员会采取的是一人一票制,投票及其理由都要记录在案,因此,院长并不轻易说话,一般都是最后发言,希望保持"一贯正确"的形象;即使院长说了话,有一定影响,但未必能左右其他人的投票。其次,两审终审制对院长或其他想不当行使权威或影响的审判委员会委员都有一定约束作用,没有人希望自己的案子总被打回来或被纠正,更没有人愿意自己的"错误"判断总是记录在案。再次,由于院长大多不是法院系统"土生土长的",因此对法院和法院系统的直接影响力相对弱一些;相反,正由于他/她不熟悉业务,往往不得不倚重审判委员会,特别是倚重那些懂业务的干部。最后,审判委员会委员未必甘心为人操纵,跟着犯错误。

从访谈中,我们也感到至少有一些审判委员会委员明确意识到这一制度的要求。例如,当我们质疑院长影响审判委员会之际,某县法院副院长随口就明确地引用有关法律条文指出,检察院和法院的组织决策原则是不同的;检察院实行的是首长负责制,当发生分歧时由检察长最后拍板,法院实行的是审判委员会民主集体制,院长仅仅是一票。[41]

这个例子不具有决定性说服力。有许多学界朋友向我讲述了不少反例,我也无法通过大量参与各地法院的审判委员会讨论以获取更具说服力的一般性经验性证据。[42] 因此,我不敢言称,这一原则在多大程度上在各法院审判委员会中得到了贯彻。但至少有一点是明确的,即就制度原则而言,关于审判委员会的现有规定已经有了比较慎重、细致的考虑,重要的是进一步贯彻落实的问题。这还至少表明基层法院某些法官对有关法律制度的熟悉程度远超出我们的想象,他/她们并非不理解自

---

41 参看,《法院组织法》(1986) 第 11 条第 1 款、第 3 款:各级人民法院设立审判委员会,实行民主集中制。审判委员会的任务是总结审判经验,讨论重大的或者疑难的案件和其他有关审判工作的问题。各级人民法院审判委员会会议由院长主持,本级人民检察院检察长可以列席。又请参看,《检察院组织法》(1986) 第 3 条:检察长统一领导检察院的工作(着重号为本文作者所加)。各级人民检察院设立检察委员会。检察委员会实行民主集中制,在检察长的主持下,讨论决定重大案件和其他重大问题。如果检察长在重大问题上不同意多数人的决定,可以报请本级人民代表大会常务委员会决定。

42 即使有可能参与观察,也可能会因为我们的在场而发生"测不准定理"的问题。在这个意义上,我们可能运用的资料只能由那些参加审判委员会的人提供。

第三章 基层法院审判委员会制度

己的职责和权力。鉴于目前中国的社会风气,我不想天真地说他/她们都会大胆利用这一制度原则来维护自己的职权;但这一制度的合法性资源已经有了。并且,在我看来最重要的是,这种制度资源已经进入了或开始进入了法官视野,只要条件许可,他/她们同样会如同许多地方的改革家一样,"将政策用足",并最终形成稳定的惯例(制度)。

我们的第二点怀疑——同时也是许多学界人士的怀疑——是,审判委员会是否会受某个业务比较强的委员(例如某庭长,或主管副院长)太大影响,从而使案情讨论变成"走过场"。一些法官坦承,在审判委员会实际工作中,熟悉某类案件审判的委员的意见对其他委员确有较多影响;一般情况下,其他委员也比较尊重他/她的意见。从理论上说,这往往使这位委员有可能左右其他委员。特别是假定法院内部,由于分工,一些委员未必熟悉与自己行当关系不大的案件以及有关法律规定,这时,特别容易发生这种情况。前述法官提出的赞同审判委员会的部分论点因此可能大打折扣。而由于"走过场",审判委员会作为制度存在的实际功用和合法性自然会受到挑战。

受访法官认为,确实不能排除个别委员更有影响力,但这并不意味着他/她就可以操纵其他委员,或者其他委员就乐意为他人操纵。其他委员未发言,仅仅是"过一遍",表示赞同,这并不意味其他委员就放弃了思考或没有分析问题的能力。上述关于院长影响力有限的后三点理由,同样适用于审判委员会中个别有影响力的委员。我们固然希望每个法官都独立思考,但是,在任何一个机构中,包括高度强调独立的法院内,事实上总会有一些相对说来更有影响的人物。[43] 我们不能假定所有的人对所有问题都有同样的分析能力,不能假定,必

---

43 这同样表现在美国法院中。例如,自1956年到1980年代末期长期任职于美国联邦最高法院的 Brennan 法官就被认为是自由派法官的灵魂,而大约同期任职的 Marshall 法官常常被认为是缺乏自己的见解。1990年代,Scalia 大法官被认为是美国联邦最高法院保守派的头脑,而 Thomas 大法官的意见总是追随前者。当然,这是基于意识形态原因发生的影响。此外,美国联邦最高法院的法官之间在一些专业问题上,也更尊重其中的"专家"的意见,例如有的法官更专长于反垄断问题,那么在反垄断案件上,其他法官一般都会更多地尊重他/她的意见。这种对于个别法官的专业上的尊重,不被认为是法官放弃了自己的思考。

须有不同的意见,必须经过激烈争论,才算是自己有头脑。事实上,不同的意见或激励的争论仅仅是表现独立思考的一种方式而已,但不是唯一的方式。在一些问题上更多尊重个别或少数人的主导观点,并不证明其他人被某个人牵着鼻子跑了,失去了自身。制度的监督和约束常常突现为冲突和争议,然而真正制度化了的约束更多表现为一种常规。[44] 当一个委员必须提出理由才能使他人接受自己的意见时,尽管似乎是别人接受了他/她的理由,实际上他/她也已经受到了制约。这种表面的"过场"实际上不是"过场"。这其实就是我们强调程序的意义。

  除此以外,法官还提出一个审判委员会难以为个别委员左右的重要理由。这就是,在基层法院,职业分工并不那么严格。一个人从进法院到退休都一直在某个庭工作,这种状况如果有,也极少。绝大多数法官都曾任职人民法庭,在人民法庭基本上什么案件都会遇到。并且县法院不大,庭长的位置就那么多,一些有能力的法官,特别是庭长,没机会获得"提拔",常常是在几个庭转来转去(法院的行政特色和非专业化特点再一次显露出来了;当然刑庭略有例外)。因此,基层法官不像中、高级法院的法官,后者相对说来更专业化,隔行如隔山的状况更为严重。由于在各个庭"转",时间一长,在这样一个小"社区"中,只要人足够聪明,即使没有专门办过某类案件,分析问题的基本能力还是有的。一位法官说:"没吃过猪肉,还没见过猪跑吗?"

  这里的关键是,进入审判委员会讨论的案件,往往是定性上有难点,吃不准,或是没有恰当的法律,或是仅仅适用法律不能解决问题的案件,而并不需要对有关法律了解很多、很深、很细。熟悉所适用的法律条文对于审判委员会委员来说未必是最重要的素质,更重要的是分析问题、抓住问题要害的能力。在司法圈子内,这种能力是一种一般性的能力,不是一种局限于处理刑事案件或民事案件才能获得并独享的知识。尽管进入基层法院审判委员会的案件都是当地的重大案件和疑难案

---

[44] 福柯就持这种观点。有兴趣者参看,Michel Foucault, *Discipline and Punish: the Birth of the Prison*, trans. By Alan Sheridan, Vintage Books, 1978。

件,但是,重大和疑难都是相对的。就总体来说,基层法院的案件比较简单,没有什么金融债券、知识产权、股票期货之类非常专业化、高度技术化的案件。所有这些条件使基层法院审判委员会委员只要有一定的审判实践经验,就不至于为个别"专家"迷惑和左右。

当我们较真地、事后想来确实自己也承认非常愚蠢地追问:如果院长比较专断,或者地方党政机关和官员压院长,审判委员难道不会为院长影响和左右吗?法官们承认,在这种情况下,审判委员会一般是顶不住的。但他/她们认为,这种问题其实已超出设立审判委员会所针对的问题了。正如一个法官回答我们的质疑时说的,"一个制度只能解决一个问题"。如果真正遇上了这样霸道的院长,即使法官独任审判——只要法官还在他/她手下——也解决不了问题。相反,如果县领导压院长,院长在一定程度上还可以用审判委员会的意见来抵挡一下。一些法官还举出了这样的例子。

六 另一个视角的考察

关于审判委员会之功能的上述说法,主要是出自审判委员会的视角(尽管我们的访谈者并非都是审判委员会委员)。而审判委员会(或审判委员会委员)与普通法官毕竟不同:一个是管人的,一个是被管的。这种位置差别有可能导致视角和判断的差异。即使绝大多数审判委员会委员也都是一级级"熬"上来的,都曾被人管过;但毕竟是此一时,彼一时也。因此,审判委员会的视角和理由,诸如防止法官腐败,统一司法尺度,保证法律统一,提高法官专业能力,更可能或更多反映了审判委员会的利弊考量。

但是,访谈也表明,并没有普通法官认为作为制度的审判委员会不恰当地干预了他/她们的权力。而且——如前所述——许多时候,是主审法官自己要求案件上审判委员会讨论(独任审判法官对案件拿不准时,合议庭意见不一致时等)。为什么法官不认为自己的权力受到了不恰当的干预,甚至会主动放弃完全可以由他/她们行使的这一权力,放弃了他/她们的"审判独立"和自由（特别是在独任审判案件中）？我们并不简单地认为，只要法官认可，这个制度就有了充分的正当性，完全有可能，法官放弃这种权力恰恰反映了某种弊端（例如，我们完全可以说，并且我们在后面也会发现，审判委员会在某些时候确实成了法官个人不恰当推卸责任的工具之一）。更细致地分析考察这种放弃权力的现象，也许会使我们发现审判委员会的其他功能，更深层次的功能，并且是对于普通法官的功能。

的确有更深层次的功能。对于普通法官来说，最主要的也许就是，可以以此来抵制人情和保护自己。基层法院都设在县（或县级市）城，一个县城一般也就几万居民，最多不过10万人。任何在这样的县城里长期生活的人都知道，在这里，几乎每个人都是熟人，或熟人的熟人，"都能搭上话"；绝大多数基层法院法官是本地人，土生土长，乡里乡亲，再加上工作关系、同学关系、朋友关系、部门间关系和上下级关系，以及关系的关系，可以说是千丝万缕。更重要的是，我国的政治意识形态话语一直强调法院与人民打成一片，从中央到地方各级政府也要求各地法院扮演"为改革开放保驾护航"这样的角色，法院与社会之间没有为防止司法受到各种干扰的隔离带。[45] 在这种环境下，一个案件，特别是稍微重要一点的案件，只要进了法院，主审法官家往往会"说客盈门"（王蒙的小说名），原被告双方的都有，法官不堪重负。而一位法官，只要不是不食人间烟火或生活在教科书的世界中，就很难像教科书或宣传材料上要求的那样"秉公执法、严格执法"，将一个个亲戚朋友全都拒于家门之外。只要设身处地，就可以理解，法官确实需要一种制度来帮助他/她们抵制或排解这些剪不断、理还乱的关系。审判委员会对于法官在某种程度上就起到了这样一种作用。几乎所有法官谈到这一点时都说，对于自己不愿公开得罪的说客或送礼者，他/她们常常会以"这个案件是要上审判委员会的，我作不了主"之类的话委婉拒绝。即使对那些得罪不起的人（包括县里的一些头头），不

---

[45] 参看，苏力：《论法律活动的专门化》，同前注23；贺卫方：《通过司法实现社会正义》，同前注25。

第三章　基层法院审判委员会制度

得不先应承下来了,给个空头人情,但也会最后补上一句,"最后还要看审判委员会的"之类的话。事实上,在少数情况下,当有相当充足理由且不涉及本地利益时,法官们甚至以审判委员会名义抵制了县党政主要领导或某些机关的不恰当干预,防止了冤错案的发生。

为突现这一特点的寓意,在这里,我将中国基层法院和美国初审法院的制度略作比较。习惯的看法是,由于种种原因,中国法官受的限制太多,自由裁断的权力比美国法官小(许多中国学者强调中国审判独立不够,实际也反映出这一判断)。但是,仔细考察一下,未必如此。在中国,基层法官垄断了对于事实争议和法律争议的判断,在这个意义上看,中国的基层法官对案件的决定权实际比美国初审法官更大。但是,这种更大的权力在另一层面也给他/她带来了更大风险,中国的司法或其他体制却没有为他/她提供足够的制度保护来回避这种风险。因此,中国的基层法官往往比美国初审法官更容易受到伤害;并很容易成为一种社会攻击,甚至是波动的民情攻击的目标。所谓攻击的目标,有两个方面,一是容易成为说情、请吃、送礼乃至贿赂的对象;二是容易成为各种形式的报复的对象。[46] 在美国司法中,真正进入法院审理的民事案件往往有,而刑事案件必定有,陪审团。陪审团裁定证据是否足以证明某人有罪,是否有过失,是否应给予赔偿以及赔偿数量;法官仅就法律争议作出决定。因此,陪审团分担了案件的决定权,似乎剥夺了法官的某些权力,但同时也使美国法官必须承担的决策风险分散了,法官不必为且一般也不会为案件重大承担太多的风险。[47]

46　至少在1990年代前期之前,中国报刊上表扬一位法官往往会提到他/她"不怕威胁,不受利诱"之类的事;这种频繁出现的语词,固然可能有中国人习惯于将法律问题道德化的因素,另一方面也确实表明了这两种"攻击"是对中国法官的突出威胁。

47　例如,O. J. 辛普森案的刑事一审法官尽管宣布辛普森无罪释放,却没有谁对该法官说三道四。这在很大程度上就是因为事实认定是陪审团作出的。而在中国,若出现一个类似案件,这个法官的命运将会怎么样呢?只要想一想1996年轰动全国的"夹江制假者告打假者案"——夹江县法院仅仅因为允许制假者对打假者提出诉讼,就受到人大的质询,受到了《东方时空》等传媒报道咄咄逼人的然而完全没有法律根据的责难——就可以看出这一差别了。
当然,这并不是说美国法官就完全没有风险了。针对美国法官的各种类型的威胁仍然存在,例如在人工流产案件上。

在中国，审判委员会能够存在，并得到法官们相当程度的认同和支持，原因就隐含在法官提出的理由之中：他/她们希望有一个制度在中国特定社会环境中分担自己的责任和风险。事实上，他/她们也或正面（例如抵制说情）或负面（例如在实行错案追究制后更多将矛盾上交）地依赖了这一制度。如果我们设身处地地替那些绝大多数将注定在这个小县城中活下去，没有美国法官的那种收入、工作保障乃至人身安全保障的中国基层法官想一想，而不只是用一种道义上永远正确的"以身护法""铁面无私"的原则要求他们，不是抽象地将中国法官和外国发达国家的法官予以比较，就可以理解，尽管不必赞同，这些基层法官为什么有时会放弃那些据说是法律赋予他/她们的权力。我们不能仅仅从一些看起来不错的大原则出发，还必须在坚持原则的情况下找到一些可操作同时切实可行的"中国的"制度来保护法官。审判委员会制度是中国的，但这完全不是因为什么"中国传统文化"的影响，而只是一种为解决中国具体现实问题之必须。在这个意义上，审判委员会制度中是有普通法官（而不仅仅是审判委员会委员）的既得利益的，但并非不正当的既得利益。

七、 审判委员会的问题

还得讨论一下审判委员会的某些具体问题和可能的改进。在访谈中，一般说来，法官支持审判委员会制度，但他/她们在谈论本法院审判委员会时，也确实提出了或显露出一些问题，应当改进。这支持了我在前面的一个假定，制度内的人并非完全缺乏批判力。尽管法官们往往谈不出太多理论，但仍然反映出他/她们并不盲目接受一个制度；他/她们不仅有反思能力，而且确实进行了某种反思，尽管结论的指向未必确定，未必与我们熟悉的关于法官独立或审判独立的经典表述一致。

他/她们指出的问题之一是审判委员会的专业性不够。这表现为，一般说来，院长和副院长，无论其有无或有多少司法经验，在各法院都是当然的审判委员会委员。而至少在某些法院，不少时候，院长或

第三章 基层法院审判委员会制度

一些副院长是从外单位调进来的,他/她们并没有长期和比较丰富的司法实践经验,有的甚至没有任何司法或与法律相关的经验。产生这个问题的原因是,尽管审判委员会是作为业务机构设置的,但审判委员会委员实际是作为一种行政的或准行政的职务待遇配置的,往往同在法院任职的官员的行政级别相联系。这至少理论上就降低了审判委员会作为一个专业制度的功用。[48] 而更深层的原因,则与下一节讨论的"执行问题"相联系。

在此,我不想讨论个别委员缺乏专业知识可能带来的他/她个人决策的问题,而只想讨论这给审判委员会的集体决策带来了两方面的问题。一方面,缺乏专业知识的委员更可能受其他人的诱导,而且,如果是院长,还不论他/她个性强弱或我们习惯说的"民主作风"的好坏。如果他/她的个性强,不那么"民主",一旦接受了某个人的或某种观点后就缺乏反思和斟酌,因为一个人再有主见也不可能不受外来信息的影响;而如果他/她的个性不那么强,讲求"民主",也往往会为他人左右。另一方面,为了保持一致性或为取得某种必要的多数,甚或仅仅为了不让院长或同事太下不了台,专业知识强的委员在某些情况下势必会迁就一些专业知识不足的委员。尽管从理论上看,过分专业化未必总是优点,有时也可能是弊端——缺乏常识;但中国司法目前的问题在我看来主要是专业化程度不够,而不是过度。因此,如何促使审判委员会成为一个更强调司法专业知识的委员会,是个值得思考的问题。

但从我们的调查来看,主要的改进措施可能还不一定是任命更多有专业技术职称的法官担任院长和副院长(比较而言,进入审判委员会的庭长一般都有比较丰富的司法经验)。当然,能够从法院内有经验的庭长中任命院长、副院长也好,但更重要的,在我看来,在于改变法院类似于行政机关的组织方式。目前一个法院中,一般有两三个副院长分管民事、经济审判,刑事审判,行政审判和执行的业务,时而还不得不与院长和其他副院长管点儿人事、机关、后勤、法官培

---

[48] 参看,谢仁柱:《审判委员会要成为审判业务的权威》,《人民司法》,1994 年第 2 期,页 23。

训、接待、福利、工会以及其他一些临时性的工作。在目前体制下，即使任命懂业务的法官担任副院长，但只要他/她长期主管其他工作，同样会疏远司法专业，或根本没有多少精力和时间关注审判。如果要强化审判委员会的职能，更重要的是要在市场经济改革和机构改革的大背景下，注意研究法院组织的特点，注意在中国社会转型这个大的背景下推进专业化。其中，最重要的可能是将审判委员会同行政级别脱钩，强化其作为法院业务机构的职能。

问题二是，目前在有些法院，由审判委员会最后决断的案件数量仍然偏多。从原则上讲，只有独任审判的法官觉得疑难的案件、合议庭意见不一致的案件和重大案件才需提交审判委员会讨论。但在实践上，由于法官的专业素质的限制，特别是由于中国社会转型出现的一些新案件，或有些案件涉及地方利益和当地政府机关，或涉及上一节提到的执行问题，使法官不得不把一些在法律上并无疑难的案件提交审判委员会讨论。

特别想指出的是，近年来在错案追究制的鼓噪下，由于各级法院的错案判断标准不统一，且有层层加重的倾向，给法官造成相当大的压力，使改革以来审判委员会讨论的案件本已逐渐减少的趋势发生了某种程度的逆转。一些法官一旦遇到有点疑问的案件或新型案件，为避免承担责任，损害自己的利益，就请示主管副院长乃至将案件提交审判委员会讨论决定。[49] 这种状况不仅使审判委员会负担过重（访谈中，当问及这个问题时，几乎所有审判委员会委员都不希望审判委员会讨论的案件数量增加，都希望减少；当然，这表明审判委员会并不像一些学界人士想象的那样总是希望大量保持和控制案件的最后决定权），而且如同一些法官指出的，审判委员会根本无法集中研究决定那些真正具有普遍意义和指导意义的案件，不利于审判委员会作为专业机构的发展。

---

[49] 错案追究制出台的制度理由是为了强化法官的责任心和审判独立。然而，事实上，如果结果不是事与愿违的话，那么也可以说是很不理想，甚至使某些法官更怕承担责任，更缺乏审判独立。这一点是制度设计者事先完全没有想到的。这也进一步支持了我在前面关于研究进路的分析，即为什么研究制度问题时不应当过分看重制度设计者的意图，而要关注其可能的和实际的效果。

第三章 基层法院审判委员会制度

如果仅仅为解决这一具体问题，除继续提高法官的专业素质、严格限制错案追究制适用范围之外，一个可能办法是可以参考美国联邦最高法院关于上诉案件的选择标准。依据美国的宪法和有关司法法，美国联邦最高法院对所有上诉案件都必须作出决定，这是法定义务；但在实践上，近代以来，美国联邦最高法院对是否接受审理此类案件的上诉有了越来越大的裁量权，它只接受并审理自己认为必须审查的案件，对绝大多数（95%以上）上诉案件事实上都维持了下级法院的原判。[50] 换言之，它有权选择性接受上诉案件。中国的审判委员会不是司法的一级，性质不同，但还是可以借鉴这种做法。大致说来，就是保持现有独任法官或合议庭请求审判委员会讨论案件的权利，但同时要求承办法官或合议庭提出参考性判决意见，最后由审判委员会决定问题是否重大、是否需要由审判委员会决定。许多基层法院的审判委员会如今大致也就是这样运作的，只是往往没要求法官或合议庭提出书面处理意见，尚未成为一种稳定的制度。这种做法的好处是，一方面鼓励了法官和合议庭尽可能独立作出决定，另一方面必要时审判委员会可以实现自身的支撑性功能。[51]

八、两个例子的简析

本章第二节从普通法官的利害关系论证了审判委员会的正当性，但这一论证仍不完整。法官对审判委员会的评价即使有道理，符合经济理性，我们也须看到，这种道理、这种理性是基于既定制约条件下这些法官个体的道理和理性。如果要探讨审判委员会的制度合理性，还必须超越这种个体法官的视角考察。一般说来，法官自身是难以而且他/她们的社会角色也不要求他/她们对制度有更开阔的考察理解。这个任务更

---

50 这与调卷复审（*certiorari*，该词的拉丁文原意是"使之更为确定"或"更多了解情况"）非常类似。调卷复审是美国联邦最高法院鉴于案件的法律问题重大而决定复审，是由大法官裁量决定的，并非法定的义务。

51 比较细致的介绍，可参看，Abraham, *Judicial Process*, 同前注 15, 页 183 以下。

多需要学者,是法律社会学研究者应当承担的。

  法律社会学研究者首先也须意识到自己有局限,并且这种自觉不能流于口头,而必须付诸实践。他/她们必须尽可能地界定自己理性探求和思考的界限,即使不可能完全清楚地界定。在这一研究中,我有两个基本界定:一是,对制约条件的追问必须有限度,无限追问势必陷入哲学上的"恶"无限,即对所谓的终极原因或制约的考察。而即使能够发现这种终极原因,也会与手边的具体问题相距遥远乃至无关,而且这种追问势必涉及更广阔的考察,需要更丰富的知识——那是任何一个学者甚至一个学科无法单独完成的。因此,我限于追问使审判委员会存在成为必要的直接社会原因。第二个界定,同时也是对第一个界定的补充,必须基于访谈法官提供的、与审判委员会运作相关的材料,而不是漫天撒网,利用其他可以利用的材料。这是为使本章不至于偏离主题的一个必要限制。

  我想简单讨论一下访谈和调查中获得的两个简单的案件,一个刑事,一个民事。如此选择不仅因为它们的代表性,因为它们支持或反对了法官的理由,更重要的是使我们从更宏观的角度看到了中国基层法院和法官面临的具体问题,以及由此发生的审判委员会的情境化合理性。两个例子都不是在访谈审判委员会问题时提出来的,而是讨论其他问题时冒出来引起了我的注意,这种无意中得到的具体例子可能给予的启示也许会超过一般性论证和举例。

  第一个案件案情大致如下:被告人王某(警察)与派出所其他干警,按照上级统一布置的"严打"(具体是打击盗窃机动车),午夜上路设卡检查来往机动车情况。死者和其他两人(均为即将毕业的大学毕业生)饮酒后驾一辆摩托车归来,拒绝停车检查,冲过了前两道检查线;在所长朝天开了两枪警示后,仍不停车,继续冲过了被告把守的第三道检查线。被告人王某拔枪从后面向地面射击,击中摩托车上一人(非驾驶员)小腿。摩托车仍疾速行驶,行至距开枪处1里多路(690米)后的路口,躲避不及与一辆拖挂汽车相撞,造成一人重伤后死亡(非受伤者,亦非驾驶员),两人受轻伤。事后查明,三人确实并无任何其他违法之处,尽管拒绝警方的合法检查,是违法行为。

第三章　基层法院审判委员会制度

此案相当简单。死者之死固然不幸，但警察王某开枪是依据法纪履行职务的行为，开枪与死者之死也很难说有法律要求的直接的和最近的因果关系。但问题在于，死者家中本有兄弟二人，其兄一年前大学毕业后不久即因游泳溺水身亡；对死者父母来说，两个儿子均死于非命。死者母亲要求公安局逮捕警察王某并要求法律严惩，公安局作出某种妥协，同意并实际给予了死者家属经济补偿（从法律上看，这是放弃原则的让步），但拒绝"法办"严惩警察王某。死者母亲一气之下，写下要求为儿子申冤的遗书，上吊身亡。当地历来有"要想官司赢，除非死个人"的说法；只要死了人，没理也有理了。此外，也确有少数公安干警平常作风很差，欺压百姓，老百姓反映强烈。死者家族聚集了200多人围坐当地政府，机关完全无法办公。县政府、县委均要求政法部门迅速严肃处理此事，"保持安定团结"。迫不得已，公安局以伤害罪将被告人逮捕，检察院以1997年《刑法》第134条第1款规定提起公诉。

这个案件并无疑难。任何一个有一定的审判经验和常识，考虑比较周全的人都很难说警察王某的行为构成违法行为，更别说犯罪行为。但如果法院就这样判了，显然不能满足即刻的民情，不能满足不想因本地出事受上级批评的当地党政领导的要求。一个本来很普通的事件就此变成了一个疑难案件、一个重大案件（社会反响大/政府干预/难以处理），一个不得不判（刑）而判（刑）又明显对警察王某很不公正的案件。这个案件从一开始就受到审判委员会的关注，最终也进入了审判委员会。

很多人会认为县委、县政府的干预是此案难办的一个重要因素。确实如此。但是，这种指责不完全公正。如果暂时悬置党政干预这个因素，我们可以看到，无论如何，对于主审法官，这仍是一个难办的案件。因为法官就生活在这样的社区之中，法院判决无法不受民情的影响。这反映出中国社会转型期的一个深刻、重大的矛盾。在此无法细致分析，但简而言之，现代社会法治的逻辑以及对法院的要求在很大程度上大致是严守"程序正义"，但传统农业社会形成的逻辑和对法院的预期趋向于"实质正义"。当天灾人祸出现时，普通人习惯于将问题道德化，简单地用好人和坏人的观点来看待这个问题，要求法律作出相应回应。在这种背景下，一个法官，甚或是一个合议庭，即使想依法办事，也无法抵挡强大的社会压力，无法恪守法律要求他/她遵循的逻辑。在这个小小社区中，为保护自己甚或家属的安全，甚至仅仅为保护自己的良心，很自然，法官们会放弃理论上属于他/她们的权利或权力，把矛盾上交，即诉诸审判委员会来自我保护。[52] 这里的问题，表面看来，可以套审判独立或法官独立的概念或命题来讨论，但套用无济于事。这里涉及的是一个现代的审判独立或法官独立制度得以发生、发展的社会前提条件，一个社会的结构性转换，因此是一个历时的过程，而不是有一个概念、一个命题、一次思想教育、一次法院作风整顿或一个法官忠于职守、以身护法就能解决的即时问题了。

这个案件也反映了中国社会的其他问题；而在第二个案件中这个问题变得格外清楚。

某县农场秘书雇拖拉机扶灵回家，请同乡农民二人协助。乘渡轮渡过汉水后上岸，河岸很陡，拖拉机下滑，三人试图以肩扛住，不成；秘书疾呼渡轮救助，因视线有死角，渡轮前的扶岸钢板靠岸时切断了一农民的一条腿。该农民起诉秘书，要求赔偿15万元。秘书无钱赔，声称："要钱没有，要命一条。"农民"滚堂"（在法庭上地上打滚）。两方都以死要挟。法院无法判决。

无法判决不是因为事实或法律不明确，而是判决后无法执行，秘书没钱支付。案件上了审判委员会。法院院长亲自召集本县的六个相关部门和单位（!），首先划清是非，同时"利用各种社会力量解决问题"。具体措施包括：（1）农场有一初中，学校正想找个门卫，法院找到县教委，安排该致残农民当门卫，每月工资250元，保证其生活，工资随年调整；（2）法院找到致残农民所在乡政府，减免了该农民四亩责任

---

[52] 据我们的跟踪调查，最后该县法院的审判委员会也没能抵挡住强大压力。在起初讨论时，审判委员会的几种意见都认为被告人不构成犯罪，尽管迫于社会和当地政府的压力，承认被告人的行为有违法的嫌疑（其实严格说来，这已经是一种让步），但最后审判委员会以5比4作出妥协，判了被告人有期徒刑一年，但缓刑一年。受访法官称："审判时，被告人泪流满面……当地全体公安干警多日拒绝外出执勤。"多年后，我又一次接触到此案当事人时得知，当年为了让被告人王某接受此判决，该县公安局领导允诺，作为交换条件，将安排王某的儿子就业，并且真的信守了这一承诺！

田的全部税负、提留和出工,直到该农民的孩子18岁长大成人;(3)法院找到当地农业银行,给秘书贷款20000元,付给致残农民,其中6000元定做假肢(保证农民能活动、生活和在学校工作),其余14000元作为赔偿金;(4)法院找到秘书所在单位——农场,付该农民10000元,算是福利;(5)肇事渡轮是农场职工承包的,承包人本来每年就要向农场交10000元,因此让承包人也付给农民5000元。案件就这样解决了,双方都非常满意。秘书满含泪水,向受伤农民道歉,称自己先前说话过火伤人。

这个案件同样不复杂,既不是责任不清楚,也不是规则不清楚。但如果就案判案,只强调审判职能,就无法解决问题,不仅可能导致严重社会后果(必有人自杀),而且由于判决执行不了,法院权威也会丧失殆尽。法院要"注意自己的判决能否得到执行,判决能否获得社会的认可"(该院院长语)。主审法官不得不将这个案件上交审判委员会讨论决定,就因为此案执行的特殊性和复杂性;即使主审法官作出的处理与上述处置措施完全相同,但由于执行涉及如此多的单位、部门相互间的协调和合作,主审法官或合议庭也无法落实。上审判委员会讨论决定,并由法院出面协调是唯一真正解决问题的途径。

这两个案件都突现了一个问题,即当代中国社会,特别是农村基层,缺少化解"天灾人祸"的风险分担机制和社会保险机制,因此,仅有相关法律规则就无法起作用;此外,即使有了这种风险分担机制,民众也还不太习惯以这种机制遵循的原则来看问题(例如在上一案件中,他/她们还是要把天灾人祸道德化,要惩罚一个人),更不用说利用这种机制来解决问题,接受这种机制的决定了。一有问题,当事人往往要求政府来解决;即使打官司,通常也要求法院以一种行政部门的方式来解决。

这也就提出了第二个问题:在目前中国,中国法院和法官不得不更注重实际解决纠纷,这种偏重使它(他/她们)必须考虑法院判决的实际执行后果,这也容易导致法院"行政官僚化"的问题[53],因为非

---

53 贺卫方:《中国司法管理制度的两个问题》,同前注1。

此，只是给个判决，解决不了问题。当然，任何法院在作出判决时都会考虑自己的决定是否能够得到执行，这并非中国之独有。[54] 但中国法院必须考虑的是它自己能否执行自己的决定，至少在美国，判决的执行不是法官的事。为了问题圆满解决，中国法院必须出面协调解决的问题可能涉及方方面面。这在后一个案件中体现得最鲜明。

我在前面提到却一直未讨论的一个问题是，为什么几乎所有的行政案件或某些数额大的经济案件都会上审判委员会，其症结就在于此。这类案件的纠纷解决涉及诸多单位的利益协调。这里的问题完全不是某个有业务能力也有道德情操的法官如何决定才更为公正，而是一个看似合理的决定如何才能实际贯彻落实。这项任务远超出任何独任法官或合议庭的能力，他/她或它不得不将从法律规则上看并不十分复杂但实际处理起来极其复杂的问题提交审判委员会，最后由法院出面来协调解决。而在以这种方式解决（包括成功地、令众人满意地解决）问题的过程中，法院不知不觉地或自觉地进一步强化了自己的行政机关的色彩：要求享受副县（省、地）级机构的地位，并不断试图寻求地方党、政、人大的支持等。

这又提出了更为深刻的第三个问题，基层法院的基本职能究竟是落实和形成规则（普遍性地解决问题）还是解决纠纷（具体地解决问题）[55]，或者在两者不可偏废的情况下以何为重并向哪个方向发展？显然目前，这个问题还很少为中国法院甚至中国学者系统阐述并在实践

---

[54] 这个问题在美国同样是法院判决时会考虑的因素。例如，美国的两个或许最著名的案件——"马伯利诉麦迪逊案"和"布朗诉教育委员会案"——在很大程度上都考虑了到法院判决能否实际得到执行的问题。在前一个案件中，这种考虑导致了马歇尔法官在抨击政府后，否认美国联邦最高法院对此案有管辖权；而在后一案件中，美国联邦最高法院在宣告了种族隔离违宪后，并不要求政府立即改正，而是允许政府以自己认为是"不慌不忙的"（deliberate）速度来逐步废除种族隔离。关于马伯利案件中马歇尔大法官的考虑，中文的材料，可参看，苏力：《制度是如何形成的？》，同前注9。但请注意，在这两个美国案例中，法官考虑的能否执行的问题更多是其他机关能否执行的问题；而在中国，司法判决的执行是法院的工作之一。
[55] 许多外国学者的著作都曾指出法院的这两个功能，并特别强调规则的预期功能。这两个功能在我看来在法院活动中不可能完全分离；并且现代法院的功能确已从原先的解决纠纷日益转向通过具体纠纷解决而"建立一套旨在影响当下案件当事人和其他人的未来行为的规则"（波斯纳语）。参看，Posner, *Economic Analysis of Law*, 同前注13, 页（转下页）

第三章　基层法院审判委员会制度

中意识到。[56] 人们还是习惯将法院仅仅视为另一个解决纠纷的渠道或部门。对"实质正义"甚或是"严格责任"的高度期盼[57]，强调案件的"圆满解决"[58]，都迫使法官特别是面对最大量一审案件的基层法院无法仅仅依据规则办事（这完全不同于法官腐败有意不按规则办事），而必须以解决纠纷为中心[59]，也自然必须有一个更有权力的机构或人物（审判委员会乃至院长）来保证纠纷的解决。这已完全不是一个简单的审判独立问题，而是一个现代审判或法官独立得以实现的社

（接上页）521。如果仅仅就解决纠纷而言，当事人完全没必要找法院，民间最大量的纠纷都是通过其他方式——行政的、调解的、仲裁的、自救的方式——解决的，只要其他决断机构或人与纠纷双方没有亲疏关系，解决方案未必不如法院公正。法院并不必然比其他解决纠纷的机构或人更具中立性或有发现事实真相的特殊通道（由此，我们也许可以判断，时下流行的关于有纠纷就上法院的说法是一个意识形态神话，而这个神话背后有一些特殊利益集团——法官、律师、法学院教授和学生——的巨大利益推动）。在现代社会中，法院的更重要的功能在于通过其专业化活动来保证在日常生活中形成规则，而规则之形成和确认与个别纠纷之解决相比，前者具有巨大的正外在性，即可以为其他纠纷的解决提供指南或参看。也正是在这个意义上，法院才可以说是提供"公共产品"的而不是私人产品的一个机构。

56 我曾在"《秋菊打官司》的官司、邱式鼠药案和言论自由"（《法治及其本土资源》，同前注23）一文中专门讨论过这个问题，我强调了言论自由作为规则的意义，高度评价了两个案件的法院判决中体现出来的对于规则的关注。

57 当代中国基层社会的民众对"严格责任"的高度预期在这两个案件中都表现出来了。但从法律制度上看，"严格责任"是在社会经济落后，特别是科技落后乃至无法辨识过失与故意，以及社会缺乏有效风险分担机制的社会条件下而形成的一种有效率的规则。只有在这个视野下，我们才能理解"过错责任"是一种社会生活条件进步的产物，而不是纯智力发展的产物。关于"严格责任"之分析，请参看，Oliver Wendell Holmes, Jr., *The Common Law*, Little, Brown, and Company, 1948；以及 Richard A. Posner, *The Economics of Justice*, Harvard University Press, 1981，特别是第6章。由此，当代由于一些社会条件的变化，"严格责任"在司法中有所复兴；但是，中国法学界和法律界应当对其中的实践逻辑有更清醒的思考，不能简单认为"严格责任"一定比"过失责任"更"正义"。

58 时下流行的关于司法公正的话语中也渗入了这种因素，想一想前注47中提到的"夹江制假者告打假者案"以及本章简单分析的两个案件（特别是第一个案件）就可以看出，当民情激愤时，按规则办事反而会被认为司法"不公正"。这或许是变迁的中国社会中法治形成的一个难题。

59 这也是为什么我从基层法院法官切入，而不是从中级法院以上的法官切入的一个重要理由。相比起来，中级以上的法院更多是以二审（法律审）为主，因此就具体解决纠纷而言，相对说来，不如而且也无需像基层法院法官那么敏感，感受的社会压力常常也不如后者那么大。

会分工之发展以及与之相伴的法院职能转变的历史性问题了，一个现代意义的法治——"规则的治理"的问题了。[60]

我完全可以继续分析下去，但那将大大超出审判委员会的研究主题，势必要有一个更宽阔的视野，那不是本章的任务。这里的分析仅仅想指出，审判委员会得以存在，并获得某种事实上的正当性，有着更深刻的社会结构性、功能性的原因；而这些原因都是在考虑审判委员会废立时无法以鸵鸟战术回避的。

九、结语

分析到此，我人致可以作以下结论：

首先，不能笼统认为中国的审判委员会制度在基层法院，特别是目前，不利于审判独立和司法公正。如前面的分析指出的，在理论层面上，审判独立是一个抽象化了的概念；但在实践层面，审判独立是一套制度，是一套复杂的社会实践，是一个由诸多社会条件支撑的制度实践。因此，仅仅在概念层面上研究审判独立，或者以这个或那个西方发达国家的制度规定或做法作为标准既难以真正理解中国的问题、中国基层法院法官面临的问题，也难以真正解决中国的审判独立或法官独立问题。我们必须在经验研究的基础上，借鉴外国学者20世纪以来的实证研究，对审判独立这个传统的政治哲学概念作出新的系统分析和阐述。

就法官权力行使而言，审判独立至少涉及三个交织的维度。首先是要有一套支持法官行使决断权而又不给法官本人带来太大损害的制度

---

[60] 朗·富勒因此称法律为"使人类行为服从规则治理的事业"，请看，*The Morality of Law*, rev. ed., Yale University Press, 1969, p. 106. 美国联邦最高法院大法官斯卡利亚的一篇重要论文干脆就叫作"法治即规则之法"，参看，Antonin Scalia, "The Rule of Law as a Law of Rules," *University of Chicago Law Review*, 1989, vol. 56, p. 1175.

第三章　基层法院审判委员会制度

(例如,法官终身任职、高薪制,甚至陪审团等[61]);其次,要有一套有效的制约机制来防止法官利用权力谋求自己的利益,甚或超越社会标准过分追求他/她自己认为整个社会都应当追求的道德理想;最后,还要求裁断者有一套相应的决断纠纷的专业技能。[62] 而即使有了这些,还必须有一定的社会条件。如果想务实地解决问题,就不能简单强调法官独立审判和决断这一个方面,把这一点视为实现司法公正的根本途径和唯一保证,更不能将之视为包治百病、立竿见影的灵丹妙药。

我们显然也看到,审判独立并非法官不受任何制约,而仅仅要求法官不受该社会认为(因此是地方性的)不当的、有碍于司法制度化地实现社会公正的制约。我们没有理由假定一个法官,仅仅因为他/她当了法官,就一定会以社会正义和公正为重,并全力去实现社会公正。我们甚至没有任何理由假定而且也不应当假定,担任了法官的人总体说来一定先验地比担任其他公职的官员更为廉洁(当然也不能假定,仅仅因为他/她担任了法官,就一定总体上比民众的道德更糟;而这两个假定时常轮流出现于那些批评审判委员会制度的文章中,甚至出现在同一篇文章中)。制约始终必要,对法官也不例外;也正是如此,审判独立或法官独立就不能从个人品性上理解,这是一个制度问题,是一套制度的问题。

强调制度,就必须摒弃过分强调法官个人道德品质、试图以此为基础形成法官独立或审判独立的进路。我们经常会听到报道说某某法官不

61　我在这里只是分析审判独立的支撑点,并不暗示中国应当或不应当采取这些制度。陪审团制固然有优点,但也有弱点。关于这种争论在美国的一个概述,可参看,Abraham, *Judicial Process*,同前注 15,页 136—140。更重要的是,欧洲大陆法国家就没有陪审团制。美国联邦法官都是任命的(终身任职),但也有部分州采用的是选举制,法官并不终身任职。所有这些外国制度都需要在各自系统和语境中予以细致研究。

62　法官波斯纳认为后两个问题实际是司法最核心的问题,他的概括是"如何防止法律专家成为一个职业特权等级,防止他们的目的与社会需要和公众理解的目的差别太大"以及"一个[法官],在并未亲身经历引发纠纷之事件的情况下,何以查清请求[该法官]判决的案件的事实真相"。参看,波斯纳:《法理学问题》,同前注 16,页 7—8(译文有改动)。

惧威胁、不受利诱等。[63] 表面上这是赞扬某位法官的优秀品质，似乎也展现了"审判独立"或"法官独立"的可能性。但在我看来，这恰恰表明我们——无论国家还是社会——其实都还不注意如何利用制度来解决一些在传统中国社会需要个人以高尚的道德品质才能解决的问题，有时甚至要求法官付出极大的个人牺牲（个人或家人的人身安全）或抵抗极大的诱惑才能保证司法公正运作。在这个意义上，这类宣传表扬，以及在"抓"司法系统整顿时从此入手，恰恰表明了我们的制度建设思路有重大缺陷：思路仍然是传统的，即倾向于将审判独立和司法公正与否更多同法官个人的道德品质联系起来。这实际上是一种强调人治的法治进路。在现代社会中，一个比较好的制度并不必须有（当然有更好）道德和智慧都比较突出的人（精英）才能运作，而只要有一些德、才、识均为中等的人就可以正常运转。

我们也不能假定一个有愿望实现社会公正、个人道德品性无可挑剔的人独立行使权力就一定有能力实现司法的公正。司法固然要求司法者具备一定的道德素质，然而，既然法律在现代社会已经是一门必须专门学习才能获得的知识和技能，这就意味着，现代司法面临的就远不是只要道德品质高尚就能正确判断的问题，而必须具备专门的知识和技术。一个道德品质无可挑剔但不具备司法专门知识和技术的人担任了法官，不仅其决断权的独立行使事实上会受严重损害（例如，裁决者主观意图公正，实际上却容易为某人以某种方式牵着鼻子走；一个法官道德感过分强烈但缺乏对法律制度的功用和自身角色的恰当理解，他/她就很可能对，比方说，见死不救者科刑甚或科以严刑，从而构成"错案"），而且这种决断权的独立乃至垄断性行使的正当性也会受到质疑（人们为什么要请求一个总是出错甚至判断力不如一般人的机构或人来决断纠纷呢？仅仅因为它或他/她被称为法院或法官吗？）。至今为止的

---

63 例如，"为了惩治当地恶棍，维护社会治安，他的家曾被人一把火烧得精光；为了秉公执法，不阿权贵，他曾两次被人诬告陷害"。参看，梁贡华、郭民贞：《"我撂不下山区群众！"》，《人民司法》，1991年第1期，页4。更为生动且惊心动魄的报道，参看，熊益：《生死关头》，《人民司法》，1991年第8期，页45—46；此文中三位法官均被被告用刀捅了，庭长"肠子已外露"。

第三章　基层法院审判委员会制度

中西法理学著作在谈及审判独立时基本上还是集中于政治哲学和道德哲学的论证，但只要真正回头看一看，就可以发现审判独立从来都与司法专业技能的发展相关，尽管并非唯一相关。[64] 因此，就可能实践的现代审判独立而言，我们无论如何不能满足于那种"包青天"的理解：一个刚直不阿、敢于"为民做主"的法官依据法律（或在法律没有规定时依据习惯和个人内心确信）自由决断案件。这种理想不可及，不仅因为司法追求的公正结果并不仅仅取决于法官个人道德，更重要的是即使有道德优异的法官，世界上也没有一个一致认可且充分可靠的机制将他/她们挑选出来。

我相信本章已展示了审判委员会在中国司法中有复杂的多重功能，并且与远比现代西方发达国家复杂得多、任何笔墨都无法完全展示的当代中国社会现实纠缠在一起。对于绝大多数长期生活在此的中国人和法学家来说，这些现实是可以感受到的，有时欣赏，有时反感甚至厌恶，却很难从内在逻辑上将之联系起来，在理性上把握它。西方学者描述的他/她们的制度经验往往是通过自觉或不自觉地对他/她所生存之环境的某些重要细节的筛选性累积构建起来的。因此，即使一个在西方已经通行的东西，也未必能在中国的现实中扎根。这完全不是我们喜欢不喜欢的问题，也不是我们努力不努力改造中国社会的问题。比如说，如何防止法律在中国的熟人社会中变形的问题[65]，这就不是靠文不对题地批判一下封建文化传统就能改变的，也不是仅仅鼓励或要求法官铁面无

---

[64] 参看，苏力：《论法律活动的专门化》，《法治及其本土资源》，中国政法大学出版社，1996年，特别是第2节。事实上，在如今人们引用最频繁的关于审判独立的例子中，英国大法官柯克抵制英王詹姆斯干预司法，其最重要、最核心的论点就是法官拥有司法的专门技能，即所谓的"人为理性"，而不是如今法理学教科书上流行的政治哲学和道德哲学。

[65] 对这个问题，也许会有人提出法官轮换制度。如果不考虑实际的制约，仅仅就逻辑而言，这种制度是可行的。但是，一旦放进具体社会中，其局限性就展示出来了。首先，轮换只能是少数法官，多数法官是无法轮换的，轮换必然受到财力的限制。其次，有效的轮换，必须是跨地域的，否则在县内换来换去都可能是换汤不换药。而越是跨地域，可轮换的法官数量可能就越少。最后，轮换和不轮换都有利有弊，熟悉一个地区及当地的风土人情（包括语言），有时会有利于法官履行职务，而未必总是相反。即使不考虑这些利弊，一个法官轮换，也并不是一个人的工作调动，而是涉及一家的搬迁，至少也要上万元的费用（交通以及损耗；以至于常言说，"搬三次家等于失一次火"）。这种费（转下页）

私、依法办事、执法必严就可能解决的。从长远来看，要改变这种状况，需要市场经济的进一步发展，使社会流动起来；要改变中国县乡一级的熟人社会结构，暂且不论陌生人社会是否一定可欲。在我看来，这至少还需要几十年时间。又如，当代中国的法官中很少是法学院毕业生，绝大多数没有受过正规的或系统的大学教育；尽管《法官法》对法官的任职条件已经作出新的规定，但是这不可能短期内实际改变中国法官的文化和专业素质（更可能是为某些"职业教育机构"的存在并进而理所当然、冠冕堂皇地"卖文凭"提供了正当化理由）；近年来颇受社会青睐的法学教育并未使很多法律院校毕业生进入法院，更不用说进入相对偏远的基层法院了[66]；即使少数进入法院系统的，由于种种原因，也未必发挥了应有的作用。[67] 基层法官的文化素质和专业素质问题将在较长时间内继续存在。所有这些问题，都不可能短期内靠"大跃进"方式解决。这就意味着，在西方国家不成问题的，在中国却是实实在在的不可回避的问题，并在这个意义上，当代中国和西方发达国家面临的问题一定不同。

指出问题，并不意味着我们应放弃努力，放弃审判独立或法官独立以及其所允诺提供的司法公正；我只是说，努力如果想要有成效，就不能不考虑在中国现有的、正在变化的社会条件下如何形成中国的审判独立制度和司法公正。发现哪些可能简单地通过制度废立解决，哪些不可能通过这种方式在短期完成。由此，我们界定了我们理性和努力的限度，规划了我们有限资源的"投资"方向。尽管要考虑中国国情这个

（接上页）用如果要个人出或即使是个人出一部分，都将进一步降低目前法官本来就比较微薄的收入；如果国家出，国家每年要增加大量的开支，社会和个人都将因此增加许多费用。限于财力，轮换因此一定不可能频繁，轮换人数也不可能多；而轮换不频繁、人数少，轮换的效果就不明显，甚至完全没有。如果以行政命令方式轮换，甚至可能造成法院系统的人才进一步流失，因为法官的实际支出将因轮换而增加。在我看来，特别考虑到目前法院经费普遍严重缺乏，这一乍听起来很不错的建议基本上是华而不实的空谈。

66　绝大多数——甚至有越来越多的趋势——都进入了律师界、商界或政界。我的同班同学中，进入司法（法院、检察院、公安）系统的不到十分之一，最低的也是进入了中级检察院；而当专职律师和兼职律师的数量远远超过进入司法系统的数量。又请参看本书第十章"基层法院法官的专业化问题"。

67　主要一点是知识不对路，参看本书第十章"基层法院法官的专业化问题"。

第三章 基层法院审判委员会制度

命题有时已近乎教条，甚至令一些人反感；但必须明确，这个命题从其一开始提出就不是为了迁就现状，而恰恰是以改革为导向的。它并不要求保守，要求放弃法学家和法官的社会责任感，它只是说必须在实证研究的基础上，更全面理解我们面临的问题，尽可能预见和理解我们提出的解决问题的药方可能带来的各种后果，从而作出一种可能利更大、弊更少的选择。

审判独立需要契合于社会之中相互配合和补充的一套制度，不是哪一个制度就能独自完成的。它的实现不仅要排除我们通常意识到并最为关注的行政权力干预，而且要排除社会民情、传媒等其他形式的不当影响；甚至要排除学者或政治家以改革的名义、以在一个或几个事件上可能有不错效果的措施来进行的干扰。在这后一方面，使用不当的错案追究制以及目前正开始升温的所谓人大监督司法实际上导致了一些监督具体案件审理的做法[68]，就是一个例子；尽管其愿望良好，在某些方面可以防止或事实上防止了某些司法不公，但就总体来看，这两种做法都更可能对法官的审判独立构成一种新的威胁；从长远来看，不利于法官专业素质和司法荣誉感、责任心之培养，因此不利于审判独立。

我们可以退一步问，如果现在就废除审判委员会制度，中国的法官独立推进一步，司法就能更公正合理吗？当然，在象征、符号的层面，那也许算是一个"进步"（但这还取决于你对那个象征和符号是否认同），但中国的百姓（其实任何人均如此）历来善于找到方法来规避强加于他/她们的制度变革——如果他/她们发现这一制度损害了而不是增强了他/她们的利益。错案追究制的推行导致审判委员会讨论的案件增加是一个例子；"上有政策，下有对策"则是一个世俗但经典的概括。当然，如果话都说到了这一步，甚至我也未必不能接受审判委员会之即刻废除——反正"下有对策"。但制度的真正形成需要长期累积[69]；"而今迈步从头越"只是艰难境地中的壮怀激烈，若付诸实践，实践者

---

68 一个新近公开报道的成功例子，请看，"正确认识人大对司法工作的监督——对江苏新沂市人大纠正一起法院错案的调查"，《人民日报》，1998年6月10日，版9。

69 参看我在《制度是如何形成的？》（同前注9）一文中对美国司法审查制度形成和确立的分析。

就会成为现代的且自戕的西西弗斯。我们在了解、学习西方制度时，不能只注意依葫芦画瓢，只注意外观上"像不像"，更要努力发现一套制度运作的内在逻辑和实际功用。这样的研究不仅使我们有可能深入理解一个制度的利弊，更重要的是使我们能发现制度生长和发展所依赖的路径。

在一定意义上，本章确实是为审判委员会制度作一个强有力然而又温和的辩护。但这种辩护首先不意味，审判委员会是一个能解决中国的审判独立和公正的所有问题的制度，更不是唯一的制度，而仅仅是强调它在目前中国社会条件下，特别是在基层法院中的相对合理性。我考虑的是基层法院面临的具体的，并且是一时无法解决的问题，因此对其功能和合理性都作了限定。我不是在一种基础主义的立场上为之辩护，因此，如果谁一定要说审判委员会不能解决政府干预或院长专断的问题，或不能保证司法（都）公正，我也只有承认。但我认为那样的辩论不讲道理。基础主义的制度观由于在制度建设现实中没有任何可能，最终必然导致的恰恰是制度虚无主义，因为仅仅苏格拉底之死就可以驳倒今天人们最坚信的民主和法治。我的辩护是，即使社会条件恰当，一个制度也只解决一个或几个问题，一套制度才解决一套问题，并且也仅限于常规情况。我是不敢相信有什么所谓的"长治久安"和"普遍适用"的制度（而不是制度类型）的。

但在另一个意义上，本章也可以说是对审判委员会制度一个更为深入的检讨和反思。当我指出这一制度的相对合理性时，只是说基于目前以及可预见的未来中国社会的诸多制约条件，我才认为，审判委员会对于中国基层法院的审判独立和司法公正总体来说利大于弊，是这种约束条件下的一种相对有利、有效且公正的司法制度，是第二等最好的。这一结论并不认为，仅仅因为这种制度具有中国特色，就自然而然应永远坚持，是普遍真理。当前提条件发生变化，例如，法官的文化和专业素质均有很大提高，随着市场经济发展，熟人社会逐渐陌生化，以及法院功能转变等，审判委员会也许可以废除；或者，即使不废除，其实际功能也会逐渐转化。

甚至本章不意味在中国目前各级法院都必须坚持形式完全一致的审

第三章 基层法院审判委员会制度

判委员会制度。由于中级以上法院所处的环境（城市比较大，陌生化程度更高）、面临的问题［上诉审（二审）为多］、法官的专业和文化素质（更多法律本科甚至研究生学历的法官）以及法院内部的专业分工（分工更细且更专门化）都与基层法院有显著或较多不同，是否需要继续坚持审判委员会制度，继续坚持又应如何强化其专业职能，这些问题都是可以且必须深入研究的。但也还必须限定，尽管有这些差别，也不意味中级以上的法院当下就应当废除审判委员会制度。本章的研究结论基于对基层法院的调查，研究结论的意义自然是有限定的，无法自动延伸到中级以上的法院。还是必须通过专门的实证调查和研究后，才可能得出具体结论。当然，本章的切入角度、思考分析问题的方式和进路对中级以上法院的类似研究也许有某种参考意义。

自然，本章的结论也就不是说审判委员会制度要比西方的法官独立更为优越（也不是相反）。这不仅因为笼统谈论西方制度本身就很可疑，而且因为，如果看不到西方法官独立得以发生的社会条件以及与之相配合的其他制度，我们就很难在真正有意义的层面讨论审判委员会的优劣利弊。说句也许会被人认为太没立场因此注定两边不讨好（当然，并不想讨好谁，也就无所谓了）的话，我的结论是：西方人的做法有西方的道理，中国人的做法也有中国的道理，谁也替代不了谁。用庄子的话来说，这就是"以道观之，物无贵贱"；而"以物观之，［就会］自贵而相贱"[70]——尽管如今通常的情况是相反！

1998 年 3 月 18 日初稿
1998 年 6 月 23 日二稿
1998 年 7 月 2 日再改于北大蔚秀园

---

70 《庄子·秋水》。

第二编

司法知识与技术

第四章　初审法院与上诉法院

所有的适应都是知识。[1]

——Henry Plotkin

一、作为地方性知识的司法知识

本编主要研究基层法院法官一些更为具体的司法知识和技术的问题。

读者很容易提出的一个质疑就是，为什么要研究基层法院法官的司法知识和技术呢？并且，这一编的主题已经隐含了一个命题，即世界上有一种也许更多属于基层法院法官的司法知识和技术。是的。在许多当代中国法学家和法学院学生看来，这种命题很荒谬；在他们看来，只要是知识，就必定具有普遍性，司法知识也应当具有普遍性，你看审判独立、司法公正、法不溯及既往乃至司法审查和遵循先例等。也正是在这种知识理解中，引入当代中国法学的"地方性知识"（local knowledge，也可以翻译成"具体的知识"）的概念多少受到了怀疑甚至某种轻视。贺卫方在一篇文章中就担心"夸大关于法律秩序的知识的'地方性'特征不免使我们的心态走向封闭，而且不自觉地把某些西方

---

[1] Henry Plotkin, *Darwin Machines and the Nature of Knowledge*, Harvard University Press, 1993, p. 228.

学者关于法律是一种'地方性的知识'的论断普适化了"[2]。刘作翔和刘鹏飞在展望21世纪中国法学时，则以波斯纳在《法理学问题》一书中的命题——法理学的许多问题都是跨文化、跨时间的——来支持一种普适的法学理论，也隐含了对法律是一种地方性知识的批判。[3] 我认为这两种论证都有问题。

首先，如果担心的是"夸大"，那么这种担心有理由，但意义也不大。任何"夸大"都不好；为什么不担心夸大知识的普遍性呢？难道后一种夸大就正确了吗？更何况中国目前法学的主要问题是根本没意识到法学的地方性。贺卫方担心的其实是"法律是地方性知识"这个命题对近年来中国法律和法学"同世界接轨"之努力有潜在的颠覆力，怕人们因此不放眼看世界，闭关自守，而中国曾吃了这种做法的大亏。这种担心是一种政治的考虑；而这一命题本身是一个关于法学知识性质的命题，与接受这一命题的人自身思想开放或封闭无关。因为，我们判断一个人思想究竟是开放还是封闭，从来都不是看他/她表示接受或坚持哪个理论命题，而是看他/她是否不断努力研究问题，是否研究真问题。相反，无论接受什么命题，无论知识是地方性的或普遍性的，如果仅仅坚持这个命题、表明态度，不努力研究实际的问题，不调查实际情况，只重复前人或外国人或其他人说过的什么东西，在我看来，这就不是一种开放的态度。开放必定是一种对于未知的好奇和追求，甚至是"贪婪"。任何未知都必定是具体的，都必须附着于具体的时空（地方），也因此任何知识都必定首先是地方性的（尽管其后来的适用可能是普遍的）。

其次，在研究任何一个具体问题因而在追求某种地方性知识的时候，研究者势必要参考、比较其他的知识。本书研究中国基层的司法制度，着重考察基层法官的知识，在中国的许多大法学家看来，这简直是"土得直掉渣"；但如果不是以其他法律知识、以其他国家的司法知识、以上级法院的司法知识作为参照，并仔细比较，就无从认定哪些是基层法官的司法知识，也不可能认定哪些是中国基层法官的司法知识。知识

---

[2] 贺卫方：《中国司法管理制度的两个问题》，《中国社会科学》，1997年第5期，页130。
[3] 刘作翔、刘鹏飞：《世纪之交中国法学研究问题前瞻》，《法学研究》，1999年第4期，页5。

第四章 初审法院与上诉法院

的地方性必然是而且也必须是同其他同样是地方性的知识的普遍联系中展现出来的一种格局和性质。相反，强调知识的普遍性，无具体时空的附着，就不可能解决大量具体问题，或只能补充一句"具体问题具体分析"，但加这样一个原则仍然是一种搪塞，因为它并没有说明，何为具体问题，如何具体分析。

最后，由于强调普遍性知识，自认为有了普遍性知识（放之四海而皆准），就更可能故步自封，乃至以真理的名义把自认为普遍性的知识强加于人。甚至，这种观点没法回答这种知识来自何方（即使是我头脑里固有的，那也首先是地方的——我头脑里的——呀！）。事实上，任何普遍性知识都是而且只能是从地方性知识中演化、发展或抽象出来的。交易费用概念就其产地而言是地方的（科斯研究的是"现代企业"），但这一概念已被广泛延伸到其他领域的研究；司法审查制度首先是美国的制度，以后才以不同方式逐步推广到某些国家。重视地方性知识既不会造成研究者的封闭，也不会使地方性知识失去其可能具有的普遍意义。相反，意识到知识的地方性就是意识到我们的知识和认识能力乃至生命的局限，愿意了解某一知识生产和使用的条件和前提，从而增强我们的反思、敏感和自我批判能力，激励我们不断超越现有的知识。贺卫方也许应改动一个字，把"不免走向封闭"改为"不会走向封闭"，就对了。

刘作翔的质疑更成问题。在我看来，可能作者过于匆忙，没有读懂波斯纳的原话。即使假定波斯纳的话是对的（我个人认为是对的），他也只是说：法理学的许多问题是跨文化的，跨时间的；波斯纳并没说，解决这些问题的方法和知识就必定是跨文化的，跨时间的。事实上，波斯纳随后的长篇论证恰恰是解决问题的方法不是跨文化、跨时间的。[4] 我们可以举例。男女婚后感情不好想分手这个问题无

---

[4] 例子很多。比方说，关于哈特和富勒之间因纽伦堡审判引发的法律定义之争，波斯纳就明确指出，这场争论在很大程度上是两个不同的司法文化之争。又如，波斯纳关于法律起源问题的分析。共同的问题都是，寻求合格称职的代理，但在波斯纳看来，欧陆国家的解决办法是强调立法，而英美国家强调司法。又比如司法中发现事实的问题，在英美是靠陪审团，而在欧洲大陆国家是靠警方、检方和法官共同认定的。这种例子在波斯纳法官的这部著作中随处可见。请看，Richard A. Posner, *The Problems of Jurisprudence*, Harvard University Press, 1990。

疑是跨时间、跨文化的（如果考虑到动物，甚至是跨人类的），但这个问题的解决办法在各个社会（物种）都不相同。即使在同为发达国家的西方也一直多种多样，其婚姻法的理论论证就不同。准许离婚，不准离婚是两种；严格控制离婚和自由离婚又是两种；有过错和无过错还是两种；而最前的两种甚至完全对立，但同样成立，你甚至很难论证其高下优劣，即使你有偏好。问题的相同与解决问题方法的不同，两点完全可以兼容，这就像黄猫黑猫都可以抓老鼠一样，这就像同样讨论法治的问题，各人论述不同，并没有谁唯一正确一样。

事实上，司法的知识就是一种地方性知识。[5] 这种知识是在司法活动中，特别是在近代司法职业化的进程中逐步生产并再生产出来的。[6] 前一编中已经提到，为了保证法律和司法的有效运作，总是需要很多更为具体的地方性知识（例如，关于诉讼当事人的特点等）。[7] 在这一编中，我将进一步展示，这种地方性知识的问题甚至存在于不同级别的法院。本章可以说是这一编的引论，讨论中国基层法院的"地方性"，为之后讨论其生产的知识的地方性作一个铺垫。但在讨论这个问题之前，我先简单追寻和考察一下西方发达国家法学和司法知识产生的知识谱系及其生成的社会条件和制度条件。

二、司法知识谱系的勾勒

目前，法律教科书上关于司法的教训总是视其为一种脱离特定社会环境和制度环境的产物，具有先验的真理性、普遍的真理性，已经穷尽了司法的真谛。这种教训作为一种职业意识形态训练也许有点必

---

[5] 如果我们记得柯克法官与詹姆斯一世国王的故事，就可以了解这一点。柯克说，法律是理性，但不是一种一般的理性，而是一种"人为"理性，只有法官和律师才知道它；柯克是通过强调知识的地方性来支持自己的审判独立要求。

[6] 参看，Richard A. Posner, "The Material Basis of Jurisprudence," in *Overcoming Law*, Harvard University Press, 1995; and "Professionalism" in *The Problematics of Moral and Legal Theory*, Harvard University Press, 1999。

[7] 参看本书第一章"为什么送法下乡？"。

第四章 初审法院与上诉法院

要,但从法律社会学的角度来看,这种教训已经不能令人信服。在我看来,司法的知识不可能是人的理性对永恒真理的清晰发现(唯理主义的),而只能是法官司法实践的产物(经验主义的),是特定约束条件下法官与请求其裁决的事实纠纷遭遇而逐渐累积的一种制度化知识。由于任何司法都附着于一定的时间和空间,而时空又总在变化,由此产生的知识至少在其起源上都是地方性的,尽管其适用范围或参照意义未必限于起源地。在此,我不想进入一般认识论的哲学讨论,而只想对英美以司法为中心累积起来的法理知识谱系进行一下分析。

欧陆法理学和美国法理学相当不同。[8] 此前的许多研究者,包括我自己,往往倾向于将这种差异追溯到欧陆唯理主义和英美的经验主义哲学传统。[9] 但如同福柯指出的,这种对起源、传统、统一性的追溯是一种人为的虚构。[10] 事实上,一种话语实践总是同某些非话语实践相伴产生的。用我们也许更容易理解但可能部分误读福柯的话语来说则是,一种知识都是与产生这种知识的一系列制约条件及相应制度相伴随的。

在欧陆国家中,法理学关注的核心问题一直是立法问题,是法典的编纂。法学家关心如何编制一部全国普遍适用的法典,并通过议会来颁布实施。这种立法或法典中心主义使法理学家的"形式理性"可能得以充分发挥。这种传统除有人类对文字的长期迷信以及假定文字与其"表现"的事物对应外[11],还有其他一系列社会条件。例如,相对说来,欧洲国家的疆域都不那么辽阔,民族相对单一,境内风俗习惯相对统一,全国工业化和社会标准化因此相对容易,加之成文法传统和罗马

---

8 苏力:《什么是法理学?》,《中国书评》,1995年第5期。
9 哈耶克在很大程度上就是这样处理这个问题的,请看,弗里德利希·冯·哈耶克:《自由秩序原理》,邓正来译,生活·读书·新知三联书店,1997年。
10 米歇尔·福柯:《尼采·谱系学·历史学》,苏力译,贺照田主编:《学术思想评论》辑4,辽宁大学出版社,1998年;又参看,米歇尔·福柯:《知识考古学》,谢强、马月译,生活·读书·新知三联书店,1998年,特别是第二章第一节"话语的单位"。
11 Michel Foucault, *The Order of Things: An Archaeology of the Human Sciences*, Random House, 1970.

法复兴,因此,通过立法或法典编纂来统一全国秩序相对容易。在这样一种法律制度和社会条件下,司法所面临的问题相对说来就比较简单,法官在司法中起到的作用与英美法的法官相比要小得多。[12] 因此,尽管中国现代法律制度继受的是大陆法系,至少在 1980 年代以前,翻译的大陆法系的法学著作远比英美法系的要多,但我们很少看到甚或基本看不到欧陆学者有关审判实践的知识总结和理论概括。这种状况的发生并不是欧陆法官没有审判知识,而是以立法或法典编纂为中心的欧陆法律知识制度造成了法官知识的沉默或不为人所见,自然无法作为一种知识进入法学家视野。

美国的法学以司法为中心[13],这种传统是美国法官在其特定社会政治法律制度的约束下创造的。与欧洲大陆国家不同,美国疆域辽阔,有很强的地方自治传统(联邦制),沿用了英国的普通法制度,加之严格的三权分立和后来形成的司法审查制度,使得美国法官在社会秩序生产中扮演了任何其他欧洲国家(包括英国[14])法官都不曾起到的巨大作用,法官造法(特别是在普通法中)是美国的普遍并得到广泛认可的现实。与此同时,为了维护自己的决定和地位的合法性,法官还必须以遵循先例(普通法)和"法律解释"(制定法)来限制和保护自身,因此,美国形成了以法官和法院活动为中心的法理学。美国法学中争论最激烈的法学问题,无一不是司法的问题。

尽管可以笼统地称美国法理学是美国法官和律师的产物,但更深入地予以考察,我们还可以发现,美国这种以司法为中心的法理学主要凝聚的还是美国上诉审法官的经验,其要回答的最根本的法律争议是上诉

---

[12] 有关欧洲大陆的法官和司法,可参看,Henry A. Abraham, *The Judicial Process, An Introductory Analysis of the Courts of the United States, England, and France*, 6th ed. Oxford University Press, 1993。

[13] Posner, *The Problems of Jurisprudence*, 同前注 4。

[14] 关于美国法官和英国法官在各自司法制度中的作用,可参看,P. S. Atiyah and Robert S. Summers, *Form and Substance in Anglo-American Law: A Comparative Study of Legal Reasoning, Legal Theory, and Legal Institutions*, Oxford University Press, 1987。

第四章 初审法院与上诉法院

审法官如何以各种方式和名义发现法律和适用法律[15],在这个司法体制中,很少有关法官如何处理事实争议的司法经验总结,而且美国的这套制度也不要求法官或律师重视这方面的知识和技术。

首先,美国一直采用的是抗辩制,在刑事和民事(部分)案件审判中还坚持了陪审团制度。这种制度对知识创造上的最大限制(同时也是其最大促成作用)就是将案件中的事实争议基本排除在法官和法学的思考之外。抗辩制免除了法官自己调查取证的责任,所有的证据都由律师(包括刑事案件中的地方检察官,其按字面翻译是"地区律师")调查并在法庭上通过交叉质证的方式提出和认定,最后由陪审团对证据作出有关事实的判断。可以说,在这一制度下,法官基本无须处理事实争议,甚至不管事实争议[16],只是在小部分事实非常清楚的案件中,才需要法官对事实争议作决断。

其次,美国采用遵循先例制度;这种制度要求法官严格遵循本法院和上级法院的司法先例,这迫使法官和律师(包括法学家)集中关注上级法院的有关先例和解释。即使是制定法和宪法案件,由于成文法律的适用也须经法官解释,下级法官和律师最关心的仍然是上级法院在具体案件中对有关制定法的解释。由此有了,并且只有在这一传统中才能理解的,霍姆斯关于法律就是对法官判决之预测的著名法律定义。[17] 与此同时,大量处理日常的事实争议与法律争议的治安法官根本无法获得

---

15 "常规法律理论家头脑中都是一些法律学说,他们关注的都是上诉法院,这些学说都是从这些上诉法院中生产出来的。" Posner, *The Problematics of Moral and Legal Theory*, 同前注6, p. 213, 注40。又参看, Anthony T. Kronman, *The Lost Lawyer: Failing Ideals of the Legal Profession*, Harvard University Press, 1993, pp. 110 ff.

16 因此,霍姆斯在给波洛克的一封信中说:"我痛恨事实";"人的主要目的就是提出一些一般性命题,而——我要说——这些命题都狗屁不值(worth a damn)"。请看, Max Lerner, *The Mind and Faith of Justice Holmes: His Speeches, Essays, Letters and Judicial Opinions*, The Modern Library, 1943, p. 444。

17 参看, Oliver Wendell Holmes, Jr., "The Path of the Law," in *Collected Legal Papers*, Harcourt, Brace and Hows, Inc., 1952。霍姆斯在给波洛克的一封信中重申了这一定义,且明确称这是法律人心目中(in the lawyer's sense)的法律定义,参看, *Max Lerner, The Mind and Faith of Justice Holmes*, 同前注16, p. 449。

其他法官的认同[18],他们的司法知识从一开始就在这个知识谱系中被忽视了。[19]

最后,由于抗辩制费用高昂,在美国,大量事实和/或法律问题相对简单明确的司法案件都通过各种契约方式在法庭外解决。在刑事案件中,至少有90%的案件不经庭审,通过控辩双方律师以辩诉交易或辩诉协议的方式结案[20];在民事案件中,95%以上的案件通过各种方式(包括或通过律师)在审判前达成和解。[21] 只有当确有比较重大且模糊不清的法律争议时——霍姆斯称之为"难办案件"(hard cases)——才可能真正发生诉讼。

因此,只要对现今往往被视为普遍性的司法知识作一个极其简单粗略的谱系分析,就可以发现这些司法知识主要是英美法尤其是美国法律制度中法官的产物,是这些法官为了解决其面临的问题积累起来的关于上诉审法官的知识。其知识的正当性和有效性都与产生这些知识的制度和问题相联系。它集中关注上诉审法官的法律规则选择、解释和创造。所有美国的法理学基本都围绕这一核心问题展开,例如法院造法的合法性和合宪性、遵循先例、事实区分、法律解释方法、对宪法法律之原旨的追究等,同欧陆法学形成了鲜明的反差。

这一结论并不是否定英美法学具有某种超越性。它对美国之外许多国家的上诉审法官也都有或可能具有相当大的参考意义和启示,它打破

---

[18] 治安法官(justice of peace)的英文缩写为 J. P.,常常被贬抑为"原告法官"(或原告的正义,justice of plaintiff),意思是法官只听原告的,没有抗辩,也没有正当程序。

[19] 弗兰克曾提出对初审法官要进行特别的教育和训练,但这一主张在美国法学界和司法界一直没有得到重视。弗兰克的主张和理由,参看,Jerome Frank, *Court on Trial: Myth and Reality in American Justice*, Princeton University Press, 1973 (1949), pp. 247 ff.。

[20] See Robert A. Carp and Ronald Stidham, *Judicial Process in America*, 4th ed., Congressional Quarterly Inc., 1998, p. 151.

[21] 参看,"Beyond Litigation—an Interview with Robert Mnookin," *Stanford Lawyer*, Spring-Summer 1989, p. 5, 转引自, Mary Ann Glendon, *A Nation Under Lawyers: How the Crisis in the Legal Profession Is Transforming American Society*, Harvard University Press, 1994, p. 224;又参看, Kenneth M. Holland, "The Federal Rules of Civil Procedure," *Law and Policy Quarterly*, 1981, p. 212, 转引自, Robert A. Carp and Ronald Stidham, *Judicial Process in America*,同前注 20, p. 197。

第四章 初审法院与上诉法院

了对欧洲司法模式和立法至上的法治和法学模式的迷信。但看到这一点后,我们最不应当做的恰恰是将英美法学再次神圣化、普适化,再次落入先前导致我们迷信欧陆法系的那种思维模式中。我们不应遗忘英美法学知识生产的制度条件,从而忘记其知识同样不可避免的地方性(上诉审)特点,忘记了美国法学教育以上诉审即法律审为中心。[22] 尽管以此为中心的美国法学已足以支撑英美的司法制度;但是作为法律知识,即使作为司法知识来说,它仍然非常不完整。它不仅是地方的(英美的),而且仅仅是这个地方中的一部分(上诉审)。

当我们转向分析中国基层法院的特点时,我们就可以看到这种司法知识的不足。

三、作为初审法院的中国基层法院

依据中国现有的各诉讼法,中国并没有非常严格意义上的初审法院和上诉法院之区分。除少数海事或铁路或军事法院按专有管辖审理案件外,其他任何一类案件的初审管辖都在"级别管辖"的名号下为各级法院分割了。[23] 尽管没有明确的初审法院与上诉法院之划分,但中国的基层法院无疑是绝大多数民事和刑事案件的初审法院。中级和高级法院对一些案件乃至最高法院对极少数案件也有初审权,但它们的主要任务是上诉审(二审和再审)。必须注意,中国这些上诉审(二审)法院并不仅仅从事法律审,依据相关的诉讼法,它们二审时,既审查法律,也

---

[22] "当然,法律教学当然也可以研究初审以及审前的法律运作,而不是如同美国法律教授那样,仅仅集中研究上诉审法院的判决。但是上诉审意见有一个重大好处,它把案件中的法律争议很经济且很精确地提了出来,而初审记录,比方说,就很少能这样。"(着重号为引者添加。)Anthony T. Kronman, *The Lost Lawyer*, 同前注15, p. 110。

[23] 请看,《民事诉讼法》(1991)第2章第18、19、20、21条。《刑事诉讼法》(1996)第2章第19、20、21、22、23条。这种管辖制度有合理之处,特别是在1970年代后期中国法院系统重建之初,当时严重缺乏有良好专业素质的法官,制定这种级别管辖完全可以理解。但是,随着法院系统人员的专业素质逐步增强,为防止司法不公并保证法律面前人人平等,促进司法的进一步专业化,促进法学院毕业生进入下层法院,这种级别管辖制度已经必须改革了。

审查事实,有些甚至也开庭。[24] 这似乎与基层法院很相似,其实两者还是有重大不同。

首先,这些"上诉审"法院在审理上诉案件时,可以开庭,也可以不开庭;当不开庭时,法官主要根据案件的卷宗,即基层法院法官的审判笔录以及法庭上双方出示的证据,进行审理。

其次,二审法院所谓的事实审,实际主要关注的是"定性"(我将在本书第六章中证明,所谓的"定性"并非严格意义上的事实争议,而更多是一个伪装为事实争议的法律争议),并且是根据公文化的文件作出判断。一旦真的事实不清,二审法院就会把案件发回原审法院重审。这种对事实的审查与初审法院法官面对诉讼双方当事人和原生状态的案情展开的审理有相当大的差别。这种差别用老子的话来说,就是"道可道,非常道"。一个生活事件一旦化作话语或文字,你很难说这些文字构建的案情与生活事件本身是等同的。当然,司法初审"篡改"生活事件有必要,是司法运作必需的。不应苛求,我也不想苛求。我想指出的是,正由于这个区别,即使在中国,二审法院其实也很少审理事实;即使把"定性"算作事实审理,与初审法院对事实的审理也不同。

再次,即使初审和二审的审理结果同样正确,由于司法的等级,各审级法官考虑的因素也不相同:初审法官必须考虑到二审法官的判断,而二审法官可以参考却不必考虑初审法官的判断,一般也不用考虑更高审级法官的意见,因为两审终审,也因为再审的案件毕竟很少。美国联邦大法官杰克逊有句名言,"我们说了算并不因为我们从不错,我们从不错仅因为我们说了算";如果美国联邦最高法院之上还有法院,那么,联邦最高法院的判断有相当部分会被驳回。[25] 这种制度实际使上诉审法院不管怎样都"总是有理"。

复次,影响基层法院法官和二审法官的其他因素不同。判决人员组合不同:中国的独任审判基本都发生在初审法院。法官专业素质不同:二审法官的训练一般而言更为严格,专业分工也更细致。时间压力不

---

[24] 《民事诉讼法》(1991)第 151 条、第 152 条、第 153 条;《刑事诉讼法》(1996)第 187 条、第 189 条;《行政诉讼法》(1989)第 59 条、第 61 条。

[25] *Brown v. Allen*, 244 U. S. 443, 540 (1953), Justice Jackson, concurring opinion.

第四章　初审法院与上诉法院

同:二审的案件要比初审案件少得多。在一些可能引发社会争议的案件中,所承受的社会压力不同:由于审判时间推延和审判地点变化,甚或仅仅是由于已经有了一审判决(无论判决如何),都使二审法官更少受当地民情的影响。此外,在许多案件中,基层法院的初审当事人往往不聘请律师或法律工作人员,而二审案件中,一定会有更多律师或其他有法律知识的人参与。

最后,绝大部分案件初审判决后,当事人即使有权上诉也会因各种原因不再上诉。由此,上诉的案件,总体来说,大都是更为疑难的,或是没有贴切的法律,或是对法律的处理有争议。总之,提出上诉的案件与未提出上诉的案件有很大差别(具体差别如何,这是另一个可以作博士论文的题目)。

由于这些区别,我们就可以看出,主要以美国上诉审法官的司法经验和技术为基础的司法知识就不大可能在中国基层法院法官的审判实践中适用。我们怎能设想,中国的基层法院法官对每个案件都洋洋洒洒写出一篇霍姆斯或卡多佐或波斯纳式的司法意见?[26] 事实上,不仅绝大多数美国初审法官无法写出那样杰出的司法意见,而且美国初审法官审理大多数案件并不撰写我们如今常常看到因此很容易误认为是普遍做法的美国法官的司法意见。甚至,许多美国法学家认为,初审法官根本不应当努力撰写这样的司法意见。[27]

中国现行的法学教育体制乃至各国法律教育体制也没有提供多少可供基层法院法官使用的处理事实争议的知识。即使是一些最注重司法实务的课程,比方说模拟法庭,也与真实的司法实践相去甚远。我曾在某

---

[26] 精通经济学的波斯纳法官在 1986 年的一个司法判决意见中曾这样宣布:"如果 P×H [p] > (1-P) ×H [d],就应当发布禁令。"转引自,Dahlia Lithwich, "Richard Posner: A Human Pentium Processor has been Assigned to Settle the Microsoft Case," in http://www.slate.com/assessment/99-11-23/assessment.asp。

[27] "我不认为那些最伟大的地方法院法官,要以十年磨一剑的精神,花几个月时间来撰写一个有新观点的法律意见,而在这个问题上,这些法官的意见几乎肯定不是最后说了算的。" Henry J. Friendly, "The 'Law of the Circuit' and All That," 46 *St. John's Law Review* 406, 407 n. 6 (1979), 转引自, Posner, *Federal Courts: Challenge and Reform*, Harvard University Press, 1999, pp. 336-337。波斯纳同意这种观点。

县级市法院访谈了一位1990年毕业于一所著名法学院的法官，她特别抨击了法学院搞的模拟法庭，认为模拟法庭一点用都没有。只要仔细分析一下，就可以发现，这个判断很有道理。模拟法庭从一开始就是为让学生熟悉法庭程序和处理法律争议，只能用作这种训练；它实际更多是以上诉审模式构建的。但无论哪一级法院初审案件，从没有谁一上来就展开辩论，总是先出示证据，认定证据；只有双方对案件事实基本达成一致之后，这个司法的游戏才能进行下去，才可能就案件的性质和法律适用展开辩论。法庭辩论的前提必须是而且只能是，事实清楚；一个连基本事实都不清楚的案件不成其为"案件"，更无从就案件的性质和应适用的法律展开辩论。但对事实的查证和认定从来不可能通过论辩解决，相反，辩论必须基于已经查证并认定的事实。事实要么查清了，要么没查清，辩论不可能改变某个事实，而只能通过提出一个新事实改变或修正人们对事实的理解，或提出一套理论对一系列事实重新予以理解。这种有关事实认定的知识，在当今世界上没有哪个法学院传授，也无法传授（由此，我们也许可以重新理解并真正理解为什么是"法"学院，而不是"事实"学院）。在各国司法实践中，一旦遇到事实争议，或与事实相关的问题，一直强调法官"自由心证"，或——在美国的案件中——采用陪审团制度来决定。究其原因，波斯纳认为，就是为避免法官在事实认定上给不出理由的尴尬。[28] 的确，事实认定是无法解释的。维特根斯坦在什么地方就曾说过，大致是，我只是认定这是红色，但无法解释或论证为什么这是红色；如果你认为这不是红色，那只能是你不接受我们的游戏，我无法通过辩论说服你相信这是红色。

　　而如果现有的司法知识和技术绝大部分是围绕上诉审（二审）发展起来的，那么，由于基层法院与二审法院的制度空间不同、面临问题不同，上诉审的有些知识就必定很难为基层法院法官使用。

---

[28] Richard A. Posner, *The Problems of Jurisprudence*, Harvard University Press, 1990, pp. 208–209.

第四章 初审法院与上诉法院

四、作为中国的初审法院的基层法院

那么，美国或其他国家初审法院法官的经验对中国基层法院的法官能否有所帮助？

首先，前面也说过，由于欧陆法学以立法为中心，至今为止我还没有看到什么欧陆法学家细致研究总结的司法经验。在美国，以上诉审为中心，真正细致研究初审法官的学术研究成果同样很少，也未得到足够的学术尊重。当写作本章时，我正在哈佛大学做访问学者，我试图寻找一些初审法官的研究资料，结果发现，这种材料很少；我想寻找一些有关美国治安法院和法官的材料，几乎没有。[29] 这不仅说明了美国法学的现状，而且表明，美国法律学术界或出版界也很"趋炎附势"。知识在任何时候、任何地方都受权力的影响。

英美的司法研究或文献中有少量与初审法院相关。比方说，一些担任上诉审法官的学者就在著作中提到了初审法官的特殊性并对初审中的一些具体问题提出了看法[30]；还有少量初审法官的信函、回忆录、学术

---

[29] 我查到两本集中讨论治安法官的专著。一本是澳大利亚人写的极薄的小册子，介绍了治安法官在英国发展的历史以及在澳大利亚的发展；另一本是对英国17—18世纪治安法官任命的政治学研究著作。

[30] 前者如，Jerome Frank, *Court on Trial: Myth and Reality in American Justice*, Princeton University Press, 1973 (1949)；又如，Richard A. Posner, *The Problems of Jurisprudence*, Harvard University Press, 1990; *Federal Courts: Challenge and Reform*, Harvard University Press, 1995. 弗兰克提出了初审法官的一个重要问题，例如，事实的不确定性问题，以及在初审审判中更容易发生的法官个人生理反应对判决的影响。后一点受到广泛的学术嘲笑。但这种嘲笑是不公正的。在我看来，弗兰克提出的是初审法官的问题（迅速处理大量案件，独任审判），而批评者是从上诉审的司法哲学批判的（从容地有选择地审理法律争议，审判庭审判），这种视角的不同使许多学者未能对弗兰克真正的洞识给予足够的评价。后者，如霍姆斯对陪审团发现事实的评论，请看，Oliver Wendell Holmes, Jr., "Law in Science and Science in Law," in *Collected Legal Papers*, Harcourt, Brace & Howe, 1952 (1920), p. 237。

研究也直接间接地提出了初审法官的特殊性[31]；还有极少数学者对初审法院的一些具体问题进行了比较细致的研究。[32] 这些资料对于中国的初审法院法官来说，有用，但显然不够。

其次，尽管有大量的初审法院的各种记录，但是我不大可能大规模研究美国或其他国家的初审法官。这不仅需要大量的钱财、学者，更重要的也许是根本不值得。我们自己也有大量的初审法官，为什么要舍近求远？除迷信外，我只能说是奴颜婢膝。

最后，即使研究了，对我们基层法院法官的用处也可能不那么大。因为我说了，一种知识的发生并非纯智力的成果，总要依附一套权力机制。[33] 美国初审法官的知识和技术是同美国司法制度联系的。比方说，美国的司法初审总有律师的参与；在一些民事案件以及所有刑事案件审判中，有陪审团的参与。陪审团解决的是事实争议。因此，美国初审法官的经验在很大程度上仍然集中于法律争议。中国不大可能引入美国式的陪审团，即便引入了，也只是引入了一个概念，或者是引入一只"披着羊皮的狼"或"披着狼皮的羊"（一个由美国司法理论合法性包装起来的中国的陪审团）。我们是不是愿意玩这种天桥的把式呢？能不能玩得起呢？

中国基层法院不仅是初审法院，而且是中国的初审法院。尽管许多人对这样的着重号可能本能地会有一种意识形态反感，但我希望，下面的分析证明，我的这个着重号的使用不是出自意识形态，而是这种反感

---

[31] 例如，Judge Angela Bartell, *Judicial Decision Making in the Trial Court*, Disputes Processing Research Program Working Papers Series 8, Institute for Legal Studies, University of Wisconsin-Madison Law School, 1986; Judge Charles E. Wyzanski, Jr., "The Importance of the Trial Judge," January 12, 1959, in Walter F. Murphy and C. Herman Pritchett, *Courts, Judges, and Politics: An Introduction to the Judicial Process*, 4th ed., Random House, 1986, pp. 108-110; Judge Joseph A. Wapner, *A View From the Bench*, Simon and Schuster, 1987; Judge Robert Satter, *Doing Justice: A Trial Judge at Work*, Simon and Schuster, 1990; and Judge William G. Young, *Reflections of a Trial Judge*, Massachusetts Continuing Legal Education, Inc. 1998.

[32] 如陪审团的研究，Richard O. Lempert, "Uncovering 'Nondiscernible' Differences: Empirical Research and the Jury-Size Cases," *Michigan Law Review*, vol. 73, No. 4, 1975。

[33] 参看，Michel Foucault, *Discipline and Punish: The Birth of the Prison*, trans. by Alan Sheridan, Vintage Books, 1978；又参看，本书第十二章"法律社会学调查中的权力资源"。

第四章　初审法院与上诉法院

更可能来自意识形态。

尽管司法这个词可以在概念上抹去世界各国的司法差别，中国基层法院在这个世界中确实有一种不可替代的独特性。你必须深入中国的基层法院运作的语境中，才能真正感受到这种独特性；否则，许多善良、真诚的法学家都无法想象，一些看来完全必要、完全符合道理甚至情理的司法改革措施怎么会给中国基层法院的运作带来极大的困难。引入的司法抗辩制，在一个几乎没有律师的社会环境中，如何实施？在这样的环境里，也许法官确实只能对双方告诫，"你们可以吵架，但不能骂人"。要求双方举证，在一个不少成人都不识字的地方，又如何举证？在一个大家都是乡亲、流动性极小的社区中，你怎么可能要求被告人的邻居出庭作证证明被告人割了国家的电线？我调查的一个县，1997年上半年，该法院的刑事审判传唤了31位证人，结果没有一位出庭作证！[34] 即使你把这些人都强行传唤，如果他/她们还是不愿作证，只是说"我记不清了"，法官又能怎么办？我们怎么能证明他/她能记清而有意不说？在如今纷纷鼓噪刑事被告人都有"沉默权"的时候，你又凭什么剥夺一个证人的"沉默权"？[35] 如果当事人——一位面临离婚诉讼的妇女——的全部指望就是希望法官替她做主，你如何能够下狠心判她败诉，仅仅因为她不识字，不大"会说话"，因此完成不了举证责任？[36]

---

[34] 陈光中教授1999年在一次讲演中承认目前司法审判中证人出庭率还不到1/3，"甚至更低"，"使现在的［庭审方式］改革实际上流产或半流产"。陈教授建议加强对证人的"拘传"（陈光中：《关于刑事诉讼法的几个问题》，1999年12月22日北京大学法学院"20世纪法学回眸系列讲座之五"）。但我认为这只是试图用新梦圆（或重温）旧梦。拘传不可能从根本上改变这种状况，如果一个人不愿作证，天老爷也拿他/她没办法，特别是在目前强调"沉默权"的条件下。如果他/她能记不清，你怎么证明他/她能记清的，只是有意不作证？你能处罚她？请记住，刑事诉讼法学家看中的无罪假定和不得自证其罪的原则。目前中国的诉讼制度设计有很多从一开始就是乌托邦的，没有考虑当下的操作问题；总以为美国今天能做的，我们今天不但应当做，而且一定能做到。这种态度与"人有多大胆，地有多大产"在心态上完全一致，甚至动机也一致，变化了的只是时代和主题。

[35] 如果坚持原则的一贯性，我实在不知道中国的法学家如何能回答这个问题。就我目前看到的不少人的论文，都是一方面鼓吹刑事被告人有"沉默权"，而另一方面要剥夺证人的"沉默权"。这里面的问题已经不是不公平了，我甚至不认为是智力问题，而是利令智昏。

[36] "在全国各地期盼改革审判方式，强调当事人举证责任的呼声中，［当地人民法庭］庭长只有满怀苦衷。不是不想试着改革一下，也让当事人承担举证责任，减轻一下（转下页）

如今喧闹的法律援助能援助到遥远的乡村吗？所有这些问题都是法学家在他/她们的生活环境中无法想象的，却是现实生活中中国的基层法官必须寻求方法来应对的。

我们这些法学人不也是中国人吗？为什么我们对司法的感觉不一样呢？可能有人会提出这样的质疑。确实，初审法官与我们这些法学家是同行，但我们是很不相同的同行。想一想，我们也有解决不了的法律或司法问题，但我们至少可以不讨论这些问题，不写这些问题。我们可以选择我们擅长的来充分表现我们的才情和才华，偶尔还可以"横溢"那么一下。法学人在这方面是自由的。基层法院法官不能。他/她们不能因为这个案件难，没有发现合适的法律，或证据还差那么一点，就把这个案件甩在一边，说：等我想好了，再来办！他/她们不是可以沉溺于无尽反思的丹麦王子哈姆雷特，而更像是后面有督战队压阵的士兵，干也得干，不干也得干。这就是初审法官的命运。还记得《拿破仑法典》第4条吗？"法官不得以法律无规定拒绝审判"，否则是要定罪的！在中国，也至少会被认为不称职。我们这些法学教授则多少可以在我们的职业中掩饰一下自己，我们有关司法的言行一般不会产生要求我们承担责任的直接法律后果。

另一个必须注意的是中国以行政为主导的官僚政治文化对法院系统的渗透。中国各级法院在一定意义上都可以说是当地政府下属的一个部门。尽管如今各级法院都比该级政府其他下属部门定级普遍"高半级"，但这种"高半级"恰恰证明了它的行政性，而不是相反。此外，一个机构的实际权力大小并不是级别可以规定的。美国的联邦最高法院在三权分立体制中，名义上同总统和国会权力同等，但早在美国宪法制定之初，汉密尔顿就指出它是"最不危险的部门"（the least dan-

---

（接上页）法院的负担的（原文如此。——引者注），但是，在大部分居民没有文化，更缺少基本的法律常识的条件下，要强调由当事人举证，实在是太不现实了。如果明知当事人不知举证、不会举证，却又坐等当事人举证，这无异于把案子推出法庭的大门。……所以，[该]法庭的审判方式以巡回审判为主。"引自，孟天：《踏遍青山——云南省永胜彝族自治县永宁人民法庭采访散记》，《人民司法》，1994年8期，页39。

第四章　初审法院与上诉法院

gerous branch)。[37] 但这不过是一种漂亮的说法;说穿了,就是权力最小的部门[38];中国各层级的政协与人大、政府同级,但实际权力是不同等的。我在这里不打算更多讨论这一点,我想指出的是,在研究中国基层法院时,需要关注贺卫方曾尖锐指出的中国法院系统管理体制[39]以及我前面提到的法院内部管理的行政性。[40]

即使从一种比较理想的状态来看,在司法系统中,初审法院和上诉审(二审)法院之间的关系,也势必有官僚科层制的一面[41],即最后还是"上级[法院]说了算"(想一想,我在前面引用的杰克逊大法官的名言)。而为了法律的统一、效率和职业化,也必须有一定的职业等级。[42] 但是,初审法院和上诉审(二审)法院之间的差别——至少在法官、律师和法学教授这个职业共同体内——应更多理解为一种分工的差别。在司法体制中,它们实际是通过各自的比较优势共同促进规则化的纠纷解决和制度的形成。初审法院和初审法官的知识在这个司法体制中,具有相互的不可替代性。在这一层面上,基层法院并不是"下等"法院,下级法院也不是"下属"法院。无论是基层法院法官还是上级法院法官,他们对司法运转所必需的知识之贡献实际上是平等的,尽管国家的政治权力体制授予它们的决策权能和范围不同,也尽管人们通常更看重上诉审(二审)法院的决定[这是正常的,人们往往重视结果(而未必是正义)]。正是从制度和知识分工的角度出发,许多法学家和法律家都逐渐认识到,上级法院必须高度尊重下级法院的判断(各国上诉审法院之所以普遍采用法律审或事实上的法律审,就体现了上诉审法官对初审法官在事实争议上的知识和判断的制度性尊重);认为,即

37　参看,汉密尔顿、杰伊、麦迪逊:《联邦党人文集》,陈逢如译,商务印书馆,1980年,第78篇,页391。
38　孟德斯鸠在《论法的精神》中就曾这样坦言,转引自《联邦党人文集》,同前注37,页391注1。
39　贺卫方:《中国司法管理制度的两个问题》,同前注2。
40　请看本书第二章"法院的审判与行政管理"。
41　可参看,胡健华、李汉成:《正确认识上下级法院之间的关系》,《人民司法》,1992年第11期,页35—36。
42　参看,Posner, *The Problematics of Moral and Legal Theory*, Harvard University Press, 1999,特别是第3章。

使有时上级法院在法律争议上推翻了下级法院的判决，也并非因为下级法院的思考、推理或解释是错误的，而仅仅是为了保持法律的其他一些形式价值（例如，法律的稳定性或法律的普遍性或协调各个辖区间法律规则的冲突）；认为，即使初审法官的思考、推理或解释有错，上诉审法院法官也可能从中获得了启发（至少使上诉审法官不重复这种错误）。[43] 这是一种经由长期职业训练在法律职业共同体中产生的职业伦理和职业共识。

但在中国目前法律界和法学界中，这种共识严重缺乏；不仅在法院内部，而且在法学家内部，都表现了一种令人不快的"趋炎附势"。中国初审法院的法官很难摆脱官僚等级制的影响，他/她们常常由于种种原因（例如，希望自己的案子发回重审率更低）力求同上级法院或上级法院的法官个人"保持良好关系"。上级法院或上级法院的法官也不时不恰当运用了，有时甚至是利用了这种等级制的影响。法学家总是轻视基层法官和他们的实践智慧。在司法体系中，形成了"唯上"的风气。这种情况对中国基层法院法官的司法知识和技术的发展和累积构成一个制约。

五、作为开头的结尾

上面的分析已经对中国基层法院作了一种制度空间的定位和社会空间的定位。对学者来说，这种定位本身或许没有什么意义，它的真正意义在于可能帮助我们看到，正是从这种空间中，伴随着人（基层法院法官）对自身利益的追求，凭着他们潜在的创造力，有可能产生一些特定司法知识和技术。因为任何知识，都是同一定的时间和空间相联系的，无论是其产生还是其使用，都是对特定时空制约的一种回应。因此，以一种开阔的视野认真研究中国法官，特别是基层法官解决纠纷中

---

[43] Posner, *The Problems of Jurisprudence*, 同前注 4, p. 79-86; 以及, *Federal Courts: Challenge and Reform*, 同前注 27, pp. 175 ff.。

第四章　初审法院与上诉法院

展现的种种知识和智慧，开掘其中具有理论和实践意义的潜质，以学术语言予以总结，同世界各国学者交流，做出中国当代法律家和法学家的哪怕是一点点学术贡献，并非不可能。这种知识不仅有可能凸显受欧陆法系压制的司法知识，凸现为英美法系压制的初审司法知识，而且就拓展有关司法的知识体系而言，也是有意义的。

本章仅仅从理论上指出了这种可能，但这远远不够。在随后的几章中，我会更具体细致地讨论这一问题。首先，我讨论，中国基层法院作为初审法院势必更注重纠纷解决，以及由此引发的相关问题。随后两章将分别依据个案，分析探讨中国基层司法是如何处理事实争议和法律争议的。我将讨论，所谓的"定性"实际上更多与法律争议有关，而与事实争议无关；还将分析当代中国的许多社会条件如何使基层法官难以处理事实争议，以及司法本身又如何在改变这种状况。在法律争议上，我将讨论制定法与习惯的互动，以及习惯如何渗入、进入司法并作为规则影响社会生活；在这个过程中，我们同样可以看到中国基层法院法官的创造性工作。在本编最后一章，我则试图概括总结中国基层法院的特定制度位置和时空位置如何促成中国法官在司法实践中采用和累积了一些不符合经典司法教科书规定的具体知识和技术。我试图给予某种理论的分析、总结和阐释，使之能够进入法学家的视野，获得学术研究的合法性。

作为本章附录，我翻译了一位美国联邦地区法官的一封私人通信，希望这封信有助于读者理解初审法官的重要性；甚至，如果有足够的敏感和移情，或许你还可以从信中引用的那段诗中读出，陷于且面对美国现行司法体制和司法知识体制，一位有才情的初审法官的那种坦然的悲凉。

1999 年 12 月 17 日凌晨于坎布里奇

附录　初审法官的重要性

这是美国联邦地区法官 Wyzanski 得知自己被参议员 Leverett Saltonstall 向总统提名作为上诉审法官候选人之后写给该参议员的信。此信见，Charles E. Wyzanski, Jr., "The Importance of the Trial Judge," January 12, 1959, in Walter F. Murphy and C. Herman Pritchett, *Courts, Judges, and Politics*: *An Introduction to the Judicial Process*, 4th ed., Random House, 1986, pp. 108–110。

亲爱的勒夫：

很感谢你把我的名字送交总统和司法部部长考虑，是否提名我担任美国联邦第一巡回区上诉法院的法官……你们认为我可以承担这样高的职位，实在是对我很大的表彰。如果被任命为这一法院的法官，我认为，既是一种光荣，也是为公众服务的一个机遇。

然而，我认为，你还是不要考虑让我担任上诉法院法官，这既符合公众利益，对我也是最好不过……

在我看来，管辖马萨诸塞地区的联邦地区法院，就其提供法律服务的广度而言，至少与联邦第一巡回区上诉法院相同。地区法院给了法官更大的创造和裁量空间。在判决被告人时，地区法院法官有广泛的选项，这就是一个典型的例子。不仅如此。在民事诉讼中，地区法院法官还有机会帮助律师提出争议问题，展开事实，因此，在这里或许有一份很有意思且完整的在案记录。他也许可以创新一些程序，从而促进公正、简单、经济和便捷。通过指示陪审团以及在一些适当案件中通过评论证据，他也许可以帮助陪审员更好理解自己作为公民的重要性。对于双方当事人、证人、申请入籍归化的人以及偶尔访问法庭的人，地区法院法官都是位好老师。他主持一个审判也许会影响并支持这一社区的某些道德原则。更重要的是，他适用宪法、制定法和普通法的规则，他每天在法庭上受到考察的个性和个人特点，构成了正当程序的保证。

应当承认，在司法等级制度中，上诉法院的位置更高，国会给上诉

第四章　初审法院与上诉法院

法院法官的职务酬劳也更多,由此表明了国会对这两种法院相对重要性的看法。然而,并非所有知情者都会赞同这样的评价。我尊敬的前任首席法官,Augustus N. Hand(这位汉德法官担任过联邦纽约南部地区法院法官,后来担任过联邦第二巡回区上诉法院法官;著名的勒尼德·汉德法官是他的表兄弟。——译者),一直都说,他在地区法院服务时要比在上诉法院服务时更有意思,更能展现他的能力,也更快乐一些……

尽管有少量大案要案的诉讼会从地区法院一直审到上诉法院,但统计数据显示,实际上,对一位合乎情理的好法官作出的判决,提出上诉的比例极小。非常经常的情况是,地区法官[对判决]有最后发言权。即使他没有最后发言权,他对可信性的估计、对事实的认定,他依据自己发现的事实给予的或拒绝的救济,也会受到重视。

地区法院与审判以及与审判争议的关系要比上诉法院更为直接。地区法院的恰当职能范围不仅仅是遵循规则和作出决定,而且是根据对日程的知情、明智且精力充沛的处置,来有效完成及时且无偏见的司法。影响可上诉案件的数量因素,决定上诉法院从某个动议启动到最后判决的时间因素,更多是地区法院的活动,而不是上诉法院的活动。并且,很有点悖论但并不少见的是,地区法院法官很敏感,他愿意帮助律师开发一些并不确定的法律要点(即使开发这些观点不可避免地会增加初审法官出错并被上诉法院推翻的风险),由此使这个案件在到达终审法院的法律进程中变得重要起来。

对一位法官来说,最高的职务是坐在那里,判断其他法官是否错了,这也许完全正确,但一位法官每时每刻都力求自己不犯错误,这项工作也许更具挑战性。并且,这种工作的热情因此得以强化,因为,地区法官必须口头应答,他们不像上诉法官——可以根据不被打扰的阅读和写作日程,反思后,再作出回答。

我知道,初审法官没机会从合议庭讨论中获益,而上诉法官可以。初审法官与其他初审法官的关系不那么密切,因此,他很可能变得太个人说了算。几乎没什么人可以对初审法官的细小缺点提出温和的批评,提醒他举止文雅,或是告诫他初审法官几乎普遍存在的骄傲的缺点。

然而，或许正是初审法官的相对孤独才使他更接近人类的那种悲剧境地。当华莱士·斯蒂文思（Wallace Stevens，美国20世纪著名诗人，法律家。——译者）写下下面的诗句时，莫非他说的就是初审法官？

> 构成生命的是
> 一些关于生命的命题。人的
> 沉思就是一种孤独，在其中
> 我们编织着这些为梦撕碎的命题
> ……

忠实的，
Charles E. Wyzanski, Jr.

第五章　纠纷解决与规则的治理

> 年轻人就知道规则，而老人更关心例外。
>
> ——霍姆斯
>
> 法治即规则之法。（The Rule of Law as a Law of Rules.）[1]
>
> ——斯卡利亚

一、问题的提出

本章将细致分析我在第三章简短提及，法学界一直没给予足够关注的一个问题：法院的基本职能（function）究竟是落实和形成规则（普遍性的解决问题）还是解决纠纷（具体的解决问题）？[2] 当两者不可偏废时，又以何为重，应向哪个方向发展？

规则的统治是重要的，这几乎可以说是现代法治的核心。[3] 尽管进路不同，世界两大法系的主要国家都追求了并在一定程度上实现了规则

---

[1] Antonin Scalia, "The Rule of Law as a Law of Rules," *University of Chicago Law Review*, 1989, vol. 56, p. 1175.

[2] 这种说法已经成为一种经典，但是在当代中国，司法还有另外一种基本的功能，即民族国家的建立。请看，本书第一章"为什么送法下乡？"的分析。

[3] 关于这一点，请参看，苏力：《现代化视野中的中国法治》（《学问中国》，江西教育出版社，1998年）一文的注4。

的治理。在大陆法系国家,简而言之,规则的治理更多以系统化的或韦伯所说的"形式理性化的"制定法规则为中心,法官在具体司法判决中不断回归和确认制定法规则。4 在英美法系,表面看来并不那么重视规则:法官(特别是美国法官)有更大的司法裁量权,特别是在普通法案件中,他/她实际上可以立法,可以在具体案件审判中以解释的名义不断修改规则,甚至撤销原先的判决,判决实际上还有溯及既往的效果;甚至,美国联邦法官可以对立法进行宪法审查,宣布立法违宪。尽管如此,支撑这一切的遵循先例制度以及司法等级制度,实际上也形成了规则的治理。换言之,英美法中的规则统治是在法官审判具体案件的过程中作为副产品形成的。因此,现代以来,对于法官来说,亚里士多德的"良法之治"的法治概念已经更多为"规则治理"的法治概念替代了。良法、恶法问题往往由或更多由政府其他政治性部门(立法和行政)来承担,法官对此更多基于"不在其位,不谋其政"的比较制度功能主义的立场,采取"六合之外,存而不论"(或少论)的自我克制态度。5

但在本章,我将首先展现,在当代中国农村基层法院审判(包括调解)中,仍然以解决纠纷为中心。6 为什么?我的研究表明基层法官的

---

4 对这一点,欧陆法系也有一些反思,反对过分的形式理性,强调形式理性和形式理性法律的"实质化"(materialization);例如,Gunter Teubner, "Substantive and Reflexive Elements in Modern Law," *Law and Society Review*, 1983, vol. 2, pp. 239 – 285;以及,Jurgen Habermas, *Between Facts and Norms: Contributions to A Discourse Theory of Law and Democracy*, MIT Press, 1996。

5 也许有人会提出异议,特别是指出一些国家的司法审查制度或宪法法院。但这些制度也以遵循宪法为前提,宪法的权威是不容法官置疑的;而且法官不能以"良善"本身对法律或宪法质疑。也许还有人指出所谓的"自然法"复兴;但这只是法学界的学术争论,基本上与法官或司法无关。这种态度最典型地表现在大法官霍姆斯给友人拉斯基的信中:"如同你们知道的,我总是说,如果我的同胞公民们想进地狱,我也会帮助他们的。这就是我的工作。"参看,M. D. Howe ed., *Holmes–Laski Letters: The Correspondence of Mr. Justice Holmes and Harold J. Laski, 1916–1935*, vol. 1, Harvard University Press, 1953, pp. 248 – 249。又可参看,Richard A. Posner, *The Problematics of Moral and Legal Theory*, Harvard University Press, 1999, ch. 4.

6 实际上,中国各级法院在不同程度上都更重视纠纷解决,但造成这种倾向的原因却很不同,对于中级以上的法院,这些原因可能有级别管辖制、社会压力、法院在审判中的经济利益等。本章不讨论这些更具偶在性的问题。

这种关注是有道理的。但我研究的目的和隐含的结论都不是为抬高纠纷解决，否弃规则治理。完全不是。研究本身是"乐亦在其中矣"；在这一过程中，价值判断可以说"于我如浮云"。我的目的更多在于，如果规则的治理很重要，那么我们关心的问题就应是如何实现规则的治理？规则的治理在当代中国司法，特别是在基层法院中，有多大可能？基层法院法官为什么更侧重解决纠纷？我还想分析，当法官背离制定法的规则时，是否就没有遵循规则？这种不注重制定法规则的司法特点的形成，原因究竟是法官素质不足（如同目前中国绝大多数学者所认为的那样），或者是有其他问题的制约？这种司法特点可能带来什么麻烦？此外，不同审级的法院，是否可能有统一的司法目标——例如确认和落实规则？

二、两个"案件"

还是从个案切入。

在某人民法庭调查时，我顺便到法庭对门的乡司法所/法律服务所了解情况。当我和一位在此实习的该地区政法学校应届毕业生交谈了解情况之际，一位50岁左右的乡政府所在地（镇）的妇女在人民法庭一位年轻法官陪同下进屋来，要求同20多年前离家出走、至今杳无音信的丈夫离婚，要请法律工作者写一份状子。在来乡司法所访谈前，我在人民法庭曾见过这位妇女；当时，她向法庭口头起诉不肖的儿子因向她要钱不得多次殴打她，她提出的诉讼请求是"断绝母子关系"。但为什么，这位妇女会突然到司法所来要求撰写离婚诉状呢？我感到怀疑。[7]

---

[7] 我的怀疑是，法庭是否打算多处理一个案件，多收一笔诉讼费？我的这种怀疑不是没有理由的，因为几年来的基层司法制度调查使我发现由于两个方面的原因，至少是中级以下的各级法院及人民法庭往往会做出种种努力，增加法院处理的案件数量，同时增收诉讼费。"开发案源""创收"已经成为至少是目前中级以下各级法院最重要的一项工作，成为我们访谈的法官最常使用的一些语词。原因之一是，案件处理数量的增长不知从何时起，在全国从城市到乡村各地都已事实上成为衡量一个法院的工作绩效的主要指标之（转下页）

同陪同前来的法官一番交谈后，我直截了当地提出了这个疑问。这位法官说，几位"干警"非正式地听取了这位妇女诉说之后，集体提出了这个离婚方案，认为这样做，更可能实际解决这位妇女的问题。这几位法官的逻辑大致如下：尽管儿子打母亲是违法的，也确实是多次，但这个案件很难处理好。因为这位妇女提出的诉讼请求——断绝母子关系——没有法律根据，法庭因此无法"依法"处理这一"案件"。即使不考虑"不告不理"的司法原则[8]，这一案件也很难构成刑法上的虐待罪；即使这一罪名成立，这位妇女也未必愿意把儿子送入监狱（否则她为什么只要求断绝母子关系，而不是指控"虐待罪"？）；即使法庭为百姓"排忧解难"，主动干预，虐待罪成立，拘役十天半个月即便是两年也无法防止儿子被释放后再次殴打母亲；或者，这一案件可以构成民事侵权，但法院又能如何处理呢——这个儿子没钱，无法赔偿；当然还可以依据《民法通则》(1986)第134条规定的停止侵害，发出禁令，但也不解决问题，因为乡间缺乏相应警力来保证判决的实施，这样的一个禁令等于一张空头支票。正是比较了几种处理方法的可能后果之后，法官才努力促成这位妇女废除那名存实亡的婚姻关系，让她重新找位老伴，让新老伴来保护她；这种做法也许比法律和司法更能有效保护这位

(接上页) 一。尽管这一点没有任何明文规定，但各地法院均已将这一点作为天经地义的标准。即使新近得到国家表彰，并被评为全国优秀法院的北京市海淀区法院在1999年年初公布的法院工作报告，也将案件增长率作为证明其工作绩效的主要指标之一。最高人民法院也有这种倾向。法院的思考逻辑是经济的；似乎工厂、企业的产品是利税，而法院的产品是处理的案件，因此，保证法院处理案件数量逐年增长成了各级法院几乎是一个不言明的追求方向，已成为中国当代法院运作的一个难以违抗的具有政治性的制度逻辑。尽管如此，在我们的访谈中，许多法官甚至法院院长都对这种指标表示了不解乃至直截了当的反感。他/她们公开表示，不知道为什么社会纠纷、案件越多，越是表明有政绩。但在实践中，他/她们还不得不按照这一格式写报告或向当地人大汇报。另一个原因则是法院的经费严重匮乏。自1980年代后期以来，"在为改革开放服务"之类的口号下，法院试图通过各种手段创收，以满足法院的办案、装备经费需求，同时也改善法院工作人员的生活待遇。本章并不打算讨论这种做法的利弊，而只是为了作为一个背景，向读者表明我的怀疑不是没有根据的。

8　《刑法》(1997)第260条第1款规定："虐待家庭成员，情节恶劣的，处二年以下有期徒刑、拘役或管制。"同时第3款又规定，此款罪"告诉的才处理"。

第五章　纠纷解决与规则的治理

妇女的权益。[9]

　　由于时间和其他条件的限制，我没有看到这个案件最后是如何解决的，获得了什么样的法律或准法律的救济。但读者不要在这样的问题上过多专注，因为此案究竟是如何解决的对于本章主题其实并不那么重要。重要的是，从这一非常简单的案件中，我们已经看到：在中国，基层法院法官在处理问题时一个主要的关注是如何解决好纠纷，而不是如何恪守职责，执行已有的法律规则。只要注意到了这一点，再来看法官对这个案件的处理进路、思维方式和解决方法，就可以看到法官完全是实用主义导向的。[10] 他／她们在当地各种条件的约束或支持下，权衡了各种可能的救济（法律的和其他的），特别是比较各种救济的后果，然后作出了一种法官认为对诉讼人最好、基本能为诉讼人接受并能获得当地民众认可的选择。在这里，诉讼根据、法律规定的法官职责、有关的程序规定和实体规定都不那么重要，重要的是把纠纷处理好，要的是结果好，能"保一方平安"；有关法律规定往往只是法官处理问题的一个正

9　对这一番解说，许多人会提出怀疑。事实上，我也曾将信将疑。多年的社会和学术经历使我了解到，许多冠冕堂皇的言辞背后往往掩藏着不那么正当的动机和活动，例如"司法为改革开放保驾护航"旗号背后的种种现实。但这位法官的另一番解释，使我基本信服。这位法官说，立这个案件并没有什么钱，最多收50块钱诉讼费，但法官却要为此付出很多劳动，审理这种民事案件，法庭并不"挣钱"；更重要的是，这位法官告诉我们，由于该妇女的丈夫离家多年，无人知其下落，这位妇女必须通过报纸发布公告，这需要200元人民币，而该法庭还准备替这位妇女代交这笔钱。此外，案件数量对于该法院并不重要，该法庭是靠近某县级市的一个乡，经济相对发达，因承包产生的纠纷相当多，可以集中办案，收取的诉讼费会因此增加；该法庭不存在以开发个别案件来增加案件总量的问题。这位法官说，开发案源，主要不是指一般性地寻找更多案件，而在于寻找更多既容易处理、收费又多的案件。确实，成本收益的问题在开放案源时同样不能不考虑。这位法官的回答令我信服了。

10　实用主义是一个风情万种的概念。在司法上，特别是与本章介绍的两个个案相关，很容易同我们习惯说的实质正义相等同或相联系。但两者有很大不同。严格的实质正义，往往会忽视成本收益的分析。而实用主义进路会将这类因素考虑进去，甚至会因实质正义的成本太高，从而坚持程序正义。因此，我采用的实用主义概念并非"有用即真理"的传统表述，而是在司法上，法官在制度和其他环境制约条件下，比较几种可能的解决问题的办法，力求在特定时空中选择相对合理的解决方案。法官一般并不坚持——特别是在一些难办的案件中——有唯一正确的解决问题的方案。实用主义是"一种努力以思想为武器促成更有效行动的、以未来为导向的工具主义"。关于其在法律上的意蕴，请看，Richard A. Posner, *The Problems of Jurisprudence*, 同前注5，特别是引论。

当化根据，是一个必须考虑甚或是在一定条件下必须有意规避的制约条件。

仅仅从这一个案就概括基层法院的司法特点，会遇到两个麻烦。首先是普遍性问题，这个抽象概括过程至少值得怀疑。对于这一点，当然可以列举大量案件来例证，但这并非十分必要，而且任何枚举都难免休谟对归纳问题的诘难。是否接受这一不完全归纳，也许更多需要诉诸我们的常识。更重要的是第二个麻烦，即这其实还没构成一个严格意义上的"案件"，它尚未进入正式的司法审理过程，还只是在法院的门前徘徊；人们完全可以说，在正式审判中，法官或许会更注意规则，不是或至少不仅仅是注意纠纷解决。要回答这些疑问，我必须深入观察司法实践。

新的观察肯定了我的这一概括。离开这一法庭后，我们到了另一大山区乡间的人民法庭。在这里，我们观看了一起赡养案的审理，一对老年夫妇起诉四个儿子。此案最终以法庭调解解决。与本文有关的，且给我留下了深刻印象的是，在法庭调解的最后阶段，法官不仅提出了狭义的赡养问题，而且考虑到老人同谁居住、口粮、生病的医疗费、死后的丧葬费、棺材等问题，还考虑到老人的吃油，包括荤油和素油问题，考虑到老人吃蔬菜的问题，考虑到儿子提供的粮食中是否有绿豆和黄豆以及有几斤黄豆和绿豆的问题。在我们这些城里来的"法学家"看来，这些问题实在太琐细，更像是张家长李家短的"家务事"，根本不是什么法律争议，与规则更毫不相关。并且，这些问题还都是法官主动提出来的。尽管其中某些问题，例如素油和荤油、黄豆和绿豆的问题，双方协议以现金支付排除了（这一细节具有的理论和实践寓意，我会在后面讨论），但这位法官在此案中展现的对世俗事务具体细节的熟悉以及不厌其烦的关注都引发了我和另一位调查者的赞叹。在这里，我们再一次看到法官在努力解决纠纷，而不是确认法律规则（尽管其不自觉地符合了某些法律规则）；甚至，由于对解决纠纷的关注，法官忘记了一些司法的基本规则。例如，法律救济的细节问题不应由法官提出来，在广义层面，这违背了"不告不理"的基本司法原则和法官消极中立的制度角色。

三、关注的差异

我还可以举出在其他文章中曾提到的一些类似例子。[11] 在这些案件中，我们这些经过多年法学院训练的调查者的关注显然与基层人民法庭的法官不同。我们关心较多的是法律教科书告知的或是我们了解的国外法院和法官的职责。而这种应然与中国基层法官在广义司法活动中的实际角色构成强烈反差。如果严格依照"应然"，在前一案件中，法院和法官应严格恪守"不告不理"的司法原则，不能积极主动地以执法部门的方式来处理纠纷；如果诉讼人没有恰当的诉因，法院就应简单驳回诉讼；法官更不应充当律师角色向案件当事人提供法律咨询和服务，尽管这很符合"便民利民"和"人民公仆"的政治意识形态，但这种做法还是违背了"法官中立"的司法职业伦理，对潜在的另一方当事人不利。在后一个案件中，我们首先注意到，尽管依据《婚姻法》，子女均有赡养父母的义务，但被告没有起诉两位出嫁多年的女儿，而法官也就开庭审理了；从法律的规范角度，法官完全没必要关注特别是不应主动提出荤油素油、黄豆绿豆之类的救济，而应依据法律作出决断或调解即可。我们相信，绝大多数受正规法学院训练的中国人，包括许多二审法官，都会分享我们的观点。

我们与基层法官的关注确有不同。这不是说，我们根本不关心纠纷的解决，仅仅注意规则。事实上，任何一个人都会关注纠纷或争议如何处理，即使是以法律审为主的二审法官也不会完全不考虑纠纷的实际解决，仅仅顾及规则。[12] 而另一方面，我们调查的这些基层法官也并非不关心法律规则。在前一个案件中，法官从一开始就拒绝了"断绝母子关

---

[11] 参看本书第三章"基层法院审判委员会制度"。
[12] 例如，美国联邦最高法院都常常因考虑纠纷解决和执行问题而将其司法判决温和化，在著名的 1896 年承认"种族隔离平等"原则的 *Plessy v. Ferguson* 判决中，美国联邦最高法院接受这一原则的一个基本理由就是法律无法消除人们之间的种族偏见，这个理由也许是错误的，但不是教条主义的；1954 年推翻 Plessy 案的"布朗诉教育委员会案"判决中，也只要求政府采取有节制的速度废除种族隔离，同样显示了一种司法上的审慎。

系"的"诉讼"请求,只是同时建议她离婚。在后一案件的审理中,我也亲眼看到主审法官为严格恪守民事诉讼法的规定,不厌其烦地向莫名其妙的双方当事人解释他/她们拥有的"申请回避的权利"和"辩论"的权利[13],并告诫当事人法庭纪律——尽管当事人后来的行为证明这种告诫是徒劳的,法官也没像美国法官那样敲着法官棰大喊"order",而只是随他去了。[14] 显然规则对基层法院法官还是构成了一种有力的制约,基层法院的法官也在努力遵循法律规则。

但即使有这些努力,在这两个案件中,我看到的更突出的是法官为"超越法律"(overcoming law)[15] 所做的努力。至少在这两个纠纷解决的努力中,有关的法律规则似乎没有起到法理学或法律经济学教科书上告诉我们的那种"可以节约交易费用或诉讼费用"的作用,相反增加了法官在解决这两个具体纠纷中的成本。我不想就这些规则是否合理,是否就总体来说减少了交易费用或信息费用加以讨论,我在这里注意到的是,有关的法律规则与案件处理是脱节的,如果真要处理问题并处理得比较得当,法官必须调动和运用其个人的智慧(且不对这种智慧作褒贬)在法律规则之外或在法律没有明确规定的地方做出努力。法官关注的是解决具体问题,关注的是结果的正当性和形式的合法性,关心的是

---

13 在另一个民庭,进入法庭辩论阶段,法官因无法向当事人解释清楚什么是"辩论",于是说辩论就是"你可以吵架,但不能骂人"。

14 这些纪律中至少某些被公然但不知不觉地违反了。给我印象最深的是,主审法官告知双方"当事人不得随便离开法庭,离开必须得到法庭的批准"。但在法庭辩论中,被告之一说着说着就站了起来,一边向外走一边说,其潇洒程度犹如美国电影中向陪审团作最后陈述的辩护律师或控方律师;出门之前,他还向法官前面的地上吐了一口唾沫(这只是习惯动作,绝无亚足联赋予使郝海东被禁赛一年的那口唾沫的含义),然后出门上洗手间去了。没有人——当然我们这两个外来的调查者除外——包括法官、原被告和旁听席上的听众觉得这有什么奇怪、唐突或突兀的。
当然,洗手间这个词用在这里实在有点不伦不类。那是一个紧靠审判庭后墙的一间用几根木棍和木板搭就的厕所,从厕所的木板间的巨大空隙,你完全可以展望远处的青山和溪流。厕所是简易的,但它不是我们城里人理解的那种"简易"(临时的),它的使用实际是长期的。厕所旁边是该法庭"首席法官"(庭长)的妻子——一位不识字的农村妇女——养猪糊口补贴家用的猪圈,饲养了7头大小不一的猪。

15 这是波斯纳法官1995年出版的一本著作的书名。这些人民法庭法官试图超越的和波斯纳法官所试图超越的法律大不相同,有人会指出。对了,如果读者能看到这一点,你也许更应且可能感受同于"法官"和"法院"牌号背后的一系列支撑性差异。

第五章 纠纷解决与规则的治理

这一结果与当地社区的天理人情,以及结果与正式法律权力结构体系相兼容的正当性。他/她们具有很强的实用理性的倾向。他/她们结果导向的,而不是原则导向的;是个案导向的,而不是规则导向的;用韦伯的术语来说,是实质理性的,而不是形式理性的。他/她们运用的知识,如果从现有的正统法律知识体系来看,更多是非规则化的知识,是相当具体的知识,是地方性的知识。

四、为什么关注纠纷解决?

在时下的语境中,我无须为我和同仁的关注和知识作正当性辩护。尽管我常被视为旁门左道,为一些法学人不习惯甚至讨厌(因此被贴上了保守主义,或后现代主义,或危险的思潮之类的标签等),但从知识的谱系上看,我可能还是更多属于主流法学,即赞同现代化,赞同统一的法治,不时流露出对自己耳濡目染 20 年的法学知识的钟情。只是当看到基层司法中的这些现象时,我无法也不敢轻易否定基层法官的关注和知识;而且,如果对中国社会还有所了解并对中国百姓的生活有些微的同情,读了本章脚注 14 并真正理解我细致描述之用心,读者就很难轻易否定或拒绝这些法官的关注和知识。然而,更重要的是,我想了解为什么中国的基层法官更关注问题的实际解决,而不是一般地关心已经得到正统化的法律规则? 按照韦伯的观点,这主要是法律文化影响的产物。[16] 这种观点,近年来也为许多中国学者,包括我自己,赞同[17];但几年来的田野调查和访谈,我发现,这种解释的解释力很成问题。相反,马克思的历史唯物主义观点,以及在某些方面与这一传统实际有(尽管有人会否认)承继关系的新制度经济学和法律经济学提供的解释框架有更强的解释力。

---

[16] Max Weber, *On Law in Economy and Society*, trans. and ed. by Max Rheinstein, Harvard University Press, 1954.
[17] 苏力:《市场经济需要什么样的法律?》,《法治及其本土资源》,中国政法大学出版社,1996 年,页 74—90。

只要重新考察一下上面两个例子，同时认真地想一想中国农村的社会条件，我们就不能不得出一个结论：只有事先周密考虑到这些琐碎具体的问题，并保证这些琐碎问题能够得到解决，一个案件或纠纷才可能真正解决。如果仅仅依据法律作出一纸判决，不考虑这些具体问题，即使判决或处置措施在法律上很正确，很有正式制度的合法性和正当性，却很难甚至根本无法得到落实；或者执行成本很高，无法普遍地实行，以至于最终还是没有实现规则的治理。

在"断绝母子关系案"中，如果法院简单依据法律规则，驳回诉讼请求。由此而来的结果是，在制度层面上，我们会少看到一个案件。但在中国农村社会中，这个纠纷依然并将长期存在，因此会断断续续地在这个人民法庭重复提出，直至某一天，儿子虐待母亲过重，构成犯罪，被提起刑事诉讼，入狱收监。即使如此，这个案件还是未必解决了。两年之后，儿子放出来后，问题还会发生。在美国，这样的案件往往由警方来处理，但在中国农村，由于财力和人力的限制，警察和其他治安人员数量很少[18]，主要任务往往也不在此，要协助乡政府抓"大事"（犯罪、抓赌、催粮要款、计划生育、扶贫等），这种家庭内部纠纷其实是被乡村有限的执法力遗忘或只能忽略的。这就再次表明，由于财力和人力的限制，国家对农村基层的统治是相当薄弱的，国家力量无法将自己希冀的法律秩序和法律规则切实有效地贯彻落实到底层社会。[19]

"赡养案"的庭前调解同样如此。由于执法力量不足，中国法院目前审判的特点之一就是它"必须考虑……它自己能否执行自己的决定"。[20] 因此，至少在这类案件中，在法庭上，在法官指导下和法律的威慑下，双方协商达成的协议，一般要比法院强行判决更容易得到切实执行，法院的执行成本也会低很多。但协议要能够切实执行并不再引发纠纷，很重要的一点就是要足够细致，即"产权"的界定一定要明

---

18 在中国农村地区，一般一个乡有一个公安派出所，有的乡设有三四个警务区，每区一般只有一名"公安"，一名治安联防队员；一个乡只有一名司法助理员。

19 参看本书第一章"为什么送法下乡？"。

20 参看本书第三章"基层法院审判委员会制度"中"两个例子的简析"一节。

第五章 纠纷解决与规则的治理

确,并且这种界定一定要适合中国农村当地的经济情况和农民的生产生活状况。否则,字面的协议即便得到落实了,新的纠纷还会继续发生。吃粮的问题解决了,花钱的问题却出来了;吃饭的问题解决了,吃菜的问题却没有解决;吃菜的问题解决了,吃油的问题却没能解决。如果其中任何一个问题没有解决,整个纠纷就会再次发生,就有可能——尽管不必然——形成一个新的诉讼。对一个平民百姓来说,这会意味着许多不便,甚至是某种苦痛。对一个法官来说,即便是一个想偷懒但还不是无所顾忌的法官,他/她也不愿意一而再、再而三地陷在同一个并没有多少意趣的案件中。加之,中国基层法院尤其是人民法庭法官与当地社区常常有很深联系、在一定程度上分享了社区之情感和伦理[21],因此,无论从哪个角度,一般说来,他/她都不愿意这种事情在自己的法庭或周围一再发生。

因此,中国基层法院法官面临的问题就不仅是如何决定更为公正、更符合规则,而且要考虑决定后如何才能得到实际贯彻落实。他/她不得不将这些就制定法规则上看非常齐整但实际处理起来极其复杂的问题尽可能以某种与法律规则和法官制度角色不一定相符但能够"化解纠纷"的方式解决。当然,基层法院也因此经常处于非常尴尬的位置。在我们的调查中,许多基层法院院长、法官告诫我们的一条经验就是,法院必须"注意自己的判决能否得到执行,判决是否能获得社会的认可"。我们不能仅仅将这一告诫当作缺乏现代法律意识的民粹主义的标志,而更应当努力理解什么样的社会制约使他/她们得出了这样的经验。

制约中国基层法院法官司法的条件还很多,由于各地情况不同,制约条件也有很多不同。我不可能,也不打算在此文中一一枚举。因此重要的不是枚举每一个可能的或现实的制约条件,重要的是我们在研究中国的司法制度时,要有这种意识,注意发现种种制约条件。法官的关注和知识往往是回应这些社会制约条件的产物,不同审级的法官的职能可以用文字规定,但他/她们的实际运作和功能却不得不受制于具体的社

---

[21] 这是我在中国中部地区调查时的一个基本判断,关于这一点,需另文分析,在此不详细讨论。

会制约条件。

五、 特殊主义背后的规则

写到这里，很多读者会认为本章的目的在于抬高这种中国基层法官的"反智主义"或"特殊主义"的倾向，为之正当化。其实未必。我之所以选择分析这两个不带强烈道德色彩的、中性的但司法上确实有点"违法"的案件，在一个层面上就是为了更为理智地理解当今中国法律中一些看来奇怪，追究起来未必奇怪，但往往被一些因其理想主义和概念法学而变得平庸起来的法律人或记者过分道德化的现象。这有助于我们更真切地理解中国法院的一些问题，寻求真能解决问题的办法；进而有助于理解中国法治的艰巨性。

表面看来，法官的这种解决纠纷导向表现出来的特殊主义是以牺牲规则为代价的，但这种结论只有在假定唯有制定法规则才是规则并认同其合法性的前提下才可能得出。如果从另一个角度仔细看，至少在这两个案件中，法官的思考和处置未必没有规则指导。就以赡养案的一些细节为例。在此案中，法官主动提出了绿豆和黄豆、荤油和素油这样非常具体的问题，如果从城市人或其他地区的人的视角看，从商业社会的视角看，或者是从全国各地普遍的支付方式看，确实是一种非常个性化、特殊化的处理。但如果从当地历史看，在过去相当长一段时间内，赡养老人的支付通例或规则也许就是如此，且只能如此。对于长期生活在这一环境，并习惯以这种方式解决问题的法官来说，这种做法就是规则的。在这个意义上，这位法官遵循了当地的规则。我们在法庭上看到，这位法官几乎是信手拈来地提出这类问题，双方当事人也很自然地回应了这一问题并相互交换了意见，没有任何因意外可能发生的那种沉默或反对，这表明了他/她们分享着这种地方性的公共知识和规则。

因此，问题也许不像我们乍看起来那样，法官违背了"不告不理""救济方式由原告提出"的规则。问题在于，当一个全国性制定法规则，一个主要以城市社会的交往规则为主导的全国性法律的规则体

第五章　纠纷解决与规则的治理

系，被确定为标准参照系之后，就出现了地方性规则与全国性规则之间的冲突。正是由于全国性规则的正统化地位以及它的支配力，才使法官判决对地方性规则的任何迁就，在我们这些主要接受了全国性规则正统地位的调查者（因此我还是属于主流法学）看来，都是非（全国性）规则化的，都是注重纠纷解决的，都是特殊主义的，都是以牺牲规则为代价的。在这里，我们看到，这个遵循规则与纠纷解决的两分和冲突，实际是现代化和现代民族国家建构带来的，现代民族国家的形成要求规则的统一、暴力的垄断，地方性规则在这一过程中逐渐失去了其正统性。

因此，法官是否严格遵守全国性规则就既不是个道德问题，也不是法官素质问题。至少在这两个案件中，法官的意图从世俗意义上看完全是良善的，尽管制定法未必能接受他。在这里，我不想对法官的动机或用意作道德评价，我看到的只是，在什么样的社会环境制约中法官会养成什么样的习性，积累什么样的知识，形成什么样的司法传统和风格。一旦这种习性和知识形成了，法官就难免将之带入其他案件的审理，甚至带进法官谋求私利的案件中。当我们揭露了这后一类涉及法官个人道德品质的违法乱纪问题时，试图简单用加强行政、司法监督和舆论监督处理这类问题时，由于没有真正触及导致这类问题的社会原因，这些措施就不仅不可能长期有效，而且往往湮灭了产生这种"违法"的深刻社会条件；舆论监督还可能强化这种司法风格，使法官更关注个案能否获得社会或社区的认同，完全忘记规制的治理，形成一种恶性循环。

我也因此对强调提高法官素质——比如，反复强调规则的重要性，强调有法必依、执法必严，将法治作为一种新意识形态予以灌输，以及法官的正规教育——的有效性有很多怀疑。[22] 真正有用的知识必须能解决实际问题，真理总是相对于要解决的问题而言的。如果你问我多大年龄，我告诉你我家住北大蔚秀园，而且我家也确实住在北大蔚秀园；我的回答是真的，但是这种"真"没有回答你提的问题，因此

22　这种状况几乎是普适的，在美国法学院中，职业伦理课不仅学生讨厌，甚至教授此课的教授也抱怨万分。请看，例如，Thomas D. Eisele, "From 'Moral Stupidity' to Professional Responsibility," *Legal Studies Forum*, vol. 21, 1997, p. 193.

没有意义。对于你来说，我的真确回答和错误回答是一样的。[23] 因此，笼统地引介具有普遍真理性的司法原则和司法知识，不是对症下药，即使普遍的真理也会在特定语境中失去其具有的"真理性"。既然中国基层社会、乡土社会中的纠纷丰富多样，没有标准化，那么，如果不是必须，也需要通过非规则手段才能真正解决。这是一个常常被遗忘的问题。

这并非否认法律，特别是国家强制力支持的法律活动具有塑造社会、使之标准统一的作用。但我们必须看到，这种作用经常是有限的。实践中的法律并不总是以，而仅仅是最后才以，国家强制力为后盾的。当我们骑自行车闯红灯被一个戴红袖标的老头或大妈叫住，批评我们，甚或是罚款之际，我们大多数人都会很服帖地接受批评甚至罚款。究其原因，并不是因为我们体力不如他或她，也不是我们畏惧逃跑后会被抓到（如果真正跑了，绝大部分不可能被抓到；由于成本问题，甚至不会有人去抓），而是因为我们每个人都接受了他或她作为国家权力之象征的正当性。并不是这位老头或大妈的强力，或者是他/她可以迅速地叫来警察使我们服从，而是因为我们的心灵和行为已经为社会生活塑造了，被塑造得相对标准化了。因此，国家权力或法律规则才可以借助这位老头或大妈对我们进行规则性的治理。

因此，真正要实行规则化的治理，一个非常重要的前提条件就是规则治理的对象本身要有一定程度的规则性。这种规则性不可能通过制定规则，将不规则的现象纳入一个规则的条文就可以解决。正像恩格斯当年对杜林先生的辛辣挖苦一样，你可以把鞋刷子和哺乳动物统一在思维中，但是鞋刷子决不会因此就长出乳腺来。这种统一性，本身就是需要证明的，而不是假定或想象的。[24]

---

[23] 这个例子来自，詹姆斯：《实用主义的真理概念》，万俊人、陈亚军编选：《詹姆斯集》，上海远东出版社，1997年，页37。
[24] 恩格斯：《反杜林论》，《马克思恩格斯选集》卷3，人民出版社，1995年，页381。

第五章　纠纷解决与规则的治理

六、现代化与规则

我似乎已陷入了一个"恶循环"：规则治理的一个前提是社会生活本身已经规则化，而社会的规则化又须依凭规则治理才能塑造。因此逻辑上，我已是死路一条。但情况并非如此，正是在这里，我才要重新强调法治和现代化的关系，才要将规则治理同当代社会的整体变迁联系起来考察。这是我在其他文章中强调过的一个观点，即现代的法治是现代化工程的一个组成部分，而不是历史上法治概念或理念的延续。[25] 现代化本身就是一个重新塑造我们的生活世界和作为生活世界一部分的我们的过程，它将我们每个人在一定程度上标准化了，将我们的生活环境、行为方式，甚至在某种程度上的思想感情都标准化、规则化了，只有这时，作为规则的法律才能有效地起作用。在这一塑造人的过程中，法律或法律的理念作为一个因素是起作用的，但仅仅是其中的一个因素，社会生活的每个方面都在起作用，甚至起着更大的作用。

我仍然可以用赡养案的一些细节来感受这个问题。法官提出了绿豆和黄豆、荤油和素油这样非常具体的实物支付，但诉讼双方最后同意以货币这种更具普遍性、标准化和规则化的方式排除了法官的提议。为什么？在我看来，这表明的是，由于市场经济的发展，货币在中国农村社会中的流通增加了，争议双方都可能也愿意以这种更规则化同时交易费用更低的支付方式来解决他/她们之间的纠纷。在改革开放前的中国农村中，由于农民缺乏现金，大量赡养案件就无法以这种更规则化的支付方式解决[26]，因此，只能以诸如黄豆、绿豆、荤油、素油等实物支付。法官只能迁就现实，采取一种从全国或从现代化的视角看是特殊化但在

25　苏力：《现代化视野中的中国法治》，同前注 3。
26　我真切记得当时农民的一句话，"鸡屁股是银行"——母鸡生蛋是他/她们获得流通货币的唯一途径。尽管改革开放以后，农民的粮食问题很快有了根本性改变，但是流通货币欠缺状况的改变要晚得多。农民为什么不接受打白条、打绿条，并不仅仅是因为这是强制性的，更重要的是他/她们需要现金。因此，在许多地方，作为欠款官方凭据的"白条"或"绿条"也就成了流通货币的替代。

当地却是规则化的实物支付方式解决纠纷。正是在大量这类实践中，法官形成了他/她们的关注，积累了他/她们的司法知识，这些社会条件构造了其知识的谱系，形成了他/她们的司法风格。

促成支付方式的改变，农民手中的货币增加只是一个因素，还有其他社会因素，例如，有了能用钱买到黄豆、绿豆、荤油和素油的市场。这是一个同样重要的条件。如果没有这样一个相对恒常且容易为当事人进入的市场，即使有了货币，这位老人可能还是不愿对方以现金支付替代先前的实物支付。此案中，老人就一直强调棺材要实物给付，重要的就因为，即使在这个大山区，由于政府多年来提倡火葬以及其他因素，棺材也已经是越来越稀缺的物品，没有便利的棺材市场，至少是没有公开的市场，因此，即使有钱也不一定可以方便地用货币随时购买——甚至他会怀疑，自己死后儿子会不会去为他特意买口棺材。

因此，在城里人看来更为简单、天经地义的赡养费货币性支付这种更为便利、更为规则的治理方式，实际上与有无规则规定、规定是否明确的关系并不像我们想象得那么大，而与货币的普遍流行、农产品市场的出现和便利以及其他我在这里无法一一提及的因素关系更紧密。[27] 规则竟附着于这些非常细小、不起眼因此常常为我们这些学院派法律人认为与法律毫无关系的制度和因素才能起作用。

同样重要的是，至少在这一纠纷解决中，我们还看到，当社会条件发生变化，当某种新的规则成为可能之际，当事人并不一味坚持传统的地方性规则。在赡养案中，是双方当事人首先拒绝了法官依据先前积累的知识提出的建议，拒绝了法官那种事无巨细都须切实考虑的司法风格，他们"迫使"法官在这个问题上采取了一种更为规则化的方式处理。在此案中，这种规则化没有影响纠纷的解决；在支付方式上，纠纷解决同规则治理获得一种新的统一。夸张一点说，在这里，我看到的不是法官在向民众普法，而是民众在向法官普法。

由此，我们才能更深理解现代规则治理无法同现代化这个大工程分

---

[27] 例如，在"断绝母子关系"之请求中，法院之所以不发布禁令，很重要的是缺乏警力来保证禁令的实际执行。

第五章　纠纷解决与规则的治理

离发生。可以说,现代化的各个方面(包括法律本身的活动)都在塑造一个相对而言更为规则化的世界,就在这一过程中,法律的规则治理也获得日益普遍的现实可能性。本章的分析可以说提醒我们更多从实证分析角度而不是从意识形态的角度重新理解"规则治理"是现代社会的产物。现代社会对规则的确认并不是或不仅仅是规范性要求,而是一个实践问题,是一个过程。法治建立因此主要不是当权者或决策者如何下决心的问题,而是一个社会自身重塑和整合的过程,一个系统的制度、机构和环境的形成。如果用福柯式的话来说,只有有了并附着于这一套非话语的机制,(法治的)话语机制才能够活跃和运转起来。

1999 年元月 30 日初稿
1999 年 3 月 18 日二稿于北大蔚秀园

第六章 纠缠于事实与法律之间

> 道可道，非常道，名可名，非常名；
> 无名，天地之始，有名，万物之母。
>
> ——《老子·章一》

一、引子：韦伯与秋菊

19世纪末期或20世纪初期，基于法律将不断形式理性化的推论，韦伯曾担心未来的司法像一台自动售货机，你把写好的状子和诉讼费放进去，就会自动送出判决。[1] 韦伯的想象力显然受到他那个时代的限制。首先，他想象的只能是自动售货机，而如今在 Windows 2000 已预告上市的20世纪最后一个冬天，自动售货机已经算不上什么了。其次但更重要的是韦伯的自动售货机的司法想象。在这里，韦伯要么是下意识地放弃了他在其他时候一直坚持的文化相对主义，自觉不自觉受到当时德国高度概念化、形式理性化的法哲学和法学追求以及德国的职权主义司法模式（特别是在刑法上）的影响[2]，确信进入司法机器的所有

---

[1] 参看，Max Weber, *On Law in Economy and Society*, ed. by Max Rheinstein, trans. by Edward Shils and Max Rheinstein, Harvard University Press, 1954, p. 354。韦伯的《经济与社会》写作于19世纪末期20世纪初期。

[2] 关于当时德国法学的理想和追求，参看，Mary Ann Glendon, Michael W. Gordon and Christopher Osakwe, *Comparative Legal Traditions*, 2nd ed., West Publishing Comp., 1994, pp. 56-57.

第六章　纠缠于事实与法律之间

法律纠纷的事实将"天然"是整齐、明晰、完整的,可以用一套干净、利落、精确的法律语言作出描述,用一套法律核心概念(关键词)组织成一个系统,因此所有诉状都符合"自动售货机"的格式,完整陈述了该机器可以识别处理的案由和诉因、事实、可适用的法律以及救济;要么就是,韦伯认为,社会的形式理性化最终将席卷世界,湮灭任何个人感受和社会文化的差别,因此任何案件在进入司法之前,无需律师或检察官或其他法律人干预,就已经格式化了。否则,韦伯就不可能有这种担心。

为了说明这一点,也许我们可以再一次以秋菊为例。想一想,如果是秋菊来打官司,秋菊会提出什么样的案由?她会诉诸什么样的规则?会提出什么样的救济?这一切是否符合司法自动售货机的要求?韦伯所设想的自动售货机式的司法又会如何应对?

也许这个司法机器可以理解秋菊的案由——村长打了秋菊的丈夫,要求给予法律的救济;但是它肯定无法辨识秋菊诉诸的明显地方性的规则——"不能往要命的地方踢",也不能理解秋菊所要求的那种救济——"给个说法"。在秋菊打官司的问题上,现代司法运作的规则是,打人侵犯了公民人身权利,但只有当行为有比较严重后果时法律才会采取行动;司法也许不会接受秋菊对人体各部位重要性的判断和区分,不会接受秋菊或她所在社区赋予那个"地方"的特定文化含义。对村长打人,司法也不可能给秋菊想要的说法,而只能给她以困惑:要么法律不管;要么把村长给抓了。只要有秋菊这样的讨"说法"的"法盲"存在,韦伯关于司法理性化结果的预言就无法实现。

但秋菊的存在并没有证明韦伯错了。事实上,秋菊的存在,从另一个方面,恰恰证明了韦伯并不是忧天的杞人。越来越多的研究确实表明:现代的司法(即使是中国目前的也许还不那么现代化的司法)确实已经如同一台预先设定了程序的机器。它就像是一台奔腾Ⅲ型计算机,尽管运算速度很快,应用领域很广,但它还是只能处理那些符合预定程序、满足程序要求的文件,用如今人们熟悉的话来说,必须是一种格式化了的文件。司法程序化运作必须有一个相应的格式化了的世界。或如冯象先生指出的,现代法治通过自身的叙事不断创造像秋菊这样的

"反叙事"来确认自己的合法性。[3]

秋菊只是一个虚构的人物,但这并不意味着秋菊的经验一定是虚构的。有类似经历的大有人在。上一章就提到一位农村妇女向当地人民法庭提出"断绝母子关系"的诉讼请求。[4] 但法律上没有这样的诉因,同时这位妇女又不希望控诉儿子虐待罪——把儿子送进监狱,因此,遵纪守法的法官只能一方面在法律上拒绝她的诉讼请求,另一方面又"超越法律",扮演起律师的角色,建议她同离家出走不知去向20多年的丈夫离婚。这种法律机器对诉讼请求的"不能识别"和拒绝,不正反映了司法机器运作要求案件有一种可识别处理的特定格式吗?

这两个例子多少都有点悲剧色彩,似乎有意出"法律"的洋相,因此容易被人扣以"反法治"的帽子。面对这样的质疑,不能不令人想起霍姆斯概括的中世纪浪漫骑士:仅仅承认他的情人很棒还远远不够,你还必须承认她是最棒的,否则,你就得接受决斗。[5] 这种态度,如果不是为了推进法律人的集团利益,那么至少也是盲目接受了主流法治意识形态的乐观主义话语,不愿正视社会生活包括法律本身必定存在的某种局限性,以及由此必然会有的法治的难堪。事实上,任何事物都有利有弊,如果真正意识到法律的局限,完全可能有助于我们理解和完善中国当代的法治追求,而未必要在人治或法治乌托邦之间作出选择。

本章基于这种心态分析一个不那么刺激人的司法案件处理。我力求展示中国基层法院法官如何纠缠于格式化的司法与非格式化的现实之间。以个案分析为基础,我集中讨论两个有联系但关系并不紧密的司法中的"事实争议"问题。在微观层面,我将在第三节和第四节分析中国基层法院中的"定性"问题,试图展示,中国基层法院法官如何依据司法格式来处理非格式化的社会现实,处理那些无法用现代法律概念涵盖的"事实"。在宏观方面,我将从经济生产方式入手分析这种社会

---

[3] 冯象:《秋菊的困惑与织女星文明》,《木腿正义》,中山大学出版社,1999年,页18以下。

[4] 请看本书第五章"纠纷解决与规则的治理"。

[5] 参看, Oliver Wendell Holmes, Jr., "Natural Law," in *The Mind and Faith of Justice Holmes: His Speeches, Essays, Letters and Judicial Opinions*, ed. by Max Lerner, Modern Library, 1943, p. 394。

生活的非格式化问题为什么会存在，为什么会令格式化的司法难以回答。

二、耕牛的纠纷与法律的纠纷

首先，还是让我们看一个纠纷解决的始末；但请记住，由于历史是永远不可能再现的，任何描述都只能提供一个概要。

1984年，村民甲因资金不足，向自家亲戚、本村另一组[6]的村民乙借了300元人民币，加上自己的资金300元（但没有证据）购买了一头耕牛。1987年，村民乙因同他人"伙养的"耕牛死亡，没有耕牛使用，便向原告提出要求共用耕牛。村民甲称当时双方口头协商：村民甲无需偿还借款，所借300元作为村民乙的"搭伙"费，村民甲将保证村民乙每年有牛使用；耕牛的所有权归村民甲（同样没有充分的证据；但村民乙在法庭上承认自己"养不活牛，养一条，死一条，所以让村民甲养"）。村民乙则称，双方合伙时，曾将耕牛折价为600元（有证人，但是证人是村民乙的亲戚，并与村民甲有过经济纠纷；证人也仅证明双方谈过耕牛折价，至于其他细节则表示不了解）。据村民甲又称，次年倒卖这条耕牛时，其售价为1100元人民币。

此后的近9年里，双方承认，村民甲一直保证了村民乙有牛用，村民乙在耕牛上没有任何形式的新投入；但在耕牛使用的时间安排上两人曾多次发生小冲突。此外村民乙称，因已将土地承包他人，自己有两年未使用耕牛（村民甲对此未否认，但也没认可）。在此9年间，村民甲曾先后独自三次倒卖耕牛（村民甲称，倒卖的主要目的是保证耕牛"好使"，否则10多年下来，原先的牛会太老，没法使了）。对这些倒卖，被告均事后知情，从未提出任何异议。1995年6月，村民甲购买的母水牛生了一头小牛，喂养近一年后，卖给了他人，获人民币1000

---

[6] 注意，此地是大山区，一个行政村往往由多个自然村落（每个村落可能只有两三户人家）组成，相距最多可达数里山路。

元;同样,村民甲事先没有告诉村民乙,事后也未分钱给村民乙(这只是一个事实描述,并不隐含村民甲有义务告知或分钱给村民乙)。一个月后,村民乙到村民甲家中说是耕地,把牛牵走。数日后,村民甲得知村民乙已把耕牛卖给他人,获人民币1400元。

村民甲因此到人民法庭提起诉讼,称自己对耕牛有所有权,村民乙只有耕牛使用权,这个案件是一个耕牛"搭伙",要求返还耕牛并赔偿经济损失。村民乙则称自己1987年的口头协议是一种"合伙",要求分割财产。

经调查取证,初审法官认定,此案"实属耕牛合伙喂养关系"。原议定出资应均等分割。合伙期间产生的孳息应共同享有,但村民乙未尽耕牛喂养职责,应适当少分。据此判决,村民乙除获原出资额300元外,另获人民币360元。(在审结报告中,初审法官提出了这种分割的具体理由,其中最主要的是,收益1800元中,首先支付村民甲9年饲养耕牛的劳务报酬[1080元=120元/年×9年],剩余720元两人平均分配,每人360元。)

村民乙对这种分配不满,提出上诉。中级法院裁定认为此案的"事实不清,证据不足",撤销初审判决,发回重审。中级法院致函初审法院提出两点有关事实的意见:(1)"村民乙出资获得的是耕牛使用权还是共同共有关系"?(2)出资时,是否对该耕牛作了价格评估,当时的市场价格应为多少?

初审法院重组合议庭审理了这一案件。在双方均未提出新证据的情况下,重审合议庭认定,耕牛为"共同共有"财产。原议定出资平均分割,共有期间产生的孳息应合理分享,但村民乙在财产共有期间未尽耕牛喂养职责,应适当少分。据此,村民乙除获得出资额300元外,又分得650元。(重审法官在审结报告中没有陈述这种分割的具体理由。)村民甲对此判决不服,但可能出于收益成本的原因(值当吗?为最多再多分200~300块钱,花上100多元的上诉费以及相应的焦躁、不安甚至可能是愤怒?)没有上诉。

这个案件并不复杂。尽管此案有众多的"事实"没有证据证明,也很难证明,但不影响纠纷的解决(比方说,当初究竟是合伙还是

第六章　纠缠于事实与法律之间

搭伙,是共同共有关系还是获得使用权),尽管有可能但并不必定会影响利益分配的基本格局。在这个意义上,我认为,仅就解决纠纷而言,这个案件其实没什么"事实不清"的问题。对解决纠纷最关键的两个事实是双方当事人都公认的:(1)在起始合作时,双方都对耕牛有重大投入;(2)村民甲9年来一直饲养了耕牛,村民乙没有任何投入。任何一个公道的普通人,而不是试图发现耕牛或原被告法律关系"本质"的法律人,都会依据常识或直觉或"正义"或"情理"认为,双方各自的起始投入应予以尊重,其余财产的分割应当多分给村民甲;或者干脆就一条:村民甲应适当多分。事实上,无论初审法官还是重审的合议庭,判决书中都重复了这两点,也都把着重点放在第二点上。无论是初审还是重审,这实际上都是法官判决的真正基础或始终未变的前提。

在村民甲应适当多分的前提下,至于财产具体如何分割,只是一个裁量性的实践理性判断(在重审中,还包括对村民乙之请求的某种妥协、给上级法院留个面子等);因为,具体的分割既非法律的明文规定,也无法从法律或法律概念的定义中推导出来。在这个意义上,对这两个判决的财产分割,也许我会说"觉得"前一个判决更公道些,却无法论证说重审判决的财产分割一定错了——除非我是德沃金的"正确答案"[7] 的信徒。

如果这种分析大致不错,就可以看出,这个案件的判断其实不需要什么复杂的法律分析,甚至有没有与普通的实践理性不同的法律推理,也令人怀疑。[8] 此案的判断与法学院教授的法律知识无关,而与常识有关。无论你把此案分析得如何天花乱坠、头头是道,无论引证霍姆斯还是罗尔斯,丹宁还是耶宁(林),似乎结果都必须大致如此才公平;而司法(justice)不就是要公平地解决问题吗?!然而,此案的历史又确实

7　Ronald Dworkin, *Taking Rights Seriously*, Harvard University Press, 1977, ch. 7.
8　如今,美国各派学者都日益认为,法官所运用的司法理性其实并非如同柯克大法官所言,是一种特殊的"人为理性",所谓法律推理与其他的实践理性并没有什么差别。参看,例如,Roberto Unger, *The Critical Legal Studies Movement*, Harvard University Press, 1986, p. 11; 以及, Richard A. Posner, *The Problems of Jurisprudence*, Harvard University Press, 1990, p. 459。

展示了一场与事实争议——耕牛的财产性质或原被告双方关系的本质——有关的战斗。为什么?

三、 中国司法中的事实争议

习惯了中国法学理论的人,一般会认为,此案涉及一个"事实争议",即原被告双方关系究竟是什么性质。中级法院也是以"事实不清,证据不足"为由撤销初审法院判决的。但此案的争议其实不是通常说的"事实争议"。传统所谓司法上的事实争议,通常是如何通过各种最多是第二手报道的事实重构过往发生的案件始末或真相的问题。[9] 而此案中,案件始末没有什么不清楚的,或者说有些不清楚的事实对法官并不非常重要,因此是可以(并且事实上也被)省略的。对法官来说,此案不清楚的是一个现代法律教科书或某些法律学者才关心的问题——原被告之间在耕牛上的关系究竟是什么,或者说这个耕牛的财产属性是什么?这看起来好像是一个事实争议,似乎答案在案件发生之前就已经在那里了,只等我们去发现;其实不然。这个争议其实是构建出来的,对这个争议的答案也是构建出来的。更重要的是,如何构建这个争议及答案与如何解决此案无关,与利益如何分配甚至分配结果是否公正都无关(见前一节的分析),而仅仅与司法要求的那种合法性有关,与司法概念术语的统一性有关。换言之,与司法的格式化有关。

为了说明这一点,我们必须"凝视"初审和重审判决。

在这里,重要的是"搭伙"的概念。这并非《民法通则》(1986)上认可的一个概念,但这并不是说审理此案的法官完全不了解这个民间概念的意思。在此案中,考虑其语境,它大致[10]是指村民乙有

---

[9] 参看,Jerome Frank, *Courts on Trial: Myth and Reality in American Justice*, Princeton University Press, 1973 (1949),特别是第 3—6 章。
[10] 对民间概念的这种界定或套用实际很危险,这很像是王朔(《动物凶猛》)所说的"有洁癖的女人":"会情不自禁地把一切都擦得锃亮。"这种拒绝凌乱之现实的"洁 (转下页)

第六章 纠缠于事实与法律之间

使用权,而没有所有权,至少是不享有与村民甲同等的权利。如果仅仅从出资(推定双方出资相同)来看,似乎这对村民乙不公平。但如果考虑其他因素,对原被告之间在耕牛上的关系作这一界定,并非不合理。理由首先是,耕牛本来已经为村民甲所有、村民乙后来加入这一事实,以及加入时双方对耕牛饲养的安排。即使村民乙当初期望的是"合伙",我们也无法想象村民甲会接受这样一种对自己显然没有任何好处而只对村民乙有利的产权安排(放弃一半产权,还要无偿养牛)。其次,村民甲曾多次独自倒卖耕牛,村民乙对此知情却从未提出异议;这表明双方都认为村民甲有权独自对耕牛作出处置。再次,根据我们对初审法官访谈得知,当地的习惯是:搭伙,如果牛死了,损失将由耕牛拥有者独自承担,搭伙者不承担风险,所有者还要归还搭伙的费用;而合伙,则由双方分担耕牛意外死亡的风险。被告在庭审中也说过,自己之所以不想养牛,就是因为自己手气不好,养不得牛(他先前几次和他人合伙养牛,牛都死了)。因此,以300元价格获得长期的耕牛使用权,没有什么风险,这种产权安排,对于村民乙来说,没有什么理由不予接受。最后,我们必须从这一事件发生时村民乙可能有的眼光和预期来看这种产权安排,而不是接受他在诉讼之际的新解释。在经历了9年之后,中国的市场经济有了更多发展,获利的机会更多了,特别是目睹村民甲出售小牛获利,村民乙有足够的利益驱动对历史作出新的解释。

但在初审中,法官几乎从一开始就拒绝了"搭伙"的说法。下面是摘自开庭前询问笔录的初审法官与村民甲的一段对话:

法官问:1987年[你同村民乙]搭伙时,你所喂养的耕牛实际值多少钱?

村民甲:值1000块钱。

法:你有什么根据?

(接上页)癖",也许便于我们法条主义地分析和处理一些事实,却改变了被描述或指涉的事实在生活本身中具有的具体意义,并在司法上往往会带来利益分配的变化。在这个意义上,这种局部精确的结果往往是一种总体的扭曲。

甲：凭当时的市场价格。

法：有谁能证明你的牛当时可以值 1000 块钱？

甲：××村的×××。

法：他能把你 87 年的耕牛折出价格？

……87 年，你们搭伙时，[村民乙] 出了 300 块钱，你们当时经人折价没有？

甲：没折。当时就是 [村民乙] 夫妇和我在场。

法：[村民乙] 入伙时，你们又没折价，你现在说你的牛值 1000 块钱，有何根据？

……你们现在发生纠纷，你提不出价值 1000 块钱的证据，你打算怎么处理？

甲：由你们解决。

法：你提不出你的牛值 1000 块钱的证据，我们就只能按 600 块钱的价格处理，因为当时你们没有折价，你也提不出任何证据。从客观上讲，合伙出的钱，应当是均等的。如果有异议，你必须在两天内提出证据；逾期不提出证据，本院将依法判决（着重号为引者所加）。

法官从"搭伙"的概念开始，转到"入伙"，最后确立了"合伙"的合法性。为什么？表面看来，主要原因是举证问题，但这不是最重要的原因。因为，细看一下，法官在这里推出的仅仅是"均等出钱"；但即使法律上规定了"合伙"出钱应当均等，也并不等于凡均等出钱的就一定是合伙。如前面的分析显示的，这里的合伙可以说只是对村民乙有利，而搭伙对双方都有利。因此，即使均等出钱，法官也并非不可以认定此案为"搭伙"。麻烦在于，"搭伙"这个概念无法与《民法通则》联系起来。《民法通则》(1986) 中只有"合伙"概念[11]，没有"搭伙"概念。在当代中国强调依法办事的法治主流意识形态支配下，在与之相伴的由上诉法院监督法律文字执行的司法系统中，法官很难说"搭伙"在制定法上是个什么东西，他无法在制定法上找到恰当的处理根据。法

---

[11] 参看，《民法通则》(1986) 第二章第五节。

第六章 纠缠于事实与法律之间

官为使得自己此后的一系列决定都有合法性，他首先必须依据这套制定法概念系统来处理这个案件，用制定法的概念来切割面前的事实。他必须将"搭伙"的概念清除出去。换言之，废弃"搭伙"并不因为原被告双方的关系不是"搭伙"，而是因为"搭伙"在格式上与有合法性的现行民法理论实践不相称，在司法面对的事实与民法关键词之间，法官无法建立一种无可置疑的稳定联系。在这里，一套有合法性的法律概念排斥了另一套不具这种合法性的概念。

初审法官选择"合伙"的概念还有其他一些便利。因为任何一个概念，不但有排除一些事实的能力，而且具有组构其他事实的能力。当选择了"合伙"时，法官不仅可以合法地省略1984年借钱、1987年合伙时是否折价以及1988年出售耕牛之价格这样一些由诉讼双方各自提出的、可能相互矛盾的、很难证明的"事实"——这些"事实"在"合伙"概念指导下都变得不重要了；而且可以把另外一些事实整合进入这种话语。比方说，村民乙未喂养耕牛的事实。从这个事实本身并不能推出判决书中出现的村民乙"未尽喂养耕牛的职责"的结论，因为当初双方也许谁都没想过要村民乙喂养耕牛，村民乙的希望只是每年都有耕牛使用，并尽可能减少（他自己认为的）自己养牛的晦气。这个职责也许从来就不曾存在。但法官一旦采纳了"合伙"的概念，就可以把这个本可能毫不相关的事实名正言顺地整编为自己的部下，并为下一步判决（多分少分）的合理性做好了准备。

重审的情况也是如此。二审法官并没认为这个案件的处理有什么实质的不合理。但基于职责分工（更侧重法律审）以及知识上的比较优势（对法律条文和法律关键词更敏感），他/她们比初审法官更注意法律条文的问题。他/她们发现，初审法官对此案的事实认定（定性）面临着法律条文上的危险。按照《民法通则》（1986）的规定："个人合伙是指两个以上公民按照协议，各自提供资金、实物、技术等，合伙经营、共同劳动"；"合伙人应当对出资数额、盈余分配、债务承担、入伙、退伙、合伙终止等事项，订立书面协议"；"合伙人投入的财产，由合伙人统一管理和使用。合伙经营积累的财产，归合伙人共有"；以及"个人合伙的经营活动，由合伙人共同决定，合伙人有执行和监督的权利。合伙人可以推举负责人。合伙负责人和其他人员的经营活动,由全体合伙人承担民事责任"(着重号均为引者所加)。[12] 此案不具备这些"合伙"必备的要素。因此,无论初审法官对此案的利益分配多么合情合理,这种分配都没有制定法的根据,而在这个意义上,此案的事实认定发生了"错误"。但这个错误并非案件处理结果不当或不公正,也不是案情不清楚,而在于初审法官认定的事实"合伙"不符合制定法的"合伙"定义和特征。在中国现行的司法体制内,这种差错就足以颠覆这个判决的合法性。

必须在制定法基础上重建此案判决的合法性,二审法院和重审合议庭都明确意识到这一点。要做到这一点,法官就必须彻底回避界定原被告双方长达近10年的关系的性质(无论是合伙还是搭伙),必须尽可能地削减概念的经验特点,以便把不齐整的现实纳入制定法概念中。二审和重审再次回到了《民法通则》,发现了《民法通则》(1986)第78条的第1款和第2款,"财产可以由两个以上的公民、法人共有";"共有分为按份共有和共同共有。按份共有人按照各自的份额,对共有财产分享权利,分担义务。共同共有人对共有财产享有权利,承担义务"。有了这两条,重审合议庭就可以仅仅处理耕牛的财产价值和双方出资金额这一事实,通过对财产的定义来规避这一财产在现实世界经历的那些无法整齐装进《民法通则》或其他相关条文的细节。这不仅完全回避了此案当事人提出的民间概念"搭伙",回避了模糊的"经营"耕牛的事实,同时也完全避免了讨论"合伙"的法定要求。尽管对案件事实的这一重新界定有可能影响利益分割(在此案中事实上改变了利益的分割),但并不必定如此。[13]

---

[12] 《民法通则》(1986)第30、31、32、34条。此外,《最高人民法院关于贯彻执行〈中华人民共和国民法通则〉若干问题的意见》(试行)第50条规定:"当事人之间没有书面合伙协议,又未经工商行政管理部门核准登记,但具备合伙的其他条件,由两个以上无利害关系人证明有口头合伙协议的,人民法院可以认定为合伙关系。"但对于这一条的要求,由于没有证人,此案也无法满足。

[13] 必须指出,中级法院在给基层法院的信函中所作的暗示其实是更为精细的;它提出的两个问题(是否"共有",以及该牛在共有时的市场价格),相加起来实际上暗示了另一种可能——"按份共有"。但由于取证难的问题,或干脆是重审合议庭没有领会上级法院的这种意思,总之,重审合议庭采纳了更为简单便利的"共同共有"。

第六章 纠缠于事实与法律之间

四、事实，还是法律

中国法官常常把英美司法中的事实争议处理称作"定性"，从上面的分析来看，这确实更为准确、更为精到。在当代中国特别是基层司法中，由于下一节讨论的诸多因素，有许多社会行动无法简单落入现有的法律概念体系。因此，中国司法初审的一个重要任务就是尽量用移植过来的法律概念和概念系统来包装民间的不规则的行动，使它们能在这个合法概念体系中找到自己的家园。这一点在刑法实践中最为显著。罪刑法定的一个重要的理论前提就是，世界上一切应受刑法惩罚的行为都可以为一套预先设定的概念系统所包纳，制定一个完备的刑法典，刑事司法的基本任务就是在法典中给那些该惩罚的行为找到合适的罪名。这种格式化的思维方式在中国也延伸到民法和其他法律的司法中了。中国法官，特别是基层法官，在处理事实争议时，重要任务之一就是要在现有的制定法概念体系中为这些不利落的事实安排一个甚至挤出一个合适的位置。如果理解了这一点，我们就不难理解强世功、赵晓力在研究中发现的中国法官"剪裁事实"的现象。[14]

由此可见，所谓法律事实确实不是天生的。吉尔兹曾经指出："法律事实并不是自然生成的，而是人为造成的，……它们是根据证据法规则、法庭规则、判例汇编传统、辩护技巧、法官雄辩能力以及法律教育成规等诸如此类的事物而构设出来的，总之是社会的产物。"[15] 这话不错。但是，仔细考察吉尔兹所列举的构建法律事实的那些因素时，就发现，他的关于法律事实为社会构建的论述还是受到了他的地方性想象力的限制。他列举的主要是一些程序性法律因素，他的判断显然带有浓重

---

[14] 参看，强世功：《"法律"是如何实践的》，该文的简本以《乡村社会的司法实践：知识、技术与权力——一起乡村民事调解案》为题发表于《战略与管理》，1997年第4期，页103—112；赵晓力：《关系/事件、行动策略和法律的叙事》；这两篇文章均收入，王铭铭、王斯福主编：《乡土社会的秩序、公正与权威》，中国政法大学出版社，1997年。

[15] Clifford Geertz, *Local Knowledge*, Basic Books, 1983, 引自梁治平编：《法律的文化解释》，生活·读书·新知三联书店，1994年，页80。

的他身处的美国司法制度的影子。

是的,许多时候,法律事实,特别当借助证据来构建过往事件之"真相"时,往往受规则限制,例如证据排除规则。也有许多时候,证据以及在此基础上的事实真相构建受地方性想象力的影响。例如,神明裁判只对初民社会的民众有强大证据力,DNA检验只是对现代社会有不可置疑的证据力。但只要将这些证据的语境置换一下,由于地方性意义之网,人们的地方性想象力就令这些证据在不同语境中失去了证据力。证据的证据力和相关事实都是在,并且也只有在,地方性意义之网中才能发生。

但这个耕牛案表明,除却有关案件真相的事实争议,除了与纠纷相关的许多具体事实是否存在,中国基层法官在初审中还要处理另一类事实争议,并往往被认为是更重要的事实争议。这种事实更类似于"法律拟制"(fiction,本义是"虚构")。这些事实是否存在的根据不是经验性证据,而是来自制定法特别是实体法的一些关键词。这些关键词首先在法学家和法官心中创造了一个有制定法之合法性的由诸多概念化特征构成的"壳",然后在现实生活中,他/她们用诸多经验材料构建一个符合这一概念和虚构的实体,例如本章中的"合伙"或"共同共有",以及福柯曾经分析过的"犯罪意图"[16],普通法中的"过失"[17]等;此后,相关法律才能在司法过程中合法、正常地继续行进。法官一旦不能构建这样一种词与物的对应,他的决断在现有法律知识体制和司法体制中的合法性就会受到质疑,甚至有危险。这是中国基层法官身处的司法制度要求的特定的司法合法性标准造成的。这种特定合法性基于现有司法体制和司法知识体系对于这类概念实体的迷信,其实质就是本本主义、本质主义,就是法条主义或概念法学。这种现象目前在法学界,在二审法官那里,相当显著。

---

[16] 福柯:《19世纪的"危险个人"》,苏力译,《社会理论论坛》,1998年第5期。
[17] 自汉德公式(B<PL)后,特别是经法律经济学的分析,表明侵权法上所谓"过失"不过是施加或豁免法律责任的一个法律设置,而并非法律人通常认为的是对侵权人心理状态之描述。参看,Richard A. Posner, *Economic Analysis of Law*, 4th ed. Little, Brown, and Company, 1992, pp. 163-167。

第六章 纠缠于事实与法律之间

正如我的分析展示的,这种关注并不是对事实的关注,而是对法律概念(关键词)的关注,是对法律职业话语的关注。当人们对现实世界中他人行为评价基本一致时,这种"事实"认定不一定会影响法律的实际运作和权利的实际分割。就如同耕牛案的两次财产分割表明的,无论是认定为"合伙"还是"共同共有",对"事实"的这些定性并不改变法官的基本判断,"村民甲应当适当多分"。真正指导法官决断的是他/她们未被纳入法律概念体系的那些社会生活过程和具体细节(村民甲9年来一直独自饲养了耕牛等)。在这个层面上看,原被告双方的关系究竟是什么,这个所谓的"事实"认定,对初审法官和双方当事人没有实际意义。[18] 只有当人们对现实世界的人和事的评价产生分歧时,例如对王海"知假买假"的判断有分歧时,诸如王海究竟是否是"消费者"这样的"事实"才对争执双方有意义。[19] 人们实际争论的,并非王海是或不是消费者,而是王海是否应当作为消费者予以保护。这不是事实问题,而是价值或政策判断问题。在这个意义上,我认为,钻研这种"事实"不可能给法官多少专业思维训练,而只是使法官更习惯于或便于把政策或价值判断伪装成事实判断,令其判断看上去更权威、更毋庸置疑。

也许有人会指出,这种对于"定性"的关注,可以减少法官的裁量权,有利于法治的形成。但耕牛案的分析表明,这种限制是虚假的。在耕牛案中,"定性"的改变并没有改变法官的基本判断,也没有限制法官的裁量权。如果不是法官对村民乙的妥协,不是出于对二审法院意见的尊重(总得给他/她们留个面子啊!),不是出于对自身工作(重审)意义的评价和合法性确认,法官若在重审中作出与初审完全相同的财产分割,我看不出有什么违法甚或不合理之处。这样的财产分割仍在重审合议庭的裁量权内。我个人认为,初审法官所作的财产分割真正体

---

[18] 我在这里界定的"意义"是实用主义的,一个事物或一个观念有没有意义在于且仅仅在于它是否对现实世界有影响。用霍姆斯的话来说,"for to live is to function"(活着就是能起作用)。

[19] 因此,对王海知假买假双倍索赔的案件,绝大多数讨论——无论是支持者还是反对者——都在讨论消费者的定义,甚或是讨论消费的定义;但在我看来,真正关键但被有意避开的问题是,认定或不认定王海为消费者的司法实践后果。

现了对具体事实的关注：他以村民甲饲养耕牛每年应得报酬 120 元（草料、放养、看护甚至风险）为基础计算了双方各自的应得。这种分割不仅讲究实际，而且裁量权也更小；如发生争议，也很容易评判这种分割公正与否。比方说，你可以争议每年 120 元是多了还是少了。而仅仅给建构的事件贴上一个新的法律标签，然后"依法"处理，这种做法反倒是一种大而化之、瞒天过海的做法，一种偷懒的并要求法官偷懒的方法，它事实上扩大了法官的裁量权。我们应当好好想一想霍姆斯的名言："我们想的应当是事而不是词。"[20] 我们应当更多一些对案件相关细节的考察和评价，而不是概念分析。

五． 事件的社会格式化

以一种温和的分析批判态度，上面的分析表明，目前中国基层司法中对事实的处理——定性——其实更多是在法律指导下对事实的构建，简单说来，就是给案件事实"贴标签"；还表明，仅就耕牛案以及类似案件作为纠纷处理而言，并不需要复杂的法律概念分析。但我并不是说，应拒绝法律对事实的构建；我不否认这种构建的其他社会意义。为了法治的统一（其中必然包括法律概念术语的统一），为了促成法律共同体的形成，法律必须对非格式化的现实予以某种构建。给秋菊一个她想要的说法，与不把"不能踢要害的地方"作为普遍性法律规则，这两点并非水火不相容，至少可以通过制度分工获得协调。初审法院把耕牛案作为"合伙"来处理，也许不符合《民法通则》中的合伙定义，但即使不承认"法官造法"的合法性，我认为，此案二审法院也完全可以将之作为"无害之错"（harmless error）而支持初审判决。这并不损害法律要求的规则治理。

我之所以采取这一立场，是因为，上述案件和分析已充分展示了中

---

[20] Oliver Wendell Holmes, Jr., "Law and the Court," in *The Mind and Faith of Justice Holmes: His Speeches, Essays, Letters and Judicial Opinions*, The Modern Library, 1943, p. 389.

第六章 纠缠于事实与法律之间

国基层司法(既包括法官,也包括中国的诉讼当事人,例如秋菊和耕牛案当事人)的艰难。这种难处在于中国基层乡土社会中的大量纠纷很难纳入目前主要是移植进来的法律概念体系(而不是法律),很难经受法条主义的概念分析。但这并非——而且我也从来不想——在一种抽象的文化立场上强调中国文化或法律文化和概念系统的特殊性。[21] 事实上,我反复强调的限定词是基层法院,是乡土社会中的人民法庭。我明确意识到,也看到,同样是这套法律或法律概念体系,它在中国城市地区或工商发达的农村运作时,相对说来,比较有效和便利。为什么?我的回答仍然是历史唯物主义的,这种差别主要因为社会生产方式以及与此相伴的社会生活条件的不同,以及在这种条件下生活的人及其行为方式的不同。只要将这个耕牛案同一个一般的商业合同纠纷一比,就可以看出差别来了。

> 甲方看到乙方出售钢材的广告,向乙方表示希望以单价2400元的价格购进某种钢材50吨。经交涉,双方同意以每吨2500元的到岸价格由乙方向甲方提供钢材50吨。甲方同意先预付一半的价款,货物收到后,再向乙方支付另一半。收到预付款后,乙方立即向甲方发运了货物。但是,乙方很快收到甲方的通知,称其货物不能满足其需要,已将钢材退回,并要求将预付款归还。而乙方得知,甲方实际上已经从丙方那里以每吨2400元的价格购得类似钢材50吨。乙方拒绝归还预付款,称甲方有意毁约,要给甲方一个教训;与此同时,为避免自己可能的损失,乙方也找到了新客户,以每吨2450元的价格将这批钢材出售。甲方提出诉讼,要求归还预付款,并提供了相应的来往文件(电话记录、传真和电子邮件)和其他相关商业文件。

如果是这样一个案件,即使没有签署正式合同文本,法官也不难认定,合同已通过双方的行为完成了。甲方行为属于严重违约,应予以某种制裁;但法官也会感到(直觉判断),乙方的这种"教训"过头了。

---

21 尽管不少读者有这种误解。关于我的立场,可参看,苏力:《语境论——一种法律制度研究的进路和方法》,《中外法学》,2000年第1期。

根据已经形成规则化的救济方式，并根据钢材的具体市场情况以及其他政策考虑，法官不难发现或判断，乙方应获得什么样的救济。如果从鼓励市场竞争和投机的角度出发，法官可以仅仅补偿因甲方违约而受到损失的乙方的预期利益［＝50（吨）×2500（元）+乙方的额外交易费用-50（吨）×2450（元）］。也许，为了保证交易秩序，强化交易规则，法官也可以剥夺甲方因这种投机行为而获得的全部收益，并将之给予乙方；据此，乙方可以得到的救济是［（2500-2400)（元)×50］。法官也可以对这两个实际数字进行比较，选择一个对乙方或对双方最为有利的数额。法官甚至可以根据其他考虑因素而作出其他选择。[22] 总之，法院在处理这个案件时，不会有什么困难。

这个案件之所以容易为司法处理并不完全在于事实清楚（这实际上是我有意虚构的一个案件，因此无论是从本体论还是从认识论上看，它都不可能比耕牛案的事实更为清楚），尽管许多读者都很容易这样认为。我要问的是，什么因素使这个案件的事实在司法中看起来更清楚。最主要的因素在于，这个或这类案件中相关事实的意义和后果在其社会语境中从一开始有比较明确的社会界定。

首先，这个交易是甲乙双方各自进行的大量交易的一个，他们之间的这次交往不是以往多维度长期交往的继续。他们之间的关系以双方事先看都可能获利的这次交易为基础，虽然有可能因利益持续下去，但不必须持续下去；因为，在现代市场上或城市生活中，选择的机会很多。他们相互无须太多迁就。一旦有问题，可以通过各种交流予以澄清，甚至可以通过诉讼解决，无须担心今后如何继续交往的问题。而且，即使双方继续保持关系，一般也只严格限定于商业事务（单维度）关系。

其次，由于是陌生人间的交易，双方产权在交易发生前就已各自明确或被假定明确了，双方至少不会发生"你用来同我交易的财产究竟是否为你的财产"这样的疑问。如果有这样的疑问，交易就根本不会发生。即使发生了这样的问题，在法律上也与这一交易无关，而只是事实上相互牵连。

---

[22] 例如，法官可以根据市场需求情况对售方的销售损失予以救济。

第六章 纠缠于事实与法律之间

再次,这种交易主要不是为自己眼前日常生活的需要和便利这种难以量化的收益,而是为某种未来的、主要是货币化的收益,便于计量,便于预算。发生纠纷,也便于法官裁决。

复次,由于交易涉及的利益比较大,风险也较大,双方交往势必且往往经由律师或有较多商业经验的人进行。由于人员的专业化和职业化,双方各自对自己行为的社会后果甚至是法律后果,一般都有而且必须有比较明确的了解和细致的考虑(这是专业化的好处),否则,各自都会在竞争中很快淘汰出局。而淘汰的结果是剩下的人更为专业化,这也就要求甚至迫使进入交易市场的人从一开始就有较高的专业能力。这种循环使城市和市场的社会交易日益规范。

最后,由于商业或城市生活经验的熏陶和要求,由于长期、大量接触文字,行为者可以更细致、更敏感地理解和把握那些有利害关系的言行的意义[23];文字交流也使交流者可以更仔细琢磨或明确交流的语词的意义。

此外,城市生活中普遍存在的一系列相关制度机构,例如银行、保险公司,都制度化地减少了交易风险;另一些制度则预先限定了交易的风险,例如有限责任、公司制度等。我不打算一一列举并细致分析所有这些因素,那是社会学家的工作。但从我列举的这些特点就可以看出,尽管城市的商业性活动高度自由,选择很多,但这些作为社会背景的制度实际上从一开始就已将一个交易可能产生的后果预先"格式化"了。在这样一个过程中,尽管人们的意向也会(甚至更频繁)发生流变,行为也会调整,会有不可预测的意外事件发生,但司法只要扣紧这些据说有关键意义的时刻和言行,就可以相当容易地把相关法律责任同这些关键事件联系起来。正是在这样的环境中,法律不断地重新塑造了自己,适应了这种更多是陌生人交易的社会。[24]

---

[23] 对于这一点,从理论上讲,并非不能作出相反的论证;但从大量的历史经验来看,文字的出现会使人们思想感情表达更为细致、精巧。这一点在文学流变上表现得最为典型,学习和使用文字本身就是一种训练。

[24] 这并不意味着商业交易必然是陌生人之间的交易,我只是说商业交易的特点使得商业纠纷更为格式化,便于司法处理。关于商业上熟人之间的交易,请看,Stewart Macaulay, "Non-Contractual Relations in Business: A Preliminary Study," *American Sociological Review*, vol. 28, 1963, p. 55 ff.。

相比之下，耕牛案（以及中国基层法官最大量处理的其他案件）具有另外的特点。首先，导致这一纠纷发生的并非常规市场的某次凸显的交往（比如借贷，或联合经营），纠纷是在平淡无奇的日常生活的一系列事件中逐渐丰满起来的。从借钱买牛、搭伙使用耕牛、倒卖耕牛，到小牛出生和被售，最后到牵走耕牛并出售，导致关系的破裂，这一系列活动持续了10多年。虽然事后看，能分辨出某些因果关系，但事前看，这些因果关系都高度不确定，当事人在进行某个交易时几乎无法甚或完全无法预期。这些单个事件的意义究竟何在，后果会如何，在这个纠纷发生的全过程中，都没有事先可以确定的社会界定。如果只将其中某一段生活切下来，作为"一个"事件展开法律分析和司法处理，尽管有许多含混之处，也还可以。但由于事先对这些行为和事件的意义和后果的社会界定都不明确，每个后来事件在某种程度上都可以视为对先前某一事件的重新解释，你还想把整个过程作为"一个"案件一揽子解决（而不只是分析），就极为困难。

其次，纠纷双方是亲戚，又是同一行政村的村民。这些先前给定的条件，使交易双方的身份很不确定，因为人们交易时总会考虑交易对象的身份来确定交易方式和明确交易条款。你哥哥问你借钱时，你可能根本不会想到让他打借条；一个同事借，也未必，但可能性要大得多，特别是如果数额较大的话。此外农村"交易市场"的性质和范围，以及交易"物"（在耕牛案中，交易的其实是附着于耕牛的使用权；并且合伙使用耕牛必须就近）本身的限制，这在很大程度上都限定了交易双方可选择的交易对象非常少，甚至没有什么其他选项。从经济学上看，没有选项就没法估算成本收益，进而不需要严格的成本收益评算。因此，从一开始，双方对附着于耕牛的产权界定就必定不很明确，交易双方必定是"目光短浅"的。由于这两点，自古以来民间就有"清官难断家务事"的说法。"家务事"在这里应作为一种学术概念来理解。

再次，这个交易至少起初更多着眼于双方的生产生活便利，不是作为一个盈利事业来经营的，因此，即使一些具体事件的意义在法律上也不那么确定。比方说，三次倒卖耕牛，就很难定性。一方面，尽管以货币测度，村民甲倒卖耕牛没有赚钱，相反倒贴了20元，但在一定意义

第六章 纠缠于事实与法律之间

上,这未必不是盈利(非货币的收益)性的经营活动——否则又为什么要倒卖呢?事实上,村民甲在法庭审理时就说,如果没有这几次"倒手",他1984年购买的耕牛早就"老得不能用了";他的这些行为保持和增加了耕牛的货币价值,还产生了孳息。但另一方面,他又确实未必有通常意义上的盈利(赚钱)目的,他的目的更多在于耕牛的长期使用,孳息对他来说几乎是个"意外"。我们无法把这些事实"擦得锃亮"(王朔语),用法律人的概念给它们一一贴上标签,用语言给这些事件赋予所谓的"本质"意义。

最后,由于事件的相继发生,以及当代中国的社会快速转型,也都不断为这个案件中在先发生的一个个事件提供了新的理解语境,促使不仅是当事人而且其他人(包括法官和我)都有可能对在先事件作出多种新的且同样合理和正当的解释,进而可能要求或至少允许修正先前的关系,予以新的法律界定。例如,在此案起诉时1996年的法官或旁观者来看,村民甲三次独自倒卖耕牛这一事实,无论怎样,对1987年甲乙双方合作关系的性质都有某种意义的补充——村民乙获得的更像是耕牛使用权;反过来,如果事先确定了甲乙双方1987年合作的性质,那么这一事实又会对村民甲独自倒卖耕牛和出售小牛的行为有新的理解。但问题在于,我们无法弄清楚,这两个事实中哪个在理解和解释上具有先在性,在法律上具有先在性?又比方,小牛的出生和出售,随着中国从1980年代到1990年代市场经济因素的增强,相关法律的颁布和实施,都会促使人们重新审视自己早先没有预期的获利机遇(即所谓"市场观念增强了"),使当事人双方有欲求而且也有可能从他现在(事后)的位置重新审视并自我界定自己在耕牛上的产权,自觉不自觉地对相关产权争议作出更符合自己目前利益的新解释,使他们更可能诉诸当年根本不可能但眼下存在的合法理由和法律根据(例如,法律上只有"合伙"没有"搭伙")来正当化自己此刻的欲求。在这种社会快速变动的语境中,一个事件原先具有的社会意义已经在后来一系列事件发生后产生了变化和偏移,在一个更大的语境中有了新的解释可能性。甚至一些本来没什么意义的事件,在这个语境中也有可能被解释者赋予意义,作出某种尽管牵强但并非完全不成立的解释。例如,农忙时双方都急需使用耕牛，因信息交流不便（不住在同一个自然村，又没有便利的通讯预先联络安排），双方在使用耕牛的时间安排上就难免发生摩擦，这种摩擦本来不具任何意义；但在此刻打官司的语境中，当事人双方都会把这些难免的纠纷视为对方蓄谋侵占财产之阴谋的表现。

在简单作了这些对比后，可以看出，在司法上，一个案件事实是否清楚并不取决于人们对事实的细节了解多少，重要的是社会对这些事实的界定是否明确和稳定，社会是否为理解这些事实并达成共识提供了各种必要的社会条件和制约。而这些条件和制约本身就是一种格式化，它是格式化司法的最根本的前提条件之一。

六、 事件的公文格式化

无论在生活中还是在法律上，与纠纷的社会格式化有紧密联系，并对格式化司法极其重要的另一因素是"证据"，特别是各种在现有知识系统中被认为是可靠、可信的文字记录。韦伯早就指出，现代法理型统治（大致相当于法治）是通过公文进行的。[25] 这在现代法律的格式化运作中非常明显。法院就是现代社会法理型统治的重要构成部分。如果将文字记录材料视为一种格式化的文件，将法院特别是上诉法院视为一种文件处理器，那么就可以更真切地感受到事件的公文格式化对当代中国基层法院能否有效处理事实争议的重要性。

说到文字化的信息记录，我并非简单指中国目前各类诉讼法中规定的书证，比方说证人证言、询问笔录等，而是指在现有法律体制中依据现代科学技术发展的标准来看有决定意义的、几乎很难出错的以各种文字方式展示的证据。同样是书证，但如果是当事人回忆之笔录，按照现代科学的标准，就不那么可靠，哪怕回忆者是诚实的。它可以作为诉讼法上的证据，但未必满足我在此提出的公文格式化的要求。但一本依时

---

[25] See Max Weber, *The Theory of Social and Economic Organization*, trans. by A. M. Henderson and Talcott Parsons, ed. by Talcott Parsons, The Free Press, 1964, p. 332.

第六章 纠缠于事实与法律之间

间序列登记的一个电话记录,甚或是电话局关于通话时间和通话人的报告,却可能是更可靠的格式化的公文;甚至,对莱温斯基裙子上的沾染物所出具的 DNA 检验报告都是可靠、可信的文字化记录(因为它最终是以文字,例如《斯塔尔报告》,出现在审判人员眼前的)。正如一位美国初审法官所言:"事件发生时的(contemporaneous)书证要比口头证词有更大的力量。"[26] 这里的书证必须作一种广义的但又是法律上的理解。

按照这一标准,在上一节提到的虚构的商业合同纠纷案中,司法就没有什么太大的取证和举证的困难。即使没有双方正式签字的合同,也会有相互的传真、电话记录或电子邮件,有付款单、发货单、运单、提单、保险单或其他相关的单据或存根,也许已足以支持司法的运作。但在耕牛案中,这些条件都很难满足,甚至完全不能满足。首先是农民的识字水平比较低。其次,但更为重要的是——费孝通先生在"文字下乡"[27] 一文中指出的,文字的主要功能是进行跨时空之交流;而在一个熟人社会中,绝大部分交流是面对面的,不需要文字。在耕牛案中,我们就看到,尽管一系列交易都涉及产权问题,无论是借贷还是合伙(搭伙或其他),无论是倒卖耕牛还是出售小牛,以及其他日常交往,都没有任何在现代社会的法律看来完全可以信赖的文字化记录来支撑这个司法。

不错,此案审判中,当事人也提出了不少书证。比方说,村民乙提供了诉讼发生后由该村村委会出具的关于耕牛产权各自一半的证明,以及其他证人的书证。但这些书证都是案件发生后为了正在进行的诉讼而制作的,都不是对当年场景的原始记录;最多且最好的也只是对当年日常生活中的某个常规化场景的一个回忆。这样的书证怎么可能令人信服地证明当年事件发生时的情况呢?完全可能是,并且更可能是,对当年生活的一个伪造。审理这种案件,除双方都认同的事实外,法官很难发现其他可信、简单、廉价的证据。事实上,此案无论初审还是重审

---

[26] William G. Young, *Reflections of A Trial Judges*, Massachusetts Continuing Legal Education, Inc., 1998, p. 185.

[27] 参看,费孝通:《乡土中国》,生活·读书·新知三联书店,1985年。

时，法官给案件"定性"依据的最基本证据只有一个，即双方都承认村民乙出了 300 块钱，尽管对于出钱的方式，原、被告仍有争议；至于财产分割的依据，除这 300 块钱外，法官依据的就是双方都承认村民甲独自饲养耕牛 9 年，小牛卖了 1000 块钱，耕牛卖了 1400 块钱。法官没有使用双方当事人据说是依据民事诉讼法举证责任分配规则提出的任何一份其他书证，尽管在阅读这一卷宗时，我看到双方都提供了一些"书证"。面对大量这类"书证"，庭审记录上都是公式化地写着一行行"有待查实"。但紧接着这一行行"有待查实"的字样，法官就宣告辩论结束，开始了调解和判决。这些获得了现代法律"有待查实"之允诺或山盟海誓的书证，将痴情地站成三峡的神女峰！

  这不是法官不负责任；而是因为，在基层法院审理的大量（而不是少数）案件中，大量事实都是查不清的。所谓查不清，有认识论意义上的（谁有能力复原历史？），但我强调的，还有并更多是社会学意义上的。从理论上讲，在耕牛案中，为确定当年"合伙"时耕牛的市场价（中级法院向基层法院发函时就曾这样指示），法官可以去查询——比方说——1984 年把耕牛卖给村民甲的卖主，查询 1988 年从村民甲那里购买该耕牛的买主，法官还可以调查当年其他农民购买耕牛的价格来印证核实。这种手段在许多现代商业案件审理中就大量使用（调查市场上同类产品当时的价格）。基层法院案件审理可否借用？在乡土社会中，这些做法仍然不可行或基本不可行。

  如果在农村进行这种调查，仍然主要是从人们的回忆中挖掘材料；并且——即使记忆无误并诚实——由于这类交易相对少且分散，调查获得的有关数据也不一定有代表性。在现代城市和商业社会中，这种数据往往会以各种文件的形式长期保留，而且由于商业竞争，这种数据往往可以比较真实地反映出当时的市场价格。同样是对历史的追溯，在乡土社会和在商业社会，作为信息载体的材料及其可靠性都非常不同。一个是当时的记录，一个是事后的追忆（另一种对历史的征服性重构）。

  当然，即使事后的追忆也会在一定限度内展现生活的原始状态。但我们要记住资源的限制，以及成本收益。这个案件仅仅是一个标的额 2400 元的案件，其中有争议的仅仅 1000 元左右。作为规则，一个社会有

第六章　纠缠于事实与法律之间

无必要以及有无可能对基层法院面临的大量这类案件都要求"共产党人最讲认真"（毛泽东语）？这里的问题并不在于，法官的道德感如何，对农民是否有感情，而在于没有哪个社会能够普遍长期地实现这种"实质正义"。从经济学上看，正义也是有成本的或有机会成本的（即使你不计成本），为实现正义所耗费的资源之效率同样会呈边际递减的趋势。因此，没有哪个社会可能为 2000 元的纠纷解决，规则化地、普遍地以高于 2000 元的社会成本来解决这样的纠纷，除非有其他重大收益。只要想一想，为什么美国民事诉讼和刑事诉讼的证据取信标准有重大不同？[28] 最根本的原因就是不同的取信标准意味着不同的取证和举证成本、不同的社会资源耗费。

也许有人会说，你提出的这个原则不错，但这不是基层法官管的事，国家给法院发了钱，就是要法官"一丝不苟"，"以事实为根据"。因此我们必须在经验上了解基层法院的实际可支配的资源如何。事实是，基层法院的各种资源都非常紧张。在审理这一耕牛案的人民法庭调查时，我们发现，该法庭同几十里山路外的县人民法院的唯一直接联络方式就是电话，而电话用木头盒子锁着，庭长揣着钥匙，有电话来才开锁接听，但没法向外打——显然只是为了节省哪怕是当地的电话费。他们唯有的交通工具就是两条腿——自行车在大山区无法使用。在这样一个地区，要广泛搜集证据不仅耗费资金，而且势必影响其他案件的审理。相比之下，发生在经济相对发达的城市地区的案件，不仅涉及利益更为巨大（否则打什么官司呢？除非有其他的利益或利益集团推动），而且由于商务或其他银行、运输、通讯单位都有比较现成的记录，尽管有时调查费用总额很大，但就成本（货币的和非货币的）和收益之比来看，其成本要比乡村人民法庭低得多。

这种生活方式和经济原因也解说了，为什么，制定法从来都更关注商业生活或城市地区。即使打着公民权利普遍性的旗号，法律如今浪漫地自称是穷人、弱者的朋友，其骨子里却不时流露出豪门子弟甚或是纨绔子弟的气息。传统的农业地区，在任何社会，在一定程度上都是

---

[28] 前者采用的是优势证据原则，后者采用确信无疑原则。

"[现代] 法律不入之地"[29]。一个主要基于文字化信息处理的现代司法从格式上就很难处理一个主要依赖口耳传递信息的社会中的纠纷，至少无法有效地运作。

这并不是说，在这些地区，现代法律制度完全没有进入，完全无法进入。它已经进入，特别是在刑事案件上，以及一些重大的民事、经济甚至行政案件上。但即使处理这样的案件，司法更多依靠的也是其他一些相对说来更为可靠地记录了事件发生时情况的公文化材料：刑事案件中的验尸报告、验伤报告、指纹、足迹以及其他医药费单据等其他单据凭证等。现代法治需要格式化。这种格式化"不读"非文字化的材料。[30]

七、反证？

人们也许会质疑，你的这个例子是否有代表性？这是最容易对个案研究提出的质疑，尽管我前面的分析已经力求不就事论事，而试图从个案揭示一般的道理。因此，我觉得有必要简单报告和分析一下我们调查的一些基层法院的案件类型以及各自所占的比例，我还必须简单分析一下这些案件类型与我分析的这个耕牛案有无更多相似之处。

据我们访谈的某县法院副院长说，近年来该县民庭（包括人民法庭）审理的案件情况大致如下：每年正常的案件（即并非"开发案源"的案件，而是由农民主动提出的诉讼案件）不超过800件；其中离婚案占40%，侵权赔偿案占25%，赡养案件约5%~10%，其余是房产纠纷、继承、民间借贷、山林土地和水利纠纷。我们调查的其他法院或法官提

---

[29] Robert C. Ellickson, *Order without Law: How Neighbors Settle Disputes*, Harvard University Press, 1991.

[30] 这一点甚至渗透到了耕牛案的重审判决。我仔细阅读了全部案卷，特别是法官的庭审记录和最后判决。我发现，法官没有将两人之间的历史交往纳入判决书。判决书依据的基本事实是双方都承认的事实，例如，1987年的"搭伙"谈话，村民乙出了300元人民币，小牛的出售和耕牛的出售。包括村委会的证明，以及其他熟人的回忆，即使是以书面形式表现出来的，只要没有其他证据的支持，都被重审合议庭正当地拒绝了。

第六章 纠缠于事实与法律之间

供的案件类型与此极为类似,但由于各地情况不同,各类案件所占比例也有所不同。[31]

从这些案件类型来看,我们可以发现,绝大多数案件都发生在熟人之间 [夫妻(离婚)、父/母子(赡养)、兄弟姊妹(继承)、隔壁邻居以及土地相邻者],其关系是长期的,甚至是无法躲避的,矛盾纠纷的发生往往经历了相当长的酝酿期,关系往往是从亲密到冲突。即使是侵权赔偿案件,在农村也往往是村民之间的侵权(例如,孩子打架受了伤或是雇工受了伤,而不是城里的产品责任或汽车事故等)。基于这种关系发生的案件与耕牛案非常相似,往往没有多少可信的文字化证据,往往不得不依靠乡邻作证。尽管我无法拿出,而且由于代表性的问题也就不必提出,一个证据证明,其中有多少案件与本章分析的耕牛案性质相同或相似,但我相信,这类案件占了相当大的数量,因为仅仅离婚、赡养、继承这三类案件已经占了全部民事案件的一大半,其他案件也基本脱离不了这种类型。

据这位副院长说,并有其他法官证实,自 1987 年法院提出"走出去办案""开发案源"后,各法院的其他类型的"民事"案件急剧增加。在这位副院长的法院,1985 年全院民事案件仅有 264 起,1988 年则猛增到 2860 起,1996 年总案件数更增加到 4449 起,此外每年还有上万件据说是"不算案件的案子"。增加的案件主要分为两大类:一类是追还农业贷款和信用贷款的债务案件;另一类是乡村财政和福利的"三提留,五统筹"的债务案件。但这两类案件有一个共同的、明显区别于"常规"民事案件的特点,即都有明确的文字凭证,案件清楚、简单,规则也相对清楚。据这位副院长说,他本人曾在某村一星期办了 300 多起"三提五统"案,受到了省高院的表扬,其经验在全省法院推广。据他说,这些案件的处理方式是,根据村里有记录的各家土地、收入、家庭成员状况,由村委会提出诉讼,会计把账目计算清楚,然后填写起诉书,村委会盖章,交给法院;法院把被告一一叫来询问,数字是

---

[31] 关于民事案件的统计数据还可以参看《中国法律年鉴》公布的 1987—1997 年的各年民事案件一览。

否对,是否愿意交,什么时候交,然后或调解或判决结案。其他法院的法官也普遍提到并证实了这种类型的案件处理。

这些乡土社会的民事案件不是很简单吗?而且数量远远超过所谓"常规"民事案件。但这一事实并不能而且也没有推翻我前面的分析。首先,这种司法已是徒有其名,实际上,这更类似"行政执法"。尽管也有所谓法律程序,并由法官审理,但这时法官们已变成了一支执法队伍。法院之所以参与这种执法,一方面是所谓司法"围绕改革开放"这一中心工作,但更大也更实在的动力是法院的经济利益。多年来苦于经费不足的法院和生活待遇偏低的法官以这种方式可以增加诉讼费收入,获得经济资源,改善自己生存(工作和生活)环境。访谈中,许多普通法官都对这种"司法"的合法性提出了根本性怀疑和尖锐批评,甚至是完全否定。甚至我提到的那位受省高院表彰推广的基层法院副院长,对自己在"为改革开放服务"旗号下一手创造的历史也完全持否定态度,认为"这条路已走死掉了",因为这种做法违反了司法的基本运作方式。他沉痛地说,法官必须坚持"坐堂办案"。随着中共中央在1997年年底明确提出司法系统一定要"吃皇粮",我很怀疑这种状况还能在基层法院持续多久。此外,这些法官自己也不把这种案件审理视为"正常的"司法。即使退后一步,也必须看到,这种类型的案件之所以可以为司法高速、程序化、批量化地处理,采取流水线式的作业,重要的就在于这些"案件"的性质在审判之前就已经获得清晰的社会界定,极其单纯(尽管未必合法或合乎中央政策),并且有各种相关的文字性材料作为凭证。这恰恰从另一个角度印证了我前面的分析和论证。[32]

---

[32] 本章仅仅考察了司法格式化的两个方面,其实,还有其他重要因素。例如,我在本章没有考察的律师。律师实际是使社会生活的纠纷得以格式化,进而使之能够为现代法律有效处理的一个重要因素。只要是像样的律师(而不是如今许多靠拉关系的"律师"),他/她们都会在不同程度上按照现有法律把现实生活中复杂多样的纠纷问题格式化,例如,提出恰当的、能在法律中找到的诉讼请求,在审判之前排除那些似是而非的证据,集中讨论案件的争议,以及案件应适用的法律。这些活动实际就是对案件的格式化。由于律师的出现或在场,公文必定更多;由于抗辩制的因素,也会促使证据至少在形式上更为(转下页)

第六章 纠缠于事实与法律之间

八、尾声

从冬天到冬天，秋菊的努力终于从韦伯的司法自动售货机中得到了一个困惑不解的"说法"。作为这个司法自动售货机一部分的耕牛案初审法官也牢骚满腹地对我们说："就为了这个案子，我一年的年终奖——300块钱——没了。说我是错案！"

而我却似乎听见这些案件在说：

……我过上了倾心已久的体面生活。……我在人前塑造了一个清楚的形象，这形象连我自己都为之着迷和惊叹，不论人们喜爱还是憎恶都正中我的下怀。如果说开初还多少是个自然的形象，那么在最终确立它的过程中我受到了多种复杂心态的左右。我可以无视憎恶者的发作并更加执拗同时暗自称快，但我无法辜负喜好者的期望和嘉勉，如同水变成啤酒最后又变成醋。

我想我应该老实一点。[34]

我想我们应该老实一点！

1999年11月21—30日初稿
1999年12月23日二稿于坎布里奇

（接上页）准确，从而为司法格式化地处理纠纷创造便利条件。这一点，在中国司法制度研究中，尚未得到重视。许多研究强调法官与律师在法庭上的对抗性，而没看到法官与律师在司法话语和实践中是"穿一条裤子的"（学术语言叫共栖或互补）。但本章的分析已足以指出这一途径，聪敏的读者不难从此出发自己得出本章隐含的这一结论。另外，律师问题近年来在实践上已经得到了强调，尽管论证方式和进路是不同的。若从本章的进路出发继续讨论，更多是一个可能有知识意味的问题，而不像多年前那样有直接实践的意义。我把这个问题留给读者自己去慢慢体味，也许比拿到学术市场上去炒作可能更有意思。最后一个因素是我在其他论文中讨论基层社会的（缺乏）律师问题；因此，没有必要在此节外生枝，甚或是从树枝上长出树干来了。

34 王朔：《动物凶猛》，《王朔文集》（纯情卷），华艺出版社，1994年。

附录 作为格式化工具和过程的司法

本章分析了基层司法中一个具体问题。但对许多中国读者来说,仅仅把这个问题摆出来还不够。他/她们还要答案,即使不是真理;可能还要你表态(其实,我已经表了态,"我想我们应该老实一点"),即使表态不解决任何问题。道德主义的思维方式渗透并弥散在我们的日常甚至学术生活中。

但是,的确有一点应当有所交待,这就是,尽管我分析了社会生活与司法实践之间存在着格式化不相称问题,强调社会生产方式以及由此而来的社会组织方式变革对于纠纷和司法格式化的重要意义;我还必须强调,司法本身也是对社会生活格式化的工具和力量之一。本章的意图并不是否定司法格式化(道德化取向),而只是细致研究司法格式化(实证研究取向)。本章分析的这个案件,无论最后司法结果如何,是否公正,司法活动都已从不同方面在不同程度上塑造了中国的社会现实,为司法下一次与生活遭遇创造了某些新的格式化条件。

这次司法的活动对发生这一纠纷的社区有某种示范意义。不论最后结果如何,周围的人都会经此了解到一些有关法律和司法的知识。从这件事上,他/她们会看到自己同他人的类似合作和交易可能存在的法律"漏洞"和"缺陷",因此,会在不同程度上修改、调整或明确原先的关系。也许会进一步明确产权,订立协议,明确所谓的"搭伙"在法律上只是一种"合伙";对于"搭伙"或"合伙"的那个物,搭伙人不仅有使用权,而且有所有权,这一物在合伙期间产生的新利益会被当作"孳息"平均分配等。他/她们可能会更清楚、更多地想象未来,预先界定各自的潜在收益,或者补充界定自己的利益;而不是等到事情发生后,把这种利益的分配交给他/她们不熟悉甚或不很放心的政府官员或法官或其他第三方来决定。他/她们希望掌握自己的命运,把握自己的收益。为此,当涉及的利益较大时,也并非不可能,他/她们会寻找律师或法律工作者,他/她们也许不得不学会用一种自己不熟悉甚至很陌

第六章 纠缠于事实与法律之间

生的语言来规划自己本来非常熟悉的预期利益。且只要从此种安排中可能获得的利益足够大,大于其成本,他/她们就会这样做。法律因此就随着他/她们对利益的追求更深地进入了乡村。

耕牛案审理结果形成的格局或多或少也对法官今后处理此类问题构成某种现实的制约。尽管中国不是普通法国家,没有遵循先例的法定要求,法官有时甚或常常会为了个人便利或由于社会或法律的压力改变自己的做法。但只要社会制约条件没有重大变化,从生物学上看,每个人都会在一定程度上重复自己先前的行为、视角和分析理解问题的方式,否则他/她就会呈现出必定为社会拒绝的多重人格。其实,即使是一个具有高度创造力的人在更大程度上都还是一个自我重复的人,因为众人是在一个人的自我重复的过程中才辨认出后者是否有创造力,否则,这个人会被认为反复无常、捉摸不定。即使最富创造力的法官,他/她的多变中也必须显现出某种基本格局和态势,在一定程度上重复着自我。

对当事人双方来说,无论结果如何,这次司法的纠纷解决过程都是一次生动的法律教育。他们都不得不重新理解自己的行为和言辞,理解这些言行在法律上可能有什么样的结果。先前,他们更多是在相对稳定的传统乡土生活规范语境中理解自己和对方的言行,理解自己和对方的权利和义务。而现在,或从今以后,他们必须在这种已经或正在变化的语境中理解这一切了。他们不再能太多依赖乡民间的相互谦让,不能在言行上过于率性或掉以轻心。不仅在耕牛问题上,而且在其他可能引发争议的问题上,他们都必须学会自我检查自己的言行,力求把握自己的未来,而不是为别人所把握。他们必须把自己熟悉的概念至少在某些方面同法律承认的概念勾连起来,用自己熟悉的概念去充实、补充法律的概念,甚至他们不得不摒弃一些法律不予承认的概念(比方"搭伙")。

这种概念世界的变化,并不仅仅是内在的,而是会带来一系列外观行为上的变化。比方说,他也许会拒绝"搭伙"这种做法,这种本来常见的产权安排,因为这种合作如今在法律上说不清道不明,甚至不为法律承认,有可能引出更多纠纷,更多扯皮。只要财力足够,个人单独买牛,虽然成本提高了,但会减少其他麻烦,自己的投入会更有保障。他因此会变得更强调自给自足,更强调自己的责任,因此变得更个人主义,更为理性,更为精明,更多算计,更多"防人之心不可无"。他会更考虑未来,而不是考虑过去。这是对人格的一种塑造。

与此同时,他也会并不得不重新构建一个自我保护的体制,因为时代的改变已经使在传统社会中意义明确的言行如今在国家正式法律上不那么明确了。在同其他人交往中,他会更多强调某些法定仪式(社会学意义上的),比方说,公证和登记。他必须做出某种动作(例如,签字),说出某些他不很习惯的言辞(例如"共同共有"),完成这些在现代社会或法律上认为具有本质意义和规定意义的活动。他必须事先严格界定行动的意义和后果,而不是让行动或生活本身去表述自己。这些行动将如同马克思说的,他(它)们不能表现自己,而只能被表现[35],只能由书写的文字或法定的仪式来表现。

乡民们也不能如同先前的农民那样,指望法官替他/她们做主了。如今的司法要求他/她们自己先得完成举证义务,他/她们必须同法官合作来完成司法的任务。他/她们的安全在很大程度上取决于他/她们是否愿意并且有无能力同这个司法机制合作。但他/她们又不能仅仅用诚实或人品来合作。在传统的社会中,他/她们在村里一贯表现的人格(无论好坏)在一定程度上都会得到传统司法或纠纷解决机制的承认,可能甚至就是一种证据;而如今这在很大程度上已经不是了。人格不再是一种证据,他/她们必须收集和保留现代司法可能处理和可以辨识的证据。没有证据的生活是危险的。

而且,现在的证据所要证明的也完全不再是在乡土社会中很重要的"人格"或"人品",而是要证明自己当初言行的"意图"以及这些意图对于社会活动和法律的意义。不要看轻这一点,这意味着传统社会控制系统和价值系统正被废弃,一个新的非道德化社会控制系统正在构建。在法律上,世界不再是一个由生活本身的进程修改和丰富其意义的

---

[35] 参看,马克思:《路易·波拿巴的雾月十八日》,《马克思恩格斯选集》卷1,人民出版社,1995年,页678。

第六章 纠缠于事实与法律之间

世界了,而必须是一个事先确定(尽管可以通过其他法律承认的程序予以修改)的世界。在这一世界中,人们的日常行动从前台撤退了,更多只作为一种背景,注释着那些符合制定法的概念和命题,注释着那些便于司法处理的关键词。这个世界将更像一部戏剧,法律变成了剧本或剧本梗概,每个人都将且应当按照一定的角色演出。生活不再是戏剧所模仿的——如同亚里士多德所言,而是相反,生活将模仿戏剧。随着生活中"自发性""随意性"的减少,法律话语不断繁殖和不断征服新的领地和新的肉身,这个世界将格式化或重新格式化。这个法律世界将成为一个主要由抽象的符号、概念或命题连接起来的网络,而不是像先前那样,是一个主要由社会行动联系起来的网络。

在这一过程中,一方面,许多人会逐渐获得更大的法律自由,他/她们可以更熟练地运用这种话语和逻辑的力量来推进自己的利益;但另一方面,他/她们也许会发现自己也正日益失去自由,因为,他/她们现在必须而且也只能这样行为,才能保证自己的利益或获得新的利益。甚至他/她们会发现自己已经不会以其他方式行为了,不会说其他的话语了,就像现在他/她们不大会注意自己日常言行之法律后果,不理解自己言行的法律意义一样。这一过程甚至会加速推进,出现韦伯所说的那种不断理性化的过程。特别是由于市场经济的发展,市场将不断把那些还有某种程度自给自足的乡土社会纳入自己的领地,这种理性化、规范化的范围和速度都将扩大和强化。

这仅仅是一种逻辑分析,而这种逻辑过程不会在刹那间完成,会经过许多次类似秋菊经历的经验和教训,其中不时还会有一些血和泪。如果某人不是打算每次走上司法舞台时都受到法律的嘲弄,狼狈下台,如果他/她还打算利用法律为自己争得某些利益,那么他/她就必须接受这种逻辑。他/她必须将自己格式化得符合司法的格式,并且必须注意保持版本的升级换代。在一个 Microsoft Office 2000 的时代,他/她不能还停留于 Word star。

面对这样一幅画图全景,人们将作出各自的评价。有人会看到它玫瑰色的美丽——法治的现代化,但一定还有人从玫瑰色中看到血的颜色(比方说,韦伯和福柯)。我不想对此作出任何评价。如果社会发展将如此，如果社会将呈现这种颜色，那么无论某个人如何看，都不会改变它。我在这里想说的只是，司法的这一次短兵相接，这一次对耕牛纠纷的法律界定并非没有超越纠纷解决之外的意义。法官的活动或通过法官表现出来的司法程序正在对中国社会进行着格式化。首先格式化着双方当事人以及法官，并经此间接格式化着其他人以及他/她们之间纷繁复杂的社会关系。

1999年12月7日修改于坎布里奇

第七章　穿行于制定法与习惯之间

> 任何时代的法律，只要运作，其实际内容就几乎完全取决于是否符合当时人们理解的便利；但其形式和布局，以及它能在多大程度上获得所欲求的结果，在很大程度上则取决于其传统。[1]
>
> ——霍姆斯

一、从司法透视习惯的意义

在一篇关于习惯的论文中，通过统计数据，我发现，在当代中国，无论是立法者还是法学家都普遍看轻习惯，因此，习惯在制定法中受到了贬抑；尽管由于社会现代化的要求，这种贬抑有一定的合理性。[2] 但由于近代社会以来普遍存在的词与物的分离[3]，在任何国家，习惯在制定法中的法定地位都必定不等于其在司法实践中的实际地位。在当代中国的司法实践中，习惯是否确实如同立法者和法学家期待的那样为制定法所替代，不起或者很少起作用？他/她们以制定法替代

1　Oliver Wendell Holmes, Jr., *The Common Law*, Little, Brown, and Company, 1948, p. 2.
2　参看，苏力：《当代中国法律中的习惯——一个制定法的透视》，《法学评论》，2001年第3期。
3　See Michel Foucault, *The Order of Things: An Archaeology of Human Sciences*, Random House, 1970.

习惯的理想在法律实践中是否确实得到了贯彻和实现？如果起作用，又是如何起作用的？哪些因素促成了这种作用或不作用？等等。这些问题，仅仅研读制定法条文，无法回答。必须转向仔细考察当代中国的司法实践。只有这样，才可能更切实也更完整地透视习惯在当代中国法律中的实际状况。此外，从这一角度考察习惯和制定法，对于普通中国人也更有意义。对于普通人来说，他/她们心目中的法律永远是具体的，他/她们不关心法学家有关习惯的言辞和论文，他/她们一般说来也不关心制定法的文字如何[4]，他/她们更关心司法和执法的结果，这才是他/她们看得见、摸得着，且对他/她们的生活有直接影响的法律。

本章通过我研究中国农村基层司法制度中碰到的个案来考察当代中国司法实践中的习惯。杨柳曾对本章重点分析的这个案件有过初步但颇有见地的分析讨论。[5] 但针对同一个案例，由于关注的问题不同，切入的角度不同，完全有可能获得不同但相互兼容和互补的研究结果。杨柳论文的主要关注点是法官在案件处理中运用的技术。我的关注是习惯对司法的影响。本章将显示，尽管当代中国制定法对习惯采取了某种贬抑，有时甚至明确予以拒绝的态度，但习惯还是顽强地在司法实践中体现出来，对司法的过程和结果都有重大影响，甚至实际上置换了或改写了制定法。本章还进一步探讨习惯可能通过什么渠道，以什么方式，影响司法。这后一点，对一般只关心案件之结果的普通人乃至法律人也许不重要，但我将在行文中显示，对于法学家和立法者以及关心中国法治的人来说，这具有非常特殊的意义。

这个个案是否有代表性，从中获得的结论是否有根有据（validity）？不轻信的研究者自然会提出这样的问题。日常生活中无奇不有，你几乎可以用以证明任何结论。正是预见到这样的疑问，我才在前面说这个案件是"碰到"的，而不说"搜集"或"发现"的。田野调查中，我们

---

[4] 这个问题很复杂，需要更细致的实证研究。一般说来，普通人总是关心实际的法律制约，更关心与他/她们息息相关的实际法律结果，但由于，从理论上讲，制定法的规定仍可能为人们的主张提供某种正当性根据，因此，制定法的规定仍可能影响司法；也因此，人们还是会关心制定法的规定，前提是法律信息渠道保持畅通。

[5] 参看，杨柳：《模糊的法律产品——对两起基层法院调解案件的考察》，《北大法律评论》卷2·辑1，法律出版社，1999年，页208—225。

第七章 穿行于制定法与习惯之间

没有任何"猎奇"的心态,不想特意搜集什么意想不到的趣闻轶事,更无心寻找某个或某特定类型的个案来印证我们的预判(事实是,我们事先没有结论甚至没有比较细致的预想),我们甚至没有试图对某种流行观点和命题质疑;我们只是想了解一下中国司法的实际情况。在这个意义上讲,我们没有什么具体的预定理论目标,我们也提不出什么宏大理论纲要,我们只是"来了,看了,想了"这样的现象和问题。至于用这一案例来分析习惯,则更在此后。坦白说,本章分析的类似案件在中国基层司法中可以说是司空见惯,每个人民法庭法官都可以,既非津津乐道也非如数家珍地,信手拈来一大堆这类他/她觉得平淡无奇的"事"(而不是"故事"),根本不需要什么"搜集"和"调查";关键在于你是否有一颗善感的心和一个勤思的脑,以及——对于奔忙在"依法治国"之国策间的当代中国法学家也许最重要的——你是否真正愿意到"底下"来,走一走,看一看?!

二、案情始末和"法律"处置

1940年代,费孝通先生在《乡土中国》中提到一件法律与民间习惯冲突的范例。大致是,某乡间男子同某有夫之妇通奸,被女人的丈夫抓住,打伤了;但和奸没有罪,殴伤有罪,受伤的奸夫居然到法院告状,要求获得法律的保护,继续维持同该妇女的婚外性关系。[6] 用这样一个例子,费孝通先生尖锐、具体且生动说明了当时法律与社会生活习俗的脱节;并指出,在社会变革时期,法律往往更多为这样的刁民用来谋求利益,破坏了社会生活秩序。用费孝通先生自己的话来说,即所谓"法治秩序的好处未得,而破坏礼治秩序的弊端却已先发生了"[7]。

费先生提到的这件事,如果抽象地看起来,确实提出了一系列复杂的法律争议:这种婚外性关系对其配偶是否构成一种伤害?国家制定法

---

6 参看,费孝通:《乡土中国》,生活·读书·新知三联书店,1985年,页53以下。
7 同前注6,页59。

该如何以及又能如何对待这种伤害？受害者可否请求司法对侵犯自己婚姻关系的人予以某种形式的制裁？这种制裁的限度何在？在古今的许多社会中，对于有婚外性关系的配偶（特别是女性），制裁之一是允许单方面提出离婚。在古代中国，妻子"淫乱"一直是允许丈夫单方离婚（"去"）的七种情况之一，并且不受"三不去"的限制。[8] 在西方许多国家，单方面提出离婚的必须是对方有过错，而通奸几乎总是首当其冲。[9] 在另一些有强烈天主教传统的国家，任何情况都不允许离婚，但天主教强烈谴责通奸，宗教对于这个社会（而不是其中某个具体人）来说实际上扮演了法律的角色。此外这些国家对通奸往往有刑事或民事制裁[10]，并且一般情况是，妻子通奸是比丈夫通奸更为严重的违法。[11]

但如何制裁"第三者"？各地一直没有统一的世俗法律。在近代以

---

8 参看，瞿同祖：《中国法律与中国社会》，中华书局，1981年，页124—128。

9 参看，Mary Ann. Glendon, *Abortion and Divorce in Western Law*, Harvard University Press, 1987; Richard A. Posner and Katharine B. Silbaugh, *A Guide to America's Sex Laws*, University of Chicago Press, 1996。一般说来，过错离婚的理由有通奸、遗弃和残暴；通奸是第一位的。

10 例如，尽管法国1975年废除了通奸罪，但《法国刑法典》（罗彩珍译，公安大学出版社，1995年）第222—227条规定："强奸之外的性侵犯罪（主要指通奸——引者注），处5年监禁并科50万法郎罚金。"《意大利刑法典》（黄风译，中国政法大学出版社，1998年）仍然保留了惩罚通奸的第559条和第560条，尽管这两条已被法院认定为违宪因此实际不执行了。1971年《西班牙刑法典》（潘灯译，中国政法大学出版社，2004年）专有"通奸罪"一章，规定极为详细，通奸男女均处短期徒刑六个月至六年。在美国，包括首都所在地华盛顿特区，大约有1/3的州法律至今仍然规定通奸为轻罪，尽管这些法律已无人适用，实际已成为"死去的文字"（转引自，Richard A. Posner, *An Affair of State: the Investigation, Impeachment, and Trial of President Clinton*, Harvard University Press, 1999, p. 35）。

11 例如，《意大利刑法典》和《西班牙刑法典》规定，对通奸的丈夫，只有当其公开蓄妾或在外乱来出了名时，才处以与对通奸的妻子相等的处罚。1810年《法国刑法典》规定：妻通奸者处三个月以上二年以下徒刑，夫于家里容宿姘妇处一百至二千法郎罚金。有关法国的情况，请看，Antony Copley, *Sexual Moralities in France, 1780-1980: New Ideas on the Family, Divorce, and Homosexuality—An Essay on Moral Change*, Routledge & Kegan Paul, 1989, p. 87.
但这种看似"歧视"是有生物学的道理的。妻子外遇有可能怀孕生子，这不但会令丈夫承担起抚养他人的孩子的责任，而且丈夫还有失去生育亲生子女的机会成本；而丈夫外遇一般不会给妻子带来这类成本。可参看，Richard A. Posner, *Sex and Reason*, Harvard University Press, 1992, pp. 183-186.

第七章 穿行于制定法与习惯之间

前,或者在现代民族国家出现之前,在世界各地,对"第三者"——特别是男性——的制裁,似乎除社区压力和舆论制裁外,更多的空间留给受伤害之配偶使用某种形式的"私刑",抓到了,打一顿,只要不打死,留个记性,也就只能算了。但由于性冲动是人类极强烈的一种生物本能,在极个别的情况下,报复闹出人命完全可能。[12] 在一个天高皇帝远,由于种种限制,国家法律无力干预的时空中,这种极端事件也许不为人所见,甚至没有文字的纪录,国家也只能"眼不见,心不烦"。但随着现代国家权力全面深入社会,基层社会生活也日益受到中央权力以及与之相伴的知识的规训。在各国有关通奸的刑事法律中,不仅明确惩罚特别是男性"第三者",有的同时还特别宽宥男性惩罚"第三者"的过激行为——这其实是正式法律借助私人来执法。[13]

中国自20世纪初期开始,在这个问题上,也开始了一个"现代化"的过程[14],今天距费先生撰述此文已有50多年了。50多年来,以各种方式,中国社会一直继续着自20世纪初期以来的巨大社会变革和转型。就费先生提及的婚姻家庭以及与之相关的两性关系而言,在中国农村,中国共产党和中国政府进一步推进包括离婚自由的婚姻自主,保护妇女权益,妇女的社会地位有了巨大改变,"妇女能顶半边天"已经成为一种常识。在中华人民共和国的刑法上,通奸早已不是犯罪,甚至不是制定法意义上的违法行为〔在这个意义上,在这一方面,中国的法律是非常自由派(liberal)的,也许从中可以看出支配当代中国制定法

---

12 理论上的分析,请看,Posner, *Sex and Reason*,同前注11;文学作品中,这种故事更为普遍,沈从文的小说《萧萧》中就有这样的描述。
13 例如,1910年《美国联邦刑法典》第516条规定,已婚妇女与未婚男子相奸者,男女双方均构成通奸罪;已婚男子与未婚女子相奸者,男子犯通奸罪。又如,1810年《法国刑法典》规定,夫在家中将通奸之妻和奸夫捉获的当时故意将其杀害,故意杀人罪应予宥恕。
 注意,这里有另一种同样有生物学和经济学道理的"歧视",即对男性第三者的严惩。表现为同是未婚者与有配偶者的婚外性行为,当未婚者是男性时,该未婚者会受刑事惩罚,但若未婚者是女性,她将不受正式法律惩罚(相反会被视为诱奸的受害人)。这里的道理是,从生物学上看,男性在性的问题上一般更为主动,而女性往往更被动(特别是年轻女性);从惩罚的经济学上看,遏制男性的主动更能有效减少这类婚外性行为。
14 一个重要的例子是清末修律时有关"无夫奸"的辩论。参看,张国华、饶鑫贤主编:《中国法律思想史纲》下卷,甘肃人民出版社,1987年。

的意识形态归属]。如果从当代主流知识话语看，从法律条文上看，中国农村的家庭婚姻和两性间的法律关系有了巨大的改变；虽然社会不赞同，但至少法律不打击成人间自愿的婚外性关系。情况是否如此呢？

在江汉平原某县级市法院里，我们看到这样一个案件，案情大致如下：某村一位妇女 Q 的丈夫 M 长年在城里打工；在同村另一男子 W 的引诱下，妇女 Q 同 W 发生了历时一年多的两性关系（Q 称是"先强奸后通奸"）；其丈夫回村得知此事后非常愤怒，称自己"没脸在这个村里活下去了"，他多次打骂 W，还威胁 W 及其家人特别是其儿子的生命安全。村委会首先出来调解，W 主动表示愿意支付 M 7000 元人民币作为"精神和名誉损害赔偿"，但要 M 保证，"私了"后不再威胁自己和两个儿子的安全。M 拒绝了这一出价，继续纠缠威胁 W。W 又求助于本村党支部书记；书记建议他向当地人民法院提出诉讼，要求被告 M 停止对 W 的人身威胁和财产侵害。

到此为止，这故事基本是费先生故事的现代版，除了这位"第三者"的人品，故事情节和人物都大致相似，尽管描述者使用的"词"已经不同——费先生用的还是"奸夫"和"和奸"，而我在本章只能追随政治正确称其为"第三者"和"婚外性关系"了（这种"词"的变化就反映了当代中国社会的道德和法律意识形态的微妙但重要的变化）。接下去情况就不同了。面对 W 的起诉，M 异常愤怒，在没有任何可以站得住脚的法律根据的情况下，M 提出反诉，认为原告的行为对自己造成了"精神和名誉损失"，要求法院据此判决原告赔偿自己人民币 10000 元（主流法律意识形态塑造了另一个"法盲"）。

面对这种非常微妙的案情，法院既没有轻易接受 W 的诉讼请求，也没有轻易拒绝 M 的诉讼请求。而是模棱两可地对此案进行了调解。在调解过程中，法院一方面通过劝说，令 W 接受了对他实行拘留的决定；而另一方面，以这种拘留作为交换条件之一，法院要求 M 让步。经法院对双方做工作，终于达成和解协议。协议规定：①W"赔偿"M 精神和名誉损害费 8000 元；②M 停止威胁、骚扰 W 及其家人，且此后，双方均不得挑起事端（对于 W 来说，这意味着不得再去"找"这位妇女）；③本案诉讼费 600 元，W 承担 400 元，M 承担 200

第七章　穿行于制定法与习惯之间

元。协议达成的当天,在"班房"里安全但自明其妙地待了 13 天的 W 被"释放"了。W 对自己的被关没有半点抱怨,相反一个劲儿感谢主持调解的法官。M 则很快带着自己妻子离开村庄,到城里打工去了。

如果从法律上看,这是个非常奇怪的案件。尽管此案结果在绝大多数中国人看来颇为圆满,皆大欢喜;但仔细琢磨起来,可以说,此案涉及的所有人,包括法官,似乎都放弃了制定法的根据,整个案件都似乎行进在一条"没有[法律]航标的河流"或海洋上。

首先,尽管 M 的愤怒人人都能理解[15],但他的愤怒和由此而来的一系列行动和要求都没有任何法律根据。在现行中国《刑法》中,通奸不是犯罪,也没有其他法律明文规制这一行为。[16] 相反,即使是事出有因,甚至令人同情,M 骚扰、威胁 W 及其家人反倒是可能受《治安管理条例》甚至《刑法》处罚的行为。[17] 但在这个案件中,双方当事人从来就没有这样想过;这从来就不是他们行为的预期。此案的法官顾忌到了这些法律问题,但也没有真正这样思考,或没有打算认真按照相关制定法的逻辑行事。严格依法办事,只是法官获取他们以及其他涉案者都能认可、接受的司法处理结果的一个"砍价"筹码。请看下面法官与当事人 M 的对话:

> 法官:(宣传法律),[W 与你妻子的关系]是不是强奸,由公安机关侦察解决,但是[你]向[W]要钱、赌狠,有什么道理?
>
> M:我的精神压力太大了,我实在受不了,我没脸活在世上。
>
> 法官:从法律角度……你跟他要钱没有任何法律依据,原告要求你停止侵害,你要立即停止对[W]的无理侵害。

在这里,法官虽然讲到了"法律角度",但其着重点显然完全不在

---

[15] 不仅仅是中国人。我曾就此事听取了美国一位 30 多岁的中年妇女的看法。据她称,即使在美国,这种愤怒和打人的事,也是会得到社会包括法律的理解和谅解的("the judge will let him go"),只要其行为不像本案主人翁 M 那样过分。

[16] 另一个重要的旁证是,正在考虑修改的《婚姻家庭法》(草案)仅仅因为考虑对"第三者"问题作出某种法律的制约,便在中国知识界或至少是与法律相关的知识界激起了许多反对。

[17] 例如,《治安管理条例》(1994)第 22 条第 2 款;《刑法》(1997)第 238 条。

法律，也并不意味法官打算对在 M 的案件上适用制定法；提出制定法仅仅是用作震慑 M、迫使他接受某结果的一个工具。在法院另一更资深的法官与 M 的一次谈话中，这一点表现得格外明显：

> 你的心情和一些过激行为我可以理解，……你的精神受到了打击，名誉受到了损失，……W 应给予一定的经济赔偿，……事已至此，应该想通一点，想远一点，要求不能太高，言行不能偏激，根据实际情况，要人家赔偿 10000 元，偏高。请仔细思考一下，你的爱人也有过错，……[W] 向本院提起诉讼后，你不该再找他扯皮，[如果你] 再有过激的言行，法律会依法惩处。

显然，法律在这里不是用作处理案件的依据，而是用来迫使 M 接受协议的一个因素。在为保护 W 而拘留 W 之后，法官又转过来对 M 称："人家 [W] 现在已经伏法，受到了法律制裁"；这里，法官已明确将 W 的行为界定为非法的行为。这种说法当然有安慰 M 的因素，但是，我们千万不要以为法官真的仅仅是在安慰 M；其中也反映了法官的心态。

面对挑起此事的 W 时，法官同样明显表现了这种"置法律（制定法）于不顾"的心态。请看法官对 W 的这段劝告：

> 你不要指责对方，……总根子、矛盾的起源还是在你身上，你的行为违法，严重影响了他人的家庭、夫妻感情，对社会造成了严重影响……你应该从违法的角度看 [你自己的] 情节，看后果，主要责任在你身上，你的违法情节 [更] 严重一些。

在这段很短的话语中，这位法官居然三次公然指责 W 行为违法。法条主义者会认为这位法官的这段言辞完全没有法律常识，这位法官的言行反倒是违法的；因为 W 的行为最多是违背了某种道德律而已（在另一些人看来，这根本不违反他/她们确信和践行的道德律，甚至是他/她们认定的共同价值）。但是我们这位可怜的乡村多情种子毫无现代法律意识和权利意识，居然全盘接受这样的指责；他不但接受了法院拘留自己这样一个显然违背制定法的决定，而且对此真心感谢——"法院拘留我也是为我好"。

第七章　穿行于制定法与习惯之间

三、习惯的弥散和广泛认同

从实证主义法律观看，此案的处理确实是无法无天（不带贬义）；但如果真的如此结论，而如果他/她还是一个当代中国人，那么他/她就一定有毛病，太不谙世事人情，太书生气了。一般的中国人都会觉得此案的结果总体上是合乎情理的（也许"赔偿"的钱有点多?）。但是，为什么？为什么这个结果会让人觉得不太离谱？

只要仔细考察一下，此案涉及的所有人都在不同程度上实际认可了这样一个非成文习惯法，即一位男子同一位已婚女子发生性关系，对该女子的丈夫就构成了某种"伤害"。尽管在制定法上这不构成可以提出诉讼请求的侵权伤害，但在民间看来，这种伤害不仅是一种道德上的不公（wrong），而且至少在这个社区中，这种不公（wrong）已使受伤配偶有权提出某种形式的只要是不太过分的主张，而发生性关系的男子则有义务以某种或几种方式偿还这种"侵权之债"。

我们可以依次看看以下各人的态度。

首先是这位妇女。我们翻阅了此案的全部卷宗，发现这位妇女 Q 描述的所谓"强奸"与 W 描述的"通奸"并无很大差别，差别仅在于谁先调情，以及男子 W 第一次"求欢"时，Q 有无拒绝（而非抗拒）的言辞。并且双方都不否认，自第一次之后，两人有比较长期的、非强迫的性交往。据双方的描述以及其他间接证据，人们可以认定，这是一个通奸行为。但这位妇女，尽管不否认所有这些事实和证据，却一再把自己与 W 的关系标签为"强奸"。这种对行为的标签之争，并不仅仅是妇女 Q 羞于谈论自己的性需求；更重要的，在我看来，是她试图以这种标签来减轻自己对丈夫的负疚之感。在她看来，只要这种性关系不是出于自己的要求或主动，而是被强迫的，这一行为对丈夫的伤害就会小一点。[18] 如果这一判断不错，这就隐含着妇女 Q 把自己同其他男子的婚外

18　在这一点上，我们可以批评这位妇女"缺乏主体意识"，"缺乏独立人格"。这（转下页）

性关系视为对丈夫的一种伤害,她不认为自己的性需求或性爱是完全独立的,相反,她认为婚姻已使自己对丈夫承担了而且必须承担某种义务。这种义务究竟应当是道德的还是法律的,我们可以长期争论;但我们不要从一种终极真理的地位作判断,也不要从我们的法律定义出发,而要尽可能理解她的视角。至少在她的心目中,这种义务有法律性质,因为即使是道德义务,在一定条件下,也完全有可能转化为一种法律义务。现实生活中,在许多问题上,法律义务与道德义务是重合的,尽管并不总是重合。

再回头看看本案的两个主要当事人,W和M,他俩的所有言行也都表现出对于上述道德责任和习惯的认同。尽管制定法在这一问题上并未赋予M任何法定权利,但M之所以满怀委屈,敢于言行过激,提出种种要求,就因为他感到一种道德上的不公,感到自己受到了伤害。在他看来,一个真正合乎情理的法律应当给予自己更多保护,而不是保护那位偷他妻子的"坏蛋",这是习惯赋予他的一种预期。我在这里讨论的不是他是否应当有这种感受(以及在上一段文字中,妇女Q是否应当对丈夫有负疚感),也不是他的这种感受是否符合现代社会的标准。我们考察的是一个事实争议,即他为什么这样行为,什么是他如此行为的基础。抓住这一点,就可以看出,他的行为同样以上述习惯为基础。也正是由于这一点,他甚至无法接受7000元的私了。钱不仅没法使他咽下这口气,反而可能令他今后在这个村里更没面子。他必须看到作为正义之代表的国家司法机关站到自己一边,必须看到偷情者受到他认为更像惩罚的惩罚,进"班房",伏国法,他才能感到自己找回了面子,出了气。[19]

再看第三者W。我没有看到这位乡村骑士。但我相信,他的怯懦不

(接上页)种批评可以成立;但,进一步看,这在某种程度上也对丈夫的性行为构成一种道德制约。性忠实,无论是作为意识形态还是作为一种社会实践,在这个意义上看,其实经常渗透了性忠实者对性伴侣自觉不自觉的权力运作。

[19] 在这一意义上,我不同意杨柳的论文(见前注5)以及其他调查者对此案的概括:通奸加敲诈勒索。考虑到农村社区的舆论压力,我认为,这位丈夫的愤怒是真实的。他的所作所为并不是为敲诈钱财(他最终得到的"赔偿"数额也少于他最初可能获得的数额),而是有意要让偷情者W丢脸;即便不能让W受制定法的制裁,也要让他受到习惯法的制裁。

第七章 穿行于制定法与习惯之间

是因为他体力不如 M。事实上，在这一事件发生时，他正 40 岁上下，是个"壮劳力"；他没有使用任何其他钱财，也没有其他特殊的社会地位，没有使用任何暴力或以暴力相威胁，就能够吸引妇女 Q，并且敢于"吃窝边草"（他和一般人完全应当预料到：事情一旦暴露，肯定会有许多是是非非），想来不会是一个猥猥琐琐的男子。在其他的情况下，如果受到这样的欺负，他完全可能会以死相争，就如同乡民旱季争水不惜牺牲生命一样。但他在此事暴露后处处怯懦回避。怯懦的根本在于他内心认同的道德律和习惯法，他实际上是承认自己做了亏心事，理亏了；这一乡土社会中的习惯已经在他身上内化了。正是出于这种心态，他才从一开始就主动表示，愿意支付 M 7000 元，了断这件在他自己看来也很不光彩的事；也正是出于这种心态，他对自己即便被拘留也无怨无悔，甚至说"法院拘留我也是为我好"。必须指出，所谓"为我好"，一方面，固然主要因为拘留事实上保护了他的人身安全。而另一方面，但并非不重要的是，他在同法院的交谈中表示，法院对自己的处理，包括拘留，对他自己是一次"法律教育"，并表示今后一定要严格守"法"。他说的这个"法"，并非国家的制定法，不过是乡土社会中人们分享的一种习惯性行为规则。

法官在情感上接受并真正认同的实际上也是这一习惯性规则。只有如此，我们才能理解，对于威胁他人人身安全的 M 的行为，法官为什么不仅实际上表示了太多的宽容（试想，如果不是有通奸这个前因作为 M 行为的背景，法院对 M 行为能有这么大的耐心和宽容吗?! 他一定会当即受到某种形式的处罚），而且也真切地反复表示能够理解 M 的行为和情感。更重要的是，法官确实对第三者 W 采取了某种虽界定不明但显然有处罚性质的法律措施，并将这一信息及时告知了 M，安慰 M 并平息 M 的愤怒。在对待第三者 W 时，尽管法官完全意识到 W 有权获得法律保护，但法官为他提供的只是无论在乡民还是法律人看来都明显有处罚意味的"拘留"（试想，如果是其他普通人的生命财产受到威胁，法院是否会并敢提供这样一种"保护"），并且多次公开指责称 W 行为违法，挑起事端。法官的这些举措和言行显然不是偶然的处置失误或用词不当。在一段话中，三次指责 W 违法，且不自觉，这充分显示

201

了法官内心深处的真正好恶。当然，你可以说这是一种失言，但这是从法律实证主义或律师的角度的判断；换一个角度，这根本不是什么失言，它真实反映了法官内心信仰的法律，或康德所说的那个道德律。

至此为止，我们发现，这场可能为实证法论者视为无法无天的案件处理，实际上有一个相当严格的习惯性规则作为支撑和指导。所有参与者在不同程度上都首先接受了这一基本规则，这场游戏才有可能玩下去，才使其中每个人都觉得这一游戏是正常的，结果是可以接受的。

如果我们再深入一点，将分析理解的矛头对准自身，扪心自问，如果是我们，尽管是受过现代高等教育——甚至是法律教育——的城市人，又会如何看待包括法官在内的他们的言行，以及此案结果？事实上，至少在当时，我和其他调查者在不同程度上都觉得结果基本合情合理。我还相信，绝大多数——如果不是所有的话——读者都会认为这些当事人的言行大致合情合理。而这意味着，我们至少原则上认同这一基本的习惯性规则（这不等于认同这一处理结果，这种分歧来自我们不同的社会生活经验），我们实际上也未能接受制定法的命令！

我不想因此就要把这种肯定是在特定社会环境中产生的规则认同予以神圣化，赋予这种习惯规则以某种"自然法"的门第（尽管我认为其中有长期稳定的人的生物性因素在起作用）[20]；但这一分析表明，这一规则在当代中国的根基之深厚远远超过我们的自以为是。只是当我们以一种外科医生的充满激情的冷酷来解剖当代中国的社会和法律时，才将自己同这一习惯性规则离间开来，才发现这个案件处理不合"法"。这恰恰说明了习惯的强大。而我之所以在本章开始时引用费先生50多年前讲述的一个故事，目的之一就是要显示，即使经历了50多年的时间以及当代中国社会的巨大变革，制定法的规则还是没有根本改变这种已深深扎入我们灵魂和躯体中的习惯。[21]

20　可参看，Posner, *Sex and Reason*, 同前注11。

21　必须强调，我仅仅是用这个例子来强调习惯之顽强，及其对司法处理案件的影响，而并非对这种具体习惯的正当化（尽管我个人在自觉和情感上都认同），甚至我会反对将这一习惯写入制定法，更愿意让这种习惯在民间活跃着，默默地发生作用和流变。简单化的反封建者或激进的女权主义者如果想以这些文字作为抨击目标，还得留点神：别闪着了！

第七章 穿行于制定法与习惯之间

也许有读者会说,你只是分析了这一个习惯;就算对,这一个习惯也不能说明很多问题。而我要指出,尽管我集中分析的是一个习惯,但细心的读者应当看出,此案当事人的其他行为和反应也都渗透了其他习惯的强烈影响。例如,感情受伤的男子 M 听到自己成了被告,而 W 反倒成了原告之后的异常愤怒。之所以如此,就因为,至少在当代中国农村甚至城里的某些人,习惯于认为原告应当在道德上更具正当性[22],想想俗话"恶人先告状"中隐含的谴责。又比如,妇女 Q 之所以一再强调自己同 W 的关系是"强奸",这也基于人们普遍认可的另一习惯,被迫发生性关系者没有过错,对其配偶的伤害也轻多了。再如,法院对 W 采取的措施,之所以在各方看来具有惩罚的性质,并不是因为这种处置本质上是惩罚[23],而是因为在乡土社会语境中,这一"拘留"被人们习惯地界定为一种"惩罚"。如果纯粹从身体和精神压力上看,W 在拘留期间要轻松多了,并不构成常识意义上的惩罚。但恰恰由于对于某种符号的习惯性认知,于是,这种拘留就成了惩罚。也正因为这种习惯的存在,才使法官可以在这一点上做点手脚,瞒天过海。仅在这一个案件中,我们已看到,习惯对于当代中国社会和司法实践的影响不仅久远,而且普遍,是处处渗透的。

四、 制定法与习惯的互动

上述分析例证了习惯性规则在当代中国社会中的普遍存在和强有力,并强烈影响了司法实践。这一点其实并不那么重要。我也不打算分

---

22 还有两个例子。1980 年代初期,我在北京某区法院实习,一位大学毕业的男子另有新欢,提出离婚,妻子眼泪汪汪最后同意了;但她的唯一一个正式要求就是要法院把自己改成原告——一位被要求解除婚姻关系的原告。这些看上去像是黑色幽默或王朔小说(其实这对写过《永失我爱》和《空中小姐》的王朔很不公平)的故事,只有深刻理解其中隐含的规则和规则背后的道理,才会让人无法笑出来。另一个例子见后注 28。

23 在西方社会,一到严寒,就有无家可归者违法,借此获得一个御寒之地。他明白这里面的好处。我当年当兵时,由于太劳累,很想休息,甚至觉得如果能"关禁闭"也不错;我当时总不明白,为什么"关禁闭"会是一种惩罚!

析这些具体的习惯性规则是否正当，是否合理，我觉得也不重要。就本章而言，至少对我来说，更重要的也许是，要分析，这些习惯是怎样进入司法，构成了杨柳说的"模糊的法律产品"。

诚然，乡民们依据他/她们熟悉并信仰的习惯性规则提出诉讼，这是习惯进入司法的首要条件。法官对民间风俗习惯的下意识认同和分享是另一个重要条件。但如果仅仅这样分析，可能导致一个在我看来可能是错误的结论，即诉讼或案件当事人和法官都被锁定在一个巨大的文化结构中，他/她们完全受制于这个文化结构或受制于习惯，缺乏创造性和主动性。这个结论还会进一步隐含：我们的一切日常活动都是白费；中国法治变迁的唯一可能只能是自上而下地灌输我们认为符合现代化的观念，把现代法律强加给他/她们。我反对这种结论，但反对并不仅，且主要不是，由于我对习惯的重视，而是出于这个结论可能遇到另一个无法解说的麻烦：为什么同样生活在这个社会文化结构中，我们以及其他有权力向中国社会底层灌输和强加现代观点和制度的人，就可以不受这种文化结构的影响？显然，我不能接受这种结论。必须发现更有说服力的解说。

对于这一点，我在其他论文中曾论证并指出，至少在当代中国，已经不存在一个单一的文化结构系统，社会中总是存在多元的法律规则体系，或者，即使单一的规则也可能为人们选择性地或竞争性地运用，即各利益相关者会选择适用某些规则或某种关于规则的解释来获取对自己最有利的法律结果。[24]

只要仔细回顾一下此案，就可以发现，即使是两位男主角，也都在不同程度上以自己的利益为导向不断交叉地选择适用习惯性规则和国家制定法。比方说，双方都依据了习惯性规则，但当"第三者"W发现自己无法满足M的要求，且自己或家人的安全受到威胁之际，他就断然选择了制定法来维护自己的最低利益，而不是一味地坚守习惯性规则，"私了"。受害人M，或是由于长期在城里打工，或是由于电视的

---

[24] 参看，苏力：《法律规避与法律多元》，《中外法学》，1993年第6期。

第七章 穿行于制定法与习惯之间

传播[25]，或是由于生活在经济文化信息交流都相对发达的江汉平原地区，则显然借用了1990年代以来才逐渐开始在中国城市地区流行起来的"精神和名誉损害"来支持和正当化自己本来是依据传统习惯表达的感受和主张。今天乡民们并不仅仅依据自己一直熟悉的习惯性规则提出自己的权利主张，他/她们和我们一样生活在这个迅速变动的现实世界，同样主动或被动地适应着这个世界，同样选择性地依据对自己最有利的规则，以最具合法性的话语，提出他/她本来就有的那种愿望和要求（我们今天称其为权利）。[26] 正是通过这种选择，习惯逐步进入了司法。传统和习惯在这里，完全不像许多法学家说的那样，是农民或公民权利意识成长的阻碍；相反，我看到的是，习惯是权利意识发展的通道之一，甚至是权利获得司法保护依赖的主要路径。

但必须小心，因为，即使农民或公民依据习惯提出了权利主张，这种主张也不一定能够进入司法并得到司法制度的承认。由于种种原因，当年秋菊要的"说法"就无法进入司法体系，尽管她多次诉求。[27] 因为，就司法而言，法官是唯一可以以种种手段拒绝或在一定限度内允许或承认习惯，以习惯修改、置换国家制定法的人。如果他/她们不愿意，或者他/她们无法发现方便且比较安全的进口，那么，任何一方当事人即使想依据习惯影响司法，满怀希望地提出诉讼请求和权利主张，最终还是可能被法官拒绝。因此，在此案中，我们有一个重要的问题：为什么这些法官会允许这种习惯进入司法？

---

25 这一点如今变得日益重要。在许多地方，特别是当乡民以各种形式反抗地方的各种税费之际，他/她们往往会利用电视传播的、更有大合法性的中央文件或法律的原则精神，以及城里人的习惯做法。现代社会便利的信息交流，已经在很大程度上改变了习惯变迁的知识来源和格局。

26 王利明认为像"人格权"这样的权利很难从"本土资源"中生发（参看，王利明：《中国民法典的体系》，20世纪法学回眸系列讲座，1999年12月17日）。这是未进行实证调查而匆忙得出的结论。可能村民M没有用人格权这样的大词，但当他称自己"在村里没法活"的时候，要求"精神和名誉损害"赔偿时，他要求的就是一种人或男人或丈夫的尊严。没有使用一个语词并不等于就没有这种情感和本能；相反，只有有这种情感和本能的要求，一个引进的法律概念才真正能在社会中扎根。

27 参看，苏力：《秋菊的困惑与山杠爷的悲剧》，《法治及其本土资源》，中国政法大学出版社，1996年；冯象：《秋菊的困惑与织女星文明》，《木腿正义》，中山大学出版社，1999年。

一种解说归结为法官的个人偏好，或如同时下流行话语批评的那样，基层法官素质不高，缺乏现代法律观和严格执法的态度。不错，绝大多数基层法院法官都土生土长，长期生活在基层，不了解"外面的世界很精彩"，没经过系统的法学院训练；但这不意味着法官不了解违法的后果。制定法明摆在那里，多年的公职生涯和/或司法实践也使他/她们知道自己与普通人有所不同，作为法官，他/她们必须履行法官的公职，不能完全无视 W 的有关人身保护的请求，也不能让 M 为所欲为。否则的话，他/她们就是渎职，会受到各种处分。还要看到，即使法官们分享了此案当事人主张的习惯性规则，他/她们也与当事人境遇完全不同。就此案本身而言，法官于其中没有很多切身利益，他/她们犯不着冒"违法"的风险。他/她们无需认同或至少无需在此刻认同乡间的习惯性规则。仅此而言，如果从个人利益出发，他/她们似乎应当而且也完全可以名正言顺地依据现存制定法的简单规定来处理此案。严格执法实际上是最简单、最没有个人风险的做法。

另一种可能的解说是把法官的做法浪漫化或把传统浪漫化，认为这种处理体现了法官对乡民的同情心或文化认同。这也是错误的。我不否认，每个法官都有文化认同，也都有某种同情心。但是，不仅——如许多思想家指出的——这种利他主义的作用范围和程度有限[28]，因此，这种说法夸大了法官的道德感。而且，它与前一种说法一样，低估了基层法官对于现代文化的认同，低估了基层法官对制定法的熟悉和了解，低估了基层法院法官的精明。法官们不会仅仅因为对土地或乡民的感情，或是对儒家学说的认同（他们有那么多传统文化吗？），就默许或认同习惯干预、修改甚或是置换国家制定法，拿自己的饭碗开玩笑。他/她们是感到 W 的行为可厌，是感到 M 值得些许同情，但这足以促使他/她们接受乡民主张的习惯性规则吗？究竟是什么

---

[28] 关于有限利他主义，最早指出这一点的可能是孔子，即所谓的"爱有差等"的观点，孟子后来充分发挥了这一点，强调推恩。在西方，《圣经》强调要首先爱你的邻人。亚当·斯密和休谟也分别论证了这一点。请看，亚当·斯密：《道德情操论》，蒋自强等译，商务印书馆，1997年；休谟：《人性论》下卷，关文运译，商务印书馆，1980年，第3卷，第2、3章。

第七章 穿行于制定法与习惯之间

促动和推动他/她们这样做,充分调动他/她们的实践智慧,努力穿行于制定法与习惯之间,力求案件处理的圆满,力求获得各方面的认可、宽容和默许,甚至不惜冒着违反制定法并受过的危险?

在此案中,法官其实始终意识到制定法的存在和要求,他/她们远比此案当事人更清楚这套游戏的规则,以及不遵守这套规则对法官自己可能的利害关系。在决定"拘留"第三者 W 前,一位资深法官专门找 W 谈话;在释放 W 之前,双方又有了一次耗时颇多、东扯西拉且看似言不及义的谈话。这两次谈话的中心但有意不明说的意思是,我们"拘留"你不符合制定法规定,但在这种情况下,我们只能这样做;你必须理解,不要去告我们违法乱纪,非法拘禁。但这位资深法官不能明着说,他绕了不少弯子,点到为止,以期达成一种默契;而且,这种话还不能说得太心虚,让本来不想"告"的 W 受到启发或感到有机可乘。下面这段话就是一个典型的例子:

> 当初对你采取措施是因为你态度不那么好,不那样办不能保证你回家后,你以及你的家人的生命财产安全,[我们] 确实处处为你着想,通过依法处理使你受到保护。

不说"拘留",而是"采取措施",而且是"依法处理",而且是因为"你态度不好",而且目的是保护你。这段看似通俗的话,充满了修辞,浓缩了法官的诸多策略,对措施的重新定义,对因果关系的重构,胡萝卜加大棒,又哄又骗,既有义正词严的谴责,也有无微不至的关心。但如果将这种做法仅仅视为法官居高临下的一种修辞、策略或治理术,不思考其发生的具体条件,同样不恰当。

对一位现代西方社会的法官来说,或对一位在理想状态下运用司法权的法官来说,除了制定法明显有失公平,法官确实没有必要屈服于习惯;他/她也不需要这些策略,不需要这种既"违法乱纪"又冠冕堂皇的手法或措辞。但问题在于,可供西方社会法官运用的资源很多,在经过社会的长期稳定发展后,他/她们国家的制定法与社会习惯相对说来已经磨合得比较好了,不像转型时期的中国,法律与习惯严重脱节;但更重要的是,一般说来,西方社会中的法官不大会因,比方说,对 M 严格执法采取强硬措施，引发民众和舆论的哗然和围攻；即使发生了这样的骚动，他/她们也不会因此"丢官"；他/她们也没有中国正全面推行的那种"错案追究制"或正紧锣密鼓计划中的"人大个案监督"；他/她们有足够的权威要求警察并且也有足够的警力资源供他/她们调动，来保护哪怕是像 W 这样一个有道德污点或缺陷的人。

对于中国基层法院法官，这些条件都不具备或很不充分。如果中国法官真的严格依据有关法律对 M 采取某种强制措施，同时为 W 提供某种保护（且不说，法官有无能力调动警力，以及基层是否有这么多的警力供法官调动，来保护这样一个在该社区有可能被认为是"坏人"的原告。要知道，常常好人都保护不过来！[29]），完全有可能在当地引起哗然，甚至引发民众围攻法院，随后该市市委、市政府乃至市人大都可能以人民的名义指责法院和法官。承办法官个人可能会丢官停职（或在人民代表大会上被免职），还可能会遭遇各地媒体的诸如"通奸者享受警卫，受害者反遭监禁"或"咄咄怪事"之类的甚至更为激烈的抨击。[30] 甚至，我们无法排除法官个人或其家庭成员会遭遇人身危险。他/她们甚至不能以法律没有规定为由拒绝接受这种案件（这同样有可能舆论哗然，甚或闹出人命官司）。正是在这种种挤压之下，当面对这样的案件时，法官们不得不铤而走险，穿梭在制定法与习惯之间，尽量获得一个双方都能接受的妥协的处理结果。

这里的分析不仅表明了，法官选择性允许习惯性规则进入司法，修改或置换制定法，既主要不是因他/她们缺乏对正式法律的了解，也主要不是出于某种文化的认同，或某种文化结构使然（文化认同仅仅在决定，当有多种规则存在且利害相同时，以哪种规则来修改、置换制定法上起作用），而主要是种种涉及他/她们自身利益（其中包括对职务责任的考虑）的制约条件促成的。在这一点上，他/她们与乡民并无根本

---

29 参看，本书第五章"纠纷解决与规则的治理"：被儿子打的老母亲也无法获得警方的保护。
30 这并非我的猜测，事实上，大约三年前，四川省夹江县法院仅仅因为接受了制假者对打假者的行政诉讼，一个并不比本案更具道德敏感的案件，就引发了中央电视台《焦点访谈》记者的惊呼："制假者反告了打假者。"

不同。至少在某些案件中，只有运用这样的知识，只有这样运用知识，法官才能使自己在当代中国基层社会和制度环境中生活下去，生活得好一点，安全一点。这些法官的确是在运用策略，但不是治国的策略，不是治理术，而更多是个体生存的策略。

这个分析更重要的是表明，即使从法官这一方面透视，习惯性规则在中国得以进入司法、影响司法仍然并主要与当代中国的经济、政治和社会等一系列制度约束相联系，而与什么文化因素关系不大。也正由于这一点，我们才应进一步审视和理解中国基层法院法官在中国当代法治形成中扮演的重要角色和在某种意义上看来尴尬的地位。

五、余论

我前面声称习惯具有顽强生命力，会在司法过程中顽强表现自己，这不等于断言习惯不受制定法的影响。如同我先前一系列文章一再指出的，现代社会的习惯或民间法已不可能保持其在近代民族国家形成前的那种所谓"原生状态"了，它必定是在同国家制定法的互动中，不断重新塑造自己。[31] 我们在此案中也看到类似的情况。当制定法为习惯置换或扭曲之际，如果换一个角度看，也就是，习惯本身受制定法的挤压并改变。在此案中，"第三者" W 毕竟还是得到了一种尽管很不像样的国家权力的保护，而愤怒的 M 还是在法官的劝说和威胁利诱下放人一马。法官也不能把法律完全不当回事，他们还是指出 M 的行为"过火了"，还是要运用法律权威来震慑 M 的愤怒，他们还是不能让 W "自作自受"。如果谁一定从理想状态的严格执法的角度来判断，我只能承认，法官们是屈服于习惯了。但如果从实用主义角度来看，从人的创造性的角度来看，我们更应看到法官也正以他们的妥协重新塑造和改造了习惯（尽管他们自己未必意识到了这一点）。所有的当事人在这

---

[31] 请看，《法律多元与法律规避》以及《再论法律规避》，均集于《法治及其本土资源》，同前注 27；以及苏力：《当代中国法律中的习惯——一个制定法的透视》，《法学评论》，2001 年第 3 期。

一次事件中都获得了某种未必不利于国家制定法的经验。

我们还不能简单认为，在同制定法的这一次短兵相接后，习惯的空间就压缩了，国家制定法的空间就扩大了；并由此推导出，习惯将逐渐消失，国家制定法最终将也应取代习惯的结论。尽管一些法学人很容易这样结论，我却认为不会如此。如果谁坚持这种看法，那只是坚持用一种本质主义和实在论观点看待习惯，用一种固定不变的观点看待习惯，用一种必须在习惯与制定法之间作出善恶选择、非此即彼的观点看待习惯。法学上的"习惯"只是一个被实体化的词，现实中的任何习惯却从来都是在各种约束条件下形成的，有些还不可能完全摆脱这种或那种形式的暴力和强权。在现代社会中，国家权力无论以法律形式还是以其他形式挤压习惯，或是否更强地挤压了习惯，或是给习惯留下了更广阔的空间，都不过是制约习惯生成发展及其表现形态的诸多因素自身的格局调整。即使假定，此前，在习惯的生成过程中，国家力量完全不在场（但其他力量会更多在场，例如家族宗法势力），那么，如今最多也只能说是增加了一个制约因素，一个也许更强的因素。习惯将继续存在，继续随着人们的自我利益追求不断重新塑造和改变。只要人类生生不息，只要各种其他社会条件还会（并且肯定会）变化，就会不断产生新的习惯，将不断且永远作为国家（只要国家还存在）制定法以及其他政令运作的一个永远无法挣脱的背景性制约，影响制定法的实践效果。

事实上，即使在西方各发达国家，至今司法一直都将习惯作为法律的渊源之一；在许多时候都明文规定，法律（制定法）无规定从习惯，在许多商法上甚至明确规定，没有习惯时，方适用法律（制定法）[32]；不仅允许习惯在司法中扮演更重要的角色，还赋予法官更多裁量性适用习惯的权力。这绝不是偶然的。这并不仅仅是因为制定法无法规定生活的一切，文字无法描述一切，更多是因为，无论人们承认与

---

[32] 例如，《瑞士民法典》第1条规定："本法未规定者，审判官依习惯法；无习惯法者，自居于立法者地位时，所应制定之法规裁判之。"《日本法例》第2条规定："不违反公共秩序及善良风俗的习惯，限于依法令规定被认许者或者有关法令中无规定的事项者，与法律有同一效力。"《日本商法典》第1条规定："关于商事，本法无规定者，适用商（转下页）

第七章　穿行于制定法与习惯之间

否,习惯都将存在,都在生成,都在发展,都在对法律产生某种影响。习惯永远是法学家或立法者在分析理解制定法之运作和效果时不能忘记的一个基本的背景。

这也是为什么我在先前有关习惯的文章中反对将习惯制定法化的最重要的理由。任何习惯一旦纳入制定法,付诸文字,就或多或少地失去了其作为习惯的活力。这也不是说,制定法一定没有活力,制定法常常通过法官的解释获得活力,如同美国宪法那样。但是必须清楚看到,制定法的活力往往更多为掌握各种权力包括话语权力的人(包括法学家)控制,而习惯的活力更多通过普通人在追求各种利益的行动中展现出来。此外,即使是制定法含义的解释也总是受习惯的影响。在18世纪《美国宪法》制定时,"人生来平等"这一断言中的"人",依据当时的习惯,不包括黑人;而今天美国法官解释《美国宪法》时,已不可能将黑人排除在外了。这不是因为法律变了,首先因为社会条件的变化引发了整个社会对"人"这个概念的习惯性理解发生了改变,迫使立法者和法官不得不对"人"作出新的、符合当代习惯的解释。正是在这个意义上,我们才应当,也才可能理解"习惯是法律之母"这句名言隐含的深刻寓意,而不是如同某些学者那样,将之视为一个保守主义者的信条。

1999年11月6日凌晨初稿
1999年11月18日二稿于坎布里奇

(接上页)习惯法,无商习惯法者,适用民法。此外,在对合同的内容进行解释或者合同漏洞需要补充的时候,应当先适用习惯,在没有可以适用的习惯时,才适用法律中的任意性法律规范(注意,这种排序本身也是一个习惯,但具有某种规范性)。"参看,史尚宽:《民法总论》,1980年自版,页423,"解释意思表示的方法,以考虑当事人所希望达到的目的为第一次序,习惯为第二次序,任意性法律规范为第三次序"。而在英美法系,至少在刑事诉讼法律程序上,"制约执法程序的一些非正式的、法律之外的习惯具有[与联邦宪法和权利法案]同样的重要性"。参看,Richard A. Posner, *An Affair of State*, 同前注10, p. 59。

第八章 基层法官司法知识的开示

> 各庄的地道都有许多高招……
> ——电影《地道战》对白

一、司法知识与法官的关系

由于中国基层法院法官所处的特定制度空间（初审法院）和时空位置（中国基层社会），他/她们需要的知识和技能不仅与理想型法官不同，而且与二审法官也不同。因此，要提高中国基层法官的专业素质，必须针对他/她们的需要进行司法知识和技能训练。

这个结论作为一个实践判断不错。但从分析上看，这个结论有可能导致一个错误判断，即法官的知识和技能是或仅仅是知识灌输的结果，从而完全忽视了法官的能动性和创造性。在这一单向度的认知框架以及由此而来的研究框架中，法官被视为是接受某种被称为"司法知识"的消极客体，而不是司法知识生产的主体（这实际正当化了法学家支配法官的知识/权力关系）。我们应当问一问，法学家传授的司法知识来自何处？是的，法官已经不是"神谕的宣示者"（布莱克斯东语）了；那么，法学家就是吗？他/她们又是如何获得这个"神谕"的呢？这一看似天经地义的知识/权力关系无法回答司法知识源自何处。即使当代中国持此种观点的人原则上否认司法知识的先验性，却还是很容易把目前流行的在某些特定司法制度或制度层级（例如外国或二

第八章 基层法官司法知识的开示

审）的法官生产、累积的知识普适化[1]，将实际高度地方性的"司法知识"永恒化。另外，更有害的是，从目前这种被广泛接受的知识/权力关系出发，完全有可能将中国法官在司法实践中生产并逐步累积起来的、对司法有参考指导意义的某些经验和技能排除在现有司法知识体制之外。这将加剧"司法知识"同司法实践的分离，无论对法学研究还是对司法实践都不利。这一点在当代中国有关提高法官专业素质的努力中已经明显表现出来了：一方面，法学家正当且必要地强调了法官的专业培训和职业教育的意义，但另一方面，中国现有的法律教育和知识体制又非常不重视法官作为知识生产者的作用和角色。

事实上，自法学产生以来，特别是近代的以司法为中心的法学发展起来后，许多法学家都以不同形式强调了法学知识的特殊性，已经形成一种共识，即法学主要是一种实践理性[2]；它无法完全通过讲授方式传达，必须依靠大量实践才能逐渐掌握。[3] 哈耶克有关知识弥散性的雄辩论证，尽管其根本指向是批评计划经济，也表明知识的生产不可能而且不应当由学者垄断；他提出的"自发秩序"有点浪漫色彩，却也表明人们完全可能在特定社会生活环境中累积起对自己有用的知识，逐渐形成制度。[4] 这些观点对我们研究和理解中国基层法院应当有所启示。

基于对中国基层法院法官的访谈、调查和研究，本章试图初步总结一下他/她们在审判中实际形成且根本离不开的、一些他/她们自己也未必重视甚至自觉的知识和技能。但是，首先要声明，这样的工作从一开始就注定不完整，有重大风险，甚至是吃力不讨好。最根本原因在

---

[1] 参看，本书第四章"初审法院与上诉法院"对现在流行的司法知识谱系的简单分析。

[2] 这一传统在英美国家至少可以追溯到15世纪柯克大法官的"人为理性"的说法；另一名言就是19世纪美国法学家霍姆斯的"法律的生命从来是经验，而不是逻辑"。当代法学家的这类论述则更为普遍，参看，Richard A. Posner, *The Problems of Jurisprudence*, Harvard University Press, 1990, ch. 2. 如果更早，这一思想可以追溯到柏拉图——在他的由哲学王治理的国度中，法学家是没有位置的。

[3] 由此，我们可以理解，为什么以司法实务为主导的英美法学教育更多是一种职业性教育，而更具人文教育性质的欧陆法学教育培养出来的学生只有很少人真正进入司法，进入之前往往还要经过各种更强调专业技能的司法培训。

[4] See, Friedrich A. Hayek, *Law, Legislation, and Liberty*, vol. 1, University of Chicago Press, 1973.

于，作为实践理性的司法知识和技术从根本上就拒绝系统的、条理化的描述。这种知识是法官同具体生活情境遭遇时"自发"产生的，实践者一般不大会反思自己日常生活的技术和知识，因为他/她们的关注不在于"知识"，而在于生活本身。而且，中国法学界目前还没有为讨论这些知识和技能提供有效的概念和命题，特别是在当代中国，甚至没有多少正当性。这使得基层法官的知识和技能往往处于未被现有的知识话语征服收编的原生状态。

本章必须逾越这两道屏障，同时要保持法律话语的身份，以争取合法性。为此，我仍然主要借助现有的比较抽象的法律话语和概念，迂回地进入我所要讨论的话题。我将不断参照先前各章分析的个案，希望这种类似网上链接的行文方式能保证本章主题不被湮灭于冗长的个案描述，同时还能唤醒读者对这些个案细节的学术敏感。这会给不熟悉这些个案的读者带来麻烦；但既然世界上没有两全的事，我只能运用实践理性作出某种选择了。

下一节首先讨论中国法官知识发生的基本制度条件和社会条件。随后两节将分析一些我认为对于基层司法非常核心的技术，并将这些知识和技能分为解决纠纷和遵守规则两个部分。但读者请注意，我在此并没打算一一列举并描述中国基层法院法官的知识和技术。本章的目的仅仅是进入，而不是全面展示或勾勒，这个领域。

二、法官知识生产的主要制约和资源

知识是人类在现实生活中为应对各种现实问题而生产出来的。时空位置的不同，人们面临的常规性问题也就会有所不同。在任何具体时空中，人们都会逐步形成一些常规性回应这些问题的知识、制度和技术，或统而言之，即所谓的文化。[5] 法官也是如此。在回答其所在社会

---

[5] 甚至一些极端情境也会产生某种知识。"楚王好细腰，宫娥多饿死"就是一个例子。宫娥采取了节食手段来获取楚王的青睐，这种节食的策略和具体技能，尽管对一般（转下页）

第八章 基层法官司法知识的开示

的常规问题时，法官作为常人与周围其他人并没有什么太大的文化区别。但由于他/她们是法官，职业不同，即每天要解决的问题与社会上其他职业的问题不同，他/她们会逐渐形成这个职业需求的各种可以或不可以言传身教的知识和技能，据此构成了他/她与其他人的一些职业性区别。在这个意义上，使法官有别于其他人的，并不是他/她们的工作本身，而是他/她们在具体工作中发生、累积并身体化的知识以及他/她们所依赖的制度（尽管职业分工会便利他/她们获得这种职业知识和依赖这一制度）。[6]

这对我们理解中国基层法官的知识生产很有些指导意义。首先，既然任何知识和技能都是人在一定的制约条件下发生的，那么，我们首先必须发现中国基层法官面临的常规性问题和基本制约是什么。在我看来，对中国基层法官职业生涯构成重大制约的主要有二。一是基层社会，特别是广大农村社会纷繁复杂的、尚未格式化因此难以以规则化方式处理的大量纠纷。[7] 面对这样一个世界，法官或法院必须务实地解决问题，否则他/她或它就丧失了纠纷解决者或机构存在的理由。日常生活中，人们总会自觉不自觉地寻找那些能办事、能解决问题的人或机构来解决自己的问题。如果法官或法院不顶事，即使法律赋予了他/她"法官"或赋予了它法院身份，人们也会主动放弃甚至有意规避[8]，寻求以其他方式——例如找行政官员或上级机关（上访）或"私了"——解决问题。我们大致可以说，没有哪个法官或机构愿意这样被社会淘汰。

（接上页）人也许（"也许"是因为今天在发达国家包括中国的一些发达地区，不少妇女实际上下意识地沿用或挪用了这种知识和技能，为了一些她们心目中特定和不特定的"楚王"）不具普遍意义，但对于当时的宫娥来说，这就是一种应对特定生存环境的知识和技能。在这个意义上，没有任何制度可能完全窒息人的创造力。当然，这种创造力起初可能只是一种机会主义行为，但只要这种制约是长期稳定的，那么这种机会主义的随机应变就可能并必须累积下来，成为一种无形的、下意识的只能口耳相传的知识或技能。

6 当然，应当指出的是，在许多现代社会，这种职业分工并不只是从就业开始。取决于不同的行业，其分工训练往往是从大学或专科学校甚至更早就开始了；美国的法学院、商学院、医学院等以职业为导向的研究生教育在这一点上表现得最为明显。

7 参看，本书第六章"纠缠于事实与法律之间"。

8 参看，苏力：《法律规避与法律多元》，《中外法学》，1993 年第 6 期。

但对基层法官还有另一个巨大制约，这就是现代化发展以及现代民族国家的意识形态要求的规则治理。必须强调现代法官与传统社会的纠纷解决者之间有一个很大不同（不是唯一的，甚至未必是最重要的）。现代法官之所以有权解决纠纷首先并主要源自他/她在现代国家政治制度中的位置以及附着于这一职位的政治授权。在这个意义上，现代法官主要不是内在于其所在社区的治理机构的一部分，而是现代国家法理型统治机构的一个组成部分；他/她的权力和合法性主要源自国家垄断了暴力使用，并以暴力作为最后支撑保证现代法官行使其解决纠纷的职能。如果他/她不按照或无法按照法理型统治国家机器的要求运作，他/她的这种权力和身份以及相关的收益和福利就可能被剥夺〔在中国可能是撤职、停职；在美国则可能在某种压力下辞职、遭弹劾或经公民投票撤职（recall）〕。然而，法官的职责还不是通常意义上的解决纠纷，国家并没有赋予法官以一切他/她个人认为便利和必要的手段来解决纠纷的权力，而是要求他/她作为现代化治理机器中的一员以为立法认定合法的规则化方式，来解决纠纷。如果违反了这些现代化治理的根本原则，他/她作为法官的权力就会被剥夺。

这两个基本制约原则上应当统一，有时也能够相互支持，但是在实践中，两者却不总是统一的。简单说来，这是特殊情况与一般规则之间的矛盾。即使在发达国家，为解决问题，法官有时也不得不改变某些规则；而在另一些时候，为了维持规则，法官就不得不牺牲当事人的某些利益，即所谓牺牲实质正义支持程序正义。[9] 初审法官会更强烈感受到这种矛盾和冲突，因为他/她直接面对现实。在中国基层社会，由于法治的格式化工作缺乏，法律与现实之间的矛盾甚至更为突出。[10] 因此，这两方面要求之间的张力创造了中国基层法院法官知识生产和再生产的特定空间，成为其知识和技术发生的基质（matrix）。在这两个主

---

[9] 如果一定要提出一些著名的美国判例，那么前者的代表是"布朗诉教育委员会案"，此案推翻了长达近60年的"种族隔离但平等"的先例，目的在于解决种族隔离和歧视问题；后者的代表是"马伯利诉麦迪逊案"，此案坚持宪法的规定，认定美国联邦最高法院对马伯利案没有一审管辖权，尽管马伯利的权利受到了不法侵害。

[10] 最严重时，规则的制约实际会使法院完全无法依据其现有力量解决纠纷。在我们的调查中，就发现有这样的情况。拖欠债款，法院很容易作出判决，但欠债人会以各（转下页）

第八章 基层法官司法知识的开示

要制约下,法官努力追求的是他/她们自己的各种物质和非物质性收益,在利益追求的过程中,他/她们不经意地创造、累积了对于他/她们的生存充满意义的知识和技术。[11]

对这些知识,有两点说明。第一,千万不要仅仅因为这些知识是由长期生活在基层的普通法官在解决乡土社会的纠纷过程中生产的,就断定这些知识就必定是乡土的或传统的。即使是基层法官,其也是现代国家制度的构成部分,其俸禄仕途在更大程度上都依赖现代国家。正如我在上一章分析过的,即使法官情感上认同乡土社会中的某些规范,他/她们一般也不会为了他人的利益冒受法纪制裁的风险。[12] 这些知识更多是法官为了自己的有效生存逐渐形成、累积起来的。这些知识已经打上了现代性的印记。它们也许不总是符合时下法律教科书的教训,但对于他/她们非常有用且必要。

第二,如此定位基层法官并不会摧毁基层司法的合法性。正如亚当·斯密著名的"看不见的手"的论证隐含的那样,每个人对个人利益的追求(并不必然排除对理想和正义的追求),完全有可能导致社会公共福利的提高。首先,法官追求自我利益的最大化并不必然与司法正义相违(在一个能够有效发现并制裁法官贪污受贿的制度内,追求自我利益最大化的法官就不会把贪污受贿作为最大化的利益来考虑;在一个可以辨认并奖励无偏私司法的制度内,追求自我利益最大化的法官更可能将无偏私的司法作为最大的利益来追求),这就如同律师为了自己的货币利益,却完全可以同司法正义兼容一样。其次,基层法官的这种利益追求也并不影响他们创造的知识之价值。市场经济的知识其实就是商人在追求自我利益的过程中累积起来的,但这并不妨碍今天将之纳入 MBA 课程

(接上页)种方式拒绝履行法院判决。由于法律规定不允许运用比较激烈的强制措施,法院判决书就会成为一纸空文;由此,社会中就会产生一些很危险的使用极端暴力来实现法院判决的社会组织。具体情况大致是,原告胜诉后,不申请法院执行,而是将判决书复印件交给可以说是某些有黑社会性质组织的头头,后者以威胁生命安全的方式,迫使欠债人缴纳欠款。

[11] See, Richard A. Posner, "What Do Judges Miximize?" in *Overcoming Law*, Harvard University Press, 1995.

[12] 参看,本书第六章和第七章"纠缠于事实与法律之间"和"穿行于制定法与习惯之间"。

向学生传授。正如福柯指出的，知识的发生从来不是纯粹的。[13] 最后，对法官如此定位其实更符合现代法治的精神，一改长期以来中国司法塑造和追求的那种过分强调个人道德的理想型法官。这种法官有，但数量很少，无法批量地发现或复制。因此，基于这一假定分析理解中国的基层法院法官，理论上只会导致更重视制度性法律（法治），而不是个人的品行和智慧（人治）。

三、 在事实争议上……

与二审法院法官不同，基层法院法官，特别是人民法庭的法官每天都直接面对大量具体案件[14]，从夫妻离婚到山林土地纠纷，从赡养老人到轻微伤害。这些问题常常非常琐碎，诉讼额一般很小，但对于当事人则可能意义重大，不仅直接涉及物质利益，而且还——甚至更重大——涉及其他非物质利益（例如，妻子婚外性关系会给丈夫带来一种"没法在村子里活下去"的感觉[15]）。而且，如同我在前面指出的，这些纠纷绝大多数发生在熟人之间，无法或很难获得真实可信的证据，没有律师整理诉讼争议并予以格式化，也缺少可靠的公文化材料，当事人很不熟悉现代法律的要求（例如不懂得证据和程序正义）等。[16]

在这种环境中，法官首要任务是，能够有效并迅速地处理这些案件，重视纠纷解决是基层法官最主要的关注。尽管他/她们有时会受各种实质性和程序性规则的困扰和制约，例如民事案件的"定性"[17]，但在他/她们看来，任何时候，解决纠纷都是第一位的，必须把事办了。

---

[13] 参看，米歇尔·福柯：《尼采·谱系学·历史学》，苏力译，贺照田主编：《学术思想评论》辑4，辽宁大学出版社，1998年。

[14] 一个资料称，仅目前的人民法庭"审结的案件就占了全国法院的70%以上和基层法院的80%以上"。参看，本刊评论员：《法庭管理是个大课题》，《人民司法》，1994年第12期，页7。

[15] 参看，本书第七章"穿行于制定法与习惯之间"。

[16] 参看，本书第六章"纠缠于事实与法律之间"。

[17] 参看，本书第六章"纠缠于事实与法律之间"。

第八章　基层法官司法知识的开示

基层法官一个最常用口头禅就是"为老百姓排忧解难";法官一般也都朝着这个方向努力。这并不一定因为,甚或主要不是因为,法官对于社区有很深的感情,关心人民疾苦,时刻牢记"为人民服务"的宗旨,而是因为,解决纠纷是他/她们的法定工作,干也得干,不干也得干。如果不能有效履行这一职责,他/她就可能因为工作不合格被撤职或者在工资、职称和职务问题上落后于其他同辈法官,他/她还可能受批评,很少受表扬,无论批评和表扬是来自当事人还是领导,他/她的奖金会比他人少,甚至在法院里"说话没分量",没人尊重他/她。

因此,无论怎样,基层法官一般都希望自己的案子解决得比较圆满,即双方当事人对判决或调解结果比较满意或至少能够接受,不会就其判决提出上诉。一旦有人上诉,至少理论上就增加了法官判决被改判甚至发回重审的可能性。这一点在中国司法中格外明显。就我们调查了解的情况而言,至少有些二审法院就规定了二审法官改判和发回重审的最低指标,以此表明二审法官的业绩甚或其存在的必要[18];此外,有时,即使是为了平息上诉人对结果的不满,了结案件,二审法官也会对例如赔偿金额或欠款额度这样的问题作出并没有充分法律理由甚至没有任何理由的改判。基层法院法官一般都会把改判或发回重审视为对自己的智力和能力的一种负面评价。有些法院甚至把发回重审视为"错案",扣原主审法官的奖金。基层法官要避免这种不测事件发生,案件办得圆满是关键。

基层法院法官的另一个希望是,尽快结束案件,以便多办案或/和多一些闲暇。这个动力来自两个方面,一方面是制度上的,法院领导往往用办案数量多少作为衡量法官能力高下的标准之一;并且至少在我们调查时以及此前 10 年里,办案数量在某种程度上一直同法官个人的"经济效益"挂钩。几乎所有法官都希望能多办案,这意味着个人收入

---

[18] 我乍听起来感到非常荒唐,几乎无法理解;但我发现,这种制度在其明显的弊端背后并非完全没有道理或善良意图。它想防止初审法官与二审法官之间以各种正当或不正当方式建立某种默契(这是普遍存在的,据了解,许多初审或下级法院法官都会以各种方式"巴结"其直接的二审法官),促使二审法官发现问题,鼓励法官的独立思考。但这种制度能否实现制度设计者意图的功能,我很怀疑;我甚至觉得二审法官有可能通过选择性使用来强化对初审法官的不正当影响力。但这需要进一步的实证调查。

的增加。另一方面更为个人化。日复一日、年复一年面对大量琐碎、类型极为相似的案件，基层法院法官很容易有一种单调、重复的感觉；他/她们不可能像我们这些偶尔到基层调查并可能有学术收益的学者那样，对案件有多少智识兴趣，不会反复琢磨，精细分析，如同学者论文表现的那样；这一点虽然视法官责任心不同有差别，但总的说来，所有法官都希望花费更少的时间和精力，只要能把纠纷解决掉就行了。

基层法院的法官由此逐渐累积了一些基本的技术和知识。

首先考虑案件处理必须结果比较公平。所谓公平，在基层法官眼中，主要不是（但不完全排除，这一点我后面讨论法律争议时分析）制定法规定的公平，而更多根据社区舆论的评价，以及当事人双方的认可。因此，在上一章的"婚外性关系"案中，依据制定法，法官本应保护人身安全受到威胁的"第三者"，但法院事实通过"拘留"这种有惩罚意味的方式予以"保护"。重要原因就在于这种处理更符合社区的、双方当事人的以及法官自己的法律和道德评价。一旦双方当事人感到结果基本公平，这个案件就不大可能仅仅因为程序问题引出上诉，也就不大可能因上诉给法官带来利益风险。

判断先于法律适用、法律推理和论证。这是以公平为先导的必然结果。在这个意义上，法官的司法判断往往基于常识，基于直觉，基于他/她所在社区的标准，基于多年司法经验的熏陶，基于这些因素的混合——我们可以称其为司法素质；并且这种判断总是先于司法推理和法律适用。至少在基层司法层面，法律适用和法律推理是司法判断后的产物，而不是相反。但这并不必定意味着法官会一直坚持在先的判断；在追随判断后的法律适用和推理中，只要对庭审中的证据和案情细节保持足够的敏感并有足够的自我反思，法官也会修改自己在先的判断，特别是如果法律规则与其对案件的直觉判断有冲突的话。例如本书第六章谈及的耕牛案的定性，初审法官之所以认定为"合伙"，就因为《民法通则》中没有有关"搭伙"的规定。

抓住核心争议。以公平为先导，要求案件处理得比较圆满，这意味着法官只要有可能就一定要注意解决案件的实质性争议，必须釜底抽薪，以求"无讼"，而不是争议的一时缓和。基层法院的法官常常不严

第八章 基层法官司法知识的开示

格恪守"不告不理"的司法原则,他们会主动干预一些问题,只要这些问题对纠纷解决意义重大。这种解决问题的方式,对于基层法院法官往往格外重要。发生在熟人之间的纠纷往往是一系列细小事件累积起来的,法律争议本身往往只是冰山之一角,解决一个上得了台面的法律争议并不意味着当事人之间矛盾的真正解决。相反,一个看上去严格依法简单容易的判决,往往只起了一种止痛片的作用。由于双方当事人仍然生活在一个村子甚或一个家庭,如果核心争议不是真正解决了,问题就会重复发生,以新的形式;司法的"一事不二理"原则在中国社会基层就很难严格施行。乍一看简单省事的判决,实际可能令法官在未来投入更多的时间和精力。揭示并有效处置真正的争议,不是头痛医头,脚痛医脚,因此对基层法院法官非常重要。在本书第五章中,当法官无法在司法上一劳永逸地解决儿子打母亲的问题时,他们建议这位母亲另找老伴。这种方式看上去舍近求远,不合法官身份,但对法官来说,只要抓住了这个主要矛盾,次要矛盾也就迎刃而解了。

依据对案件的直觉把握来剪裁案件事实,避开那些难以认定、花上时间精力也未必能调查清楚且调查清楚也无关大局的"事实"。在本书第六章耕牛案的审判中,法官的判决书中对事实的叙述,仅仅扣住1987年双方的口头协议,扣住双方均以某种方式认可或不否认的事实,把其他各执一词但从理论上并非完全查不清的事实统统避开,采取了一种既不明确否定也不明确肯定的态度。这一方面因为基层法院法官可调动的人力、物力和时间资源非常有限;另一方面,剪裁事实也可以使原来不规则的、非格式化的案件变得比较规则。不仅便利了法律上的处理(例如,1987年的双方交涉更类似法律书上讲的即时要约和承诺),而且这种法律剪裁包装也容易为特定的处理方式争得法律上的合法性,法官可以有效保护自己,少惹麻烦。[19]

由于,一般说来,至少中国目前基层社会的诉讼当事人更重视案件结果,重视诸如"判了几年"或"赔了多少钱"这样的问题,而不大关心这种结果的法律和证据来历,诉讼双方的这种预期也往往促使法官

---

19 参看,本书第六章"纠缠于事实与法律之间"。

力求判决结果令双方满意,只要不至于引发对判决本身的合法性之质疑,程序一般是不重要的或者可以变通。在第五章提及的母亲告儿子的"赡养案"中,法官根本没考虑是否要将原告的女儿也列为被告这样一个程序法问题;在第六章的耕牛案中,法官在宣告一系列书证"有待查实"之后,并不实际调查,马上就进入了法庭调解和法庭判决。

一定要防止矛盾激化。基层社会特别是熟人之间的大量纠纷,由于种种原因,法官无法即时解决,甚至根本无法解决;这时,法官往往会运用各种方式,"急案急办",发动社会各方面力量认真做好双方当事人的工作,防止"矛盾转化"(这个语词的门第应追溯到毛泽东的"人民内部矛盾转化为敌我矛盾")。[20] 正如赵晓力的研究[21]指出的,乡土社会中最令人担心的矛盾其实不是那种可见的、能进入法院审理的争议,而是"矛盾激化",酿成恶性事件,如杀人、自杀或大规模的冲突和械斗。一旦发现这种苗头,鉴于缺乏其他警力或治安资源可以运用,缓和矛盾或称"钝化矛盾"往往是法官的第一选择。[22] "不出大事"就是好事。我们经此可以理解,为什么法官在处理可能发生激烈冲突的案件时,往往对双方都又打又压,甚至会铤而走险,以严格但中性意义上的"违法"手段获得一种社会大致认可的结果。[23]

四、 在法律争议上……

如前所说,在基层社会中,当事人更关心,甚至仅仅关心案件的结果,而不是法律(无论是实体法或程序法),因此,基层法院法官对法

---

[20] 参看,世增、悦来:《人民法庭花絮》,《人民司法》,1991年第10期,页45—46;又请看,山西省长治市郊区故县人民法庭:《推行方位化目标管理,建设规范化人民法庭》,《人民司法》,1991年第12期,页4,关于方位化管理的具体目标的第5个方面。

[21] 参看,赵晓力:《通过法律的治理:中国农村基层法院研究》,北京大学法学院,博士论文,1999年。

[22] 参看,江苏省东台市三仓人民法庭:《正确处理与辖区党政部门的关系,做好人民法庭的各项工作》,《人民司法》,1991年第12期,页7。

[23] 参看,本书第七章"穿行于制定法与习惯之间"中分析的案例。

第八章　基层法官司法知识的开示

律的关注，就主要是判决的正当化问题，实现法官的判断。法律的正当化在这里至少起双重作用。一方面，这种正当化可以用来对双方当事人施加某种压力，增强法庭调解或司法判决的权威，有利于法院判决的实际执行。究其原因，主要是基层法院的执法力量非常薄弱[24]，如果仅仅靠以国家强制力执法，司法的效果大为降低，有时法院可能会束手无策。因此，充分利用老百姓对"国法"的传统符号性理解（主要将之理解为刑法或处罚），利用传统中国"法"概念同国家暴力的紧密联系，往往可以收到更好的实质性效果。但法官重视法律还有另一面，如今还变得日益重要，即通过法律对判决的正当化来实现法官的自我保护，无论是针对当事人对判决结果的可能不满，还是针对上级法院往往更为挑剔的法律审。[25]

与前一点相联系的是，法官往往有意夸大法律制裁的严厉程度或某争议行为的严重法律后果。这固然有传统的"刑不可知，威不可测"的因素在内，即通过这种法律修辞，以普通百姓对制定法的许多具体规定不了解或了解不多为前提，以乡村没有善于利用法律规则的律师为前提，以期收到一种心理强制的战术效果。但更重要的一方面，这也为法官最后看起来"宽大"的司法判决留下更大回旋余地，法官也想装扮自己，让自己显得非常通情达理，非常仁慈，非常有人情味，给当事人留了面子。进一步，这种做法因此也就有了很强的"公事私办"的痕迹，即把司法这种公共事务私人化、个人化，给予当事人口惠而实不至的好处。这种做法在中国这样一个非常重视人际关系、人们总爱从人际关系来理解公共事务的社会环境中非常重要，更能满足当事人的预期，也更容易赢得当事人的认可。此外，尽管容易给人以"公事私办"的印象，但在另一个层面上这种做法的实际后果也促使当事人区分法官本人的判断和法官依据法律的判决，客观上造成或强化了法律的非个人性，避免当事人因不能接受法官的判决而与法官发生正面冲突；法官由

---

[24] 在某县法院，我们了解到，执行庭的全部人力只有6人，全部装备只有一副手铐。而在某人民法庭，法官告诉我们，在巡回开庭时，有时，为了防止当事人动武而致法官措手不及，法官会将一把靠背椅反过来坐，以便一旦当事人动手，可以便利地用椅子抵挡。

[25] 参看，本书第一章"为什么送法下乡？"。

此可以获得更多的安全感。这一点在人生地不熟、缺乏法警保护的巡回审判中更为重要。本书第一章提及的法官下乡收贷案件中，法官就对当事人一再强调这一次是"依法收贷"，是全国统一行动，强调如果严格依据法律，本来会有更严厉的处罚等；但在实际处理时，结果却显得比较通情达理。这可以说是一种"批评从严，处理从宽"的传统"政法"战术在司法中的运用和延伸。

尽可能套用法律条文，防止创造法律的嫌疑和危险。在基层司法的大多数案件中，如上一节所说，法官一般都是先有一个基本判断，然后再去查找相关法律。这看似却不等于通常说的"先判后审"或"先定后审"，查找相关的法律是必须的，是不可缺少的一步。在查找法律和理解法律的过程中，有时确实会影响或改变法官的初步判断；但一般说来，查找法律不是为了规则化地处理纠纷，因此，一般不影响法官对纠纷的基本判断和处置，而仅仅是为具体的纠纷处理提供一个法律的根据或包装。本书第六章分析的耕牛案中，《民法通则》中有关"合伙"或"财产共同共有"的不同规定，其实对法官的基本判断以及对权利义务的实际分割并没有什么实际影响，仅仅是一个案件"定性"的问题。但依据一个更为合适的法条支撑，就会使这一判决显得更像是"司法"的结果。这个结果，无论对上对下都更具有合法性。类似的事情还有基层法院对人身伤害赔偿金额的确定。基层法院会遇到许多人身伤害甚至死亡的民事案件。但相关法律都没有如何计算赔偿金额的规定，这给基层法院法官依法判决赔偿金额带来很大不便，缺乏法律根据。但案件不能不处理。为了使自己判决的金额获得合法性，法官告诉我们，他/她们都是比照公安部1991年发布的《道路交通事故处理办法》的相关规定来确定赔偿金额。这种做法，严格按照法学理论，无论从合法性上还是可比性上看，都很牵强。但是，对基层法院的法官来说，这种比照还是提供了一种可能的参照。这种做法一方面比因法律无规定而不予赔偿更为公道，另一方面，它也为这种赔偿提供了一个替代性根据，至少没人能指责判决的赔偿数额完全没有根据。在我们访谈和调查中，许多法官都对民事损害赔偿没有一个像样的细则规定感到不解，希望国家立法机关能够尽早制定

第八章 基层法官司法知识的开示

一个非常细致的、可以比照判决的赔偿规则。

适当利用法律规避和法律语言的弹性和不确定性，努力争取法官认为比较好的、可欲的结果，全力避免糟糕的、显失公平的结果。这在处理农村离婚案件中表现得特别明显。大量案件往往是一方要离，一方不愿离，并且要离的一方往往事先在财产上做了手脚，在当代中国社会条件下，不但另一方当事人很难查，而且法院也没有人力去查。如果严格依据《婚姻法》的相关规定[26]，夫妻感情确已破裂，在调解无效的情况下，法官就应准予离婚。但就这样准许离婚，也很麻烦，有时不仅法官自己觉得对某一方当事人不公平，甚至会闹出人命官司。法官因此在"感情是否确已破裂""是否调解无效"等语词上做足了文章。前一问题没人能说清，可以仁者见仁，智者见智；而后一个问题也只有在经历调解（甚至是多次调解）之后才能决断。这不是说法官坚持不允许离婚，他/她们只是运用这种裁量性手段，迫使急于要离的一方，在财产分割上或其他方面作出更大让步，并且愿意自动履行，从而节省了法院的各类资源。在法官看来，至少在农村，这样处理的实际结果可能更为公平。法律规避的另一个例子是第六章耕牛案上的初审和重审对财产的不同定性，并适用了不同的法律。我的分析指出，这种变动其实没什么实质性意义，其主要目的是回避讨论双方当事人关系之性质，而将关注点转移到财产的性质上来。[27]

充分利用现有法律规则、程序和制度保护法官的自我利益。这特别典型地表现在当法律制度不适当或出现社会干扰时，法官会主动利用既有法律规则、制度来保护自己。近年来有时层层加码乃至过度的"错案追究制"使不少法官主动将一些"自己拿不准"的案件提交审判委员会讨论决定。[28] 又如，当地方党政机关不恰当干预司法或因少数人闹事而干预司法时，法官往往会利用审判委员会制度来分担可能的法律责任，保护自己，包括抵制地方党政机关干预，也包括防止二审法院的

---

26 《婚姻法》（1980）第 25 条："男女一方要求离婚的，可由有关部门进行调解或直接向人民法院提出离婚诉讼。人民法院审理离婚案件，应当进行调解；如感情确已破裂，调解无效，应准予离婚。"

27 参看，本书第六章"纠缠于事实与法律之间"。

28 参看，本书第三章"基层法院审判委员会制度"。

批评。[29]

  集体研究决定法律适用。除正式的法律制度和规则外，法官还会采取法院内部其他一些非正式制度来增强法律适用的合法性或正当性。这包括，法官遇到疑难案件会自发相互请教和讨论，集体办公使集体讨论疑难案件判决成为法官决策的一个天经地义的组成部分。[30] 此外，还有庭长审批、主管院长审批以及请示上级法院等非法定制度，都在一定程度构成了法官自我保护体制的一部分。

  与法律相关的一个因素是执行。尽管执行不属于法律争议，但是基层法院法官在选择法律适用或在最后判决之前，特别是判决一些很难操作（而并非智识上的难办）的案件，往往会考虑执行的因素。法官常常强调注意法律的判决是否能够实际得到执行。这成为法官选择法律救济方式时常常不得不考虑的，有时甚至是首先考虑的问题。一个好的司法判决不仅要看上去公道，更重要的是要便于实际执行。如果没有实际的执行，或执行起来成本过高，那么，这个判决实际上既不公平，也没解决问题。因此，我们在访谈过程中，法官一直强调执行。这在农村社区，特别要考虑相关当事人的情况以及社区的状况。第五章的"赡养案"中，法官甚至会关注老人有无绿豆和黄豆、有无荤油和素油这样一些问题；第三章的"断腿赔偿案"中，法官在判决前首先考虑谁有能力支付判决的赔偿金额，以及如何让这个人或机构愿意支付的问题，并努力创造一些条件来保证这些盘算得以切实实现。[31]

  也因此，法院或法官都非常注意甚至全力争取地方政府或其他相关部门的支持和配合，调动一切可以运用的资源解决问题。许多法官都告诫我们，到村里办案，首先要找村长、会计，了解相关当事人的情况，然后再找当事人；有村长在场，什么事都好办一些。[32] 第三章中提及的"断腿赔偿案"的判决执行也显然离不开当地其他部门的大力合作。

---

29 参看，本书第三章"基层法院审判委员会制度"。
30 感谢北京大学凌斌同学在法院实习后向我提醒了这一点。
31 参看，本书第五章"纠纷解决与规则的治理"。
32 参看，本书第一章"为什么送法下乡？"。

第八章　基层法官司法知识的开示

五、 基层法官知识的实践意义

上面这些归纳并不完整，我也没打算完整。它们不是法官自己的语言，而只是研究基层司法的一些案件后我的一个总结，是一种知识构建。而且，说它们是"知识"或"技术"，也并不意味着我对这些做法都认同。我只是希望尽最大可能，首先将看到或理解的真实情况报道出来；采取鸵鸟政策，既不能看到真正的问题，自然也就不可能真正有效地解决问题。

但我确实想强调，基层法官在司法实践中处理事实与法律争议上展现出来的这些知识和技巧并非没有道理。其中有些在实践上和理论上都是可以正当化的。比方说，以公平为先导，力求司法（无论调解还是判决）的结果双方都能接受，减少上诉的可能。尽管法官是从自己省事和安全的角度出发的追求，似乎很功利主义，但他或她的这种努力实际可能既公平又有效率。从经济学上看，争议双方都能接受的交易一般说来是双赢的交易，至少一方的地位没有因为司法的这次介入变得更坏。这种双方都能接受的判决或调解结果，实际上是一个法庭背书的双方权利分配的新契约；往往更容易得到当事人自愿执行。这不仅对法官本人有好处，对社会资源和司法资源的分配也有好处，特别是在中国目前"执行难"的社会环境下。此外，这种状况实际上改变了目前法学界，在误解了"为权利而斗争"的口号下（其实更像是受了变相的"阶级斗争为纲"和"斗争哲学"的思维模式影响），一直过分强调和推动司法诉讼的格局。基层法官的这种司法导向使大量纠纷以"和为贵"的契约方式解决了，使在美国大量采用的、由律师主导的"庭外和解"在缺乏甚至没有律师的中国基层社会变成了法官主导的"庭内和解"。[33] 当然，也必须看到，这种法官主导的"庭内和解"也是有利有弊，至于

---

[33] 为什么会有这种变化，一个重要原因可能是，中国没有美国那么多律师，庭外和解的私人费用更高。

利大还是弊大，特别是对谁的利弊，目前还很难说。[34]

又比如，法官判断在前，法律适用和推理在后，这种做法看起来不符合法律教科书的训导，但从当代人文社会科学研究结果来看，这个过程反而是更为正常的，它不仅符合人的生物性[35]，而且符合人类认识、理解形成的规律——阐释学循环。[36] 对于基层法院法官来说，真正唤起他/她注意力的首先是此刻的诉讼，而不是当事人先前某个行为的法律性质或意思表示。只是由于诉讼中法律的要求和自身职责的规定，法官才会注意当事人先前某行为的法律性质或他/她的意思表示。初审法官实际上是而且也必须从眼前的纠纷开始切入，他/她更关心的也是怎样的判决从直觉上或第一感觉上更合理，更可能为双方当事人所接受，更可能为其所在的社区和社会所接受。正如霍姆斯指出，一个健全的（sound）法律，首先应当回应该社区人们的真实感受和要求，无论这种感受和要求是对还是错。[37]

但法官不是通常意义上的仲裁者，他/她不能仅仅给出一个专断的（但未必不公平的）判断；法官必须受制约，他必须依据规则和程序和平地解决这个纠纷。由于这一要求，法官才必须在关照法律规则的前提下，从一系列原生的、混沌状态的事件细末中整理出一条法律的因果线索。他/她必须按照当下解决纠纷之必要和可能来重新安排以往的事件细节，分别赋予其在法律中的意义，必须按照当下纠纷解决之需要以及

---

34 弊端之一是，由于诉诸法院解决争议的费用主要由政府财政支出，这肯定会发生经济学家常常说的"公共物品"被滥用的悲剧。事实上，近年来中国法官数量一直急剧膨胀，除了法治的主流意识形态推动，司法是一种廉价的"公共物品"可能是重要原因之一；但这需要进一步的实证研究。

35 参看，Richard A. Posner, *The Economics of Justice*, Harvard University Press, 1981, pp. 211-212。

36 参看，Hans-Georg Gadamer, *Truth and Method*, 2nd and rev. ed., by Joel Weinsheimer and Donald G. Marshall, Crossroad, 1989。

37 霍姆斯继续说，当法律如果不帮助人们、人们就会以法律以外的行动来满足自己的复仇激情时，法律就别无选择，就只能满足这种渴求本身，并以此来避免私人报复的更大邪恶。而在这一刻，法官，无论是作为个体还是作为造法者，所鼓励的并不是这种复仇的激情。请看，Oliver Wendell Holmes, Jr., "The Common Law," in *The Mind and Faith of Justice Holmes: His Speeches, Essays, Letters and Judicial Opinions*, The Modern Library, 1943, p. 57。

第八章 基层法官司法知识的开示

可用的法律规定来重塑双方当事人当初的意图和行为。并且，所有这一切都必须符合当下法律话语；他/她必须强调和凸显在法律话语中那些看来更有意义的言行，压低甚至忽略那些与法律概念或定义不那么协调的言行，让这一系列事件在当下的法律话语中看似逻辑地演化，是必然的，从而完成法官对于司法的承诺，构建一个符合法律话语的事件流变过程。这实际上是一种法律的事后追加，一种法律话语对历史的征服。但这种理路清理并不因为这种理路必然导致这样的判断（想想休谟的"理性是激情的奴隶"），而是因为现有的司法制度要求用这种理路来制约和引导法官的判断。

几乎所有的司法审判在某种程度上进行的都是这种事业。法官的判断从来都不是首先在制定法的指导下完成的，而是依据他/她从社区或职业训练中获得的直觉（我们常常称其为自然正义感或道德感或司法素质）对案件作出一个基本判断，以便案情分类，然后，他/她才可能从恰当的法律中去寻找和发现他/她认为比较适当的法条，同时反思自己的直觉判断并予以必要的修正。[38] 这个过程有时会重复多次，但是对案件先有个基本判断，对于一个案件审理，是必须的。这就是迦达默尔指出的"阐释学循环"。[39]

由此，我们也就可以理解"剪裁事实"在司法中其实是相当普遍的现象。历史从来都是"赢家的历史"，波斯纳曾以此来总结上诉审法院判决对事实之概括和描述，可以说是入木三分。[40] 但由于信息问题，这种状况在审理中国农村社会中非格式化案件的中国基层法院法官那里，表现得格外明显，而且必定格外明显。法官在理解了案件基本情况并对处理意向有了一个基本判断后，为了"定性"正确，为了在法律上支持这个判断，自然难免会对将那些法律意义不明确的事实予以不

---

[38] 参看，Posner, *Problems of Jurisprudence*，同前注 2，pp. 131-134；又请参看，美国威斯康星州某县法院初审法官 Bartell 对所谓司法审判中要"悬置"一切判断的经验反省和哲学批判，Angela Bartell, *Judicial Decision Making in the Trial Court*, Disputes Processing Research Program, Working Papers Series 8, Institute for Legal Studies, University of Wisconsin-Madison Law School, 1986。

[39] 参看，Gadamer, *Truth and Method*，同前注 36。

[40] 参看，Posner, *Problems of Jurisprudence*，同前注 2，p. 210。

同强调，赋予不同的法律意义。事实上，在所有的审判中，所谓"法律事实"都是经法官（用法律）剪裁后的事实。

问题是，对于这些与传统法律理论不相符的现象，我们应如何分析和理解？难道仅仅因为这些符合当代社会科学的研究成果的现象与18、19世纪从政治哲学中引申出来的、从未得到经验验证的命题和假说不相符，就予以否定？或是应基于不断推进发展的社会科学研究发现来不断修正先前的某些命题呢？如果用自然科学作比喻，这个问题几乎相当于我们是应当根据观察到的太阳系行星的椭圆轨道提出有关行星轨道的新的理论解说，还是用理想中"完美的"圆形行星轨道来规定太阳系各行星的轨道。答案应当是不言而喻的。

而其他诸如防止矛盾激化、抓住主要矛盾，预先考虑司法判决的可执行性，也都可以予以正当化。但限于本章的篇幅，我不打算在此一一细致分析。

基层法官在法律争议问题上展现的知识和技术同样有合理的一面，或不可避免。比方说，夸大法律制裁的严厉性，如果仅从道德话语上看，这种做法确实有点令人厌恶。但如果考虑基层法官的环境和他/她能调动的保证司法判决得以落实的资源，特别是考虑到一个应落实而未能落实的司法判决对于一方当事人就是绝对不公正时，也许我们会理解法官的这种技术的必要性。又比如，法官利用法律语言边界的模糊性，不准离婚，似乎也算是一种有意"违法"，而且，我想，这种手段肯定不会仅仅用于离婚案件，肯定会有法官利用这种方式谋求私利。但是，至少目前看来，这种问题没有办法彻底避免。[41] 并且，如果可能的话，我们是否真的希望法官变成一台自动售货机？因为与此相伴的势必是一个没有创造力，没有想象力，没有能力补救法律错漏的法官？

至于法官利用现有法律制度自我保护，你固然可以责备基层法官过于关注自己的利益，但从另一个方面，这反映的是我们现有的司法制度给予基层法官的制度性保护不够，往往要求基层法官牺牲自己的某些利

---

[41] 参看，苏力：《再论法律规避》，《法治及其本土资源》，中国政法大学出版社，1996年，页59—74。

第八章 基层法官司法知识的开示

益来维护社会利益。这种要求道德上无可非议,但那是对神或圣人的要求,不是对普通法官的要求。它可以作为少数法官的信条,但一个制度主要不能依靠对广大基层法官提出不切实际的道德要求来长期有效地运转。又比如,法官相互间非正式的磋商,这也许影响了法官个人独立作出判决,但是在一个没有私隐办公空间的基层法院中,有什么条件来保证法官在办公时间安静地独立思考呢?有什么方式阻止他/她们之间的交流?再向深处追问,这种交流除了违反了法官独立审判的信条,究竟有什么重大危害而必须予以杜绝?这并不意味着我提倡法官多交流(当然也并非相反),我只是说,作为法学家,我们不能停留于把一些做法当作信条予以坚持,而不问为什么坚持这些信条。

我不想一味对基层法官所展现出来的知识和技能表示理解和欣赏,尽管这是首先的和必要的。其实,只有在而且也正是在这种逐步理解和欣赏中,我才看到其中隐含了一些可能重大的问题。

比方说,动员各种资源以保证司法判决得以落实,这很容易使法院变得更像地方政府的行政机构之一,不仅为地方各类机关干预法院开通了渠道(凭什么法院你要我帮忙,而法院你不帮我的忙?),而且会使法院从一个依据规则解决纠纷的机构蜕变为纯粹的纠纷解决机构,从而增加了法官的非专业化活动,有可能制约了法官专业化知识的累积,使法官更不大可能高度专业化、职业化。

在法律适用上强调套用法律条文,固然可能有(但不必定有,参见本书第六章)约束法官、训练法官的作用,但如果不是由此提高一步,而是继续为法官提供更细致的分类表或细则之类的制定法,则不利于基层法官的法律推理和分析能力的提高、政策意识的培养,还会使基层司法活动更缺乏司法的智力挑战,法官更少独立思考。这种套用法律也会限制现行司法体制有效吸纳基层法官的司法思考,排斥了法官的创造力。从法律制度上看,还会使中国的司法更多行政官僚机构的特点。从社会层面上看,这也许不利于吸引更多渴望智识挑战的法学院毕业生进入法院系统。

即使是我前面予以肯定的一些知识和技术,也同样隐含了一些重大的问题。以个案公平结果为导向的技术对于解决纠纷固然重要,但即使每个基层法官都坚持这个原则，也必然引发区域内或全国的法律不统一问题。一个从局部看来导致结果更公道的司法技术也完全有可能导致从全局来看缺乏规则性和可预期性的法律制度。因此，这种在基层具有普遍合理性和必要性的技术和知识也必须受到适度的限制，事实上二审特别是法律审就是这样的制度性限制，法律审试图解决的问题正是法律规则的普遍性。

但也由此，我们才可以真正理解，初审和二审的制度分工不应如同目前许多法学家理解并在实践中贯彻的那样，多加一道司法公正的保险，或一种司法公正的监督。初审和二审的主要功能是司法的分工，是一种基于知识上的比较优势发展起来的必要分工。这一点具有重大理论意义和实践意义。至少，它将打破官僚行政性司法制度中初审和二审之间的那种上下级关系，那种权力关系的定位；我们完全可以而且也应当从另一个维度在概念上和规范上重构初审和二审之间的关系，不是权力分配，而是劳动分工，其中还包括知识和制度创新和竞争的功能。

因此，我这里说的已远不仅是对任何问题都要采取两分法、要从两面看，既要看到其优点，又要看到其缺点之类的老生常谈。完全不是。我不否认这是我希望达到的第一步，但这仅仅是第一步。下一步则是要看到，当代中国基层法院法官身上展示出来的知识和技术对于中国法治建设并非可有可无，不是不得已才借用的，这些知识和技术是一个国家的其他法律机构不能提供的，也是很难替代的，因此，必须以此为基础逐步发现、设计、建立和完善起相互配套、相互补充的制度，就如同初审和二审的制度分工一样，但又不仅仅限于此。即使基层法院也可以并应当逐步完善其他的制度。此外，由此还应看到法院制度与社会中其他制度的相互配套和逐步完善的问题。

这一点非常重要，因为我们是法律人。法律人与道德家或传统政治哲学家和道德哲学家的最大不同也许就在于前者更信赖制度，而后一类更关注各种理念和信条；或者说，前者不把制度的基础基于理念、道德化批判和训诫，而后者往往甚至仅仅诉诸这类东西。

第八章　基层法官司法知识的开示

六、基层法官知识的理论意义

我已经基本完成了本章的任务，展示中国基层法院法官在他/她们特定的制度空间和社会空间中累积和形成的知识和技能。但在分析本文的学术意蕴之前，有两个注解不可缺少。首先，尽管我称其为知识、技能或策略，强调法官的创造性活动，但这并不意味着它们是法官清醒的理论化的产物。知识、技能或策略这些术语，按照传统的理解，本身都隐含了某种选择的可能；因为，只有在有选择的地方，才可能谈什么技能或策略。我称其为知识、技能或策略，只是从我的知识分子立场考察后的判断。事实上，我更相信，这是一种在解决基层社会的纠纷中自发产生并逐步获得的技能，它的出现和再生产都与基层司法实践分不开。对于基层法官来说，这几乎是一种本能，更多是一种生存的技能。[42]

其次，我这里勉强展示的，仍然只是基层法官司法的知识、技术和策略的一部分，是我分析过的案件中展示的一部分，是我勉强可以用法学界或其他学科还可以接受的话语予以描述和概括的一部分。大量的知识还是在那里，等待有心人去考察、寻求语言的表述，获得作为普遍性知识或便于交流之知识的品格。在这个意义上，本章的研究也仅仅是一个"此路可以通行"的路标。它是对于基层法官知识和技能的一个总结而不是终结。

本章的意义在一定程度上是对我在其他各章以及其他论文中阐述过的命题的一种展开和补充。本章的分析可以进一步说明，中国基层法官那种以解决纠纷为导向的司法风格并非对规则治理缺乏理解的产物，不是如同我们在确认教科书上的司法理念和做法之正统性之际很容易得出那个结论：这是缺乏知识、理念、观念和信念的产物；这只是由于制度空间和社会空间不同要求并生产出来的另一类知识。[43] 这一分析还进

42　关于知识性质的讨论，参看，Henry Plotkin, *Darwin Machines and the Nature of Knowledge*, Harvard University Press, 1993。

43　参看，本书第五章"纠纷解决与规则的治理"。

一步正面阐明了我将在下一编分析的一系列问题。比方说，中国法学院的毕业生不愿到基层法院，司法知识上的原因就在此。[44] 一位正规法律院校毕业、长期在人民法庭工作的现任庭长几乎有些不屑一顾地说，他已经把当年在学校学到的知识"全还给老师了"。我们可以从司法专业化和中国社会长期发展的角度批评复转军人进法院的政策措施，但同时又不得不看到，大量复转军人至少在基层法院和人民法庭履行了解决纠纷的职能，有时甚至相当出色。对于这些看似奇怪的现象，本文都隐含了一些回答。

也许还要回答一下，应如何看待这套知识的问题。从长远看，这不是一个通过评介或理论论证而能确定的问题。这些知识、技能的命运如何，最终将由知识的需求、效用和市场来决定。[45] 如果它将注定被淘汰，本章的研究论证就不可能挽救它；而如果它有效用，能办事，那么就会有人去使用它，就会生产出来。正如你不能通过论证让一个人喜欢上喝啤酒一样，你也不可能通过论证使这些知识和技能在实际生活中失去效用。我们必须意识到语词的局限，尽管这不应令我们放弃分析和预测。

如果仅仅就法治（规则治理）而言，我认为，这套知识有很大局限性。中国作为整体的法治不大可能主要依据这套知识来完成，在一定程度上并在一定范围内，它甚至与法学界期望的规则治理有冲突。但是，如同前面的分析显示的，这些知识至少在当代中国的某些时候和某些层面仍然有效，无可替代因此必须。至少在中国的社会变革时期，它也不必定与规则治理的追求不兼容。

如果中国进一步现代化了，现代化社会生活将人们"规训"得更整齐了，生活世界和人们对规则治理要求更多了，是否这种司法的知识就失去效用，没有意义了？也并非如此。首先，生活世界将永远丰富复杂，永远不可能为规则完全涵盖，特别是社会发展变化就难以为已有的规则所涵盖（请想一想互联网出现给现有法律规则带来的诸多挑战！）。

---

44 参看，本书第十章"基层法院法官的专业化问题"。
45 有关知识对于人的生存效用以及社会选择问题，可参看，Henry Plotkin, *Darwin Machines and the Nature of Knowledge*，同前注42，特别是第4—6章。

第八章　基层法官司法知识的开示

现代化之规训只会限制,而不会根除生活世界的非规则性一面。美国初审法院至今在许多案件中,包括许多民事审判,仍然坚持陪审团制度,这不能仅仅从法律规定上来理解,重要的是因为这个制度在很大程度上有助于解决初审法院法官难以对付的事实争议。即使中国社会现代化了,中国基层法院或其他各级法院的法官也必然在一些案件上需要今天基层法院法官在审判实践中形成的某些知识,或将之改造、蜕变以顺应新的需要。我不认为现今基层法院法官的这些知识必定会湮灭或应当湮灭。相反,只要社会需要,它就会继续存活下去。

如果更进一步来看,假定知识和技术本身不会自动造成过错,那么,我们也有必要总结这种特定的司法知识。甚或,即便它在运用中可能产生错误,那么,了解它,也可作为前车之鉴,同样可能有利于规则治理的形成;西谚云,熟悉的恶魔要比陌生的恶魔好对付。不了解现有基层法院法官的那种司法知识,采取鸵鸟政策,只会增加某些危险或困难,而不是减少和控制。

事实上,在不同程度上,基层法院法官展示的某些司法知识和技术也为其他法官(二审或外国法官)所分享。这就意味着基层法院法官的某些经验就产地而言是地方性的,其市场却未必是地方性的。这正如科斯研究的交易费用问题是从研究厂商开始的,但这个概念和理论的适用未必限于研究厂商。我们不应将中国基层法院法官的知识同其他法官的知识作价值的截然区分。中国基层法院法官的司法审判知识未必不具有某种超越其产生之具体情境的意义。在一定层面上,它可能与美国上诉审法官总结的经验一样,是一种地方性的知识,同时在一定限度内也具有普遍的启示意义。

确实,上诉审(二审)法官的知识往往更具普遍适用性,上诉审(二审)的决定往往更有权威,并因为这种权威而可能被认为更正确。但我们不应当由此简单得出结论,上诉法院的知识就一定更具有道德上的或真理上的优越性,应轻视、忽略甚至取消基层法院法官的知识。我的观点恰恰相反,这两套知识在各自语境中各有用处,各有其不能替代且互不隶属的重要性，没有任何高下精拙之分。[46] 如果真正尊重知识，并且为了解决中国社会的问题，我们就必须创造一种可能性，使这两套知识能够在中国的司法制度中得以兼容，使真正的知识得以生长，而不是用一种知识压迫另一种知识，用知识的产地或商标来给知识定级。

这种知识压迫的状况是非常严重的。在目前中国许多"下级"法院的报告中，基本上都是按照"上级"法院的口吻（或称"上级讲话精神"）说话，都按照流行的法治话语说话，千人一面，千人一词，似乎是高度统一，很有纪律；而你到基层看一看，根本不是那个情况。偶尔也有人"大胆"说一些实话，也往往是面对面，会场上"说了就完"；或是利用主流话语的空隙流露出来，没有基层经验的人根本看不出其意义何在；或者是用一种道德化的语言说出来，以争取其实践的合法性。本书第五章中提到的法官对"断绝母子关系"案的处理，在一个强调为民排忧解难的时期，就很可能作为法官的"好人好事"加以宣扬。

这种知识压迫、"人微言轻"的状况在法学界同样严重存在。法律知识的原产地（进口高于国产，北京高于地方，城市高于农村）几乎成为法学家判断法律知识真假精拙优劣的唯一标准。我曾坦白地对许多朋友和学生说过，如果我当初不是留美回来，回来后不是到了北大，而是到了比方说，到了新疆，我就没有今天。请注意，我说这话，不是出于洋洋自得，而是告诫自己不要洋洋自得。

话语的艰难固然反映了主流话语的强势，但更反映了中国法学家还没有为那些弱势话语提供话语空间，没有为它们提供得以有效交流的基

---

[46] 1959年1月12日，美国马萨诸塞州地方法院法官韦赞斯基得知自己被提名为上诉法官候选人之后，给其政治支持者和提名者联邦参议员萨尔通斯坦写了一封著名的信，不但谢辞了这一提名，而且雄辩地提出了初审法官的重要性及优点。请看，Charles E. Wyzanski, Jr., "The Importance of the Trial Judge," in Walter F. Murphy and C. Herman Pritchett, *Courts, Judges, and Politics: An Introduction to the Judicial Process*, 4th ed., Random House, 1986, pp. 108-110. 尽管中国基层法院的法官与美国联邦地方法院法官有很多不同，但是，同为初审法官，也许，我们可以从中受到某些启发，看到某些研究中国司法问题的新可能。

第八章 基层法官司法知识的开示

本命题、概念和术语,没有提供一种"天经地义"的理论框架和知识体制。这是我们中国法学家应当深刻检讨的。但更重要的是要通过我们的创造性工作改变或至少是改善这种状况。如果没有这样一种——也许与目前流行的不同——尊重知识的局面,让那些也许是最底层的、最具原生性的地方性知识进入我们的视野,我们的司法研究就不可能有真正的生命力和原创力。也许,法学教授可以为已经编织成网的语词世界而沾沾自喜,不时引用几句霍姆斯、波斯纳或哈特(这都是我最经常引用的),也许会从那些刚进大学校门的学生那里赢得几声赞许或拥戴。但下一步呢?"什么是你的贡献?"这个问题仍然不可逃避。中国法官的司法经验,对于当代中国学者来说,必定是,也应当是,提炼中国司法理论甚至法学理论的最主要的资源。

1999 年 12 月 3 日初稿于坎布里奇

第三编

法官与法律人

第九章　乡土社会中的法律人

> 要做的第一件事，就是把律师杀光。[1]
>
> ——莎士比亚

研究中国基层司法制度，当然不可能脱离对法官的研究，甚至有必要以法官为中心。本编就是这样的一个努力。但中心化不应导致对边缘的遗忘，用法官的概念置换了"基层司法制度"的概念。因此，作为本编的开篇，本章介绍在以法院（或者加上检察院）为中心的、传统的规范性司法制度研究中容易忽略甚或根本看不到的中国基层司法中一些人和事，以及这些人和事的意义；同时也为下面两章专门讨论法官作铺垫。本章并不集中讨论某个专门的司法问题，只是希望下面的介绍会引发读者思考一些其实很值得深入研究的问题，为此后司法制度和法律理论的研究者提供一个尽可能开阔的研究视野或框架。

一、 乡土社会法律人概述

我在前面已经说过，现代的司法其实很强调并日益强调"格式化"的纠纷处置过程。[2] 一个民间的纠纷，要变成一个可由法院处理的（ju-

---

1　*Henry* VI, Part II, 4.2.63.
2　参看，本书第六章"纠缠于事实与法律之间"。

diciable）案件，并且能够实际通过这一司法的过程，需要法官。但仅仅有法官——一个适用规则、裁决纠纷的人——也还不够。现代的司法已经不可能像马锡五审判那样，由一个有足够个人魅力的集裁判官、政治家于一身的人，依据个人的美德和智慧，作出符合天理人情国法的决定。[3] 无论你喜欢还是不喜欢，这种理想的司法人物已经随着现代化、职业化和专业化而逐渐失落了，日益罕见了[4]；作为一种司法范式，甚至有可能被永远拒绝了。如今的司法，即使是无论中国还是西方法学人认为还很不完善的中国司法，从根本上看也属于现代型的司法。所谓现代型司法，我是指一个由多种法律人相互合作、协同完成的职业化的工作流程，更像是一条工业流水线。法官的工作仅仅是这一流程中的一个部分，初审法官的工作则只是法院系统职能中的一个部分。在这个意义上，法官是现代司法运作中的一颗"螺丝钉"，尽管是不可缺少的一颗。

假如不考虑中国共产党获取政权以前的近现代中国，这个司法的转变过程实际上从1949年以后就已经逐步开始了[5]，尽管"文革"中断了这一过程。1970年代末期以来，中国的司法日益强调专业化；特别是到了1990年代以后，中国进行了重要的庭审方式改革，对专业化的依赖和要求都更高了。对基层司法而言，其中最重要的也许是"谁主张，谁举证"的原则以及相关的一些庭审程序改革，法院的审判甚或调解均日益变成一个专业化叙事，在程式上变得更难为普通百姓接近，而必须有知晓法律的人员协助。正是在这一背景下，一系列与法律相关的职业（例如律师、公证）在城市地区开始兴盛起来。研究当代中国司法制度已经不可能不——哪怕是附带地——讨论一下这些制度。研究中国乡土社会的司法，即使是民事司法，不可不关注的方面就是在乡土社

---

[3] 参看，张希坡：《马锡五审判方式》，法律出版社，1983年。这不仅是中国老百姓的理想法官，而且也是或曾经是美国人心目中的理想法官，裁判者同时具有法律人/政治家的风范。关于美国的理想律师法官，请看，Anthony T. Kronman, *The Lost Lawyer*: *Failing Ideals of the Legal Profession*, Harvard University Press, 1993.

[4] Kronman, *The Lost Lawyer*, 同前注3。在柯隆曼教授看来，这种丧失在美国也仅仅是近30年的事。

[5] 参看，本书第一章"为什么送法下乡？"注10及相关正文。

第九章 乡土社会中的法律人

会中保证这个司法体系运作的一系列相关的人。

在 1980 年代甚至 1990 年代以前,所有与这一体系相关的人都属于政府系统,当时且至今为中国人熟悉的一个概念就是"政法系统"。这个系统包括了公检法司等机构,人员则包括了法官、检察官、警察、公证员以及日益脱离政府色彩而个体执业的律师等。"政法系统"是一个政治性范畴,其基本视角还是政府的社会控制。而由于律师和我下面讨论的法律工作者的出现,这些人的社会认同的流变或转变,以及由于司法活动职业化和专业性的增强,如今用政法系统已经很难有效且恰当地理解和分析中国司法制度的结构和运作了。从社会生活的角度看,法律如今更多是一种社会职业,对这一职业的要求已经日益从先前的政治性转向专业性。从社会研究的视角来看,一个替代的但可能更具涵盖性且更具分析力的概念可能是"法律人"。这个概念强调的是这些人的工作的职业性质。在这个层面上,尽管大多数原先"政法口"的专业工作人员可能落入法律人的范畴,但许多在"政法委"工作的机关干部,甚至在公、检、法工作的司机、文秘也许就不能称为"法律人"。而有时可能会被视为同政法机关作对的律师如今反倒天经地义地成了法律人的核心成分之一。

如果仍从政法的视角考察,在当代中国,在县这一级,公、检、法、司(有的地方将民政局和移民局也归在政法口;我们后面会看到,这种分类,至少对乡一级的民政工作是有道理的)都有自己的延伸,有比较完备的体系。但到了乡这一级,就有了些变化。

检察院到了乡这一级,根据不同情况,有不同设置。在我们调查或了解的绝大多数县,乡这一级都没有检察系统的工作人员;有些县(市),则按"片"(往往涵盖几个乡)设立检察所。这种制度设置应当说还是符合实际的,因为从有关检察院和检察官工作职责或职权的法律规定[6]来说,检察院最基层的工作至少主要是同县法院打交道,与由县

---

[6] 《检察官法》(1995)第 6 条规定了检察官的职责为:
 (1)依法进行法律监督工作;
 (2)代表国家进行公诉;
 (3)对法律规定由人民检察院直接受理的犯罪案件进行侦查;(转下页)

法院派驻在乡的人民法庭无关。设立检察所,仅仅是为便利有关的调查、监督,检察的公务仍集中在县级的基层检察院。

公安系统,在各乡的镇上都设有公安派出所,有常驻的公安干警。在乡下面,一般设有几个管理区,据我们调查,每个管理区都至少有一名拿国家工资的正式"干警",持枪。在有些地方,还有少量从当地农村招聘的"治安联防队员";他们不是国家公职人员,但从乡政府那里拿"工资";工资由当地老百姓出,交到镇上,再发给联防队员。联防队员穿着购买的警服,在外人看来,和普通警察一样。他们名义上是协助正式干警保证社会治安,有时也参与解决各类纠纷,但经常作为正式干警独立工作。就总体而言,检察院和公安系统的这些人在乡这一级,虽然也可以算是乡土社会中的"法律人",但其主要职责是维护社会治安,与乡土社会中大量日常纠纷的司法解决关系不大。

第三种属于政法系统的乡土社会法律人也许是民政干事。民政干事是民政系统最基层的工作人员;在乡这一级,其职责包括了结婚登记和协议离婚手续、社会福利和救济、减灾救灾、五保户、复转军人安置、烈军属抚恤金发放,以及近年来的社会保险工作。这种工作绝大部分与行政有关,仅仅在离婚案件上与司法有点关系。大致是,当夫妻要求离婚时,经村级调解委员会调解失败,村里会写出调解意见,让双方到乡里先找司法助理员继续调解;如果司法调解不成功,同意其离婚,就要找民政干事办离婚手续,其中主要涉及离婚的财产分配协议以及子女抚

(接上页)

(4)法律规定的其他职责。

《检察院组织法》(1986)第5条规定了各级人民检察院的职权为:

(1)对于叛国案、分裂国家案以及严重破坏国家的政策、法律、法令、政令统一实施的重大犯罪案件,行使检察权。

(2)对于直接受理的刑事案件,进行侦查。

(3)对于公安机关侦查的案件,进行审查,决定是否逮捕、起诉或者免予起诉;对于公安机关的侦查活动是否合法,实行监督。

(4)对于刑事案件提起公诉,支持公诉;对于人民法院的审判活动是否合法,实行监督。

(5)对于刑事案件判决、裁定的执行和监狱、看守所、劳动改造机关的活动是否合法,实行监督。

养协议,并领取离婚证。如果协议离婚不成,一方会到人民法庭"打离婚"。在这个意义上,民政干事的工作实际上具有准司法性质。就其依据规则解决纠纷这一点而言,他/她也可以算是乡土社会的法律人,但与法院的司法审判没有直接关系。

属于政法系统,除法官外,与司法关系最为密切,且日益密切的乡土社会法律人是司法助理员(有些地方,乡里还设立了司法所或司法办公室)。他/她是基层政权中的司法行政工作人员,在乡镇政府和县司法局的领导和基层人民法院的指导下进行工作,主要担负管理调解委员会和法治宣传教育工作。[7] 具体说来,其最实质性的工作是调解纠纷,除离婚调解外,也调解其他各类纠纷,从打架斗殴到山林地界纠纷等。纠纷化解后,要制作司法协议书,然后为协议书办公证。但如今,司法助理员的最重要工作之一已经转向为乡民提供法律服务,称为"法律工作者",实际上已经成为乡间的"律师"。

下面,我将细致介绍一下与司法过程关系更为直接的一些"法律人"。

二、 法律工作者

随着"文革"结束,司法部的重建,到 1980 年代初期,中国律师制度逐步恢复起来了。但律师实际上主要在城市地区执业,其服务范围也主要在城市地区,因此,如何为农民提供解决纠纷的良好机制,提供法律服务就成为一个问题。[8] 1980 年代初期,首先在广东、福建、辽宁等东部经济比较发达的地区出现了乡镇法律服务机构,1985 年 2 月起

---

[7] 参看,《当代中国》丛书编辑委员会编:《当代中国的司法行政工作》,当代中国出版社,1995 年,页 59;《司法行政年鉴》1996 年卷,法律出版社,1997 年,页 20—21。

[8] "中国现有的律师事务所和公证处,都设在市区和县城,而且人员普遍不足,任务繁重,很难主动深入基层,为乡镇企业和群众提供法律服务,农村群众请律师难、办公证难、寻求法律服务难的矛盾十分突出。"《当代中国的司法行政工作》,同前注 7,页 463—464。

正式在全国推广。[9] 1993年司法部又对基层法律服务工作进行了一系列改革，开始从乡镇扩展到城市的"街道"。[10] 到1997年年底，全国已经建立了乡镇（街道）法律服务所近3.5万个（其中至少有3.2万个是乡镇所），法律工作者近11.5万人（其中有10万多人是乡镇法律工作者）。[11]

法律服务所的主要工作范围：①提供法律咨询，代写法律文书，担任民事诉讼或非诉讼代理人，应聘乡镇企事业单位和农村承包经营户的法律顾问；②代当事人办理公证；③调解经济纠纷；④法制宣传；⑤协助乡司法助理员调解民间纠纷，指导/管理本地区的人民调解工作等。法律服务所实行"有偿服务，适当收费"的原则。[12] 此后，依据有关制定法的规定，法律服务所不属于政府系统，是一种事业性机构，在业务、人事、财务上都实行"自主经营、自负盈亏、自我约束、自我发展"的机制。[13] 我们的调查证实了这一点。

法律服务所是不增加国家编制和行政经费的事业性机构；但在乡这一级，它从一开始就同乡政府有很深的联系。在我调查的各乡，法律服务所和司法所都是"一套人马，两块牌子"，法律服务所所长都由乡司法助理员担任。司法所是设置于乡镇人民政府的国家司法行政机关，是

---

[9] 关于乡镇法律服务所的早期历史，请看，《当代中国的司法行政工作》，同前注7，页457—462。又请参看，李明：《全国乡镇法律服务工作会议》，《中国法律年鉴》1988年卷，法律出版社，页715。

[10] 具体内容，请看，金觉朋：《基层法律服务工作改革座谈会》，《中国法律年鉴》1993年卷，中国法律年鉴社，页141—142。

[11] 参看，韩立慧：《基层法律服务工作》，《中国法律年鉴》1998年卷，中国法律年鉴社，页180—181。其中关于乡镇所和乡镇法律工作者的人数，可参看，许锡福：《人民调解和基层法律服务》，《中国法律年鉴》1993年卷，中国法律年鉴社，页141；《司法行政年鉴》1996年卷，法律出版社，1997年，页18。

[12] 参看，《关于乡镇法律服务所的暂行规定》（1987年），《中国法律年鉴》1988年卷，法律出版社，页586—587。1991年司法部颁布的《乡镇法律服务业务工作细则》第3条将这5项工作细化为8项，为担任法律顾问、代理民事经济行政诉讼、代理非诉事务、调解纠纷、提供法律咨询、代写法律文书和协助办理公证；两者大同小异。

[13] 参看，司法部《关于基层法律服务工作改革的意见》（1992），转引自，刘广安、李存捧：《民间调解与权利保护》，夏勇等编：《走向权利的时代》，中国政法大学出版社，1995年，页291。

第九章 乡土社会中的法律人

县司法行政机关的派出机构,司法助理员则是基层政权的司法行政工作人员,是中国的司法行政机关的神经末梢。在乡间老百姓的心目中,甚至在这些法律工作者自己的心目中,他/她首先是法律服务所所长,然后是被聘用的法律工作者,定位和身份都是不那么清楚的,往往是半官半民,亦官亦民。农民遇到各种纠纷,告到乡里,一般都由司法助理员来调解解决,这时,他/她的身份就是乡政府干部,说话是算数的;有时,司法助理员/所长则指定所里聘用的某个法律工作者来"处理"一下,这个主持调解的法律工作者的法定身份就不明确了。但这对接受调解的双方并不重要。至少在老百姓心目中,法律工作者还是有某种官方的色彩的,就如同"联防队员"在老百姓心目中就是"公安"一样。

当这种调解工作无效时,法律工作者的角色就会发生变化。他/她可能在收费的基础上提供一些相关的法律服务,包括法律咨询、撰写起诉书;当人民法庭接受起诉,经当事人请求,这些法律工作者,包括司法助理员就会作为一方当事人的"律师",出庭参加诉讼。此外,在日常生活中,法律服务所也总是按政府机关的工作时间办公,农民如果有个什么不快的事,趁赶集或因其他什么事去乡里时,会顺路到法律服务所"咨询"一下。

就我调查的乡来看,每个乡的法律服务所都有二至三人。其中一人是司法助理员,算是乡政府组成人员,拿工资。其他人则是所长聘用的人,不是乡政府的正式工作人员。他/她们的收入靠法律服务所自负盈亏,但工资也是固定的;并仅在这个意义上,可以算是拿工资的。此外,至少有些法律服务所还要向乡财政缴纳一定的法律服务收入。

由于同驻乡里,法律服务所的法律工作者与人民法庭的法官或其他工作人员很熟,他/她们之间的关系相当密切,相互非常了解,虽然看不到他/她们之间相互联系和通知,但我感到,似乎他/她们都知道谁在不在"家"(单位),人去哪儿去了,什么时候会回来?这儿完全是一个熟人社会,尽管稍微离开了农民的熟人社会。在某乡,法律服务所与法庭门对门,"两家人"常来常往。常有人去法庭打官司,法官听了告诉之后,指派他/她到法律服务所去写状子,并告诉他/她起诉的案由。[14] 我的调查还印证了一些报道:巡回法庭"在审判案件的同时,把很大一部分精力投入到指导、培训司法助理员上。巡回法庭坚持利用各种机会、各种场合,对司法助理员进行系统的培训。一是在审理案件时请司法助理员参加旁听或参与调解,在调解技巧、审判程序等方面言传身教;二是每年召开两次联席会议,组织司法助理员学习新法律规定和司法解释,使他们能及时掌握发展动态;三是借行政会议之机,将司法助理员集中到一起,利用业余时间交流情况,研究疑难案件"[15]。另一个报道中则谈到,某新上任的人民法庭法官由于一直收不到案子,"看到司法所人手忙不过来,就主动要求到司法所帮忙"[16]。

我调查的法律工作者都没有法学院学习的经验;他们学习法律的经验,如果有,也就是到县司法局办的班上培训半个月或10天,或上级办的普法训练班。但这并不意味着法律工作者没有法律的经验。在我们调查的某县级市,在离该县县城仅四公里的一个乡,我们就遇到(也许应当说是听到?)一位被当地农民、法官和乡政府官员称作"刘大律师"的姓刘的司法助理员。他本来是学兽医的中专生,回乡后,不知如何当上了司法助理员。在任期间,他从事法律服务工作并自学法律,在我们访问该乡几个月前刚通过了全国律师统考,成为一名正式的律师。他不仅在本乡办案,也在县城里办案,收案范围早已超出本乡甚至本县。当访问这个法律服务所时,我被告知,他正在新疆办案,几天后才能回来。但我又被告知,这位"刘大律师"已经同县城某个律师事务所谈妥了,很快就会辞职离开乡政府,加入这家律所,到城里办公了。这是我在乡这一级遇到的唯一一位律师。莎士比亚的名言在乡土社会是多余的了;在这里,不需要杀,所有律师都会自动地自我消失。

在该所我还遇到了一位本县但非本乡、刚满18岁的本地政法学校(中专)毕业生,他在该法律服务所实习,准备毕业后就到这里工作。他工作挺认真,对待来访农民也很细心和热心。他对我说,他的(最现

---

14 参看,本书第五章"纠纷解决与规则的治理"提及的第一个案例。
15 春森、孟天:《踏浪而行》,《人民司法》,1994年第9期,页35。
16 陈海发:《"水壶庭长"》,《人民司法》,1991年第1期,页3。

第九章 乡土社会中的法律人

实的)理想和榜样就是这位"自学成材"即将进城的"刘大律师",他希望自己将来也通过自学实现这一梦想。如同下一章分析表明的,乡土社会留不住法律人才,即使是中专生这样年轻的中小知识分子。

但与下一章分析的基层法院留不住法学院毕业生的情况不完全一样[17],乡村留不住这些有一定法律知识的青年的最根本原因是市场经济为年轻人创造了更多的机会,而不是他们的知识用不上,也不是基层司法所不需要或排斥这样的知识分子。至少在同当地一些法官聊天时,这些法官都表示,他/她们希望自己的法庭审理或法庭调解有法律工作者或律师参加。法官的理由很简单:有这样的法律工作者参加,法官的司法审理(包括调解)会相对简单,更容易按法律程序办事,即审判更为格式化。

首先,法官可以更多使用制定法的概念以及其他法言法语同法律工作者进行交流;然后由这些法律工作者同他/她的当事人交流。这令法官有很多便利。至少法官不需要频繁向许多当事人用过分通俗乃至有点不雅的语言("辩论就是可以吵架,但不能骂人")来解释诸如像"法庭辩论"这类在我们看来人人天生应明白的概念。

其次,法官可以避免职业要求和社会道德的冲突。有一位法官说,法官有时必须有点偏心,否则得出的判决会伤天害理。例如,在离婚案中,可能一方当事人不同意离婚,但他/她并不了解法律的具体规定,还是指望着并相信法官会帮他/她做主。法官在提出调解离婚方案之际可能心里是偏向这一方的,想给他/她多分一点财产,但是当事人还是死活不同意离。按道理说,法官这时就只能"硬判",硬判的结果往往对这一当事人更为不利。这时,法官的处境非常为难。因为他/她毕竟还不能完全放弃目前对法官的法律意识形态——保持"中立"——要求,他/她还得顾忌到明确的法律规定,但法官无法把这些法律上的和自己的利害关系向这位他/她已经有所偏向的当事人都讲清楚,过于帮着一方(有些事是"可以做不能说的")。在这种状况下,法官说,如果有律师或法律工作者在场为当事人谋利益,会帮法官

---

17 参看,本书第十章"基层法院法官的专业化问题"。

把相关利害都说清楚，就可以解脱法官面临的法律与良心或情与法之间的冲突。

再次，法官说，因律师或法律工作者在场，也可以避免法官同当事人直接发生某些矛盾。现代的司法不完全是而且也不能完全按照乡土社会传统的是非曲直标准来决定案件，因此有时，法官司法的结果可能同当事人的预期发生冲突。还是以上一段的离婚案为例，只要一方始终坚持要离，法官只能判离。尽管在判离时，法官已经用裁量权为"秦香莲"多分了些利益，但"秦香莲"可能还是会认为法官被"陈世美"买通了，因此迁怒于法官。因为她心目中的法律还只是乡土社会的道德规则，她心目中的好法官还是包公、海瑞那样凭着个人权威惩恶扬善、眼里容不得半点沙子的道德楷模。如果法官走的不是包青天的路，居然允许让"昧良心的"离了婚，那就只能表明法官也昧了良心。在这种情况下，法官说，如果有法律工作者或律师作为其法律顾问，就可以由他们向这位愤愤不平的当事人解释法官为什么只能这样判；从而减少了法官与当事人的矛盾。

法官的这些道理都是真实的。从参与观察基层法官的审判中，我也深切地感受到这些法律工作者确实在保证司法的格式化运转上起到了巨大作用。无论是写状子本身，还是提出相关的救济，无论是法庭程序还是法庭辩论，可以说，没有这些法律工作者，依据目前的民事诉讼程序，至少有些案件的审判简直是没法进行下去的，至少不可能像目前这样有效率地进行。我目睹的一个例子是，法官问当事人（一位大约70岁的老人）"你是否申请回避"，当事人根本没有理解什么是回避，马上习惯性回答说，申请（在他的乡土生活的记忆中，我想，"申请"二字大约总是同"救济款""救济粮"相联系的。这是布迪厄所说的那种"习性"的表现）；"律师"马上在旁边说"不申请"，接着三言两语把当事人给打发了（我认为，当事人可能还是没懂回避是什么，但他可能相信，他的"律师"不会蒙他）。又如，有时，激烈的法庭辩论确实变成了"吵架"，法官几次想插话也插不上；这时，我看见法律工作者会告诫他的当事人不要抢话等。

但不应当将法律工作者的工作效果仅仅理解为保证审判的正常进

第九章　乡土社会中的法律人

行；从一个更宏观的角度来看，这还是一种真正的"普法"，一种现代社会文明的教育，一种对个体的训练，一种关于说话的场合、方式、口气、语词、态度的指教，一种对权威、证据的辨认，一种新的生命和人格的操练，一种单兵教练式的规训。[18] 这种影响将远远超过任何一次以物质奖励支撑的"普法"讲座或考试。

这种法庭和司法程序的规训不仅对当事人产生影响，对这些法律工作者也产生影响。据我们调查，绝大多数乡司法助理员（法律工作者）都是从有一定文化的农民中产生的，大多是农村基层干部或农村知识分子。这些人没受过法律训练，甚至没有受过现代的官僚制教育，只是长期生活在农村，不断解决纠纷，逐渐培养了一种依据天理人情国法政策判断是非处置纠纷的能力。还有少数司法助理员后来会以各种形式进入乡人民法庭担任法官。在一些大山区或非常贫穷偏僻的地区，县法院很难从县城派出法官长期驻扎在乡间的人民法庭[19]，不得已，往往只能从当地的司法助理员或乡政府的其他正式工作人员中招聘人民法庭法官。乡政府的工作人员，比方说，司法助理员，有时会因为厌倦乡里没完没了的杂事，也情愿当法官，比较清静，因此会通过考试进入法庭。对于这些司法助理员来说，参加这种审判的经验就成为他/她进入法庭前了解和学习司法审判知识的主要渠道之一。[20]

最后，即使这些司法助理员或法律工作者没进入人民法庭，司法审判程序也对他/她们调解纠纷甚至代表乡政府作出行政决定产生了巨大影响。在访问某乡时，我从司法助理员处理纠纷的程序中随便抽了几份看了一看。本来只是为了过过目，但一看，就让我感到有点吃惊。整个纠纷处理的程序与法院的审判程序极为相似。卷宗中包含了类似诉状的"我的请求"，类似法官询问笔录的"调查笔录""座谈笔录"，类似传票的送达文书和回执，有类似庭审记录的"调解笔录"，有类似判决书

18　参看，Michel Foucault, *Discipline and Punish: The Birth of the Prison*, trans. by Alan Sheridan, Vintage Books, 1978。

19　这在全国是一个相当普遍的现象。"到法庭工作确实是对法院干部的考验，每月多给补助费有人都不愿意去。"参看，戴建志：《再唱南泥湾的歌——南泥湾人民法庭见闻》，《人民司法》，1994年第11期，页44。

20　参看，本书第十章"基层法院法官的专业化问题"第二节的有关文字。

的"处理决定书";此外还有有关的证据材料,包括口头证词和其他书证。比法院的卷宗还多点的是一些实地调查的笔记和座谈笔录,一些地界划分的简图。这些多出来的部分反映了这种行政性决定要比法院更注重现场勘察,更注重"实质正义",更少强调"谁主张,谁举证"。这种状况令我和同行的调查人感到吃惊。显然,人民法庭的司法程序为乡土社会行政性纠纷处置提供了一种新的基本格式;而这种格式反过来对司法起到了或预期会起到支持作用。这表明作为一种治理术的"法治"模式确实在向基层渗透,乡人民法庭则是一个重要渠道或窗口。这令我格外感到韦伯的公文化法治在现代社会中的力量,也使我进一步理解了一位曾长期担任司法助理员的法官的话,他对法官与司法助理员的工作特点的概括是:"一个有程序,一个没程序。"

三、 法律文书送达人

在江汉平原上一个相对比较富裕的地区,我们考察了几个人民法庭,都发现法庭工作人员数量明显多于他们告诉我们的数量。经过询问,法官告诉我们,每个法庭都聘用了两三个这样的年轻人,专门替法院送达各种法院文件,还帮助做其他一些与法庭工作相关的事情,例如协助案件执行等。这些法律文书送达人一般都是近年的退伍军人或一些农村知识青年,他们的"工资"都从法庭的"创收"中支付。遗憾的是,我忘了,这些人是本来就没有正式称谓呢?还是我忘记将法官对这些人的称呼记录下来?我只好在此杜撰一个词,称他们为"法律文书送达人"。

法庭为什么要聘用这样的人?法官告诉我们,在这个地区,由于经济相对发达,人口流动比较大,纠纷也比较多,因此,法庭的司法工作比较紧,法官常常没有时间自己送达相关法律文书。由法官或书记员亲自上门送达法律文书,过两天接着"上台"审案子,似乎也不很是那么回事(记住,距离会创造权威和美感的道理)。

当然,我认为可能最重要的是,由于这里的经济相对发达,交通也

第九章 乡土社会中的法律人

比较便利，法庭已经配备了车，绝大部分法官都已在各方面生活条件都更好的县城里安家了。他/她们或早出晚归；或者工作日驻在乡间法庭，周末回县城。这种生活状况使这些法官对农村的具体情况开始陌生起来了，他/她们已经无法像以前的人民法庭法官，无法像那些仍然长期生活在乡间的法官那样，非常熟悉所在的乡以及乡民。这些法官告诉我，农村不像城市，村民居住没有街道，没有门牌号码，加上通讯不便（无法预约），送达文件就很麻烦；有时你去送达，人家是"铁将军"把门，赶集去了，甚至有可能你在路上跟他/她擦肩而过也不知道。由于人民法庭法官的生活社区变了，法庭就需要有非常熟悉当地的人来帮助送达法律文件。你只要告诉他某某村某某组的某某某，他肯定可以送到，而且他一般会把全乡的成人都认得差不多，路上碰到了，也不会错过。有这样几个人在法庭工作，司法审判包括执行工作运作起来就更正规化，更有效率了。

这一点令我很有些意外，也有不少启发。首先，我感到，社会经济发展要求司法专业化。纠纷的众多要求一个更有效率的司法组织结构；在这一社会发展过程中，即使是人民法庭的工作也正发生某种静悄悄的革命性变化，更强调专业分工和科层制。社会的发展正在重塑着乡村的法庭和法官，包括他/她们的生活方式和知识，塑造着司法的运作方式。其次，尽管早就从迪尔凯姆和福柯那里了解到空间对于现代社会组织的政治意义和司法意义[21]，但只是在这里，我才真正感到了当代中国经验的验证：空间组织确实对政治生活有影响（我想这又是一个很好的博士论文题目）。这些法官当然从来没听说过而且也不会关心迪尔凯姆或福柯，但他/她们对农村司法实践问题的直觉和经验分明让我感受到一种也许会被人讥笑为"后现代"的分析，看到了空间在社会控制中的意义。的确，如果不生活在这种环境中，你无法感受到司法进入农村乡土社会的难处。这种难处不仅是知识和理念的问题，甚至不仅仅是钱的问题，它涉及社会的全面重组、结构和整合，关系到像门牌号码、街道区

---

[21] See, Emile Durkheim, *The Division of Labor in Society*, trans. by W. D. Halls, Free Press, 1984; Michel Foucault, *Discipline and Punish: the Birth of the Prison*, trans. by Alan Sheridan, Vintage Books, 1978.

划这样的事，关系到诸如公路网络或电话或其他通讯方式的变革。在这里我看到了福柯所说的，法治的话语机制必须依赖于一系列非常具体的非话语机制。我感到我们这些躲在书房里"做（做作？）学问"的法学家常常把法治的实践问题看简单了，常常看成是一个观念问题。

除这种有效"社会控制"的需要外，这些送达人在法庭还扮演了其他角色。例如，类似法警。如果要下乡执行案件，法官往往会领着这些人参与司法的强制执行。类似卫兵。当周末法官回县城时，寂寥的人民法庭就由他们看守。他们的存在使这个法庭的分工更细致了。相比起来，这里的法庭显然比大山区仅有两三个法官常驻乡间的人民法庭更像法庭，更有司法的味道。

这些人的出现也促使法官进一步变化。最主要的变化是促使法官与乡土熟人社会进一步拉开距离，使得审判更为独立。表现为：第一，法官更多作为一个外来者（而不是社区内的一员）来处理乡民之间的纠纷，他/她们更多受城市生活方式的影响，更少受乡土社会生活规范的影响，司法可能更多转向程序化、规则化，不再像以前那样注重解决纠纷。第二，法官对乡政府的依赖程度也逐步降低了。第三，乡民也有可能逐步把法庭同乡政府区分开来，这也有利于审判独立的社会认知。第四，由于"外来的和尚会念经"的社会心理，法官同当事人之间距离的增加有可能增加法庭和法官的权威。第五，从可能性上看，这种变化在未来有可能使一些进入基层法院工作的法学院毕业生愿意到人民法庭工作，尽管目前县级法院几乎没有或很少有法学院毕业生。必须注意，尽管我这里的分析似乎都是正面的，但是结果未必都好，这些变化同样可能带来一系列新的问题。究竟结果如何，我们还需要细致长期的观察。

但即使假定这些变化是可欲的，要能够做到这样，人民法庭就必须有自己的小金库，或者它必须能从各种收费中或国家拨款中保证这些"送达人"的工资。目前，这些法庭的改变仅仅因为此地的经济相对发达，诉讼较多，诉讼或执行的收入较多，才保证了法庭能用得起这样几个"送达人"。

那些遥远偏僻、比较贫困的人民法庭怎么处理像送达这样的问题

第九章　乡土社会中的法律人

呢？在一个大山区的人民法庭，我发现，尽管很穷，雇不起"送达人"，法官却以其他方式回答了这种非格式化的空间问题。首先，在这些地区，或者因为社会更闭塞，人口密度低，纠纷本身就比较少；或者因为穷，因交通不便，纠纷上法庭的就进一步减少了。其次，这里的法官基本都长期驻在当地，对当地的情况和居民非常熟悉；听他们有时谈及当事人，往往不称名字，而是某村的某某，住在某某隔壁，或某个山脚的某某某（这种"定位系统"只有在人口密度很低的地方才可能）。再次，法官往往利用当地行政系统来传送法庭的有关信息。我们到法庭的那一天，法官打电话到村委会，要村委会主任通知有关当事人来法庭参加诉讼。由于人口流动性相对小，村委会一般也都可以找到人，确保通知到。最后，才是由法官或书记员送达。这种状况再次表明，司法的专业化、独立性都直接或间接地同社会经济发展水平有关。同时，我还看到，经济生活条件对法官累积的知识和法院工作方式的影响。

四、作为律师的法官

尽管下两章才详细讨论基层法院的法官，在这里，我却想简单讨论一下，在乡镇，人民法庭法官实际经常扮演的，但至今一直为所有的研究者都忽略了的另一种社会角色：律师。

前面已经初步显示（虽然不是因为莎士比亚所说的原因），基层法院，特别是人民法庭的管辖区[22]内往往没有一个真正的律师。城里的律师不仅很难为普通农民接近（可能会有几十里路到县城），并且费用也是普通农民支付不起或不愿支付的，但农民确有许多纠纷需要法律的服务；在中国广大农村，有一种对法律咨询的制度性需求。正是这种需求

---

[22] 在我们调查的县，大致是一乡一个人民法庭；在中国东部和中部地区，1980年代后期已经基本上都实现了一乡一庭。在中国一些相对贫困的地区，由于财政、人员以及其他的原因，也有数乡设一个人民法庭（参看，李健华：《理一方案情，保一方平安——记云南省永胜县期纳人民法庭》，《人民司法》，1994年第12期，页41）；有的地方由于缺少办公条件，也有两个甚至更多法庭合署办公的（戴建志：《再唱南泥湾的歌——南泥湾人民法庭见闻》，同前注19，页44）。

导致了乡间的法律服务所的产生和生长。但在普通百姓心目中，他/她们并没有关于法院和乡政府或司法助理员的严格区分，在他/她们心中，这些机关都是说理的地方。当然，法律服务所也收费，因此，至少有些农民常常不经法律服务所，就直接到法院起诉，特别是一些在农民看来"天经地义"的诉因（比如离婚、赡养等）。有心者可以就制定法规定的诉因和农民心目中的"诉因"作一个分析研究，那也会是很好的博士论文题目）。在这种社会背景下，人民法庭的法官在很大程度上实际起到了第一律师的作用。

我曾在本书第五章提到这样一个"案件"。儿子想要母亲的钱，不得，多次殴打母亲；母亲到法院起诉，要求"脱离母子关系"。在这种情况下，法官首先告诉她，法律没有相关的规定，因此不许可。这是第一个有关法律问题的咨询回答。随后，法官考虑了这位母亲的实际情况，为她提供了在法官看来最好的法律建议，建议她同离家出走20多年杳无音信的丈夫离婚，另找老伴，以此来保护自己。这是法官提供的第二个法律咨询——为当事人从法律上设计一个更安全的未来。然后，法官告诉她到对门的法律服务所写状子，告知如何写，什么案由等；甚至领着她到法律服务所来办此事。这是第三个法律服务。

至少头两个服务严格说来应当是律师或法律工作者承担的责任，但在中国农村，这些工作往往由法官承担了。严格说来，法官不仅没有义务承担，而且从法律上看是不应当甚至应被禁止的。因为，就这个案件而言，法官真正是"先定后审"了——如果这位妇女真的听从了法官的建议，向法院提出了相关的诉讼，这些法官还会作出其他判决吗？当然，这个案件涉及的问题不那么严重。但设想一下，如果这位妇女听取法官的建议，对自己儿子提出虐待罪的起诉（法官没有提这个建议，只是考虑过这种可能），那么这个案子从一开始就有很大偏见，对她的儿子是不利的。无论依照什么诉讼法或传统的法理，法官的这种做法都与司法职业道德有冲突。

法官不仅在起诉前常常扮演律师的角色，而且在当事人没有聘请律师或法律工作者代理的庭审（包括调解）中也常常实际上起到了律师的作用，甚至同样是被迫起到了律师的作用。在访谈中，许多法官对我

第九章 乡土社会中的法律人

们谈论自己办的案子，都表现出这一点。比方说，还是离婚案，丈夫要离，甚至愿多给些钱，以表示自己的内疚，但妻子就是不愿离。由于妻子缺乏相关法律的信息，又没有律师代理替当事人出谋划策，如果法官保持司法的"中立性"，妻子往往会为自己的信息不完全的决策所误。这个时候，法官往往会告知妻子，如何解决对她最好，有时甚至不无越俎代庖替当事人作决定的嫌疑。这种状况实际上也是法官扮演了律师的角色。我在其他各章中的一些例子（例如，在赡养案中，法官关于生老病死之安排，粮食、油料的安排[23]；在断腿赔偿案中，法官关于损害赔偿金的安排[24]），以及一些有关人民法庭法官的报道[25]，也都说明了法官在很多时候起到的就是（甚至更多是）律师的作用。

不想举更多的例子了，我想探讨其中的社会寓意和法理学寓意。

首先，这表明，中国农村对法律服务乃至对律师或法律工作者确实有巨大的需求。这是一个巨大的潜在的法律服务市场。中国的法治能否建立，一个重要的方面就是农民的这种服务能否得到满足。

其次，我们又须看到，这个潜在的市场还没有转化为甚至短期内还不大可能迅速转化为一个现实的法律服务市场。这种需求还是一种消费者没有支付能力或没有足够支付能力支持的需求。坦白地说，律师之所以不下乡，很大原因就是农民支付不起律师的费用；而农民之所以常常直接找法官，不是到法律服务所咨询，在我看来，除农民对这两者的制度差别无知外，一个很重要的原因是，法官听取其诉求后提供的法律服务是不收费的，是免费的午餐，直到你把诉状提交上来，同意立案时，法院才收费。农民在这些方面是很精明的，他/她们知道如何节省他/她们的那不多的现金。

另外，现有的法律知识体系还难以提供有效的法律服务，即现有的法律知识生产厂家生产的产品还很少足够细致地考虑是否切实适合农民

---

23 同前注 22。
24 参看，本书第三章"基层法院的审判委员会制度"第 7 节。
25 参看，陈海发：《"水壶庭长"》，同前注 16；陈念华：《"庄户法官"张开弟》，《人民司法》，1994 年第 1 期，页 42。在第一个报道中，这位庭长刚上任时，因无案可审，"看到乡司法所人手忙不过来，就主动要求到乡司法所帮忙"。

的需要。目前中国法学院提供的法律知识更多是适应工商社会和都市生活的，是强调规则性的，在农民看来是比较大而化之的。农村生活由于受生产生活条件和社会组织形态（熟人社会）的限制，需要的法律知识有很大不同。农民需要的法律救济往往格外具体、细致，往往有地方性色彩，并且一定要对方当事人有能力履行，或司法机关有能力实际执行。律师可以就某个伤害提出很高的赔偿金额，法院也可以这样判决，但如果对方当事人完全没有能力支付，那么这个律师的一切努力，提供的一切服务最终是一纸空文。农村需要法律服务的概念实践起来一定要语境化、细化，不能用我们这些法学家头脑中的概念来替代。

正是由于这两个限制，我们看到目前中国农民的法律服务需求是得不到制度性满足的。同时，也正是这两个限制下产生的农民对法律服务的制度性需求，迫使基层法院特别是人民法庭法官的职业角色发生了微妙的变化或位移。他/她不仅是法官，而且也是传播农民关心的法律信息、提供相关法律服务的法律工作者。也正是由于基层法官这一实际的社会职能，我才感到有必要至少是把履行这一职能的人民法庭法官列入乡土社会中的法律人，并纳入本章分析。这种分类，不仅仅是出于便利，而且是有盘算且有比较充分的理由的。

从基层法院特别是人民法庭法官的这一职能出发，我们还可以进一步理解他/她们在中国乡土社会中扮演的特殊角色。许多人指责基层法院特别是人民法庭法官的专业素质比较低，缺乏理想法官（法律家/政治家）的气质和能力，没有理想法官的中立性。这些批评都对，但又都不太讲道理甚至太不讲道理。只要到中国的乡这一级一看，看看基层法官每天的工作，他/她们接待的当事人，他/她们所面临的问题，他/她们必须在教科书上讲的法律职业道德与生活实践中的法律职业道德之间作出的选择，就可以发现，他/她们的这种角色偏离不可避免甚至很正当。即使如此，我的这种表述都太知识分子化了。在他/她们的工作生活环境中，他/她们甚至只有这样行为，才是公道的，才不辱没民众对"法官"的期待。

因此，也许应当重新审视一下法官这个概念之内涵的丰富性。法官这个概念当然应当涵盖像柯克、霍姆斯、卡多佐、汉德这样的法官，但

第九章 乡土社会中的法律人

法官却不仅仅是柯克和霍姆斯等人。它还包括了中国的人民法庭法官或者美国、英国、澳大利亚的治安法官。一个优秀的人物不应当成为一个他所属概念的标准定义。否则，在霍姆斯、波斯纳面前，我们中国的法学家干脆都别叫法学家了，中国法学院的教授还有谁敢称自己是法学教授？！

最后，从作为律师的法官这一现象还表明，在当代中国，至少在基层法院，法官的专业化不可避免地要同当地的经济社会发展水平相联系。甚至，考虑到前面谈到的其他法律人的状况，也许，我们可以说，在目前这些地方，也许需要的法律人就不能太专业化了，太专业化对这些"客户"来说也许是弊大于利。还是那句话，要实事求是，具体问题具体分析。这是一句老话，但如果你看了上面的介绍和分析，你是否真正在智识上有些许的触动呢？

现在，该让我们对基层法院法官进行更细致的考察了。

1999 年 12 月 29 日于坎布里奇

第十章　基层法院法官的专业化问题
——现状、成因与出路

> 世界上的事情是复杂的，是由各方面的因素决定的……[1]
>
> ——毛泽东

一、"复转军人进法院"

1998年新年伊始，贺卫方在《南方周末》发表了题为《复转军人进法院》的杂感[2]，对中国法官选任制度，特别是这种做法背后隐含的社会和政府对法院和法官工作的一般看法提出了批评。其基本观点，在我看来，完全正确，即今天的法院已经不同于中华人民共和国成立前30年的法院（"无产阶级专政的工具"），今天的法院是依据普遍的规则解决具体纠纷（实现司法/正义）并在解决纠纷中确认规则的一个有很强专业性的制度机构；仅仅强调军人作风、军人气质和军人严格的组织纪律性，这反映了我们社会对法官和法院的理解已经落后于时代的要求，不能适应当代法院工作乃至整个中国法治发展的需要。如果中央和地方政府的一些决策官员仍然坚持传统的观点，把安置转业军人进法院作为一项有利于法治建设的政策推行，有可能不利于法院和法官的专业

---

[1] 《关于重庆谈判》，《毛泽东选集》（合订本），人民出版社，1966年，页1055。
[2] 参看，贺卫方：《复转军人进法院》，《南方周末》，1998年1月2日。

第十章 基层法院法官的专业化问题

化和职业化发展。

两千字的短文,要求标题引人,文字生动,观点鲜明,很难把该说的话都说到。而且,贺文中也确有一些"硬伤"(例如,他含混但错误地认为复员军人和军转干部都是由国家安置的)。尽管如此,我仍然认为,贺文的基本思路是对的,他在借事说理,而不是完全就事论事。

但恰恰是由于借事说理,可能惹得与"事"有关的人或一些人不高兴。特别是,一方面,当时中国政府宣布将再次裁军50万人,不少军官面临着"下岗再就业"的问题;另一方面,中国的改革已使劳动力供求日益市场化。这个本来可能很简单的问题和道理,在这种情势下因此变得很敏感。很快,一篇题为《复员军人缘何不能进法院》的文章首先在《中国国防报》随后又在《南方周末》上发表了。3 作者曹瑞林,一位受过法学教育的现役军官,某军报记者,与我也有过一面之交。

虽然说的都是转业军人,但严格说来,这篇文章集中关注和讨论的问题与贺文完全不同,仅仅在某些问题上有交叉或勾连。大致说来,曹瑞林认为,现代社会的工作样样都要求专业化,那么转业军人回到社会,回到哪儿去呢?同时又称,"军人经历是[……]一笔无形的财富。加上他们刻苦学习,锐意进取,顽强拼搏的精神和实践,完全可以成长为一名称职的人民法官"。

曹瑞林的前一个问题,军人的就业问题,是一个要解决的问题,但不是贺文讨论的问题。在社会主义市场经济日益发展的今天,在我看来,这个问题势必更多由广义的市场和市场活动参与者自身来决定,将来,则应当完全由市场来决定,尽管,目前,还不可能且不应当仅仅由市场来决定。曹文的后一个说法,则必须假定转业军人"刻苦学习,锐意进取,顽强拼搏"。如果能做到这些,又有谁不能成为法官呢?为什么只有转业军人有优先权呢?这种以假定作论证的论辩,在我看来,并不具有说服力和反驳力。此外,仅仅声称军人经历是一笔无形的财富,也不能说服人。因为每个人只要活着,都会有经历,至少对其本人

---

3 参看,曹瑞林:《复转军人缘何不能进法院》,《中国国防报》,1998年2月10日。

都是一笔无形的财富。敝帚自珍,这是一种常识。这并不能得出军人经历在司法实践上就一定是一笔无形的财富。

至此为止,我的结论似乎明显偏向贺卫方:军人不等于法官;如果要加强法制,以法院作为安置军人的主要场所作为长期政策是有明显偏差的。但我这样说,既不是对献身国防、保家卫国的军人的一种冷漠(其实,我本人就曾是一位军人,如今虽然没有——但并非不能——进法院,却如同贺卫方戏言的"复转军人进了法学院"),也不是说军人一定要一锤定终生,退伍转业后不可能从事法院工作,不可能成为称职的法官。[4] 问题并不在于,中国的转业军人能不能进法院,而在于凭什么进,或进去干什么。

这个问题从逻辑上讨论很简单,军人不等于法官。但本章不想仅仅停留在这个层面上探讨问题。对于我来说,重要的是理解中国的法官状况,这种现状是如何构成的,在此基础上可能提出什么样的改进方案。我们有一系列问题要了解。比方说,中国当代基层法院的法官状况究竟如何?究竟有多少复员转业军人或——说开来一点——没有受过法学教育的人进了法院?他/她们能否履行司法审判工作的职责?能或不能,原因都何在?他/她们履行的是什么样的司法职责?就承担基层司

---

[4] 事实上,美国历史上首屈一指的著名法学家、大法官霍姆斯,就曾从军多年,担任过军职,还是一位著名的战斗英雄,他曾三次受伤,至死身上还带着一颗子弹。但他对美国法学和法律的贡献举世公认。1902 年,当西奥多·罗斯福总统挑选霍姆斯出任美国联邦最高法院大法官时,一个重要因素就是霍姆斯有"出色的军旅生涯"(参看,Max Lerner, "Holmes: A Personal History," in *The Mind and Faith of Justice Holmes: His Speeches, Essays, Letters and Judicial Opinions*, The Modern Library, 1943, p. xxxi)。即使当下(1999 年)任职美国联邦最高法院的 9 位大法官中,也有 3 位曾先后在军队(国民警卫队)中担任过各种军职,如果刨除现任的两位女性大法官,有过军人经历的比例竟高达 43%。这还不是最高的比例。我统计了过去 35 年左右在美国联邦最高法院担任过大法官的全部 21 位男性,有过军人生涯的竟有 11 位,这个比例超过了 50%(资料和数据来源,http://o-yez.nwu.edu/justices/justices.cgi)。同样为当代中国法学界熟悉的英国著名大法官丹宁勋爵也曾有过 2 年多的军旅生涯(参看,Edmund Heward, *Lord Denning: A Biography*, Weidenfeld and Nicolson, 1990, pp. 10–12)。列举这些事实并不意图证明而且也证明不了军人就是好法官或只有从过军的才可以成为好法官。事实上,这些人进了法院,成为优秀法官,并不因为他们曾是军人,他们此前或此后曾进入法学院学习,并且成绩一般比较优异。只是这些例子至少表明,军旅生涯与法律或司法的知识并非不兼容,从军和从事司法审判并不截然对立。对此,后面会有细致论证。

第十章 基层法院法官的专业化问题

法审判工作而言，法学院毕业生是否一定能比他/她们履行得更好？为什么？是否有相当数量受过现代法律训练的大学生希望进入法院工作？希望进入什么样的法院？复转军人以及其他非科班出身的人进法院是否挤占了法学院毕业生的位置？或挤了什么位置？基层司法审判要求什么类型的知识？是否被现有学科体制标签为"法学"的知识就一定是司法审判的知识，或是对司法审判有用的知识？目前中国法学教育传授了什么样的知识，对审判工作在哪些方面有用，在哪些方面不够？如果没有足够的称职法官人选，复转军人进法院可否作为替代，有没有更好的替代？军人生涯以及其他社会生活经验与法院司法审判工作是否不兼容，在哪些方面不兼容，哪些方面可能兼容？甚至，我们还要提问，是否所有法官需要的知识都相同？以及，在当代中国社会条件下，从现实到相对理想的法治状态，我们如何可能作出比较好的选择？所有这些问题，都必须细细予以经验考察和分析，不可能简单地从逻辑上推论出来，并且也不可能依据逻辑推理或概念分析来解决所发现的问题。

这些问题已经很多了，有的还很大，有的还有些哲学意味，但是，本章并不为追求哲学意味而研究这些问题，而是为了研究问题而不小心或不得不触及这些哲学问题。必须指出，实证问题研究不只是收集资料；在我看来，它至少应当同样（如果不是"更"的话）有智识的挑战。但鉴于种种制约，我不可能对所有这些问题都作出清楚的或自信的回答。因此，本章着重考察当代中国基层法院法官的现状，运用的材料来自近年来我在湖北省基层法院的研究和访谈。但是，我清楚但读者未必清楚，因此要强调的是，正由于我的研究材料的局限，本章得出的一些可能有政策意味的结论大都只限于基层法院，有些结论对其他层面的问题或其他法院也许有所启发，但不能无限扩展。

二、 基层法院法官的大致状况

我从中国当代基层法院法官的现状开始。我首先界定一下本章使用的"法官"，我指的是有书记员以上职称的法院工作人员。为什么这样界定?

首先因为,在调查中,我发现,书记员,特别是在人民法庭,许多时候扮演的实际是助理审判员的角色。他们往往会参加案件讨论和决定,审判员或助理审判员不但会听取他们的意见,而且往往会要求书记员提出自己的看法。这种做法,固然有中国昔日的"民主"因素,但也不无一定的"师徒"培训因素。事实上,至少在基层(我相信在高层级法院或多或少也会如此,因为我在后面将讨论的,司法经验无法在学校教授,用时髦的哲学概念说,那是一种"实践理性"[5]),绝大部分(如果不是所有的)法官都是通过这种"准师徒制"训练出来的;包括法学院毕业生,要想真正成为一个法官,在不同程度上也必须经过这种真正意义的实习。

其次,至少到目前为止,大部分书记员,只要持续在法院工作,不出太大的问题,随着审判经验的积累,都会逐步提升为助理审判员或审判员,正式参与和主持审判。相反,有些从一开始就有审判员职称的法院人员却可能从来没有参加审判,而且没有能力参与审判。例如某位有审判员职称的人可能仅仅是因为他/她"打恢复建'院'就在这里工作了"。

最后,在基层社会许多普通当事人眼中,书记员与审判员的区别也很模糊;甚至在目前基层法院工作人员自己眼中,这种区别也不重要,大致仅仅是一个"级别"问题,而不是"职业"分工问题。因此,考察基层法院法官的状况,仅仅因职称而把这些人排除在视野之外,显然是从标签、概念出发,是不懂中国的"行情"。

在同100多位法官访谈中,以及依据我们实地调查的两个县级法院的情况看,我们发现,首先在文化水平上,现有的法官确实与法学界理想的或设想的法官(这个理想状态的法官是怎么来的?值得知识谱系学的研究。转述冯象的话,"美国直到帝国主义初级阶段,考律师也不要求法学院学历"[6])相距甚远。尽管很多法官已经以各种方式(自学高

---

5 参看,Richard A. Posner, *The Problems of Jurisprudence*, Harvard University Press, 1990, ch. 2.
6 冯象:《木腿正义》,中山大学出版社,1999年,前言,页7。事实上,对美国法官至今也不要求有法学院学历,尽管如今所有法官都毕业于法学院。

第十章 基层法院法官的专业化问题

考、函授、法律业大、电教、党校学习等）获得了大专甚至大学本科文凭，但除少数通过自学高考获得学历的法官外，绝大部分法官自己都不把这种学历当回事；他/她们公开自称是"水货"。这些学历大都是为了满足各种要求，在上级领导和法官本人合谋下批量化生产出来的。其中，在他/她们看来，最不值钱的是由法院系统自己办的法律业大。

就法律专业训练状况而言，基层法院法官更是极少受过正规法律本科以上的法学教育。在经济相对发达的江汉平原的某县级市，该法院还有或只有两个法学院的毕业生；而在经济相对落后的鄂西山区某县法院，到目前为止，还没有一位正式法学院毕业生，甚至没有一位普通高校的毕业生。间接印证这一点的是，在我们访谈的来自湖北全省的100多位法官中，以及在中南政法学院自1996年春天以来举办的7期法官培训班（每期约60人）中，也没有一位是法学院毕业生。

如果一定要作某种区分（我后面会对这种分类作出批判），目前中国基层法官大致有三个来源：一是从正规院校来的学法律的或非法律的毕业生，包括大学本科和专科。这类人数量很少，在绝大多数法院，他们的比例都不到10%。二是从当地招考或从政府其他部门调入法院的人，这些人数大约占了30%。其他的则是本章一开始说到的复转军人，大约超过50%。据某县法院的一位副院长（他本人也是一位复员军人，但已在法院工作近20年了）告知，在他们法院，甚至70%～80%的人都有不同的军人经历。

这种分类其实没有什么意义，除非我们采取某种本质主义的立场。因为，军转干部中如今已有少量有正规大学学历的军官；许多复员军人是先在地方工作，以后通过各种途径自愿（通过考试）或非自愿地（组织分配）进入法院的；也有一些大专院校非法律专业毕业生先从事其他工作，然后从当地政府或其他部门或外地调入法院的。在我们的访谈中，我感受不到有哪位法官是依据这种分类划分阵营的。如今法院和其他各行业的游戏规则已没有什么差别，重要的不是"家庭出身"或"门第"，而是专业能力（对今天的大学教授们，有谁关心他/她当年曾是"知青""工人""干部"或是"复员军人"呢?）。对法官的这种区分完全是少数法学界人士创造的，至少在基层法院里没多少分析性使用价值。

此外，进入法院的人，即使有审判员或助理审判员的职称，也未必都从事审判工作。有许多人调入法院后，无论是军转干部还是地方干部，一辈子就是搞机关工作，当司机、法警，或者当收发，或者搞业大、纪检、基建、后勤、接待、工会，甚至搞的也算是法律业务的告申、执行或法医鉴定之类的工作。

但也必须指出，只要进了法院，无论开始干什么工作，只要不是太笨，只要自己努力（主要指强烈要求；而不是指努力学习司法审判业务），也不是没有可能，某一天法院院长会同意让你去参与审判，最后还真的当了法官，甚至是不错的法官。因此，我们也可以暂时借助这个分类来细致地讨论一下法官的情况；目的却是为了"过河拆桥"，最终抛弃这种分类。

1. 复转军人

首先，必须注意，复员军人与军转干部完全不是一回事，将两者归为一类完全是一种粗疏，一种误解。复员军人一般是十八九岁或更大一些时入伍，在部队上履行义务少则2~3年，多则5~6年之后，退伍回到地方。如果他/她原先是农村户口，即所谓"农村兵"，国家没有义务安排他/她们工作，尽管如果在部队学了某种技术，例如驾驶，有很大可能被"招工"。只有少量所谓"城市兵"，在1990年代之前，国家才有某种责任安排他/她们作为工人就业，一般都不进法院，因为他/她们的身份是工人而不是干部。即使有少数复员军人进入法院，也是作为工人或职工身份（比方说，司机、打字员）进的，不会直接成为法官。当然，进入法院后，其中有不少人后来会成为审判人员，但这往往要经过招干，或通过某种形式的自学高考毕业后才能转干，成为审判人员。例如：

> 法官甲，女，1960年出生，高中毕业后，下乡1年，18岁当兵，两年后退伍，到了法院，搞"内勤"（收发文件、打字、保管档案）10年。这期间，自修大学毕业，后转搞审判，在刑庭任审判员，现正在考大学本科学历。

第十章 基层法院法官的专业化问题

法官乙，男，1961年出生，1979年当兵，在部队当驾驶员；1983年复员，因法院刑庭需要司机，招考进入法院开车；1995年起转干，在刑庭参加审判，先当书记员，现在是助理审判员。

法官丙，男，苗族，1958年出生，1978年当兵，1982年复员，到司法局工作；几年后调法院政治处，1996年后到法院办公室，搞法制宣传，档案和收发。

法官丁，男，1954年出生，16岁当兵。三年后（19岁时），因父亲去世，自己是长子，要照顾母亲和弟妹，要求退伍（本来在部队是"干部苗子"——准备提拔为军官的）。回到地方后，到法院工作，从书记员干起，担任过人民法庭庭长、民庭庭长，现任县级市法院副院长。此人对法院工作极为熟悉，对法院历年审理的案件数如数家珍（例如，在访谈中未看任何记录就谈到"民事案件，1985年全年法院民事案件264件，1988年2860件，增长了10倍"。），对法院现行体制的弊端分析很透彻，批评很尖锐、深刻。1986—1987年他曾率先提出法院改革，提出"走出去办案，开发案源"，成效不错，因此被评为全省优秀法院；但访谈时他自我批判，认为这条路已经走死掉了，法院必须"坐堂办案"。他是一个极聪明的人。

应当说，这些人与无军人经历、进入法院并逐步成为审判人员的其他人——我将在后面分析——实在没有什么差别。在经历了多年甚至长达20年的法院工作经历后，你很难用他/她们的数年军旅生涯来界定他/她们，把他们本质主义（作动词使用）了。正如你很难用"连长"来概括霍姆斯一样；也正如我今天常自诩为军人，但中央军委绝对不会考虑什么时候授予我少将军衔一样。

所谓的复转军人进法院的问题实际上是军转干部进法院问题。这些人都是有各种职务的军官，转业到地方，一般是回自己的故乡或妻子的故乡（这往往取决于哪个地方的生活条件以及其他条件更好）。国家对这些人有安置的责任；并且进入法院后，一般也要比照他/她原先在部队的行政级别，在法院安排或不安排某个行政职务（过去10多年来,一般是高职低就);并且——对我们的研究更为重要的是——往往会有相应的审判职称。据了解,在基层法院,一般是排长"套"书记员,连长"套"助理审判员,营长以上"套"审判员。法院系统感到有负担的只是这类转业军人。

但如果仔细分析一下,法院系统感到的负担也主要并非因为这些人曾经是军人,无法承担法院内部的工作,毕竟中国法院内的工作也是很多种多样的,并不全是审判。最主要的负担其实是,这些人来了之后,要分享法院系统内各种本来已非常稀缺的资源,其中最主要的又是行政职务、业务职称这样一些符号性资源以及与之相伴的物质资源。之后,才是占有业务职称的军转干部无法履行或无法有效履行相应的职责(比方说,有审判员职称却无法独立审理案件)。因此,如果有某法院院长表示拒绝军转干部进法院,这完全不意味着他/她开明,不意味着他/她欢迎法学毕业生进法院。他/她可能不欢迎一切要分享法院已有资源的人。对这一点人情世故,我们必须要看透。

转业军人是否希望去法院呢?我们访谈了几位法官,都涉及了这个问题。基本没有定论。主要原因是当代中国的情况变化太快。一位1970年代中期"文革"尚未结束就到法院工作的法官说,他们那时没什么选择,是分配到"政工组"[7] 工作,由于业务相关,以后就到了法院工作。1980年代中期之后,随着中国裁军100万,大批军队干部转业到地方,军转干部才成为一个问题。当然,转业干部如果本来有专业或有技术,选择工作基本不成什么问题,一般都可以分配到与原来业务相近的工作岗位,如少量的转业技术干部。问题是绝大部分军转干部在地方找不到"对口"的专业(而并非如同我们习惯想象的那样他们"没有专业"),只有带兵的经验。在这种情况下,据说,当时军转干部愿去企业的不多。在他们看来,效益好的企业不会分他们去;不好的企业去了,则意味着工作不稳定;而且,到企业,自己的工作能力也很难发挥。至少到1990年代初期,军转干部的首选是党政机关,特别是

---

[7] 政工组是"文革"时期地方政府被夺权,建立"革命委员会"(相当于政府)后,下设的一个主要办事机构,其管辖权很大,包括如今党委的组织部、宣传部以及公安和法院系统。

第十章　基层法院法官的专业化问题

组织部这样的管人事有实权的单位；其次是工商税务这样的行政执法机关，既有一定的权力，同时待遇也比较好；公检法机关一般排名靠后。即使在"政法系统"中，法院一般也不是首选，而是最后，因为法院不如公安那么有权，业务也不如公安与部队相近。在一些访谈者看来，至少到 1990 年代初期，进法院的军转干部一般都在当地熟人不多，关系不硬。当然，这种状况近年可能有所变化，也许有更多军转干部愿去企业或法院这样的单位了。

2. 大专院校毕业生

大专院校毕业生进法院工作的，在 90 年代初期以前，基本都是国家分配来的。近年来，由于大学毕业生工作实行双向选择，往往是毕业生自己同法院联系，法院接受了。还有少量大学或大专毕业生是从原有工作岗位转行到法院工作的。但是，这些大学或大专毕业生中极少是法律专业毕业生。

在经济文化发展水平不同地区的基层法院中，这些人所占比例很不相同。前面提到的江汉平原上某县级市法院中，法律专业毕业的本科生只有两人。一人 1983 年毕业于某政法学院刑侦系，现担任某人民法庭庭长。我们到该法院调查时，院长大力推荐我们到他所在人民法庭看看；这表现出，院里对他高度重视。在该法庭调查同他交谈中，我们也明显感到他在法院内是正在上升的明星。另一位是女性，1992 年毕业于某政法学院法律系；1998 年春（毕业仅 5 年）我们调查时，她已担任了该法院民庭副庭长；而在基层法院，民庭是最重要的审判庭（而不是之一），因为民庭实际上承担着指导分布在各乡的人民法庭审判的责任，在某种意义上很像是各人民法庭的"上诉审"。访谈中，民庭庭长称她为本院的"才女"，因为全院只有她发表过两篇"论文"。显然，她也是受法院重用的人物。

在这些法院，我们没有调查从其他专业转行当法官的大学本科毕业生。但我们访谈的在中南政法学院接受培训的法官中，有数位是从其他行当转过来的。从下面列举的四位可以大致了解基本情况：

> 法官 A，现任副院长，审判员，1951 年出生，工农兵大学生，1975 年入学（参加工作），1978 年毕业回乡，一直在县委机

关工作，从办事员到秘书到县委办公室主任。1997年2月由县委办公室主任调任县法院副院长，主管财务、机关、人事。调动的原因："从来没有人在县委办公室退休"；据他自己说，到他这个年龄在县里一般已经没有升迁的前途了，他要为自己退休做准备，同时法院也有点真正的业务。

法官B，1972年出生，1995年某大学政教系毕业，按原则应到县教委报到，分配到乡镇中学教书。但他自己找到法院，进了法院；1997年春我们调查时，他已担任助理审判员（还不到两年）。其父是在任的县委副书记，但他自称与父亲谈不拢，他父亲没有为他找工作讲话；但他不否认自己能进法院与其父在任有关，甚至提职也可能有关，至少"他人可能这样看"。他不认同其他法官；在同我们交谈时，反复称其他法官为"他们"，而认同我们这些调查者，多次称"我们"；并且他说自己在法院很寂寞，无人谈话，多次强调自己的"人格"。进入法院的原因：不想教书。

法官C，助理审判员，1966年出生，1989年毕业于某海运学院，到某大城市远洋运输公司工作。因家中需要人照顾（但我估计更重要的可能是个人婚姻问题，因为海员结婚极难，并且他也自称"调回家乡后不到两月就结婚了"），1992年调动回乡。先在镇政府工作，1995年通过县法院的招干考试，进入法院，1997年就担任了某人民法庭副庭长，实际上负责该庭工作（庭长即将退休）。此人麻利、聪明、诚实，至少对乡土社会经常适用的法律非常熟悉，并对乡土民情熟悉。据称，本来，凭他现有的业务水平，培训没有他的份，"是我争着来的"。为什么进法院：法院工作是业务，单纯，而镇上的工作很杂。

法官D，1962年出生，1980年参军（考入军校），毕业后到某海岛工作，1990年底转业回家，进法院搞行政审判，现任行政庭副庭长。为什么转业：长期两地分居；在海岛工作，升迁路仄。为什么到法院？没有直接回答，但称"[当时]转业干部愿去企业的不多，不稳定，部队的工作经验用不上"。

第十章 基层法院法官的专业化问题

从这些大学生的情况看，除有较高学历之外，在他们进法院之初，对法院和审判业务的熟悉程度并不比其他复转军人有任何优势，有的本人也是转业军人。

此外，还有一些也可以列入这一系列的中专毕业（司法学校）的学生。他/她们现在还很年轻，大部分都是书记员或助理审判员，人数也不很多。他/她们对自己能到法院工作一般感到相当满意，同时也充满相当现实的理想。其中有些人之所以能进法院，往往也有某种关系。

3. 其他地方单位调进法院的

这似乎又可以分为两类，一类是慢慢经由其他与法律相关的岗位逐渐转入法院工作的。下面两位法官是比较典型的例子：

> 法官 W，1955 年出生，高中毕业后，回乡务农；1976—1979 年在生产队和大队先后任生产队长，大队党支部书记；1980 年招干，在公社干了 1 年司法助理员（主要职责是调解各种纠纷），此后在公社和乡里干了 8 年半民政干事［其主要职责是办理登记结婚、协议离婚的有关手续，推动农村社会保险等，在中国至少在地区和县一级，民政部门有时划归政法系统，涵盖公检法司民移（在与三峡库区或接受移民的地区，都有移民局），因此与法院也沾点边］，1990—1995 年在乡里担任组织委员（相当于乡组织部部长，只是不这么"叫"而已）。1995 年 6 月起到人民法庭上班，10 月份正式调进法院系列，任命为审判员，在原来乡的人民法庭工作，保持了其原有行政级别，但在法院没有行政职务。为什么要调法院？法官职业有威严；政府工作太杂，下乡太多，完全被工作支配，没有自己的时间；法官工作比较单一，想学点专业，办点实事。

> 法官 X，1962 年出生，高中毕业后在家务农，当选为村委会主任；1985 年参加招聘考试，在本乡当干部。1990 年转到本乡所在地人民法庭工作。法律业余大学毕业。几度迁任，现任某人民法庭庭长。

另一类则是作为领导调入法院的，担任法院院长或副院长。前面提到的法官 A 就是一个例子。还有两个例子：

法官 Y，1958 年出生，1976 年高中毕业后考上公安学校；毕业后干公安，"什么都干过"，直至担任预审科长；后调到市委（县级）党校当教员，1987 年调司法局任副局长，搞"二五"普法，1989 年调检察院任副院长，1994 年调法院任副院长（第四把手），审判员，主管行政审判庭、执行庭和审判监督庭。此人对从公安到司法局、检察院、法院的工作都非常熟悉，对相关法律规章制度非常熟悉，信手拈来，对许多问题也很有看法和想法，非常坦率，极聪明。

法官 Z，1950 年代出生，一直在基层工作，从生产队长干起，一步步到了乡党委书记，该乡是全县最富的乡，据称，连县里有时花钱都要"求他"，是该县最有威望的乡党委书记。他没有任何狭义上的法律或司法工作的经验，1994 年调任法院院长主要因为院长是副县级，因此算是提拔了。我们访谈的其他法官一致认为他很能干；认为他的到来，大大提升了法院在县里的地位，[向县里] 要钱、要人都更容易了；到"人代会"上，法院的报告的满意度最高；其他单位一般不大敢干涉法院审案了。包括一位法学院毕业生在内，几位法官都对我们称，大意是，"法院第一把手是外行未必不好"。

除这两类人外，其实还有一类从地方其他单位调进法院的人，用一些法官的话来说，这些人都是以各种名目硬"塞"进法院来的，因为他们在地方往往有比较硬的关系，甚至在法院内也有比较硬的关系。这些人或是"水平太低"在原单位待不下去了，或是原来单位福利待遇较差，或是残疾人（在本地落实"国际残疾人日"），或是某个领导的亲戚子女。法院由于人事上、财政上都不独立，或有求于人，不敢得罪其后台，不得已接受下来的。这种人，每个法院都有几个，但谁也不愿说究竟是谁，因此我们无从访谈。

我这里介绍的法官，没有遵循严格的方法论，没有严格的抽样；尽管如此，我认为，他/她们大致代表了湖北省基层法院法官目前的一般状况。就中国全国的情况来看，由于各地区经济文化发展不平衡，在东部沿海地区，基层法院法官的文化和专业素质可能会高一些，西部会更低一些。但大致说来，情况不会有太大的差别。因此，我认为，这里的描述对中国基层法院法官的总体状况甚至也是有代表性的。并且，鉴于我后面谈到的原因，这种状况在近期内，甚至 20 年内，可能都难有多大改观，因此，可以将之作为进一步分析问题的基础。

三、法学院学生都去哪儿啦？

如果把上述状况同我们目前基本是依据对西方法官和法院并不全面的理解而构建起来的理想型法官和法院[8]相比，不能不承认，中国当代基层法院的法官状况在文化素质和专业化程度上都不令人满意。[9]但这

8　见后面注 25—27 及其上下文。

9　注意，尽管我不排除文化素质和专业化水平与廉洁可能有关，但到目前为止，我都没有看到有任何国内外的研究表明两者之间有因果性关系。因此，得不出中国法院系统的腐败问题与法官文化水平有关的结论。在当代中国，道德似乎总是被当作一个知识的问题。事实上，已有的经验（例如钱钟书、王朔的小说中对知识分子虚伪道德的挖苦）以及大量实证研究表明的结论都是相反的，"了解道德理论更可能导致文化人行为起来比受教育少的人更缺乏道德。……道德反思事实上从根本上削弱了道德行动的能力"（参看，Richard A. Posner, *The Problematics of Moral and Legal Theory*, Harvard University Press, 1999, p. 7, 原作者的着重号）。波斯纳在书中以相当的篇幅（页 68—85）分析了例证这一点的诸多相关实证研究。其中一个也许最令人触动的研究发现是，哈佛法学院的一年级学生中有 70% 表示要从事与公共利益相关的法律，到了三年级只有 2% 的学生还有这个愿望（参看，Robert Granfield, *Making Elite Lawyers: Visions of Law at Harvard and Beyond*, Routledge, 1992, p. 48）。波斯纳因此认为我们通常所说的那种道德思想教育就提高学生的道德来说是完全无用的。道德与知识无关。
此外，美国的司法职业道德实际上是一种法律或准法律，是一种制度，与道德基本无关；相反，这种职业道德只是告诉律师、法官如何合法地从事某些不道德的或道德上可疑的行为。我们可以从克林顿总统多次答记者问或电视讲话中看到这种职业道德的实践。有人问克林顿是否吸过大麻，后者的回答是"我从来没有违反过美国的法律"（后来，有人出来证明他在英国留学时吸过），后来他又说"我没有吸入"（inhale），只是尝了一尝；面对全美电视听众，克林顿宣称"从来也没有同莱温斯基发生过性关系"，从技术上讲，确实如此，因为美国制定法对性关系之界定是异性性器官的接触，而克林顿只是同莱温斯基有多次的口交等在普通人看来明显属于性的行为。

种状况是怎么造成的？我们可以把原因追溯到改革开放前中国政府和执政党一直不重视法治和法律，对法律人才的教育培养不足。但是，中国改革开放已经 20 多年了，全面恢复法学教学也已经 20 多年了。

据一个官方的但显然很不充分的统计数据，自 1980 年代中期以来，中国每年毕业于普通高等院校的法律专业的本、专科毕业生已超过万人；1990 年代以来，中国的法学教育更一直以空前的速度发展，从普通高校法律专业 1996 年的招生数字推测，到 2000 年法律本科毕业生估计将接近 37000 人。[10] 普通高校的法学函授和夜大毕业生自 80 年代中期以来，也急剧增长，到 1980 年代末期每年已经有 10000 人左右毕业，如今每年的毕业生估计在 20000 人左右。[11] 这个统计数字可能还不包括隶属诸如司法部、公安部的高等政法院校毕业生，每年平均一直在万人左右。[12] 如果以过去 20 年间平均每年法律专业的本、专科毕业生为 30000 人计，那么在过去近 20 年里，中国法学院培养的法学院学生估计应当在 50~55 万之间。假定其中有 1/4 进入法院（其余 3/4 进入其他与法律相关或无关的行当），那么在中国目前约有 25 万人自书记员以上（不包括法警）的、被笼统称为"法官"的队伍中[13]，至少应当有一半具备高等院校法律本、专科的学历。基层法院法官的人数，据我推

10　参看，中华人民共和国国家教育委员会计划建设司编：《普通高等学校法律专业学生统计》，《中国教育事业统计年鉴》（1988—1996），人民教育出版社，转引自北大法律信息中心信息网"法律教育"（http://www.chinalawinfo.com/）。

11　《普通高等学校法学函授部、夜大学学生统计》，同前注 10。

12　《高等政法院校一般资料统计》，同前注 10。

13　没有确切的最新统计数据。据《中国法律年鉴》1991 年和 1992 年统计，1990 年和 1991 年全国人民法院书记员以上的审判人员分别是 18.2 和 18.8 万人，助理审判员以上的人数分别为 14.4 和 15.1 万人。即使考虑到种种因素，目前中国法院的"法官"应大致在 25 万人上下（资料转引自，北京大学法律信息中心信息网"司法机构"）。另一个更为大胆的推算，是到 1995 年年底，法院系统的人数将达到 29.2 万人；请看，贺卫方："通过司法实现社会正义"，夏勇等编：《走向权利的时代》，中国政法大学出版社，2000 年。这个数字大致得到了印证，1999 年 10 月 26 日《广州日报》的一个数字是 30 万法官。但贺的推算包括了法警，强调的是"法院系统的人数"。如果仅仅计算书记员以上的人数，贺的推算和我的推算相差不多。

第十章 基层法院法官的专业化问题

算,至少应占了全国法院法官总人数的2/3,约16万人。[14] 假定中级法院以上的8万法官中,有2/3有正式的法律专业"学历"(其他人有其他专业的学历或没有正式学历),那么至少也应有约6万~7万法律本、专科毕业生进入中国的基层法院,那会意味着,在基层法院,至少也应当有1/3法官是法律本、专科毕业生。如果情况真的如此,中国基层法院法官的法律训练和专业素质将远不是我们调查的这个状况。

我曾多次听到有人指责,法院之所以有目前这种状况,是因为受过正规法律院校训练的人进不了法院、检察院系统,复转军人挤了法学院毕业生的工作岗位。真是这样吗?偶尔的情况总是会有的,问题是,这是否是一种普遍情况?或者在基层法院是否是普遍情况?这些都是必须经验考察的。据我了解,发生这种情况的往往在比较大的城市,比较富裕的地区;并且城市越大、地区越富裕,这种状况越普遍;并且是发生在中级以上的法院。[15] 在我们访谈调查了解的基层法院中,没有一个属于这种情况。在访谈中,至少有些法院的副院长,表示院里在"找秀才",非常希望法律专业的毕业生到他们法院去工作,并且为没有正规政法院校毕业生头痛。

这些表示并非假话。因为,在日益强调领导班子专业化、知识化、年轻化的今天,领导班子中一定要有学历较高的年轻成员,这是从中央压下来的一项政治任务;否则,换届的班子,上级就不批。前面的文字

---

[14] 据"全国行政区划分地区统计表(1994)"(http://www.chinalawinfo.com/),全国目前有县1740个,县级市414个,共2154个。假如,平均每个县有10个人民法庭,每个法庭有2名审判员或助理审判员,2名书记员,加上县法院有大致40名左右的审判员、助理审判员和书记员(3~5位院长、副院长,民庭、刑庭、经济庭、告申庭、执行庭、行政审判庭各4~7名,加上法医鉴定、业大、纪检、办公室各1~2名),那么,基层法院的"法官"总数就可能有15万人。据我们调查和访谈的各县和一些法院领导,各基层法院的人数大致在100~150人之间,除去一些工人、法警,应当说这个估算不会差多少。可参看,《法庭管理是个大课题》,《人民司法》,1994年第12期,页7;此文称当时全国有1.8万个人民法庭,法庭的"干部"占了全国法院"干部"(总数约为25万人)的1/4强;1998年《中国法律年鉴》(页138)称全国有城乡人民法庭1.5万多个。
[15] 如今,连原籍在外地的博士毕业生进北京海淀区法院或检察院都很难了。去年,北大法学院的一位硕士毕业生为留京只能去京郊的某乡政府就业。但绝对不能,我也不会,以此来透视全国,尽管人们常常会从身边发生的事推断全国的情况。

也提到，我们调查的法院中仅有的两位政法学院毕业生，实际上都受到了重用，至少在这些法院内与他/她们同龄但没受过正规法律训练的人——这个限定很重要——看来是如此。所谓法院排挤法学院毕业生的情况，至少在基层法院，作为一种一般状况，是不存在的，完全是虚构的、想象的。

那么，法学院毕业生都哪儿去了呢？

我们必须细致地分析探讨。我的基本观点是，过去10年来，由于种种广义的利益原因，法学院的毕业生，除非不得已，一般拒绝进入法院系统，特别是不想去中西部地区的基层法院。基本分析逻辑是，随着劳动力市场日益开放，毕业生计划分配制度的废除，法学院毕业生，以及其他先前已经进入法院的法学院毕业生，已经有了更多的选择，这些选项各方面的收益都比去基层法院的更高，并且差距相当大。正是巨大的收益差别，促使法学院的新老毕业生一般趋于向收入相对更高、职业前途相对更广阔的大中城市、地区和行业流动。在这一过程中，广大的基层法院丧失了优势，不仅无法吸引新的法学院毕业生进入，而且如果没有其他原因，甚至无法留住一些已经进入法院的法学院毕业生（注意，我们在县级法院找到的两位法学院毕业生都是在提出"社会主义市场经济"之前进入基层法院的）。

可以细致分析一下。首先是收入。同样是法学院毕业生，如果进入大中城市的法院就要比在基层法院收入更高。这种高，主要差别可能还不来自国家的档案工资，更重要的是来自法院内部的福利和奖金，以及"下级"法院以各种方式表现出来的"进贡"。"上级"法院法官个人有时还会收到"下级"法院法官送的个人礼品。此外，我没听说过省级以上法院拖欠法官工资的事，但在我们调查和访谈的法官中，由于有些县地方财政非常紧张，不时会听到拖欠工资的抱怨。有的县的法官甚至一年有9个月没有发全额工资。

从晋升的角度看，也是如此。同样是法学院毕业生，两个人的能力大致相当，如果进入高级以上的法院，由于中国的行政级别制度，也比进入基层法院更多晋升机会和发展前途。进入最高法院，很快就可以定为"科级"，5到10年后就可能定为"处级"；而在基层法院，即使忙

第十章 基层法院法官的专业化问题

了一辈子,就算当了院长,也不过是一个"副处级",而这几乎是进入基层法院的法学院毕业生的事业顶点了。不仅如此,升迁的机会也完全不同等,在基层,这种符号资源更为稀缺,竞争更为激烈,在我们看来一个连芝麻官也算不上的"法庭庭长",在基层法院都可能需要工作5～10年时间,而且还要看机遇。一些法官就对我们抱怨说,上级法院的法官不过是"投胎投得好",投成了高级法官。与职务相联系,接踵而来的是经济上的收益。面对这样两种选择,很自然,法学院毕业生会选择留在升迁更有望的首都、省会城市乃至地市所在地;或者在同样的条件下,选择那些经济更为发达的地方,哪怕同样是基层法院。

在现代市场经济条件下,法院并非法学院毕业生的唯一就业路径。通过公务员考试,学生可以进入从中央到地方的各级党政机关,从事相关的政策法律研究或是其他专业工作,无论就升迁还是收入而言都比到基层法院要好;或进入大学科研机构(近年,法律教学很热,到处都在办法律系,且一般都位于相对中心的城市),在那里,虽然没有很高的收入和升迁前景,但有更多的闲暇和自由,再搞点兼职律师什么的,货币或非货币的收入都高于进入基层法院的法学院毕业生。即便不当律师,也还有一份孤芳自赏的清高和不用"坐班"的自由。如果不喜欢从政或教学,法学院毕业生完全可以进入企业;在许多经济比较发达的地方,还可以进入外企,其月收入相当于基层法官收入的5～10倍;即使扣除消费水平的影响,高出3～5倍则是正常的。法学院毕业生如今还可以个人从业,无论是从事律师实务还是经商,尽管工作很累,总要"求人",但相对说来比较自由,收入要比当法官,特别是比当基层法院法官要高出甚至上百倍。

此外,还有其他许多非货币、非升迁的因素,例如,中等以上城市地区和经济发达地区的文化生活,结婚生孩子之后的教育和上学的问题。这些无形收益都是吸引法学院毕业生流动的引力。

相比之下,基层法院几乎没有任何足以吸引法学院毕业生的地方。理想主义的因素如今在法学毕业生中如果不是急剧减少,也在相对减少。请注意,我并不是说,现在的学生没有理想,以前的毕业生有更多理想;我更不是赞美1950—1960年代出生的大学毕业生的理想。在我看来，其实，在前一代或两代人的理想中，除少数的浪漫主义外，也有世俗的利益驱动，比方说，要干一番轰轰烈烈的事业，改变某某乡村的面貌等，这在某种程度上也可以说是受个人利益驱动的谋划。只是这种个人谋划，在客观上有利于法律毕业生或其他人才向中国社会基层流动。而如今，这种为理想献身的利益驱动机制也几乎没有了，或非常弱了。目前的利益分配机制几乎都不利于法学院毕业生去基层法院，并留在基层法院。而且，后面我还将从知识的角度分析，分析法学院毕业生为什么即使偶尔到了基层法院，也大多留不住。

这里的分析并不仅仅是一种粗鄙的功利主义推论，是有大量的尽管是不系统的经验事实支撑的。比方说，我的同学中，就没有一个在基层法院，只有一个人如今在某中级检察院担任检察长，其他同学都在北京和其他省会城市或深圳这样的地区，或者在国外，绝大部分从事律师、商人的职业，或在政府机关工作，或是从事教学科研。根据1996年和1999年北大法学院参加就业（其余的都上了研究生或出国学习了）的毕业生来看，1996年有59%，1999年有52%的毕业生留在了北京；1996年没有一人去了地区以下的法院工作，1999年有7人去了地区以下的法院，80%甚至更高比例的毕业生都去了中央和地方政府机关，国有、私有和外资企业，或律所。进入法院系统的1996年有3人（仅占3%），1999年有9人（也仅为9%）。[16]

在我们调查的两个县，同样发现这种情况。在江汉平原上的某县级市的市区，我们被告知有40多名律师，其中8位据说是正规的政法院校毕业生；其中一位就是担任民庭副庭长的女法官的丈夫。据这位女庭长说，她丈夫原来也在法院工作，后来辞职去当律师了。在她看来，一个"在外边"工作，比较不安定，但收入高；一个在法院工作，比较安定，可以顾家，这样比较好。在鄂西某县，虽然全县只有8名律师，但是其中一位是中南民族学院法律系毕业生，但该县法院系统甚至连一位非法律专业的正规大学本科毕业生也没有。

其他法院的副院长还告诉我们，即使1980年代后期、1990年代初

---

[16] 感谢龚文东和韩流老师为我提供了这些相关资料。

第十章 基层法院法官的专业化问题

期分到基层法院的法学院毕业生甚或非法律专业的毕业生，1992年之后，随着改革开放，建立社会主义市场经济，也纷纷辞职到深圳、海南或武汉或其他大一点的地方"闯码头"去了，而且不少都"混得还不错"。

这些情况告诉我们，目前的根本问题似乎不在法律院校的毕业生少了（当然可能还是少），进入不了基层法院；而是即使进入基层法院，这些法院也没有足够的资源留住法律院系的毕业生。这种状况如今甚至在许多中大城市，包括北京市的法院或其他政府机关也都存在。据我所知，北大法学院的许多硕士、博士毕业生如今只有机会进北京市甚或其下属的区县法院、检察院，竞争还很激烈。但更重要的是，他/她们当中许多人从一开始就没打算真心实意、全心全意地长期从事司法审判职业，而更多是将这些职位作为留京、转行的一个过渡、一个跳板，同时也是毕业后法律实务实习的一个最好场所。在其他经济相对发达的地方也都普遍存在这种现象。这些毕业生的打算是，先在法院干几年，了解了法律实务之后（其中的寓意后面还要分析），用他/她们的话来说，就要"出去"，自己干律师，或另找单位。

也正因为多次吃了这种"亏"之后，北京和各地的法院、检察院乃至许多国家党、政机关如今对申请工作的法律院系毕业生的甄别、筛选也更为慎重，条件也更为苛刻，以致令许多找工作的法学院毕业生有一种法院不要"法学院毕业生"的印象，得出了复转军人挤了法学院毕业生的错误判断。但只要这些毕业生设身处地地替法院或其他政府机构想一想，也考察一下自己的动机，稍微公允一点，就会发现这种状况在某种程度上实际是他们自己（严格说来，是先前的法律院校毕业生）造成的。

我这样说，也不算是指责。在市场经济条件下，每个人都有权利选择职业，改变职业；从长远来看，这种自由选择对社会是好处多于坏处的。但是，必须理解，市场的选择从来是，也应当是双向的；学历从来不是而且也不应当是唯一的选择标准，忠诚、守信、热爱职业、有稳定的预期、有用人者需要的知识和技能，所有这些都是市场选择劳动力的重要标准，甚至会成为日益重要的标准。这些话都说远了。概括说来，我想强调的是，法官在目前中国对绝大多数法学院毕业生来说，并非一个很有吸引力的职业[17]，更不用说基层法院的法官了。在中国，法官不是官，不过是另一种公务员。

法学院的毕业生都去哪儿了呢？答案是，在当代的市场经济改革中，法学院毕业生都追逐对自身发展和幸福更有利的工作和机会去了。要让法学院的学生回到法院去，或进入法院，也许我们需要采取一系列动作，即使如此，我估计，这种状况不大可能在短期内缓解。

四、"解放军是个革命大学校"

正是在这一背景下，复转军人以及其他并无司法经验的人进入基层法院就成了一种不得已的替代；而且，我将论证，在没有大量更高质量的法律/司法训练的人可以接替这些人之前，对于当代中国基层法院，这至少不是一种糟糕的替代。

在同一些法院领导访谈过程中，他/她们都表示希望有更多受过正规系统法律训练的大学生到基层法院工作（我不清楚这是否是对我们这些调查者作出的一种姿态？但我认为不是，如果考虑到他/她们如今常常面临上级几乎具有命令性质的培养梯队和班子调整的要求）。但是，当没有这些人的时候，并且在其他条件大致相当的情况下，他/她们更情愿要军转干部，或复员军人，而不是那些从县委、县政府或其他乡镇机关里调过来的人。

---

17 一个多少可以说明这一点的是，1998年最高人民法院作为一种改革姿态，向全社会公开招聘10名高级法官，要求"具有北京市户口、年龄35～50周岁的一级律师、法学教授、法学研究员和立法机关、政法机关、行政执法机关中正处级以上的法律工作者"（《高法首次公开招考高级法官》，《人民日报》，1999年3月2日，版3）。尽管在北京地区够资格的律师和法学教授，少说也有千名以上，但是到预定的报名期结束时，据说，只有三人报名，且均为外地人士（因此，尽管不能肯定，但也不是没有这样的可能，其中有人想以此作为进京的跳板），以致最高人民法院不得不将报名期延长。这件事虽然成为一个笑话，但它已足以尖锐且强有力地说明法官，即使是最高人民法院的高级法官，对当代中国法学院毕业生的吸引力究竟如何。"富不及贵"的时代正在过去，如果还不是已经过去了的话。

第十章　基层法院法官的专业化问题

为什么？一位访谈者（副院长）几乎是随口说了三条：一是军转干部组织性强，各种地方的老关系少，不容易出问题；二是素质要比地方干部高；三是一般更愿意学习业务，爱钻研。并且，一般来说，到法院后工作一年半就可以胜任工作了。

这样的回答，多少令我感到有点意外。我原先多少有一个前设是，乡土社会中出来的人更熟悉乡土社会的规则，无论是解决纠纷还是规则适用都可能更为实际，更多考虑当地的情况，而不是生搬硬套法律条文；而军旅生涯强调组织纪律性，强调军人以服从为天职，这些特点也许对严格执法有点好处，但就解决日常生活的纠纷而言，他/她们不大可能比乡土社会中出来的干部更有优势。但仔细考察、思考、分析之后，我发现，这三条是真实的，其中有很大的学问。

第一条，中国的军转干部和复员军人绝大多数离开部队后都会回到故乡，因此都还是本地人（基层法院的法官几乎全都是土生土长的，这可以部分地说明为什么地方保护主义在中国法院目前比较盛行，此外，我将在后面讨论这一点的弊端），在地方也有各种关系。但他/她们毕竟出去闯荡了几年，有的甚至十年二十年，这使他/她们同本乡本土的熟人社会有过比较长期的分离，多少拉开了一点距离。尽管中国军队内部并非完全不讲熟人、同乡关系，但至少从我从军的经验以及治军的要求看，当代中国军队一直坚决反对士兵内部过分强调同乡关系。每个部队每年都会从多个省招兵；分班时，总是会考虑将来自不同地区的士兵混合起来，目的就是要打破士兵的地域观念。在部队，以及在部队驻地，军人都必须学会同外地人交往。这就促进了信息的交流，在一定程度上改变了乡土社会的狭隘地域观念和人情观念。这是一种非常重要的现代性规训。人际关系的非个人化（impersonal）是现代法治的一个最基本的特征，同时也是现代法治得以运作的一个重要前提性社会条件。

地方干部的情况要复杂多了。尽管许多干部也在现代政府制度中待了很久，不知不觉中会接受这种现代性的规训；但在当代中国社会，越到基层，干部的流动性越小，熟人关系越多，越重要，越难以摆脱，越是拉不开情面。在一个县城里，几乎每个人之间都可以拉上关系；而在一个乡镇上,则更是如此。因此,一般而言,基层干部的地方观念非常强,关系网络非常绵密。而现代法律一旦进入了熟人网络,就很难运作。[18] 相比起来,复转军人,特别是军转干部比调进法院的地方干部在人际关系上要简单得多,不容易为人情所累。这就使他/她们显得"组织性"更强,更有原则性,更有政策法律水平。请注意我的着重号,我并不是说,军转干部在道德品质上更优人一等,或真的是组织观念强;完全不是;我只是说,由于他/她们较少这种关系,求他/她们的人就相对要少;即使有,由于关系不深,他/她们也比较便于抵抗。

另外一方面,如前所说,进入法院的军转干部,往往人际关系不那么硬。他/她们毕竟离开故乡多年,缺乏足够的人际关系资源来行动,因此,他/她们只能、必须也往往会更多依靠法院的领导。对法院院长来说,这样的法官或干部要比起那些有各种复杂地方关系甚至后台的人容易领导,不容易出事,即所谓的组织性强。这种"强"与通常理解的军队内拔正步、走队列,强调令行禁止也许有关,但关系不那么大。在我看来,与之关系更大的是部队的那个"我们都是来自五湖四海"(毛泽东语,《为人民服务》)的环境,以及在这种"陌生人社会"中的人际互动。在这种环境中,他/她必须学会一种不同于熟人社会的交往方式,这种潜移默化的熏陶,令军人或多或少比地方干部更多接受了福柯说的那种现代性。

第二条素质高,这仍然与军队的环境很有关系。在乡土社会中,长期待在一个地方,为了适应地方的生活,很容易使人集中关心小地方的人与事;那些发生在收音机或电视机中的事都是遥远的,与本地生活很少关联。因此,许多知识分子到了基层都会觉得很寂寞。这并不是因为基层社会真的很寂寞。寂寞是寂寞者的自我创造;是与周围他人的文化和经验隔膜。其实,无论是乡民还是小镇市民甚或是基层干部都有自己的一整套地方新闻传播系统,有他/她们的关注点。他/她们会议论某人和某人"好了",昨天晚上谁家夫妻又吵架了,等等。知识分子的寂寞仅仅在于他/她关心的世界不是乡民或基层干部关心的世界,两者的生

18　布莱克:《法律的运作行为》,唐越、苏力译,中国政法大学出版社,1994年。

第十章 基层法院法官的专业化问题

活世界不同。知识分子可能关心黛安娜之死与私隐权以及言论自由的问题（而对农民来说，黛安娜是谁？）；是诸如中国改革的新举措，是"中国向何处去"（而对于乡民和基层干部来说，可能是今年"三提五统"该缴或能收多少钱）。

当代中国大多数军人显然还不可能像知识分子那样，或以那种方式，关心国家、社会乃至世界的"大事"。但他/她们毕竟脱离了原先的熟人环境。当周围都是陌生人时，以前自己熟悉的事，就没法子谈了（谈话需要共同的知识背景和话题；分别多年没有联系的老朋友，除介绍分别后的经历外，大多只能靠回忆往事来维系）；或者不敢轻易谈论。就这样，新的、陌生环境不仅堵塞了他/她们先前的交流渠道，更剥夺了他/她们的谈话资源，仿佛陷入了某种无法交流的"囚徒困境"。也正在这个地方，这个时刻，中国当代军队中的一系列更具现代性的话语机制和非话语机制（包括它的军事、政治、文化学习）开始发挥作用，逐步使他/她们跨越了"从老百姓到军人"（毛泽东语）这样一个鸿沟。

许多人往往强调当代中国军队中的政治学习、思想教育这样一种话语机制；然而，在我看来，就塑造现代人而言，这并不是最重要的。最重要的其实是一系列与现代性相联系的军队内非话语机制的作用。比方说，在部队来说，依据军人的标准，一种相对平等的竞争机制开始发挥作用了。它在某种程度上把对生活在具体社区中的个体非常重要的一些特点或身份都留在了各自的家乡。原来在家乡可以作为个人资本，并可能很吃香的，诸如大队书记的儿子或乡长的儿子这类身份，如今在部队是一钱不值，至少也大大贬值了。你们张家在你原来居住地李家庄可能是少数，因此你父亲曾一直告诉你在外面不要惹是生非，遇事要让着点李家的人；但到了部队，也许极少数非常高级干部的子女除外，这一切都不再有效了。部队的一套制度规则开始起作用了。在这里，虽然几乎没有商品，但在强调个人能力的竞争这一点上却与马克思、恩格斯在《共产党宣言》中分析的那种斩断束缚人们的形形色色封建羁绊的资本主义商品社会非常近似。[19] 在这里，强调的是军队规则下个人能力和专长的竞争（枪打得是否准，投弹是否远，队列是否整齐，行动是否迅捷，计算机操作是否熟练等）；而且，这里的规则也是普遍的，实行的是现代的严格的科层等级制，而不是传统中国社会中的"差序格局"（费孝通语）；甚至所有的方言在这里才真正成了方言，你得学会，至少你得听懂夹带着方言的普通话。这是一种全新的制度和社会环境，进行的实际是一种现代法律素质的培训。或者说，在这里，按照军队的标准，正以一种集体主义方式培养着一种实际与现代个体主义（强调个人本身的能力）更为近似的人格和品质。正是在这种过程中，对于当代许多中国人而言，当代中国军队，确实如毛泽东所言，"是一所革命的大学校"。

军转干部素质好的另一个重要原因是，在当代中国，参军以及1980年代之前军队内部的提干制度一直是很重要的人才筛选机制，尤其是在军队中下层干部中。在"文革"时期，由于其他就业出路都被堵塞了，参军无论对于城市知识青年还是农村知识青年当时都是最好的出路之一（如果还不算最好的出路的话）。这种特殊的社会地位使军队在相当长时期内一直能获得一大批至少在文化上和智识上相对说来更为优秀的各类人才。改革开放以后，由于高考制度恢复，城市就业的机会也多了，军队对城市知识青年的吸引力已大大减弱；但它对许多农村特别是经济相对落后的中西部地区农村中那些还充满理想、没考上大学甚或没有财力上大学的中小知识分子仍然是一个相当重要的可能改变自己命运的出路。在这个意义上，它仍然是当代中国社会中一个重要的人才筛选机制。

到部队以后，由于军队必须随时准备面对严酷的战争环境，至少基层骨干和干部的选拔机制基本是一种严格的能力先导（merit-oriented）的制度。军队选拔干部，如果仅从智力上看，也许未必是最

---

[19] "资产阶级在它已经取得了统治的地方把一切封建的、宗法的和田园诗般的关系都破坏了。它无情地斩断了把人民束缚于天然尊长的形形色色的封建羁绊，它使人和人之间除了赤裸裸的利害关系，除了冷酷无情的'现金交易'，就再也没有任何别的联系了。"《共产党宣言》，《马克思恩格斯选集》卷2，人民出版社，1995年，页275。

第十章 基层法院法官的专业化问题

佳的,但相对于军队的综合需要,一般来说是最佳的。这些选拔晋升的基层军队干部往往有一定的文化,比较聪明、灵活,必须有一定的组织能力和办事能力,有一定的感召力,同时也必须具备一定的口才和威慑力,身体健康,甚至相貌上也会比较英俊(什么时候你见过歪嘴、斜眼、佝偻着腰或说话结巴的军队干部?)。而所有这些特点,下一节中会分析,其实与基层法院从事审判调解的法官需要的某些素质确有相通或兼容之处。

我并不是否认军队内部也有不正之风,也拉关系,有时也许还很严重。但比起乡间的熟人社会来说,军队基本上是一个可以依据规则公平竞争的地方,在野战部队中尤其如此。正由于这一点,在实行军校制培养选拔干部之前,一般说来,从士兵中选拔出来的干部,虽然不是人人都认为公道,但总体而言,就军队的要求而言,还是普遍高于一般复员军人的素质。这也不是说军队的选拔机制和标准对其他行当也普遍适用(事实上,我本人可以说就是在这一过程中被淘汰的人,尽管这种淘汰如今看来,无论对于我还是对于我所从事的法律研究来说,都未必是一件坏事)。军队选择干部依据的只能是军队的标准。但正是经历了这样的筛选,我们又必须在一般意义上承认,至少当受教育程度相当时,军人、军转干部确实要比一般人更有某些优势。这种情况,在"文革"刚结束时,就已相当明显。当时,考上大学的文科学生中,军人或有过军人经历的远比一直在城里当工人的或下乡知青在比例上大得多。记得当年我们班,60余人,其中有超过1/3的人是退伍军人或现役军人。这并不是为军队评功摆好,而是分析为什么军旅生涯环境在当时有可能将社会中一些比较出色的青年选拔出来。而1980年代乃至90年代初转入地方的营连级干部,绝大部分都是"文革"中后期进入军队的。

即使再退后一步,假如我是法院院长,当面对不熟悉的军转干部和同样不熟悉的县里某单位调来的干部时,我会如何预先判断?我至少可以肯定,军转干部肯定不会有什么严重的残疾,不会有什么太乱七八糟的事(如果有,我拒绝也更拉得开脸面,也更有理由),至少不会是话都说不清楚或汉字都认不全的人吧!因此,仅此一条,就减少了我收集确证这两位干部素质的信息费用。

第三条，军转干部一般比从地方调入的干部更愿意学习法律业务。军转干部进入基层人民法院，绝大多数年龄在 35~45 岁之间。在部队工作多年后，他/她们深知自己将进入一个全新的、陌生的环境，在那里，人生地不熟，除了有很硬的关系（但这样的人，至少在 1990 年代中期以前，一般不会转业到法院），无人或很少人可以依靠或借助；相反，他/她们多少有种寄人篱下、看人家脸色过日子的感觉。军转干部也都知道"地方复杂"。地方领导在欢迎会上讲的那些热情洋溢的话，好听，但当不得真；县官总是不如现管；要想靠国家对"军转干部"的政策照顾在地方混，不行。军转干部也都知道，自己在部队上多年熟悉的那一套在地方不管用了，必须重打锣鼓另开张，必须要有业务，才"混"得下去。绝大多数军转干部因此要比地方单位调入法院的干部有更充分的思想准备。最后，军队转业使这些人大都有一种重新开始生活的感觉。此前在部队，流动性比较大，家往往不像个家，也知道不可能在部队待一辈子；现在总算有了安定的窝，而且肯定不大会挪窝了；那么，即使在部队上最后一段混得不那么顺心，现在也算有了一个重打锣鼓另开张的机会了。而且，35~45 岁之间，虽不年轻，但也还不算太大，努力也还来得及，也有了比较多的社会经验。正是基于这种迎接人生大转折的心态，军转干部更愿意甚至更急于迎接生活工作的挑战。

我们访谈的一位法官就集中体现了这一点。这位法官 1972 年年底入伍，长期在部队搞政治工作，曾参加普法，并组织了部队的普法，1997 年转业回到故乡，决定到法院工作；能分到法院，他感到很高兴。

问：你知道，地方实际上并不那么欢迎军转干部？

答：不受欢迎，我知道。这总要有个过程。但是，现在"混"到这个程度也已经不容易了。

问：讲有个过程，你是怎么过来的呢？

答：本来我在部队做政治工作，到法院后，法院要我待在机关，还是搞本行。但是，在部队，我有了经验，一定要懂业务，才能站得住，才有提拔的希望。因此，到地方后，我一定要学业务，[在法院] 站不站得住，就看有没有业务。所以，我坚决要求

第十章 基层法院法官的专业化问题

到下面的人民法庭工作，虽然，到［人民］法庭，回家机会少，但是在人民法庭里，什么［类型的］案件都有，有一年下来，［实体］法律、程序［法］都熟悉了；待在机关里，一辈子都学不到。

问：到人民法庭，你不懂法律办案不难吗？

答：就从最基本的事学起呵。比方说，有个案件是关于土地纠纷的，要把开庭通知送达当事人，这种事一般都是年轻人干的，我也抢着去；然后，我又到实地看了一下，一看，处理问题时心里就有个数了，上了法庭，讲证据就蒙不住我了。

问：就靠这样学，行吗？

答：当然要看书，参加法院系统的业余大学学习，这次来这里培训也是我争来的。此外还经常问人，什么不懂，就问，甚至问书记员。现在问，不丢人，再过几年，还问人，那就真丢人了。有了业务能力后，即使在法院待不下去，也还可以去当律师。

坦白地说，听到这些话，我多少有点心酸：一个四十岁左右曾带过几百号士兵的军人，有这样一种近乎破釜沉舟、鱼死网破的悲壮心态，即使你不曾是军人，也会有某种兔死狐悲的感觉。但这并不是我的关切，我关切的是这种心态会导致什么样的行动以及什么样的行动结果。

必须承认，不可能所有的军转干部都有这种或这么强烈的创业心态和开阔气度。但也必须承认，相比之下，从地方各机关调入法院的人大多没有这种心态和气度。主要的原因是，地方上人员流动，人容易"疲"。如果是正常工作调动，那么就不可能有什么大的思想波动；如果是升官了，那么可能更多为升迁而感到欣喜，并且这会儿只是一个过渡（不可能在法院系统长待）；如果是被排挤到这儿来的，还是在人家眼皮子底下，换这样一个单位，也并非一个重新开始事业的地方。在县级党政系统这样一个非常熟悉的环境中，人们对自己的命运基本上已经有了比较确定的预期，因此不大可能产生发愤图强的勇气和决心；因为，在这样的地方，即使努力也不大可能有重整旗鼓的可能。请想一想，人们常常说"在哪里跌倒，在哪里爬起来"；这句话有什么特别？

其特别就在于一般人很难在一个熟悉的环境内做到这一点。只有在一个虽属于自己预期之内但仍然是非常剧烈的变动面前，在完全摆脱原来的熟人网络（军队），因此有可能重塑他人对自己的预期之际，才是有勇气改变自己命运之际，人们才可能产生一种强烈创造自身的欲望。

当然，这还仅仅是军转干部的个人意愿，而"意志无限，贯彻起来却障碍重重；渴望无边，行动起来总得听命于现实"[20]。因此，我的分析不能只停留于分析军转干部的心态，还必须看看他/她们的实际状况。据我们调查，几乎所有的法官都认为，军转干部只要努力，有一年到一年半的时间就完全可以承担起一般的审判业务。一位政法学院毕业生也承认，有一年多时间，军转干部就完全可以办案了，"他/她们有他/她们的优势"，对绝大部分军转干部表示了认同。

尽管这一节谈的主要是复转军人，但我们还必须对从其他党政部门进入法院的人作一个简单的分析，这样才可能是对基层法院法官状况的分析，而不仅仅是对复转军人法官的分析。

从上面第二节中就可以看到，从外单位调入法院的人，一部分是长期从事与法律有紧密关系工作的干部。例如前面提到的法官 Y，高中毕业后进公安学校，多年从事公安工作，以后又担任过司法局副局长、副检察长，再调到法院管行政审判等。尽管没有法院工作特别是审判工作的经验，但由于长期在"政法口"工作，应当说，他不是外行，而是一个内行。这样的人，即使在非常强调法官资格的美国，担任法官也是理所当然。[21] 同样的例子还有法官 W，高中毕业后，先后担任过生产队长，大队党支部书记，招干后干了一年司法助理员，此后在公社和乡里干了 8 年半的民政干事，5 年的组织委员，对农村的纠纷处理极为熟悉，然后进入人民法庭。这样的人，虽没有任何正式的法律学历，但他长期从事的工作确实有许多同纠纷解决、规则适用是一致的。可以说，乡村生活经历以及工作经历已经训练了他作为一般民事案件审判调

---

[20] William Shakespear, *Troilus and Cressida*, Act III, Scene ii.
[21] 美国联邦大法官有不少是检察官起家的，在联邦地方法官、州法官中，有许多也是从检察官起家的，靠"法律与秩序"严厉惩罚犯罪获得民众和政治家的关注。当然，如今美国的所有检察官都必定是法律院校的毕业生。

第十章 基层法院法官的专业化问题

解者的能力和经验。因此,当我问他现在的工作与他以前的工作有什么差别时,他简单地回答说:"一个有程序,一个没有(无需——引者注)程序。"

当然,还有一些调任法官的人完全没有任何与法律有关的经验,例如前面提到的法官甲和法官Z。前者在县委办公室工作多年,对司法审判工作完全不了解,来法院仅仅是因为"平调",因为他不可能在县委办公室退休。后者则是当地大名鼎鼎的乡镇党委书记,也是从来没有任何司法经验。对于这些人如何看?我自己认为,这些人的调入,确实不利于法院业务素质和专业化水平的提高,而且这些人一旦调入,由于其职务以及由于审判委员会委员总是(而不是往往)同职务相联系,实际上对审判工作会有重大影响。

但这些人到法院并不都是弊端。为了现实工作的需要,他们也会学习一些法律的和审判的知识,时间长了,耳濡目染,也会对审判业务有所了解,他/她们以前的工作经验和政策水平也会有助于他/她们对案件的把握;甚至,如同某些法官所说的,这些不懂业务但在县里关系比较硬的人,说话算数的人,要比专业行里出来的人更"敢顶",更有能力动用各种权力资源抵抗各种外来干扰,或者协调关系,促成一些问题的解决[22];由于不懂业务,他们反而更"爱才",尊重懂业务的干部(这其实是相当普遍的社会现象,即人们往往特别欣赏具备自己缺乏之能力的下级;而"同行是冤家")。在这个意义上,这些人对法院的发展并非完全是消极的。

但即使将这些好处加起来,并给予适当的考虑,我也认为弊大于利。原因是,第一,这些人不懂法律业务,就不可能很好履行法官和作为法院领导的责任,他/她们缺乏自己的见解。即使"爱才",其结果也有可能是偏听偏信,对法院的长远发展缺乏设想和推动。即使他/她们在地方的个人威信有可能强化法院在地方的地位,但这毕竟是暂时的。因为,对于这些地方法官来说,他/她们关心的是现在的外来压力小一点就可以了。而我们这些调查者关心的则不是某个领导敢不敢

---

[22] 参看,本书第三章"基层法院审判委员会制度",特别是"两个例子的简析"一节。

顶，而是法院作为一个制度性机构是否能够保持独立审判，能不能更多排除外来的干涉，哪怕是有些似乎很有道理的正当的干涉。这是法院制度建设的关键。第二，这些干部，由于其身份、地位和经历，即使年龄与军转干部相似，往往也不像军转干部那样有强烈的专业学习愿望。即使在法院待的时间较长，他/她们也不大可能改变其已经形成的知识结构和工作方式，不大可能努力让自己适应法院工作的需要，更可能是用自己先前的工作方式来塑造法院。从长远看，这些干部进法院不利于法院的制度建设。

其实进到法院的这些干部并不是最糟糕的。最糟的是，由于各种原因，总会有一些"根本就不行"或"什么也不行"的人也进了法院。我们没有访谈到这样的法官，因为能到法官培训班来学习的法官，至少是还可以塑造或提高的法官；即使在县法院调查，我们也不大可能访谈到那些一事无成的"审判人员"。没有人禁止我们这样做；但问题是，没人提醒我们去访谈这种"法官"，也没人向我们"指点"这种法官（这是很得罪人的）。这种人会自动地躲得我们远远的，不想丢丑。不少法院的法官或领导都曾不指名地说，法院往往不得不接受一些这样的人，有的是在各个机关工作都不行，被"弄到"法院来的。

但这也不是说，在县这一级，只有法院才是安置这种人的地方。其实，在中国，几乎每个"单位"，从中央到地方，从工厂到学校，都或多或少地会"养"这样一些人。此外，还有一些人有比较硬的后台或关系，法院为了工作方便，也不得不接受。这两类人，往往是法院最头痛的。

中国所有的党政机关乃至学校、科研机构目前实际上都没有真正的"用人权"，特别是没有解雇或解聘的权利，所以，这种人一旦进入了某单位，除非你有什么办法将他/她"挤"或"赶"到其他机关去，否则你没有任何办法处理。因此，真正的问题，似乎是铁饭碗的干部制度。这些人无论到哪里都是麻烦，不仅干不了工作，而且还会带来各种麻烦，往往成为各种人情进入法院的重要渠道。

第十章　基层法院法官的专业化问题

五、"一盆水洗脸，一桶水也洗脸"

读到这里，很多读者可能会怀疑：你是否过于抬高了目前这些基层法院法官的能力？法律真的能那么简单吗？一个外行，真的一年半就能胜任基层法院的审判工作吗？[23] 法律审判与其他基层农村社会纠纷处理的差别真的仅仅在于一个有程序，一个没有程序吗？如果没有正规学习法律的人也能搞好审判，大学法学院还有什么必要办呢？法学院不就该撤销了吗？对于这些可能产生并完全正当的质疑，我下面两节回答。同样，这些问题的答案不能坐在家中从概念中推出来，而必须调查；我相信"不调查就没有发言权"。这一节，我考察基层法院的特点以及基层法院司法需要的特殊知识。而下一节考察中国当代法学院实际提供了什么知识，培训了什么技能。我相信，在考察了这些问题之后，只要不是教条主义者，不再一味坚持从概念出发，那么至少会对上述问题有些新的理解。

现在我们许多人思考中国司法制度时，很大程度上是从一些很大的概念出发。诚然，概念的产生和使用可以使我们的生活更简单一点，但你也不能不承认王朔的话很对，"从概念出发［思考问题］划出的曲线是一路向下，最终到达下流"[24]（这里的下流不是道德意义上的，而是智力上的）。比方说，在研究法院和法官时，我们许多研究者往往是从一个概念化的法院和法官出发，似乎只要名为法院和法官，做的事和要求的标准就都一样。现实生活中，由于环境和各方面条件不同，同样有法官的头衔，但他/她面临的问题并不相同，有时甚至会很不相同。因此，各级法院的工作状况和关注重点不同，对各级法院法官的知识和技能要求有所不同，由此产生的职业知识和技能也不相同。

---

[23] 由于法律知识的特殊性，在美国，近年来已有学者建议将三年制的法学院改为两年制。参看，Richard A. Posner, *The Problematics of Moral and Legal Theory*, Harvard University Press, 1999, p. 281 ff.。

[24] 王朔：《自选集序》，《王朔自选集》，华艺出版社，1997年。

例如，在美国初审法院和上诉法院，初审法官和上诉审法官的工作就很不同。上诉审法官不管事实争议，只管法律争议，他/她们一般有更充分的时间来思考分析案件；当法律争议不清楚时，上诉审法官要对自己的判决作出论证性法律支持（大多数上诉审案件实际上没有判决意见之表述和论证，仅有一个判决，即使对争议问题，如果法官认为不那么重要，也可以不予回答，仅仅签署一个法院意见）。特别是美国联邦最高法院的大法官，更是非常不同。他/她们不仅有很大的权力选择案件复审，甚至在一定程度上可以完全不考虑案件结果对错对于当事人的意义。美国联邦最高法院大法官弗兰克福特称："只是对那些对我们的联邦制度运转有重要意义并因此要求裁决的案件，[联邦最高法院]才承担起复审的责任，仅仅是案件结果对于当事人很重要，这还不够"（着重号是引者加的）。首席大法官文森则曾宣称，联邦最高法院"并非主要关心，而且从来也不关心纠正下级法院决定的错误……因此，[它的] 职能是根据美国宪法、法律和条约来解决在联邦问题上有广泛重要意义的意见冲突，并对下级法院行使监督权"[25]（着重号为引者所加）。

美国的初审法院，一般是地方法院的法官，则必须同时面对事实争议和法律争议，由于事实争议往往不容易搞清楚，不同的人完全可能——且完全正常——对某些证据认定不同，因此，陪审团制度建立起来了，借此来处理法官很难处理且很容易引发争议的事实争议。[26] 初审法院的法官还必须用相对简单的规则来处理纷繁复杂的事实问题。此外，初审法院的法官要想有效履行其职责，在波斯纳看来，还需要一种"尽管并非不可缺少的"但非常重要的"当机立断的判断反应力，居高临下的风采以及主持审理的经验"，而这些特点（在波斯纳看来）对于

---

[25] 转引自，Henry J. Abraham, *The Judicial Process: An Introductory Analysis of the Court of the United States, England and France*, 6th ed., Oxford University Press, 1993, p. 176。

[26] "事实上，我认为我们把有无过失的问题留给[陪审团]这种做法的一个理由恰恰是从其理论职能上看最严重的缺陷：即陪审团会在其裁定中引入一定量的——就我看来，非常大量的——民众偏见，并因此保持法律的施行与该社区的希望和感受相一致。" Oliver Wendell Holmes, Jr., *Collected Legal Papers*, Harcourt, Brace and Hows, Inc., 1952, p. 237。

第十章 基层法院法官的专业化问题

上诉审法官"并非至关重要"。[27] 波斯纳还指出,在这两种审判中,受众或法官关心的受众也不同。美国联邦系统的初审法官就不大关心规则问题,他们的审判目的就是判决"看上去公平合理、维护法官的权威,以及保证各项事务进行得井井有条"[28]。上诉审法官则不大关心自己在法庭上的举止做派是否得体(高龄的美国联邦最高法院大法官不时会在庭审期间打瞌睡,甚至打鼾),因为其最主要的受众是其他法官(特别是下级法院法官和同层级的其他法院的法官)和律师(包括法学院的教授和学生),对上诉审法官来说,最重要的是判决质量(案件的结果以及支撑这个结果的法律推理)。

在中国,审判法庭和上诉法庭的界限一直不很明确。可以说所有法院在一定意义上都是初审法院[29](这一点很糟糕,如果有机会,我将撰文论述),但基层法院是无可争议的初审法院。因此,我们不能简单地用我们理想中的美国联邦最高法院大法官的格式来套中国的基层法院法官:熟悉各种法律,并且创作出无论文字还是推理都很出色的司法意见、多数意见、附和意见、反对意见[30];必须实事求是地考察研究中国

---

[27] Richard A. Posner, *Federal Courts: Challenge and Reform*, Harvard University Press, 1996, p. 35.

[28] Richard A. Posner, *Federal Courts*,同前注 27,页 36。此外,波斯纳在同书另一个地方引证了另一位美国著名法官给初审法官定下的"工作要求",初审法官要"公平地将及时的决定同结果的正确最佳混合起来,通过审判或和解处置案件;他们还有责任向普通公民——当事人、证人以及陪审员——展示联邦司法的质量"。"因此,看上去,也许会令人震惊,这意味着永远别想做得尽善尽美。但初审法院的任务特性限定了法官实现这一点的限度。在是否认可证据上的决定就是最明显的例子,在这里,至关重要的是迅速作出决定。除此之外,我不认为那些最伟大的地方法院法官就是以十年磨一剑的精神用几个月时间来撰写一个有新观点的法律意见,而在这个问题上,这些法官的意见几乎肯定不是最后说了算的。" Henry J. Friendly, "The 'Law of the Circuit' and All That," 46 *St. John's Law Review* 406, 407 n. 6 (1979),转引自,Posner, *Federal Courts*, pp. 336—337.

[29] 参看,《民事诉讼法》(1991) 第 2 章第 18、19、20、21 条。《刑事诉讼法》(1996) 第 2 章第 19、20、21、22、23 条。

[30] 我反省自己就曾有这种倾向,长期在美国学习,读的都是上诉法官的意见,还都是教科书从几万件美国联邦最高法院判决书中精心挑选出来的,经过了编辑者的某种编辑,一些最著名的司法判决,我很容易认为所有美国法官、各级美国法官均有这种能力。这种以偏概全的状况不仅在我身上有,不少受过美国法学院训练的人都有;而且,我也不排除在当代中国,有人为了推进某种观点或某些利益,有意利用了这一点。

初审法院的特点，特别是基层法院的特点。不仅不能简单搬用美国上诉法院法官，而且不能简单搬用对中国二审法官的要求，甚至不能套用美国初审法院法官的模式；而必须从中国初审法院面对的问题、所处的社区、在社区中的地位，它的行动能力以及其他制约或支撑条件来分析它的特点。

从这一点看，中国基层法院的首要特点就是要"办成事"。实际上，这一点在任何国家的初审法院都不可避免；英文中也有类似的说法（"get things done"）。法律是非常实用的学科；任何法律，不论讲起来多么天花乱坠，它都必须得出一个在普通人看来、在当事人看来大致合情合理的结果（而不仅仅是判决书），这是任何法律的合法性之最终所在。这种合法性不在书本中，不在什么第一原则中，也不在什么"正义""公平""人权"这样的大词中，而在现实的人们心中。因此，在基层法院，面对千奇百怪的事，法官很重要的一点就是在了解基本法律原则的情况下，以各种可能的办法获得各方大致均能认可的结果。首先，这个结果必须双方当事人基本能接受；其次，这个结果必须大致符合当地人们的道德价值判断；最后，法官还要考虑这个结果是否符合法律的要求，是否符合上诉审（二审）法官可能提出的其他苛刻要求。[31] 所有的审判法官实际总是在这样一个夹缝中施展自己的才华，把事情了结。这就是我在其他地方讨论过的"纠纷解决"与"规则治理"之间的矛盾。[32]

这意味着基层法院、人民法庭法官的关切与二审法官的关切，与我们这些土、洋法律博士的知识和关切不同。对于我们这些受到法学院知识体系格式化了的学者来说，关注的是规则性的知识，是规则的正当性和合法性，是这些规则在法学知识体系和法律权力结构体系中的正当性，是某种做法是否符合我们的概念和知识体系。而初审法官更关注能否解决具体的问题，是结果的正当性和合法性，是这一结果与当地社区

---

[31] 因此，霍姆斯认为法律就是对法官会如何决定的预测，这一点对初审法官尤为重要。参看，Oliver Wendell Holmes, Jr., "The Path of the Law," in Collected Legal Papers, Harcourt, Brace and Hows, Inc., 1952, p. 167 以下。

[32] 参看，本书第五章"纠纷解决与规则的治理"。

第十章 基层法院法官的专业化问题

的天理、人情与正式法律权力结构体系是否兼容。关注点的差别会导致心态的巨大不同。例如，易斯特布鲁克的研究就认为，纠纷解决是向后看的，是根据已发生的事件来分配收益和损失；而规则确认是向前看的，目的在于诱使人们知情，并因此改变他/她们未来的行为。[33]

尽管各国初审法官都有这种"把事办成"的倾向，但中国的情况还有很大不同。此前各章已经对此有比较细致的讨论，在此不再赘述。而正是由于这些原因，我们才可以理解，为什么基层法院那些没受过系统和正规法律训练的法官，无论他/她们是来自部队、基层或是同级政府的其他部门，他/她们的丰富社会经验都可能为有效解决案件提供有利的条件。他/她们对于一般的世态人心的把握，作为本地人对于当地民心民情的了解，作为30～40岁左右的成年人对于当事人具有的信服力[34]，甚至在军队中更容易养成或（因制度选择而）凸显出来的军转干部的麻利、泼辣，那种更能有效影响普通人的口才和更为通俗的语言（包括方言）[35]，以及由于部队筛选机制导致的军转干部相对说来比较英俊的相貌和健壮体魄，在这些方面，反倒是这些没受过专门训练的法官

---

[33] Frank H. Easterbrook, "Foreword: The Court and the Economic System," 98 *Harvard Law Review* 4 (1984—1985).

[34] 冯象曾说过，假如你是一位神童，13岁进大学，您敢学法律？17岁法律系毕业，谁愿意（谁放心）聘您去讨债、取证、陪法官吃喝？参看，冯象：《木腿正义》，中山大学出版社，1999年，"前言"，页6。

尽管我们一直强调专业知识，实际上，至少对于审判法官来说，年龄一直是一个更重要的因素。从世界各国来看，担任法官或扮演这种裁决者角色的人一直至少是中年人或壮年人，"嘴上没毛，办事不牢"是一种典型的概括。司法审判不仅仅是智力的活动，也需要人生经验。年轻人也可能很有经验，但人们为节省信息成本，常常会用年龄作为经验指标之替代。一位院长讲了一个故事：一位刚毕业不久的大学生在人民法庭作婚姻调解，说了好半天，也没能打动年轻的妻子；一位陪审员，60多岁的老妇女主任，也说了一通话，最后只说了一句："姑娘哎，你不听奶奶我的，听谁的？"就这一句话，两人就和好了。让年轻的法官很是感叹。当然，这个故事不能太当真，最后老太太的一句话的作用可能是之前调解的累积结果，也许那位年轻的妻子心里早已松动了。尽管如此，这最后一句话的艺术仍然很重要，它使一个飞跃得以顿然发生，从而节省了大量的时间。而决定的迅疾是对初审法官审判的主要要求之一。

[35] 调查中，听到一个故事，法官告知当事人有辩论的权利，当事人不明白；法官的解释是"就是你可以吵架，但不能骂人"。这种语言虽然不准确，但大致有效地传达了一种信息；这种语言，即使受过10多年语文训练的大学生是说不出来的，也很难想得出来；甚至更可能是，因为受了多年一直强调语言生动的训练之后，想不出来，也说不出来了。

一般比刚走出校门的学生有优势。当然,基层法官的这些特点到了上诉法院不必然是优点。上诉法院更需要政策的头脑,更要考虑规则的一般性和协调性,要更多反思。

还必须看到,在中国基层法院,特别是到了人民法庭这一层面,纠纷往往既复杂又简单。说到简单,是从规则上看。一个男子在外面打工,有了新欢,要离婚;如果从法律规则上看,很简单,一方坚决要离,就可以允许离[36],这有多少要学的吗?这种法律问题又有什么难的(我不知道,当年在法学院学习时,教授为什么要用那么多时间讲授"感情破裂"这样一个非常简单,却无法精确界定的原则)。我们访谈的一位法官说,都闹到这一步了,如果说,感情还没破裂,那是假话;真正的问题是,如果你就这样判了,那个被离异的妻子怎么办?孩子怎么办?财产又如何分割?又如何查清这个男子为离婚做的一系列准备,包括资金转移等?而离婚案件在中国基层法院占了40%甚至更高的比例。此外,据调查,在基层法院,人身伤害赔偿案件占25%;赡养案件占5%~10%;其他则是有关房产、继承、山林土地纠纷案件。这些案件在法律上都不非常复杂,但要处理好,不出或少出意外,尽量协调霍姆斯说的"社区的希望和感受"与法律条文上的潜在冲突,这就必须有很多非法律课本的知识。

在县法院民庭、经济庭也会有少量的经济案件,但数额也不大,因为数额稍大的目前都被上级法院收走了(表面的理由是级别管辖;但实际是经济利益,因为立案收费的标准是诉讼的标的额,这样的级别管辖令上级法院可以收取更多的诉讼费)。据称,某县法院只能审理30万元以下的经济案件,30万~100万元的案件都归了中级法院,而诉讼标的额超过100万元的案件一审都归省高级法院。在基层法院面对的这个初审管辖被严重瓜分的法律世界中,坦白说,一个有中等文化程度的人,只要还有点责任心,不贪,有点常识,注意点调查研究,加上一些法律训练,完全可能成为一个不错的法官。毕竟,司法不是纯粹理性的

---

[36] 《婚姻法》(1980)第25条第2款:"人民法院审理离婚案件,应当进行调解;如感情确已破裂,调解无效,应准予离婚。"

第十章 基层法院法官的专业化问题

活动,而是一种实践理性活动。一位在法院已工作了20多年的老法庭庭长说,现在做法官最基本的就是要有良心。我不完全同意他这种泛道德主义的、推开来有可能贬低专业知识的话;但如果放到他实际生活的法律世界中看,就基层法院面对的许多案件而言,确实,规则问题并非基层法院最重要的问题。

基层法院处理的最大量的案件,都是常规化的,是平淡无奇的。在这一点上,中国基层法院的法官与美国的初审法院法官甚至治安法官的任务也有一个重要不同。在美国,真正能进入法院审判的案件或多或少还有那么一些有意思的法律争议。因为大部分案件,90%的刑事案件[37],约95%的民商事纠纷[38],只要事实清楚,在进入法庭之前或在诉讼过程之中就会分别以辩诉交易和庭外和解等方式解决了。这实际上是把绝大多数一般性的常规案件都过滤了,剩下来的、需要法官审理解决的案件多少都还有点新的法律争议,这就使初审法官审理案件时多少也还能感到有点新东西,有那么点智识的挑战,有点公务的意趣。而且,由于初审管辖是一般性的,即审理一切初审案件,上诉审法院也不能随便剥夺初审法院的这种管辖,因此,不排除初审法官偶尔也会碰上个把全国瞩目的案件。而在中国,几乎所有案件,只要到法院立了案,不撤,都得审理或庭前调解解决;稍大一点的、稍有点复杂因此可能有点意思的案件又都归上级法院管了;也不允许法官根据情况裁量性创造法律,基层法院法官很难遇到什么新奇的、有意思的问题。人民法庭的情况更是如此。因此,有一年多的师傅带徒弟的实际工作经历,加上自学,加上本人先前积累的其他方面的人生经验,这些"徒弟"就足以对付他/她们生活中的问题了。据此,我们可以理解,为什么前面提到的法官 W 认为法院的工作与其先前担任乡镇司法助理员或民政干事的工作区别仅仅在于"一个有程序,一个没有程序"。我们也才可以

---

[37] 参看,伦斯特洛姆编:《辩诉交易》,《美国法律词典》,贺卫方等译,中国政法大学出版社,1998年,页190。

[38] 参看,"Beyond Litigation—An Interview with Robert Mnookin," *Stanford Lawyer*, Spring-Summer 1989, p. 5, 转引自, Mary Ann Glendon, *A Nation Under Lawyers: How the Crisis in the Legal Profession Is Transforming American Society*, Harvard University Press, 1994, p. 224。

理解，为什么不仅是军转干部，而且以前学其他专业的大学生，也都只需要年把"师傅带"就可以独立办案了。

在这样一个环境中，要求基层法院法官的素质也许就是这些。正如访谈中一位法官说的，你懂多一点也很好；但"一盆水洗脸，一桶水也洗脸"。这种说法实际上与美国著名法学家弗里德利法官对那种"十年磨一剑"的初审法官的嘲笑很是一致，都是对初审法官司法经验的总结和洞识。也许，我们这些吭哧吭哧了一辈子书本的法学家感到这话不中听，但"敢取笑哲学者，方为真哲学家"[39]！对司法知识同样要有这种拿得起放得下的从容态度。

更重要的问题是，不在于法官有什么有多少法律知识，而在于乡土社会和基层社会需要什么法律知识。世界上的知识如果有用，它就必须有针对性[40]；许多数学的知识如今已经成为定理，但是如果要解决的是化学问题，那么即使正确，这种数学知识也没用。也许有一天，基层法官现有的知识必须更新，必须换代，但首先是因为乡民们需要的不仅仅是"洗脸"了，而是要"洗澡"了。

六、"学校 [学] 的那点东西，我都还给老师了"

这是一位政法学院毕业生，在我们询问关于法学教育的知识对司法审判实践有何用处时，作出的一个简单回答；眼神里还流露出某种轻蔑。

他的这种回答不能全然当真。首先，他是一位在他任职的法院地位正上升的法官；在人民法庭的10多年审判实践确实可能令他对书本上的那一套感到非常浅薄，非常脱离实际。他1979年进入政法学院读书，那时法学院的课程确实非常糟糕，大量课程是所谓的法学和部门法的理论，而内容更多是当时流行的政治话语，像样的法律知识很少，与

39　Blaise Pascal, *Pensees*, trans. by W. F. Trotter, E. P. Dutton & Co., 1931, sec. 1, §4.
40　参看，詹姆斯：《实用主义的真理概念》，万俊人、陈亚军编译：《詹姆斯集》，上海远东出版社，1997。

第十章 基层法院法官的专业化问题

司法相关的知识更是少得可怜。例如，法理学，当时一个争论不休的问题是"法律的本质"或法律的阶级性和社会性的关系，这样的内容对于一个现实生活中要"办事"的法官有什么或多大意义？难道，不知道其本质或在书写标准定义时少了两个字（老师会判错），判案就会错吗——尽管对于那些法哲学研究者来说，这也许算是一个有意义的问题？经济法学当年的一个（也许至今仍然是）最重要的"理论问题"是经济法的调整对象，老师甚至为此讲授了大半学期。这种高深的学问与现实的法律世界毫不相关。许多当初在学校积极参加这种法学理论讨论的学生，一旦进入社会，进入生活世界，特别是进入司法实践或律师事务这种俗务，往往有某种上当受骗的感觉。自然，他/她们很快将这些东西物归原主。但坦白地说，这位法官的这一回答，也未必没有隐含着，面对我们这样一些调查者、北大的博士、教授，他有某种不自信。尽管如此，我们还是不能轻易将这样一个回答放过去。因为，在同许多如今当律师或法官的当年同学或校友交谈时，他们也时常流露出这种态度，尤其是对我这样搞法律理论研究的人。[41]

另一位政法学院本科毕业的女法官的评价也许更为公允。在她（民庭副庭长；应看到，她的这个身份很重要）看来，学校里教授的民法学、民事诉讼法学、法理学的某些原则还挺有用，其他的则用处不大；她特别强调学校搞的模拟法庭"特别假"，不实用。尽管这些话对我们这些从学校来的调查者来说比较不中听，但对她的这番回答同样值得分析。

她1992年从政法学院毕业，她上学期间法学教育已恢复发展10多

---

[41] 这种状况在美国法官中也很普遍。波斯纳在《法理学问题》中就谈到这个问题，在美国近代法学教育成为法官的常规条件之一以来，一些最著名、最伟大的法官例如霍姆斯、卡多佐、汉德、杰克逊都不是法学院的好学生，只有弗兰克福特例外；另一个例外就是波斯纳自己（耶鲁大学最优秀学生，哈佛法学院年级第一名，《哈佛法学评论》主编）。波斯纳多次强调，法官并不必须从法学院最优秀的学生中挑选，应当有平庸的学生，因为司法不是比智力（智力过于优越者往往不近人情），而更多是要理解普通人的喜怒哀乐。细致的分析，请看，Richard A. Posner, *The Problems of Jurisprudence*, Harvard University Press, 1990, p. 452; and Richard A. Posner, *The Federal Courts: Challenge and Reform*, Harvard University Press, 1996, pp. 16 ff.。

年了；民法学、民事诉讼法学本来就有较强的学术基础，实践中也一直离不开（尽管没有相关立法），改革开放以后属于恢复性发展，学科知识相对来说比较扎实。更重要的是，她目前从事的是民事审判工作，并且在县法院民庭负责审理相对复杂的民事案件，对全县人民法庭（处理的基本都是民事案件）负有业务指导的职责，因此无论是从她面对的案件还是从她的工作地点乃至她的法定责任都使民法、民事诉讼法对她来说至少是比较有用的。她的地位已经令其司法决定有某种"二审"或"上诉审"的意味，即，要为人民法庭的疑难案件处理提供法律指导，要协调各人民法庭的法律实践，这也使某些原则性的知识变得重要起来。这就进一步证明了我上一节提出的命题，知识有没有用，很大程度是要与使用这一知识的人的需求以及她/他要解决的问题相称，否则再好的知识也只能"待价而沽"。高射炮打蚊子，并非高射炮有问题，而是手段和问题不配套。

　　模拟法庭为什么没有用呢？要点在于，模拟法庭的基本设计是用来提高学生运用法律的能力，包括运用法律知识对已无争议的案件事实"定性"，它不可能用来提高学生处理事实争议的能力。如果事实有争议，不清楚，模拟法庭就无法开庭。请想一想，如何连一个人是否杀了人，怎么杀的都不清楚，这个案件又如何辩论？

　　而在基层法院中，如前所述，最重要的争议可能恰恰是事实争议，比方村民打架，打群架，伤了人，赔偿的法律争议很简单，难就难在如何查清和认定事实。查清事实和认定事实与读了多少书无关，而与社会经验有关。同时，模拟法庭注重的是程序训练。但在基层社会或农村，没有律师或请不起律师，就很难使设计的举证和质证运作起来；举证人的举证经常不着边际，举证的往往是在法律上看来无关紧要的小事，只是在农民看来这些问题很重要，会一遍又一遍地重复。由于诉讼直接涉及自己的利益，当事人对事实的争辩都有意牵强，不像模拟法庭上，双方已经对事实有了基本认同，只是要从法律上争自己的正确答案。这可以说是法学院的模拟法庭训练为什么对基层法院法官没用的最根本的原因。当实际遇到这种情况时，据法官介绍，靠双方举证来查清案件，根本不可行，越查越不清楚，越查越复杂，因果关系可以无限追

第十章 基层法院法官的专业化问题

下去,追几年,甚至上一代。法官的唯一办法是,直接接触了解案件,而不是单纯靠举证,这样法官就有了自己的洞察力。此外,查清事实,分清责任,实际上主要是为了解决问题,而如果能解决矛盾(伤人的事,赔了医药费,道了歉,就没有多大争议了),有时也不一定要把责任说得那么清,而且常常说不清("清官难断家务事")。

一些法官还强调,在基层法院,许多农民的预期就是法院为他/她们做主,特别是在那些离婚案件中被离异的妇女。在这种场合下,法官若是"不偏不倚",让当事人自己辩论,这就是将那些明显会因离婚受伤的人遗弃了,不仅法官自己的良心过不去,而且也违背了农民的预期。而法学院教的恰恰是"不告不理"。

这些话和理由,尽管看上去很简单,但在我看来,却是基层法官从实践中获得的经验。这些法官尖锐地提出了基层法院必须面对的特殊问题及其所需要的特殊知识和技能。而这些知识和技能,恰恰是法学院不教,也是无法教的,它们只能通过实践学习并掌握。[42]

还必须看到资源对基层司法审判的限制。例如,举证,这在现代发达国家的法院中可以说是最重要的一个诉讼步骤,但在中国基层乡土社会中,这很困难。我就亲眼看见诉讼双方各自提供的证人证言出自同一个人,但是这两份证据所证明的事实完全相反(是甲先动手还是乙先动手打人),而且两份"证据"上都有证人鲜红的手印。我没有调查其中一份是否伪造,或法官为什么不追究伪证。这些问题在这里是无关紧要的。我相信,这两份证据确实可能出自同一人的手。但我们还要想一想,难道这个证人能拒绝同村人要他/她作证吗,都是乡里乡亲的?也许他/她还不识字,是别人写好了证词,让他/她摁个手印;他/她能拒绝吗?法院难道真的要为这样一件"伪证"而去查证吗?这需要大量的时间和人力、财力,法院有这些资源吗?就算查清了,你又能怎么办?能把这些不识字,不知道有关"伪证"之法律厉害的人关起

---

[42] 参看,苏力:《知识的分类》,《读书》,1998 年第 3 期。美国学者、法官弗兰克也曾提出对初审法官予以特殊的职业教育。请参看, Jerome Frank, "Special Training for Trial Judges," in *Courts on Trial: Myth and Reality in American Justice*, Princeton University Press, 1973 (1949), pp. 247–253。

来，却丢下手上这个案件不管吗？也许，唯一的办法，只能把眼前的这个纠纷按照某种不那么出格的方式基本公平地解决了。也许，这样做不那么符合"事实清楚、证据确凿、适用法律准确"的司法基本要求，但是，如果符合这些要求的结果也不过是纠纷解决了，那么法官有什么动力，有什么资源，又有什么必要将本来就极为有限的资源花在这上面？如果世界本来就很不规则，那么过度强调规则是否有点"削足适履"呢？

当然，在我们这些法学研究者，甚至二审法官看来，认真对待这些小问题对中国法治的未来有益。法治和一切事一样，也都要从小事上做起，一点一滴，累积起来。但问题是我们不可能越俎代庖。我们需要的是建立一种机制和社会环境，使这些法官们愿意且能够认真"查清事实"，一丝不苟。而这一切能仅仅通过告诉他/她们"严格执法"的重要性解决吗？能通过解释几个原则和概念解决吗？

还有一点：除了注意这位女法官提到那些重要的法学院课程，我们还要注意她没有提到的课程。我们要考察那些不在场的东西。[43] 例如，尽管是在民庭，她根本没有提及公司法、金融法、票据法、证券法、知识产权或消费者权益保护法这类目前在法学院喜好民商法的学生中比较热门的法律。为什么？其实问题很简单。在这样的小地方，这种问题几乎没有，如果不是根本没有的话。

我们由此可以看出现代法学院教育的另一个问题。尽管法学教育近年来有了很大发展，但说实话，目前法学院的教育基本是为现代工商社会，为城市，培养人才。学校内开设的那些所谓最前沿的法律课程，在很大程度上不是为了中国基层社会的法律生活秩序准备的，更多是为了都市的生活甚至是为即将到来的更为开放的中国发达地区的社会生活秩序准备的；或者说，确实是在为了"深化改革开放"做准备。因此，中国法学院学生学习的知识在很大程度上是脱离目前中国基层及乡土社会需求的。甚至，我们要清楚，有着法学牌号的知识也并不等于司

---

[43] 参看，米歇尔·福柯：《尼采·谱系学·历史学》，苏力译，贺照田：《学术思想评论》辑4，辽宁大学出版社，1998年，页380。

第十章 基层法院法官的专业化问题

法的知识。但读者更应清楚,我这样说,也不是甚至不隐含某种批评。我并不是说中国的法学教育要在"关注实际"的旗号下放弃对于正在迫近整个中国的重大法律实践问题的关注。我仅仅是指出一个事实,仅仅是为了看到我们目前法学教育的特点和优点(同时也可能是一个弱点),进而重新理解中国法治建设的艰巨任务,并适当调整我们对基层法院法官的素质和专业的要求。

也正是在这里,我们可以看出,为什么面对基层或乡土社会的问题,法学院毕业生未必比那些乡土社会出来的人,或比那些曾暂时脱离乡土社会然后回到乡土社会的复转军人更有优势。法学院毕业生的优势也许在于:①擅长处理法律争议,而不擅长纠纷的解决,不擅长在复杂的熟人圈子里"摆平"各种关系;②全面了解甚至是提前了解对于中国现代化社会或即将到来的现代化社会非常重要的游戏规则,而这些知识中,至少有相当数量,在一个目前还不那么现代化的基层社会中用处不大,甚至根本无用。

因此,尽管许多法学院毕业生可能身怀绝技,也有为国为民干一番事业的理想和抱负,但如果他/她们的知识无法发挥作用,那么基层社会和中国农村的广阔天地对他/她们来说就仍然是狭小的。他/她们的满腹经纶如果不是屠龙术,那也是一种大材小用了。更何况,知识从来不是在记忆中使用的,而是在使用中记忆的。因此我们就不难理解,为什么那位法学院毕业生会说:"学校〔学〕的那点东西,我都还给老师了。"

也正是这个原因,我们才可以理解,为什么有不少法学院毕业生即使进入基层、中级甚或是高级或最高法院后,当初也满怀激情和理想,但数年后,会先后辞职去做律师或经商。货币固然是个诱惑,但这可能不是全部的更不是唯一的原因;一个重要原因在于这些学生拥有的知识在这些法院没有买主。"士为知己者死,女为悦己者容";如果在这里自己的优势不但不能发挥,反而成为短处,甚至可能成为笑柄,同时却有其他地方更可能发挥自己的长处,那么,有谁一定要在这棵树上吊死呢?在这个意义上,许多法学院毕业生选择离开基层法院,进入城市,进入经济相对发达富裕的地区,从事律师,并往往从事商事法律业务，这并不仅仅出于嫌贫爱富，而是希望在现代社会中充分发挥自己所学知识的作用，迎接更大的知识和智识挑战。这恰好是市场经济的要求，是市场在发挥作用。正是在这个意义上，我要说，在一定意义上，并不是法学院毕业生拒绝了基层法院，而是中国基层法院的经济文化社会发展水平拒绝了法学院的毕业生。

七、"化作春泥更护花"——复转军人进法院的再反思

说到这里，就不得不重提 50 多年前费孝通先生提出的"损蚀冲洗下的乡土"的问题[44]，并对中国的现代法学教育略加反思。在费先生看来，在传统中国，士大夫作为乡土社会中培养的人才，一旦中了科举，外地任职，无论官当了多大，毕竟还会叶落归根。回乡后，这些退休的士大夫，会用无论是他积蓄的还是搜刮来的金钱置田置地，兴办乡学，在某种程度上，他又回报了乡村，为乡村下一代的知识（哪怕有些知识很陈腐）传播创造了条件。他们的修身养性，齐家治国平天下的知识都是当时社会的"硬通货"。

而近代以来，随着各种新学科、新知识的引进，一批批聪明好学的农家子弟进入城市学习。但，即使满怀报效乡亲的理想和激情，在学习数年之后，他/她们就成了费先生所说的"回不了家的乡村子弟"[45]。这不仅仅因为城市生活富裕和文化诱惑，也不仅仅是文化修养和情趣的改变，一个常常为人们忽视但在我看来更重要的是他/她们的知识越是高深，越是广博，越是前沿，就越可能对乡村或基层社会没什么直接的用处。请对比一下不同时代同为儿童启蒙读本的第一页就可以看到一点端倪了。"我爱伟大的祖国，我爱首都天安门"，这种知识与"人、手、口、猪、猫、狗"，哪一个对中国基层和乡土社会更有直接用处呢？答案是明显的。因此，在中国近现代化的过程中，乡村不仅在经济上受到

---

44 参看，费孝通：《乡土重建》，上海观察社，1948 年，页 65 以下。
45 费孝通：《乡土重建》，同前注 44，页 70—73。

第十章 基层法院法官的专业化问题

城市工商经济的挤压和"剥削",而且,在我看来,最沉重、最悲凉的也许是这种人才的掠夺,这种悄无声息的"壮士一去不复还"。

我的这一评论只是指出一个事实,我并不想简单地"反其道而行之"。从我个人的、也许会被证明是错误的判断来看,中国如果要保证繁荣独立,人民生活要逐步富裕起来,必须走现代化的路,必须坚持改革开放,发展市场经济和科学技术。在这个意义上,这种风萧萧易水之寒不仅不可避免,而且是势在必行。但问题在于,现代化的宏大叙事不应当完全遮蔽或淹没许多小人物的初步的和基本的需求,现代化并不意味着向一个尚未通电的地方提供免费上"网"。在司法和法律问题上,当代中国基层特别是乡土社会面临的一个主要问题与费先生50多年前说的几乎没有多少差别,也许只要换几个字,即"怎样把现代知识输入中国经济中最基本的生产基地乡村中去。输入现代知识必须有人的媒介。知识分子怎样才能下乡是重建乡土的一个基本问题"[46]。正是看到了这一点,也许我们应当重新审视基层法院法官的素质和专业问题,重新审视基层法院的人才问题,甚至有必要重新审视中国基层法院的设置问题。

我不赞同硬性将法学院毕业生分配到基层法院去"锻炼"(当然,如果他/她们自愿去最好)。这不仅违背市场经济的人才资源配置的原则,更重要的是会造成人才和资源(教育资源)的某种浪费。在今天实际上也不可行。如果说,过去50年里正反两方面的经验告诉了我们一些什么,那么最重要的一条就是,必须给人们以更多的选择,让市场去选择。人才的需求和流动最终要通过人们的自愿选择,通过市场交易来实现。当然,政府可以通过提高基层法院法官的收入来刺激法学院毕业生的流向。但即使不考虑这种政府干预人才市场是否合理和必要的问题,仅鉴于政府的财力以及中国法官的人数(相当于美国的8~9倍甚至10倍)[47],以及法官与其他政府公务员的工资收入必须保持大致相称等

---

46 费孝通:《乡土重建》,同前注44,页163。
47 美国联邦和州法院法官(包括治安法官)总数大约为29000人,参看,Richard A. Posner, *The Federal Courts: Challenge and Reform*, Harvard University Press, 1996, p. 37。关于中国法官的人数,参见前注13。

原因，这种做法也不大可能，至少短期内不大可能。而且，上面的分析也已经指出，法学院毕业生不愿去基层法院还有一个他在学校学的知识用不上的问题，去了也很难有"成就感"（从经济学上看，这也是一个人的收入，非货币收入）。因此，即使工资加一倍也未必能吸引多少法学院毕业生进入基层法院，特别是人民法庭［目前一个北大法学院本科在校生在律师事务所实习（每天半天）的月收入也远高于基层法院资深法官的月工资］。若收入增加得太多，则可能带来另一种或几种副作用，例如更多滥竽充数的人挤入法院成了法官，或是其他公务员愤愤不平。

政府可能做并且正在准备做[48]的另一措施是，改变法院法官的选拔制度，使基层法院的法官有可能因其良好司法绩效而被选拔到上一级法院担任法官，避免基层法院法官说的那种"投胎投得好"的弊端。这种制度调整的实际效果也可能有限。至少有两点——我前面已经分析过了，一是基层法院绝大多数法官面对的问题，以及经此养成和累积的知识，与中级以上法院面临的问题和知识不完全相同；初审法官与二审法官的关注点和知识技能要求不完全重合。一个在基层社会"发挥"很好的法官离开了他/她的舞台，完全可能显得很"土"，缺乏二审法官更需要的那种开阔视野和政策水平。[49] 一个老农当不了农学院教授；而一位农学院教授离开讲台也可能闹出不能辨识小麦和韭菜的洋相。二是，这种绩效考核会很困难，因为，同样如前所说，现在的基层法院管辖制度以及在中国有了纠纷就上法院（审理或调解）的做法使基层法院的法官处理的大量案件都是相当常规化的，你很难以什么方式简便、廉价且准确地考察他/她们的实际审判水平和潜力。由于至少是这两个限制，我把丑话说在前面，这种制度实际可能发挥的影响会很有限。

这样一分析，我就走到死胡同里去了。但未必。有时，有效的改革措施可能在我们习以为常的视野之外。刚才提到的那些改革措施实际上都是在承认现有司法体制结构基本合理的前提下的调整；仿佛动作很

---

[48] 请参看最高人民法院副院长祝铭山 1999 年 10 月 25 日公布的《人民法院五年改革纲要》的相关内容。

[49] 波斯纳也有这样的看法，请看，Posner, *The Federal Courts: Challenge and Reform*，同前注 47，p. 350。

第十章 基层法院法官的专业化问题

大,实际上,仍然是结构内的调整。我前面的分析透出的更深意蕴是,也许,我们无需将人民法庭甚至基层法院某些部分纳入国家的正式司法审判制度,既然他/她们面临的问题、需要和运用的知识都主要不是狭义上的法律规则的问题和法律规则的知识?

我在其他地方分析过,现代法官和传统县太爷,现代法院与传统衙门在解决社会纠纷问题上的一个重要区别就是"纠纷解决"与"规则确认/运用",尽管两者并非截然不同,尽管往往有千丝万缕的联系。如果看到了这一点,重新思考中国基层法院,特别是人民法庭的许多工作,就会发现,基层法院法官做的工作大多是"纠纷解决"(想一想,法院与司法助理员的工作差别就是"一个有程序,一个没有程序"的说法),甚至是"法律咨询"。[50] 这些工作当然也很重要,特别是对于乡民们来说。

但即使在英美这样的发达国家,这些工作也不都是甚至主要不是由法院或法官来完成的,而是由一种介乎法官和平民之间的治安法官(justice of the peace, magistrate justice)完成的。这后一类"法官"都是普通公民,常常没有任何正式的法律训练,有许多只有高中学历或没有完整的本科学历,更不用说法律学历了[51];但他/她们为人比较正直、公道、有常识、通民情;在"案件"审理中,他/她们综合运用各种知识,有较大的裁量权,没有细致严格的程序,完全以解决纠纷为目的。在我看来,这与中国基层法院法官,特别是人民法庭的法官所做的主要(并非全部)工作非常类似。从专业和文化素质上看,也有许多类似之处。

当然,还是不能照搬外国的例子,还是要针对中国的基层社会的具体情况,作出一些制度调整。比方说,在英美国家,特别是英国,这些

---

50 参看,本书第九章"乡土社会中的法律人"的最后一节。

51 关于美国治安法官的情况,可参看,Henry J. Abraham, *Judicial Process: An Introductory Analysis of the Courts of the United States, England, and France*, 6th ed., Oxford University Press, 1993, pp. 138-140 以及 Robert A. Carp and Ronald Stidham, *Judicial Process in America*, 4th ed., Congressional Quarterly Inc., 1998, pp. 67-68, 68-69。关于英国平民法官的情况,中文资料可以参看,王强华:《英国的'平民法官'》,《民主与法制》,1999 年第 7 期,页 21—23。

治安法官完全从社区中产生。但，如果要在中国进行这样的司法调整，我会反对完全从社区中产生，无论是以选举的方式，还是以任命的方式产生。

我的主要理由是，在英美这些国家，由于种种社会条件，即使生活在同一社区中的人们，其利益与其生活社区的联系也不非常紧密；在这些社区中，尽管大家也是熟人，却基本不是社会学意义上的"熟人社会"（至少不像中国），而是一个高度个体化了的社会，生活在该社区的每个个体在更大程度上分享的是一个更大的超越社区的社会利益，认同的是一个更大的社会（国家），因此，一般不大会出现欺负外来户的问题。而当代中国的基层社会，乡村或村镇甚或某些县城，在我看来，还相当封闭，无论在信息上还是在人员上，社区的联系仍然是血缘、亲缘以及其他社交。这种封闭性，在我看来，实际是当代中国基层法院亟待解决的问题；各种形式的地方保护主义，法官的素质不高等问题，也都与此有密切关系。在这种社会环境中，完全从本地选拔产生基层法官，就很容易强化目前中国地方法院的人员和信息的封闭性。因此，仅仅从抽象的原则出发，或仅仅模仿英美的通行做法，反而可能强化基层法院的封闭性。为了逐步减少这种封闭性，为促进信息和人才的进一步流通，促进中国统一大市场的发展和形成，必须注意从有更开放视野的人中选任基层法官和人民法庭的法官。

但这也有问题。首先，谁会愿意离乡背井到外地担任这种最基层的法官？法学院毕业生，如前分析，在这样一个机会只会越来越多的时代，而且其知识在基层社会未必能充分发挥作用，因此不大可能大量地自愿来到基层。外地的其他专业的大学生也未必愿意来（如果同样到基层，为什么要远离家乡呢？）；而且他/她们不仅缺乏法律知识，也对他/她们不熟悉的基层社会缺乏了解；即使愿意来，他/她们可能也难以有效履行基层法官的责任。我们再次面临一个不能两全的选择。

我们并没有走进死胡同。恰恰在这个当口上，我认为，从本乡本土出去上学然后因各种原因又回到家乡的各种大中专学校的学生，以及具有高中以上文化程度的复员转业军人，有可能填补这个似乎难以填补的空缺。一方面，他/她们是从本乡本土出去的，对本地情况比较了解；

第十章 基层法院法官的专业化问题

如果选择归来,可以推定他们一般会比较安心在本土生活。另一方面,他/她们又都是在比较年轻、可塑性比较强、渴望学习的年龄段离开了这个熟人社会,至少是部分或暂时割断了同这个熟人社会的联系,进入一个"陌生人的社会",在一定程度上在不同的现代制度化机构[52]中接受了某些现代化的熏陶和训练,扩展了他/她们的视野,了解了"外面的世界很精彩"。这种训练和经历哪怕仅仅是几年,也会对他/她们有一定的甚至是深远的影响,改变他/她们对世界的看法和理解,改变他/她们同陌生人交往的方式,培养他/她们同陌生人交往的能力和经验。即使他/她们再回到乡村或基层的小城镇,重新回到熟人社会,也毕竟有所不同了。"有一种进入永远无法退出"(旧作),个人经历即如是。他/她们必定会给这个熟人社会带来某些新鲜的可能。这就是为什么在当代许多农村,往往是一些退伍军人回乡后,会给村里带来一些新因素、新气象,无论是搞乡镇企业,还是搞个体承包,甚至在打官司上,或反对旧式婚姻上,均如此。

分析到这里,坦白地说,我觉得,复转军人在这一层面的乡村司法上甚至有可能发挥更大的作用。因为,他/她们没有很高的学历文凭,因此,学历化、文凭化的城市生活在一定程度上会歧视甚至拒绝他/她们,他/她们的知识更多是社会经验给予的,可能比大中专学生学习的知识对于处理基层社会的纠纷更有用;他/她们的年龄至少可能比出去读中专的毕业生更年长一些,因此,更容易在基层社会获得某种信任,并当即上手开展工作(中专生可能需要3~5年实习,因为他们太年轻)。

在一种更为宏观的层面,这种制度甚至有可能改善中国基层社会的人文生态环境,至少部分解决我在本节一开始提出的那个尖锐问题。从基层社会出去,在外面的世界闯荡几年,又回来了,一些新的知识随着

---

[52] 可能有许多法学家或在校学生会对我把大学同军队混为一谈表示愤怒,不屑与后者为伍。但如果还有些许中国近代史知识的话,那么就应当知道,现代军队在各方面都与传统的军队或历史上的湘军、淮军不同。在中国近现代史上,军队至少是最先实现现代化的制度(新军)之一,如果不是最先的话。它的现代化历史要比现代政府的其他机构和大学都早,也更具现代性,且一直更关注同世界接轨。更为系统的、有些地方令人难以接受但又不得不接受的相关理论分析,可参看,Michel Foucault, *Discipline and Punish: the Birth of the Prison*, trans. by Alan Sheridan, Vintage Books, 1978。

承载着这些知识的身体和社会实践又回来了。这种循环,这种"树叶对根的情意",对土地的回归,不仅有社会生态学的意义,而且很有美学的意味。我想起一句著名的诗:"化作春泥更护花。"也许,这有点太浪漫了!

八、"世界上的事情是复杂的"

从一种真心的认同开始,也许有些读者发现,我的不懈探究竟然以背叛朋友的结论告终。但还是要重申我在其他地方说过的话,就总体而言,中国目前法官的文化和专业素质都还偏低。因此,我并不赞同作为一般的司法措施或政策的"军转干部进法院",而赞同法官进一步专业化。但问题在于,专业化并不仅仅如我们想象的那样,只是多上学、多读书。从人类历史上看,专业化的最根本途径是根据社会发展的需要实现进一步的和更为细致的劳动分工。[53] 美国近年来的司法发展也突现了这一点。[54] 因此,将中国目前的人民法庭半司法化或准司法化,与司法的专业化并不矛盾,而是兼容的,甚至可能是一种促进。

事实上,中国一些中级法院目前正在进行性质类似的改革或提出了一些改革建议,例如,将书记员专职化[55],将审判员与法院其他工作人员分离开来[56];这些做法实际就是要把那些即使在中高级法院工作的、即使有法律学历的非审判人员也非司法化。通过这样的方式,促进真正的法官职业群体的形成,促成他/她们的职业荣誉感和责任感,减少腐

---

53 参看,苏力:《论法律活动的专门化》,《法治及其本土资源》,中国政法大学出版社,1996年,页129以下;Richard A. Posner, *The Problems of Jurisprudence*, Harvard University Press, 1990, 特别是导论以及第3章"专职化"。

54 参看,Posner, *The Problematics of Moral and Legal Theory*, 同前注23, pp. 190-206。

55 例如,夏风:《对建立书记员序列制的几点思考》,第六届学术讨论会论文评选委员会编:《中国司法制度改革纵横谈——全国法院系统第六届学术讨论会论文选》,人民法院出版社,1994年,页411以下。

56 例如,辛尚民:《建立法官逐级选拔制是保障法官素质的关键》,第六届学术讨论会论文评选委员会编:《中国司法制度改革纵横谈——全国法院系统第六届学术讨论会论文选》,人民法院出版社,1994年,页432以下。

第十章 基层法院法官的专业化问题

败,同时也会提高工作效率。物以稀为贵。如果像前几年的一个黑色幽默所言,一块砖头掉下来,砸死了5个总经理,1个副总经理,那么谁(包括他/她们自己)还会把总经理这个一度很有意味的符号当真呢?法官(以及教授、博士或其他专业人士)的情况也同样如此。细心的读者更应看到,本章的结论表面上与开头的判断似乎不一致,但目标是一致的。在这个意义上,我与贺卫方提出的核心观点也许是异工同曲。我不会仅仅因为自己当过军人,一直且终身将为此感到自豪,"青春无悔",就想为那些从未"谋"面的战友"谋"一份差事,拉帮结派,在中国的司法事业中分一杯羹。对于我来说,谁进法院都没关系,问题在于谁真能办成事,为百姓办事,并对中国的长远发展有好处?以及更重要的,是否可能以及何以可能?

因此,本章的真正重要之处已完全不在于我关于基层法院法官的某个具体结论以及由此得出的一系列也许会被视为纸上谈兵的极其粗略但并不是不能细化的建议。通过这一系列基本不是从概念本身,而是从经验出发的分析,我已经提出了,并至少是试图逻辑融贯地回答了,一些我认为在中国当代法学界和司法界没有得到足够重视的问题。至少,我们再次发现了"世界上的事情是复杂的"这样一个现实,从任何概念或命题出发,都完全无法解决甚至是无法真正理解中国的问题。

坦白地说,我更重视本章分析中逐渐呈现出来的一系列问题。比方说,中国基层司法体制的设置问题,是否一定要将人民法庭纳入正式的法院体制,是否必须用正式的法官?或者对他/她们一定要坚持那在20年甚至50年间,如果不采用计划经济手段,我很难想象得以实现的法官资格要求?即使在形式上实现了,是否利大于弊?以及对于谁的利大于弊?我还隐含地提出了中国现行法院体制中的其他一些问题,例如,我认为,目前法院的级别管辖不利于基层司法审判人员专业素质和水平的提高,中国现有的法官选拔体制容易强化其对地方政府之依赖,造成法官共同体的封闭性。这些分析结论的寓意是,要逐渐形成以劳动分工或职能分工为主的管辖制度,法官的选拔也许应当适当集中化等。

甚至,我对当代中国的法学教育本身提出了质疑,或是某种新的可能,包括它的课程设置、它的培养目标,以及它在现代社会中实际起到的正面或负面的作用。这些问题都是在常规化的、因此得到全面正当化了的现代化法治理论框架中不可能提出的。尽管,这些问题还需要更细致的辨析和讨论,我不肯定也不坚持自己目前的回答或隐含的回答是正确的,但我肯定会坚持提出这些问题并予以深入讨论的正当性。并且,我认为,只有这样针对具体问题的基于经验的讨论,才有可能在法学研究上,研究者给自己出题目,而不是领导人出题目;才可能提出真问题,而不是空泛地讨论一些大而无当的话题。

从理论上看,我的分析,在某种意义上,实际上是在一个更为宏观的现代化的社会层面上重新考察了中国的复转军人这个特殊群体在中国当代社会中的作用或可能的作用。这种分析尽管是初步的,但角度是全新的,得出的一些结论是我在写作本章之初也没想到的。比方说,中国军队以其与社会相对隔断的方式创造了一个陌生人社会,以及这个"社会"对年轻军人的塑造;它以集体主义的行动塑造了现代个人主义或个人主义的某些方面。这些分析,尽管非常初步,却完全有可能为此后对这一问题的社会学研究开辟一个新的研究领域并提供一个新的研究视角。

我的这些分析以及许多结论,对于那些喜欢你当即表态、给个明确结论的读者来说,也许是再一次的不合时宜,特别是在目前司法改革的"汹涌"(我是在一种贬义上使用的)浪潮中。许多观点似乎已经成为法学界或法律界的定论,而我似乎又是在制造一些不和谐的声音,也许会令那些似乎已成竹在胸的官员和学者们对自己已染有流行的正当性色彩之决定多一丁点儿反思。我是常常反思自己的不合时宜的,且没有结论。也许我应当避免哈姆雷特式的反省,而应当从霍姆斯大法官的话中获得一份从容和自信:

> 我知道我不是上帝,因此,当人们……要干一些我从宪法中找不到任何东西明确禁止他们这样做时,我就说,不论自己是否喜欢,"去他的,让他们折腾去吧"!

1999年11月7—12日初稿
1999年11月18—20日二稿于坎布里奇

第十章　基层法院法官的专业化问题

附录　美国的治安法官和治安法院管辖

1. 治安法官概述

译自，Henry J. Abraham, *The Judicial Process: An Introductory Analysis of the Courts of the United States, England, and France*, 6th ed. Oxford University Press, 1993, pp. 138–140.

除了极少例外，在州这一级，最低的法院是治安法官（Justice of the Peace，在香港特别行政区译作太平绅士。——译者注），它源自14世纪的盎格鲁-撒克逊的一种官职，有些人会给这句话中法院这个词加上括号。人们常常称这种法官为——有时还不那么恭敬地——"J. P."（在有些人心目中，意思是"原告的正义/司法"）。有时，治安法官也称作"绅士"（squire），在许多城市（例如，纽约）日益被称为"治安官"（magistrate）。这种官员不必须是律师，在一些县、镇和小城，这些官员通常选举产生，任期2～6年；但有时也由城市行政长官任命，任期长短则差不多。这种职位有很光荣的、事实上也很古老的传统，它是从英国传入美洲殖民地的。起初，是为在一些不很重要的问题上协助地方一级的司法行政。今天，治安法官——通常也是公证员（notary public）——仍履行少量的法院工作，但许多职责是准立法、准司法和准行政的工作，其中包括，最典型的是主持世俗的婚礼。他们的许多工作都收费，这种做法，从与分配正义的密切联系来看，也许很是令人遗憾；然而，在一些较小的民事和刑事问题上，治安法官至少还保持着初审法院的形象。就民事案件而言，其管辖通常只涉及金额不到300美元的案件；在刑事案件上，其管辖几乎完全限于轻罪。

治安法官很突出的一点是缺乏法律训练和资格要求，但也有一些明显的例外，并通常仅限于某些城市地区（例如，纽约市的治安法官就有法律教育的背景，由任命产生，任期为10年，每年收入大约86000美元，就这一职务而言，这个数额高得异乎寻常，因为这个职务的报酬通常低得多）。比这一点更突出的一个特点只能是，他们非常喜欢认定被告有罪错（conviction），在民事案件上平均是 96%，在刑事案件上是 80%。[57] 1956 年对北卡罗来纳州治安法院系统的一个研究发现，该州治安法官都没有法律学位，其中有 75% 的人从来没上过大学本科，甚至有 40% 的从来没上过中学![58] 10 年后，在弗吉尼亚州有个类似的研究，表明，该州治安法官协会过去和现在总共有 411 位成员，其中只有 4 位是律师，其中 71% 的治安法官从来就没有上过大学本科，29% 的上过本科，但只有 5% 完成了本科学业，有 18% 的治安法官甚至没有中学文凭。[59] 在俄勒冈州，1966 年，70 位治安法官中，只有 9 位有法律学位。[60] 即使在费城这样的现代都市，1968 年，它的 28 位由选举产生的治安法官中，只有 6 位有法律学位。所有这些表现了一些很不幸的状况；尽管如此，由于有一些颇为适当的正直特点以及恰当的资格，治安法官还是为审理和了结司法中较小的法律争议提供了称职且不昂贵的服务。但费城的首席治安法官，Joseph J. Hersch，在 1961 年的一个访谈中坚持认为，1968 年，他的继任者 John Patrick Walsh 也赞同，治安法官的工作"更多是社会工作而不是法律工作"；他坚决反对那种日益增加的要求治安法官有法律学位的说法，他说：

> 有法律学位并不能令一位治安法官更合格。生活在民众之中要比上法律图书馆找答案更为至关重要……如果你把他们［律师们］的波尔东（Purdon）法律书都搬走的话，他们就都得回家种田去了。[61]

---

[57] 1962 年，宾夕法尼亚州总共有 63 040 件刑事案件由当时的 4305 位治安法官处理，其中有 51 997 件或大约 83% 的结果是认定有罪；另外 6375 件，或 10% 的案件交给了法院审理；有 4668 件，或大约 7% 的案件被撤销了（参看，XI *Horizons for Modern Governments* 5，May 1963，p. 4）。有关在密歇根、密苏里和田纳西州各县的定罪率，从 95% 到 99.2% 不等，请看，Mitchell Dawson, "The Justice of the Peace Racket," in Robert Morlan and David L. Martin, *Capitol Courthouse and City Hall*, 6th ed. (Boston: Houghton Mifflin, 1981)。

[58] See, Isham Newton, "The Minor Judiciary in North Carolina," unpublished Ph. D. thesis, University of Pennsylvania, 1956.

[59] See, "Justice of the Peace in Virginia: A Neglected Aspect of the Judiciary," 52 *Virginia Law Review* 151 (January 1966)，描述了弗吉尼亚大学政府研究所 Weldon Cooper 所做的一个普查。

[60] See, *The Christian Science Monitor*, May 9, 1967, p. 5.

[61] 与作者（Henry J. Abraham）的访谈，1961 年 12 月 18 日。

第十章 基层法院法官的专业化问题

但是,有关治安法官的司法资格问题,以及在法庭上行为不当的证据,不断出现,而且情况颇为相似;要求结束由未受过法律训练之法官充任治安法官的努力不可阻挡。然而,如前面提到的,1976年美国联邦最高法院在肯塔基州的一个案件中判定[62],只要被告有机会经上诉获得机会由一位是律师的法官重审案件,那么,即使在可能被判徒刑的刑事案件中,也可以由没有律师资格的法官主持审判。在这个案件中,争议是,这位没有律师资格的市政法官,C. B. Russell,不仅表现不称职,而且不称职得令人无法容忍。[63] 但是,紧接着美国联邦最高法院的这一判决,某些州的最高法院(例如,新罕布什尔、华盛顿、爱达荷和佛罗里达州)判定,可以在各种案件中使用无律师资格的法官。[64] 而另一方面,北卡罗来纳州颁布了一个制定法,要求所有法官都要有法律学位。

2. 州初审法院的管辖

译自,Robert A. Carp and Ronald Stidham, *Judicial Process in America*, 4th ed., Congressional Quarterly Inc., 1998, pp. 67-68, 68-69。

有限管辖初审法院

在这个国家,每年有大量诉讼由有限管辖初审法院处理,在美国所有由法院处理的案件中,这些法院处理的案件大约占了90%。[65] 这些法院的名目繁多,有 justice of the peace courts, magistrate courts, municipal courts, city courts, county courts, juvenile courts, domestic relations courts, and metropolitan courts, 等等;我这里列举的还只是比较常见的。

这些法院的管辖都限于不很重大的案件。例如,在刑事问题上,通常认为,州法院处理三类违法(我在第6章中会有更广泛的讨论):违

---

62 参看,*North v. Russell*, 427 U. S. 328(第2章,第21段,注1)。
63 参看,Allen Ashman and Pat Chapin, "Is the Bell Tolling for Non-Lawyer Judges?" *Judicature* 59, 1976。
64 新罕布什尔州最高法院,根据诺斯案,支持该州的一个类似制度设置,允许在下级一个非律师法官的法院决定之后在上级法院重审此案。
65 See, Harry P. Stumpf, *American Judicial Politics*, Harcourt Brace Jovanovich, 1988, p. 75.

法（infractions）（最不严重）、轻罪（严重些）以及重罪（最严重）。有限管辖初审法院只处理前两类案件。它们只可以判数量有限的罚金（通常不超过 1000 美金）以及监禁（通常不超过一年）。在民事案件中，这些法院通常处理的争议金额数量都有限定，比方说，500 美元。此外，这类法院通常还限于审理某些类型的争议：违反交通规则、家庭关系问题或涉及青少年的案件。与普遍管辖初审法院的另一个差别在于，在许多案件中，这种有限管辖初审法院都不留审判纪录。因为它们的程序都不记录在案，对这些法院的判决提出上诉，结果一般是直接上诉到普遍管辖初审法院进行所谓的"重审"（新审）。

但是有限管辖初审法院的另一个突出特点是，对这些法院的主审法官常常没有任何正式的法律训练资格要求。事实上，其中许多法官都是打半工的业余者，他们有时甚至不熟悉最基本的法律概念。[66]

这些法院中，有许多资金严重匮乏。法院常常没有固定的审判庭，只能在杂货店、餐厅甚或私人住宅里开庭。它们也常常没有助手来充分记录。结果只能是非正式的程序，以及批量化的处理案件。很少有从头到尾完完整整的审判，案件处理都很迅速。

最后，我们应当注意到，有些州会用有限管辖初审法院来处理重罪刑事案件的初步问题。这些法官常常主持传讯、提出保释、为贫困被告人任命辩护律师并进行初步审查。如果要听取诉求、主持审判和判决，案件就会转到普遍管辖初审法院了。

普遍管辖初审法院

大多数州都有一套主要的初审法院，处理更为重要的刑事民事案件。此外，许多州还有一些特别类型的案件，诸如青少年刑事违法、家庭关系案件以及缓刑案，都归普遍管辖初审法官管。

在大多数州中，这些法院还有一种上诉审的功能。它们听取从有限管辖初审法院审理的某类案件的上诉。如同我们前面提到的，这些上诉经常会重新听审，或者在普遍管辖的法院中再审。

---

[66] See, Allen Ashman and Pat Chapin, "Is the Bell Tolling for Non Lawyer Judges?" *Judicature* 59, 1976, pp. 417-421.

第十章　基层法院法官的专业化问题

普遍管辖初审法院通常划分成审判区或巡回区。尽管各州做法不同，但一般规则都是以现有行政边界，诸如某县或某些县的行政边界，来确定审判区或巡回区。在农村地区，巡回审判那可是一点不假，法官根据事先确定的日程在巡回区内不同地方开庭。城市地区则不同，一年到头法官都固定在某个规定地点开庭。在一些更大的县，也许会按专业划分法官。有些法官只审民事案件；而另一些只审刑事案件。

在这一层面，法院的名字也多种多样。最常见的是，地区法院、巡回法院和上级法院。……俄亥俄州和宾夕法尼亚州仍然坚持"共同诉求法院"的老名字。而其中，纽约州无疑是最令人困惑的：它居然称其普遍管辖初审法院为最高法院。各州法律对这一层级的法官都要求有法律学位。这些法院还会有一些助手，因为这些法院都要保存记录。换言之，这一层级的法院有一定程度的职业性，而有限管辖初审法院则没有。

第十一章 基层法官的司法素质
——从民事一审判决上诉率透视

> 要想改进,第一步就是要看看眼前的事实。[1]
>
> ——霍姆斯
>
> 有过这样的时代吗?公众认为社会道德水准正在提高?[2]
>
> ——博克

一、问题

上一章结论认为,由于种种原因,目前法学院毕业生未必愿意到基层法院工作;而从社会资源的有效分配和鼓励人才自由选择职业的理路出发,至少在目前,中国基层法院也许只能更多从未经法律专业训练的人才中培养法官,承担起基层司法审判工作。我甚至认为,这样的做法有可能改善中国农村的社会生态。从理论逻辑上看,这种论述基本没有什么问题。但人们很容易提出两个很有道理的疑问,一是司法公正的问题:这些未经现代法学院训练的法官,长期待在基层的熟人社会中,是否会影响司法的公正,甚至是否会使基层司法变成压迫普通百姓的工

---

[1] "Law and Social Reform," in *The Mind and Faith of Justice Holmes: His Speeches, Essays, Letters and Judicial Opinions*, ed. by Max Lerner, The Modern Library, 1943, p. 401.

[2] Derek Bok, *The State of the Nation, Government and the Quest for a Better Society*, Harvard University Press, 1996, p. 314.

第十一章 基层法官的司法素质

具。近年来，司法不公已成为中国媒体和民间相互影响的一个颇为热门的话题。这种怀疑就更不能拒绝回答了。另一个疑问是，大量使用未经法学院训练的人担任基层法院法官，他/她们是否有能力履行国家权力机关赋予他/她们的司法职能。如果不能回答这两个问题，"化作春泥更护花"的说法，也就是你的理论设想，如果不是有意为既得利益者评功摆好，为司法改革制造杂音，那么也是你苏力太天真了！

的确，我必须回答这两个问题。

要回答这两个质疑，我必须有新的方法，更直接、更强有力的材料和逻辑分析。先前我大多使用理论分析，个案的经验研究，试图从中获得一般的理论和命题，而要用这些方法回答上述质疑，会很不令人信服。这个问题是个经验问题，仅有理论论证毫无说服力。个案研究可以指出某个或某几个未经法学院训练的法官不仅廉洁无私，而且精通专业；但任何人都不会接受这是充分的论证。这种个案最多证明了一个未经法学院训练的法官也可能是好人和聪明人，可以当好法官。怀疑者完全可以提出一系列，从上到下的，未经法学院训练的法官贪污腐败、昏庸无能的例子。在这种有关普遍性的命题上，个案研究、枚举法无法令人信服。

一个比较令人信服的研究要求我，必须要有这样的材料：第一，这些材料对于我的研究来说必须是无可挑剔的，是无从编造的，即使有误差，在任何意义上也不可能危及我的研究结论的可信性和可靠性；第二，这些材料还必须是非常容易得到的，普通人只要有一定的分析和算术能力，严格依照逻辑，就可以重复；第三，我对这些材料的使用和分析还必须是一般有高中以上水平和有一定逻辑思维能力的人都能理解和看懂的；以及，第四，最重要的，这些材料不能只是反映某一个县、市甚或省的法官的情况，它必须或最好能反映当代中国全体基层法官的情况。甚至，第五，最好还不只是反映了某一个比较短暂时期的情况。

问题是，这可能吗？这种苛刻的要求几乎是硬要把自己往长坂坡上逼，自己要自己的好看。但是，置之死地而后生；敢立军令状者，未必只能在华容道上放残兵一马，也敢于百万军中取上将首级。思考和浏览的结论是柳暗花明，研究的结果更令我大吃一惊（我相信绝大部分读者也会非常意外，甚至可能本能地拒绝）。但如果仅仅因为研究的结果与自己的预期或直觉不一致，就拒绝实证研究的结果，那就会如同当年天主教大主教拒绝用伽利略的望远镜观看天空一样；这是一种宗教心态，而不是科学心态。

我反复考察了我自己的理论前提，逻辑分析、方法和材料，说实话，我无法发现我研究的基层法院的经验材料中，有任何足以颠覆本章研究结论的弱点。我将研究公之于众，并不是希望人们一定接受（接受不接受一个结论，通常不全是一个知识或智力的问题，而是信念问题；当年大主教拒绝接受伽利略的理论不是因为前者的知识或智力有问题），而是希望其他学者能指出，如果我的分析错了，可能在哪里失足了；我真心准备接受令人信服的智识挑战，但不会轻易认输；目的只有一个，进一步推进我们对中国司法制度的实证研究和切实理解。

二、 操作定义、 假说和可测定假说

为便于读者理解，进入问题，首先让我们设想一下，假如你是某案件当事人之一，面对什么样的司法判决会提出上诉？我想，一般每个普通人都会说，"判决不公正时"。[3] 由此，我们可以提出一个用作测度某个判决是否公正的操作指标。这个指标看起来很简单，不符合形而上的正义之定义（这种定义很多，因此你不知应当符合哪一个），但是它是一个可以操作的定义，也符合经济学上关于交易公正与否的理论。从经济学上看，任何一个交易，如果交易双方都可以接受，就应当认定这个交易是公正的。你拿1万元人民币自愿买了一张"全国山河一片红"的邮票，你父母亲甚至你的所有朋友都认为你上当了，"不值"，但只要你

---

[3] 着重号是重要的。思维更细密的、熟悉法律的人，比方说，律师，完全可能说："即使判决公正，但如果各方面因素令我确信有超过50%的可能获得更大利益时，我也会上诉"。其实律师的话更对，但是用律师的条件来分析我研究的初审法官没有很多影响，相反会使我们的分析复杂化。律师的话对考察二审法官的情况有意义。此外还一定有少数上诉者是情绪性的，上诉是"不蒸包子争口气"，上诉是他/她的一种非货币性的消费；但这种情况很少。

第十一章 基层法官的司法素质

觉得"值",这个交易在经济学上看就是公正的。贸易就是这样发生的,否则你怎么可以设想比尔·盖茨能在十几年内成为了世界首富,大家还觉得他应当如此,没觉得他为富不仁呢?但如果你不接受这个公正的操作定义,我再退后一步说,你是否可以接受这样一个关于判决是否不公正的操作性界定:当人们对初审判决提出上诉时,这意味着他/她(而不是其他的外在的人)认为这个判决不公正。如果连这个关于不公正的操作定义你也不接受,那么我们就只能"道不同,不相为谋"[4] 了,你就不用继续阅读本章了。如果你初步接受了这个界定,我们才可以继续。

但须注意,任何一个案件,一般至少有双方当事人,如果判决只对一方有利,这一方会接受判决,但另一方就可能不接受,会认为这一判决不公正。而且由于案件判决并不增加或创造财富,仅仅是就已经确定的争议财富进行分配,因此仅仅对一方有利的判决,就往往会对另一方不利,就更可能引起另一方上诉。因此,我们可以大致说,任何一个案件,判决只要没能让争议双方都感到比较公道,就可能引出上诉。

有可能,并不是必定。有不少人会考虑上诉会耗费各种精力、财力、时间,因此即使心里还有点愤愤不平,也还是没有上诉。这种情况在任何司法制度下都有,是一个大致稳定的常数,不会突然间急剧增多或减少。因此,根据数学的大数定理,一般情况是,感到判决不公平的人总要比感到判决公平的人或虽不满意但基本可以接受的人更有愿望、欲望和动力提出上诉。[5] 据此,从原则上看,我们可以根据一个司法制度中上诉的多少来判断人们对这一司法制度的公正程度的感受。当其他条件相当时,就两个不同年份而言,判决不公平案件多的年份上诉人会增加,判决不公平案件少的年份上诉人就少;特别是从长时段来看,更可能如此。

简单用案件上诉数量来衡量初审判决公正程度还有其他问题。因为

---

4 《论语·卫灵公》。
5 一些美国的初审法官就观察到这种现象,参看,Charles E. Wyzanski, "The Importance of the Trial Judge," in Walter F. Murphy and C. Herman Pritchett, *Courts, Judges, and Politics: An Introduction to the Judicial Process*, 4th ed., Random House, 1986, pp. 108-110。

不同的年份，初审判决的案件数量会有很大不同。在过去的20年间，中国法院审理的案件急剧增加，上诉的案件自然会有很大增加。又比如，同样是国家，中国和新加坡，就不一样。新加坡是一个小国，每年初审的判决案件数量肯定少于中国，其上诉案件即使再多，同纠纷多的大国中国一比，上诉案件也肯定少。我们必须寻求更为准确的方法来衡量诉讼人对初审判决的公正性的行动性评价。

要解决这个问题实际很简单，就是用上诉率，而不是用上诉案件数作为测度标识。上诉率是上诉案件在全部判决案件中所占的比例。用这个换算了的数字来衡量，从统计学上来看，不同年份就有了可比性。

有了这样一个基本的假说，我们可以进一步构建一系列可测定的、有关初审判决公正性的假说。比方说，以年为单位，计算每年的上诉率，我们有可能通过各年度上诉率的变化透视这个社会中诉讼当事人对初审判决公正性的评价：

如果上诉率持续上升，那么意味着对于诉讼当事人来说初审判决的公正性不断降低；

如果上诉率持续下降，那么意味着对于诉讼当事人来说初审判决的公正性不断提高。

这里强调的都是诉讼当事人的感受和评价，并且以他们的行动来测度；也许有人对此质疑，我也认同这些质疑不无道理；但问题是，如果诉讼当事人都觉得判决可以接受，没有提出上诉，我们作为外来人又如何判断某判决公正与否？而且我们每个外来人的判断标准都不可能是一样的。我们必须牢记"鞋子合适不合适，脚指头最知道"的定理或常识。

我们还要注意，影响判决公正会有多种因素，既有制度的（法律本身的）因素，也会有法官个人的因素。如果从法官个人因素上看，又大致可以分为两个方面。其一是法官是否廉洁。拿了人家手短，吃了人家嘴软；如果一个法官收受了别人的好处，他/她自然更可能在司法上偏向一方，造成判决的不公正（我们在这里暂时不讨论所谓"徇私不枉法"的情况，第一，这种情况很少，第二，这种情况产生的结果不是

第十一章 基层法官的司法素质

"司法判决"不公,而是法官的行为不端)。我在本章中将称这一因素为偏私。其二,世界上的坏事、错事也并不都是因为人的良心坏了;有许多时候,好心也同样办坏事,比方说法官的专业水平太低,同样可能造成司法判决的不公。完全有这样的可能,尽管法官并没有有意不公,甚至自认为很公正,比方说,对"陈世美"施以重刑,但在今天的当事人和民众看来,也许仍然是判决不公,并引发上诉。由于我们在此只能依据行为主义从经验上判断,没有办法深入法官的心智中看,而且即使进去了也未必能看到什么东西[6],因此,我不打算区分这种不公和因偏私而造成的不公。就司法而言,在当事人看来,公不公,看的是结果,而不是法官的主观动机。但在分析导致司法公正程度变化时,我还是认为"专业水平低"有可能导致司法判决的不公。

如果承认这两个因素都可能造成事实上的司法判决不公,那么可以进一步推出下面一系列可测定的假说:

当专业水平稳定时,司法偏私的增加会导致上诉率上升;

当偏私程度稳定时,司法专业水平的下降也可能导致上诉率上升;

当专业水平稳定时,司法偏私的下降会导致上诉率下降;

当偏私程度稳定时,司法专业水平的上升有可能导致上诉率下降;

当上诉率上升时,有可能是司法的偏私程度增加了或专业水平降低了,也可能是两个因素齐备;

当上诉率下降时,至少这两个因素中的一个起到了正面的作用。

依据这些假说,我们就可以考察一下中国基层法官的一审判决的情况。

---

[6] 参看,Richard A. Posner, *The Problems of Jurisprudence*, Harvard University Press, 1990, pp. 167-170。

三、 原始材料的说明和处理

我使用的材料来自《中国法律年鉴》公布的 1989—1997 年的各年民事案件初审判决案件数和二审收案数。这些数字不仅可以在相应的《中国法律年鉴》中查到，而且可以在北京大学法律信息中心网的"司法机构"中查到，网址是 http://www.chinalawinfo.com/fljg/fltj/。我使用的材料就来自这个网址。

首先要说明的是，为什么我只使用了民事案件的统计数据。这首先与我的研究关切直接相关，我主要关心基层法院的法官，而不是一般的法官。我选择的数据必须能够反映出基层法院法官的能力和素质。在所有公布的统计数据中，只有民事案件的数据大致能够满足这一要求。

对这一点，我要细致地分析一下，免得读者疑惑。现在公布的数据中，与一般管辖的基层法院（非专业法院）有关的只有四大类案件，即民事、经济、刑事和行政。这四类案件分别适用三部诉讼法，前两类均适用民事诉讼法。这些诉讼法都有级别管辖的规定，并且文字也没有很大差别；但在司法实践上，级别管辖对基层法院这四类案件的一审管辖的影响非常不同。在刑事案件上，可以说基本是基层法院和中级法院分享了对刑事案件的一般管辖权，比较重大的刑事案件都由中级法院初审。在行政案件上，由于中国的行政级别，基层法院偶尔也可能审理极少数涉及更高行政级别的政府机关（我头脑中最著名的就是四川省夹江县制假者到县法院告了省厅打假人员的案件[7]，但没有落个好下场），但这种情况很少；事实上基本情况是涉及哪一级行政部门就由哪

---

[7] 1995 年 7 月 28 日，四川省技术监督局稽查队派员去该省乐山市夹江县查封了该县彩印厂未经彩虹公司合法授权而印制的近两万个彩虹牌电热灭蚊药片包装盒，以及有关的印刷设备和厂房，并于 10 月上旬对该彩印厂及法定代表人分别罚款 5 万元和 4 万元。因对该行政强制措施和行政处罚不服，夹江县彩印厂和万建华先后在夹江县人民法院和成都市中级人民法院提起了行政诉讼。两场官司均以被告省技监局胜诉结束。在夹江打假和案件审理过程中，包括中央电视台在内的许多新闻媒体作了大量报道，部分人大代表也进行了干预，此案成为新闻热点之一，其中一个令许多民众困惑的重要问题是，"制假者怎能把打假者送上被告席"。

第十一章　基层法官的司法素质

一级法院审。因此基层法院对行政案件也没有近乎独享的初审管辖权。基层法院对经济案件的管辖权也被瓜分了，案件管辖往往按诉讼标的大小被各上级法院瓜分了。因此，就上述三类案件而言，依据公布的初审判决案件数字，我们无法获知，究竟有多少案件是由基层法院初审判决的，其中又有多少提出了上诉。现有的这些公布的数字只能用来评判各级法官的初审判决公正性，而不能用作评判基层法院法官的初审判决公正性，尽管基层法院的法官都是初审法官。

在民事诉讼法中，关于民事案件的级别管辖规定与其他类型案件的级别管辖规定在文字上大同小异，但由于民事案件的社会意义相对于立法者和司法者来说不那么重要，审理这些案件的可预期诉讼费收入很低，并且工作量巨大，因此各上级法院都不想管，因此，基层法院事实上对普通民事案件几乎拥有了全部的初审权，只有少数重大的涉外民事案件和对地区或省或全国来说重大、复杂的案件除外。法律上有这样的但书，只是事实上中级以上的法院很少对普通民事案件进行初审。我调查过的某地区法院民庭，好多年都没有一起民事案件初审，该庭实际审理的是经济案件；中级法院的民庭基本是审理上诉案件。我估计，有90%~95%甚至更高比例的民事案件是由基层法院或其派出的人民法庭初审的。[8] 据此，可以说，只有一审的民事案件最能全面反映并基本独自反映了基层法院法官的能力和素质。对这些民事一审判决提出上诉，几乎可以说唯独反映了诉讼当事人对基层法院法官初审判决公正性的评价。

其次要说明的是，网址上提供的数据是从1987年到1997年11年时间的一审和二审案件数，但是1987年和1988年两年提供的一审案件数仅仅是法院收案和结案的数字，没有一审案件的判决数。而我们知道，当时中国法院审理的一审民事案件中大致会有2/3是以法庭调解结案的。没有判决案件数，仅仅有二审收案数，无法计算上诉率。为了保持数据的统一性和可比性，我舍弃了这两年的数字。我认为，后9年的

8　我没有非常权威的引证，但是一个比较有权威的、可供推测的说法是，全国审结的案件中有70%由人民法庭审理。参看，本刊评论员：《法庭管理是个大课题》，《人民司法》，1994年第12期，页7。

325

数字足以表现一种基本态势或趋势。

再次要说明的是，我采用的这些统计数据的精确性、可靠性，以及两者对本研究验证的命题是否有统计学上有意义的影响。如同任何统计数据一样，这个统计数据不可能是"精确的"。各级统计都难免出错。但我认为这些统计数据不会如同地方向中央报告的产值或增长率之类的数字，有"楚王好细腰，宫娥多饿死"的问题。这些数字一般说来不可能给领导脸上增光，目前似乎还没有谁好过这种"细腰"。这些统计数字是作为一般档案记录保留下来的；在许多人眼中，甚至在我写本章的前一天，也许都是不很重要的数字。此外，这些数据的存在早于我的这一研究，统计人员不会为了或预料到我今天的使用而预先修改数字。更重要的是，如果说案件总数还可能出错的话，我使用的一审判决案件数和二审收案数则很难出错，因为这些案件不仅有一般的记录，而且有卷宗，有判决书，有严格的公文交接手续。现代官僚制度中的公文制度化使得这种数据很难造假，很少可能出错。

当然，我不排除这些数字会有些小的出入，比如说数字汇总（不排除一些法院因种种因素将这一年年底的几件案件放到了下一年度），又比如说上网时的输入。但我认为前一种差错对于我的研究所要求的精度来说，没有任何统计学上的意义，不会影响任何结论。事实上，在计算处理数据时，我将小数点 4 位之后的数字都给省略了，这种省略大约相当于几百个案件的出入。上网输入的错误如果出在低位数，无关紧要，最怕是出在高位，但是这种可能性仍然不大。因为从各年的统计数据来看，已经形成了一个大致的格局或态势，一旦态势反常，会引起我的注意；而我没有发现什么不规则的变化。

最后谈谈我对这些数据的处理。我的处理很简单，以某一年的二审收案数除以该年一审判决案件数，得到的就是该年的上诉率。我的这种处理可能会引起一些挑剔者的争议，因为这一年二审法院收到的上诉案件肯定不会都是本年度初审法院判决的案件，甚至会有相当一部分不是。就此而言，跨年度的案件有可能影响上诉率计算的精确性。但这种看似有道理的批评遇到我要解决的问题就会败下阵去。我有两点理由应对。首先，如果严格按照年度区分案件，就目前的技术和资金上看，是不可能完成的；即使可能，也无人保证不会有区分的错误。但更重要的一点是，这种区分在统计学上没有意义。我们都说中国有 12 亿人，但是我们也都知道作为这个数字零头的可能有几千万人（放到世界上则会是一个不小的国家），被省略了。精确永远要有针对性，没有意义的精确只是累赘，甚至是笑话。对于我的问题，现有统计的精确性已远远超出了要求。

四、研究结果和分析

下面是根据我计算的上诉率绘制的图表。纵轴代表的是上诉率，横轴自左至右是从 1989 年到 1997 年。图中点分别代表了该年度的上诉率，从点与点之间的连线，我们可以大致看出上诉率的变化和趋势。

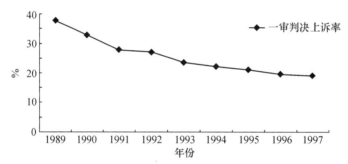

图 1　民事案件一审判决上诉率之变迁（1989—1997）[9]

如果前面的分析和可验证假说不错，那么这足以证明，仅就民事案件而言，诉讼当事人对法院一审判决的满意度在上升；而并非如同我们在有关"司法不公"的声浪中可能直觉感受的并因此可能推测的那样：诉讼当事人对法院的初审判决日益不满。由于——如前分析的——民事一审的案件基本是由基层法院法官审理判决，那么，仅此推断，不论由于什么原因，至少在过去的 10 年里，若以当事人的满意程度为标准，基层法官的司法公正程度有了稳定的提高。在这个意义上，我们还可以判断，尽管基层法院法官文化水平仍然偏低，绝大多数没有经过法

9　资料来源：http://www.chinalawinfo.com/。

学院训练，但他/她们不仅基本完成了民事案件的审理，而且他/她们还在不断改善自己的司法绩效。

从这张图上还可以看出，尽管一审判决的上诉率一直下降，但是在1993年之前和之后，一审判决的上诉率的变化有所不同。1993年之前，上诉率下降相对较快，表现为上诉率的下降线比较陡直（1991—1992年除外）；进入1993年之后，这种下降曲线日益放缓，1996—1997年仅仅是略微下降。如何理解这一变化？我以为，任何司法，即使完全公正，也不可能完全没有上诉（而且不应当将之作为追求的目标）。总有一些人因为利益之争，认为自己理由很充足，对判决表示不满，甚至完全可能双方当事人对一个社会认为公正的判决都表示不满。我们在日常生活中就经常可以发现这些现象。有的人在任何情况下都会觉得自己亏了，因此提出"上诉"。这种"认死理"的情况未必是当事人不讲道理，在我看来，更多表现了不同的人对同一件事不大可能作出同样的评价，因为个人的偏好很难通约。正由于这种情况的存在，判决才是必要的。也正是由于这种情况，任何社会的任何层级的司法判决，都会有一个大致稳定的最基本的上诉率或抱怨。

我以每年的民事案件一审结案数与一审判决上诉数计算，获得图2，表明，我的这一判断是成立的。在过去的10年间，这两个数之比稳定地徘徊在6%上下，最高和最低仅相差1.5个百分点。如果将上诉率的下降同列一图（图3），我们可以看出，这个波动幅度几乎是一根直线。这表明，一审审理的全部案件（而并非判决案件）中，大约总有6%的案件中至少有一方当事人会就判决提出上诉。这意味着无论法官多么努力，如何提高一审司法判决产品的质量，永远也不可能令所有的当事人满意。因此，上诉率趋缓也许意味着中国民事案件初审的上诉率已日趋接近但可能还没有到达这一底线（这还需要新的数据和研究）。而这一判断的实践意义在于，目前民事案件一审判决的质量还有可能进一步提高，但已相当有限；如果这种可能性之实现在很大程度上取决于基层法院法官自身[10]，那这也就意味着基层法院法官还可以做些什

---

[10] 有可能，这不取决于法官本身，而取决于社会和法律的稳定。

第十一章 基层法官的司法素质

么，或在某些方面做些什么。

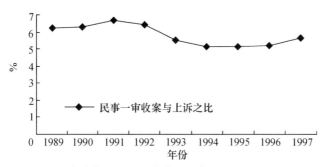

图 2　民事案件一审受理案件上诉率（1989—1997）[11]

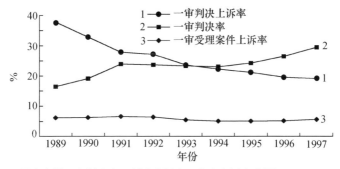

图 3　民事案件一审判决率、判决上诉率、收案上诉率合图（1989—1997）[12]

一审判决的上诉率下降了，但我们不能简单将之归结为法官的司法公正程度的提高，或/和法官的司法专业水平的提高。对这一点，我们还要有更精细的分析，特别是要尽可能排除其他可能影响上诉率下降的因素。

一个重要的且相当普遍的怀疑是，由于一审判决不公正，导致诉讼当事人对司法失望，因此放弃了上诉。换一个说法就是，在这种怀疑看来，上诉率下降意味着司法不公正程度的增加，而不是我所说的公正程度增加。这种现象在个体层面确有可能。某个当事人发现司法诉讼给出的结果背离了自己的期望，对所有的法院和法官都失望，因此不再诉诸

---

[11]　资料来源：http://www.chinalawinfo.com/。
[12]　资料来源：http://www.chinalawinfo.com/。

司法途径解决纠纷了。生活中并不缺乏这种失望的情况；一个青年学生，哪怕非常希望上大学，但多年考不上大学后，最终也会放弃这一梦想。世界上很少有一棵树上吊死的人。但我还是认为，这种怀疑总体来看在社会层面不能成立。首先，如果确实感到司法不公（而不是上面说的一般的对结果不满意，因为司法是对利益的重新分配，并不增大参与分配的利益，不可能有皆大欢喜的结局），且涉及的利益足够大，人们就更可能针对一审判决提出上诉，而不是相反；因为这毕竟是他/她第一次感受司法。

其次，一般人对任何事都不大可能仅仅由于一次失败的或不快的经验而彻底失望。一个渴望进入大学学习的青年，只要他/她对自己的实力还有点确信，那么只有在多次失败后，才会放弃；如果他/她一次失败就放弃，一般说来，如果不是有其他更好的机会，那么就是他/她自己感到自己的实力不足。就诉讼来看，这也就是说，诉讼当事人一般是在认为自己的案子（包括证据）或主张不那么占理时才会放弃上诉。

再次，与青年学子考大学不同的是，上诉不是由同一法官或法院审理（而考大学则年年全国统考，统一出卷），而是由不同的法官和法院审理，这种状况一般说来都容易鼓励人们再试一把（即提出上诉），而不是相反。

当然，最后，我不怀疑原被告中都有少量特别敏感，特别容易心灰意冷、从一次失败的经验就得出"天下乌鸦一般黑"的人，而且我也相信能找出不少这样的例子来。但我们不是谈论某个人、某一类人，我们分析的是中国基层法院的一审民事诉讼的双方当事人；如果有那种特别敏感的人，他们在人群中的总量会是相对稳定的，分布会是正态的，不会在一个不长的时间内突然增多或减少，或逐渐集中到民事诉讼一审中来，因此发生在统计学上有意义的变化。这一点从这10年相对稳定的民事一审上诉率也表明，即提出诉讼的一审民事原被告中，总是有5%到6%的上诉率。

另一种怀疑与上面的怀疑类似或有联系，但设想了一个更复杂的社会互动模型。大致说来，这种说法认为，许多当事人在没打官司之前就已经从社会各种信息渠道中了解到"司法不公"，但不完全相信；一审

第十一章 基层法官的司法素质

的经验印证了他们的所闻,因此不再上诉了。

这种说法很难成立。首先,这仅仅是一种猜想,猜想的意义在于提出新的研究进路,但猜想本身不是证据,不具有证明力。其次,即使假定这种猜想成立,它也有无法自圆其说的自我矛盾,以及与经验事实的矛盾。这种假说认为信息会影响人们的行动,这一点我完全同意;但在强调信息影响人们提起上诉的意愿之际,恰恰没有考虑信息首先会影响人们提出诉讼的意愿。现有的证据表明,过去 20 年来,民事诉讼案件的受理数量一直在急剧上升。因此,这种怀疑本身就面对着一个无法回答的悖论:一方面,从民事案件受理数上升来看,人们对民事案件一审的信任没有下降,而另一方面,从民事一审的上诉率下降来看,人们对民事一审的信任降低了。这两个命题都可能成立,但不可能同时成立。

当然怀疑者可以说,民事一审案件受理数量上升是社会生活变化的产物,是社会生活复杂化、经济交往增加造成的,据此,案件受理数量增加与对民事一审的信任无关。但这还是说不通,因为社会纠纷解决机制从来不只是法院一家,遇到纠纷——特别是民事纠纷——找谁不找谁总是涉及纠纷当事人对纠纷解决者是否信任的问题。特别是考虑到我使用的材料跨越了 10 年,如果 10 年了,中国老百姓还不能理解这一点,还是"明知山有虎(司法不公),偏向虎山行",这恐怕也太蠢了吧?中国百姓对政策特别是实际落实的政策的敏感度是很强的,经济体制改革历史就证明了这一点;改革开放之后,老百姓对司法的诉诸日益增加也证明了这一点。

进一步证否这一怀疑的是民事一审的判决率(见图 3)也在逐年上升。即使假定有些人在听到司法不公的说法之后还将信将疑,因此病急乱投医,进入了民事诉讼,那么他/她也未必要吃完梨子才知道梨子的滋味,一定要经历了司法不公才对司法失望;他完全可以及早抽身,在判决之前通过和解或其他方式解决纠纷,申请撤诉会是一个更好的选择;而民事诉讼法也赋予了当事人对案件有更大控制权和自主处分权。[13] 不撤出诉讼,愿意等候判决,就表明在当事人看来,诉讼的可能

---

13 《民事诉讼法》(1991) 131 条。

结果还是比以其他纠纷解决方式可能获得的结果更为公道一些，尽管他不一定十分满意；而我前面已经说过，司法裁决从来不可能让双方都十分满意。因此，这种精致的猜想并不精致，仅仅是加了更多的设想的条件而已。但只要综合考虑一下现有的数据，就可以证明这种猜想不能成立。

还有一种怀疑，同样与上面有联系，但更精致。简单说来，这种说法就是，司法不公造成人们有"上诉没用"的感觉，所以上诉率逐年降低。在这种怀疑中，前一年或前几年的上诉率下降影响了后来的潜在上诉者的预期；因此，上诉率下降既是自变量，同时也是因变量。这种怀疑也很难成立。

首先即便成立，它质疑的更多也是二审是否公正，而不完全是本章讨论的民事一审；因此，这就不在我讨论的范围之列。其次，我们不能假定上诉就一定应当改判或发回重审，不能假定，只有改判或发回重审才证明二审是公正的。如果依此推论，上诉率就应当越高越好。但因此而来的上诉率高在证明了二审公正的同时，就势必证明了一审日益不公正——若公正又为什么要上诉呢？而这恰恰回到了本章的基本假定，上诉率高，证明了诉讼当事人对一审判决满意度低；上诉率低，证明了诉讼当事人对一审判决满意度高。因此，这种怀疑还是不能颠覆本章的进路和猜想。

当然，也还有一种可能，一审法官与二审法官串通好了，因此上诉没用。这种情况肯定会有，但问题在于是否那么普遍，乃至足以影响全国的统计数据？我非常怀疑，这是一个太大的阴谋理论，全国的民事一审法官都与二审法官勾搭成奸？这种异想天开，令人无法接受。从理论上讲，这样做，两审法官的交易费用会极高，因此不大可能。更重要的是，我调查中发现的司法实践也证否了这种猜想。我调查听到一些中级法院民二庭（管民事二审）法官都说，中级法院内部实际鼓励二审法官发现一审法官的错误，并往往要求有一定的改判或发回重审的指标，能发现一审法官的司法错误是二审法官最重要、最基本的工作业绩之一。据此可以判断，二审法官有更多的利益激励来证明自己的优越，自己的优秀，自己的工作绩效，既为了自己的奖金，为了自己的提

第十一章 基层法官的司法素质

拔,甚至也为了自己在一审法院和法官中的权威。相反,如果同一审法官沆瀣一气,二审法官则有一定的风险。一般情况下,如果说让二审法官袒护一审法官的某些小错误还有可能,但无利不起早,要让他刻意掩盖一审法官的司法不公,可能性极小。一个人一般不会为了与自己关系不那么大的人冒那么大的风险。在这个意义上,这种怀疑不能成立。

但在另一个意义上,这种说法还是有意义的,即它强调了法律制度稳定性会减少上诉的发生。但这种影响实际上是正面的,后面讨论制度稳定性时,我会再作分析。

还有一个重要怀疑是,判决率的上升是否造成了上诉率的下降。1980年代以来,中国社会陌生化程度增加,纠纷数量和调解难度都增加了,先是法学界随后是司法界一直反对过分强调民事调解,认为法院应当重视司法判决。由于判决显然要比调解更能节省法院和法官的各种资源,因此,民事案件的一审判决率自80年代中期以来一直呈稳定的上升趋势(参见图3)。人们很容易由此推断,上诉率的下降可能因判决总量的增加而降低了,而并非法官司法公正因素下降了。

这种怀疑也站不住脚。确实,判决确实意味着法官依据法律(或更多是以法律包装起来的常识)将自己的判断强加给当事人;在这个意义上,司法可能会令当事人对判决不满,增加他/她们上诉的可能性。但并不必定如此。因为,从司法(法庭调解)实践上看,许多本可以调解成功的纠纷,往往会因为双方当事人纠缠于枝节问题而令调解受挫;特别是在中国,所谓的依法调解往往要求当事人在法官主持下面对面协商,而不是通过律师私下进行,因此有时仅仅是一方当事人不愿认输而无法达成调解。在这种情况下,判决不仅使法官省事,而且也更能给双方保留面子,节省了协商一致所需要的过高的交易费用。在这种情况下,快刀斩乱麻,不仅有效率,而且对于双方的实际好处更大[14],因此是当事人可以接受的;对这种判决,当事人一般不会提出上诉。

据此看来,即使判决总量的增加有可能降低上诉率,这种可能性也不大。因为,这些增加的判决首先必须是公正的,否则,人们还是会对

---

14 参看,盛洪:《公共选择与法官裁决》,《中国社会科学季刊》(香港),1996年春季卷。

自己感到不公正的判决提出上诉。并且从理论上讲，如果判决比调解更不公的话，那么判决案件数量的增加，只会提高上诉率，而不是降低。而图 3 显示的态势是，判决案件的比例就趋势来看是在稳定增加（只是在 1990 年代前期有一段稳定时期），而上诉案件的比例在稳步下降。因此，完全可以排除，上诉率下降是判决率提高之结果的可能性。此外，统计数据还表明，在这一时期，上诉率下降数值接近 50%（37.75%～19.12%）（通常人们可能说下降了一半），而判决率只上升了不到 80%（16.48%～29.47%）。我只能结论说，上诉率的下降主要是基层法院法官司法的绩效。

影响司法绩效的因素可能是司法专业素质，也可能是司法人员的个人职业伦理。假定其中之一或是两个因素都起了作用，那么是哪个因素起了作用，或起了主要作用呢？目前的数据无法提供有力证据，而且目前我也设计不出可靠的方案来测度。但依据现有的社会科学研究成果，我更倾向于认为，起主要作用的可能是法官司法专业素质的提高，而法官廉洁因素的作用会较小。我的基本理由是，一个社会或一个特定的社会群体的道德水准不大可能在短时期内有很大变化，无论是坏的社会风气还是"正确的"道德教育都不大可能对一个成年人的行为起很大影响[15]，因为道德是基于人们的内心确信和人的自然情感而发生的，现代的生物学特别是社会生物学研究表明，道德甚至受基因的限制，而并非道德教育的成果。[16] 因此，一个社会的所谓道德变化，尽管有时人们听到的和看到的似乎是急剧的和剧烈的，但放在历史中看，在很大程度上，不过是一种边际性波动。如果不是各种社会制约条件有重大变化，任何社会的道德都既不可能有所谓的"严重滑坡"，也不可能出现道德水准的大幅提高。

一方面，中国社会在过去 20 年里，经历了重大的变化，社会流动

---

[15] 参看波斯纳的分析，Richard A. Posner, *The Problematics of Moral and Legal Theory*, Harvard University Press, 1999, 特别是第 1 章的第 4 节。

[16] 有关的讨论，可参看，Ernst Mayr, *This Is Biology: The Science of the Living World*, Harvard University Press, 1997, 特别是第 12 章；又可参看波斯纳的分析，Richard A. Posner, *The Problematics of Moral and Legal Theory*, 同前注 12, 特别是第 1 章的第 2 节。

第十一章 基层法官的司法素质

性提高了，陌生化程度高了，同时有不少制度的变革。所有这些社会变化在一定意义上会使中国人的行为更多"机会主义"的色彩，平均道德水平可能有所下降。[17] 但必须指出，受经济转型带来的社会变迁影响较大的仍然主要是东部的大中城市以及部分地区，对于特别是中西部地区基层法院和法官影响相对较小。我们的调查发现，绝大部分基层法院的法官都是本乡本土的人。熟人社会的环境对人的行为往往构成某种制约，不大可能造成道德素质的多少变化。

而另一方面，中国在过去20年里，毕竟没有经历前30年那样巨大的动荡，法院制度尽管不断改革，但大致是稳定发展的，各种制度都在恢复、试验和完善之中，这些制度对法官也构成了某种制约，未必有很多法官敢拿自己的饭碗开玩笑。毕竟还有庭长、院长、审判委员会以及二审乃至纪检、监察等制度的制约。我倒也不是说，这些制度性制约对司法公正都起了很大作用；起作用的，有时也不一定都是正面——有时它们也确有不利于司法专业化和审判独立或程序正义的问题；但它们在某些方面还是有防止法官徇私舞弊的效果，特别是对基层法院的法官。

为什么？因为与中高级法院的法官相比，基层法院的法官由于学历偏低，可选择的工作机会少，能有这样一份工作，即使收入不高，但在当地已经是不错的了；他/她们不像中高级法院的法官，后者至少有一部分有比较大的职业回旋余地（可以当律师或经商）。而且由于所在城镇较小，社会同质性强，社区压力大，丢不起人，基层法官一旦丢了饭碗，在这个社区是没有出路的。因此，就总体来说，基层法院法官搞司法不公的机会成本要比中高级法院法官的成本大得多。在这种社会制度的制约下，我不敢说基层法院法官的职业伦理素质提高了，但是我大致可以说基层法院法官的职业伦理素质不可能大幅降低。

与此同时，基层法官的专业技术水平却有了较大提高。较大提高是因为基层法官的专业水平本来就比较低。现有的法官绝大部分是"文革"以后逐年进入法院工作的，其中绝大部分都没有受过多少专业训

---

17 参看，苏力：《把道德放在社会生活的合适位置》，《阅读秩序》，山东教育出版社，1999年，页49以下。

练，基层法院法官则几乎全都没有受过法学院训练，因此经过几年的司法实践后，更可能在司法上有较大长进，有经验，有分寸感。每个法官的行为也会逐渐形成一定的态势和格局。而且，这一时期毕竟是中国社会比较重视专业知识和学历的时期，尽管也造成了大量虚假的学历（所谓的"水货"），但还是促使许多比较年轻的法官通过各种方式获取知识，特别是专业知识。越来越多的法官都知道，如果要在法院待下去，专业业务很重要。所有这些都客观上促进了法官的专业能力提高。

我们甚至不应当仅仅从法官身上找原因（从人身上找原因），如果放眼看来，着眼于制度，那么，我认为，促成上诉率下降的一个制度性因素是司法的稳定性和规范性，这本身就会降低上诉率。[18] 举例来说，在一个习惯于双方同意才允许离婚的社会和司法传统中，法院开始采纳一方坚决要求离婚就准予离婚之原则并据此判决，肯定会引起不愿离婚的一方的不满，会对判决提出上诉。但如果坚持几年，格局稳定了，成了规则了，那么此后即使不愿离婚的一方也会接受这种判决的合法性和合理性。他/她仍然可能感到委屈，甚至对这条法律不满，但他/她不会认为判决不公或法官不公，因为这是法律，上诉也改变不了，他/她一般也就不会上诉了。法律适用的稳定本身就是一种值得追求的价值，这种稳定可能增加民众的信任感和法律的权威性，减少诉讼当事人的不满，减少"司法不公"的指责。

尽管这种适用法律的稳定必定要通过法官来实现，但这既与法官自身的廉洁关系不大，也与法官的专业素质高低关系不大，而更可能与人们（包括法官）喜欢驾轻就熟的自然倾向有关。这一点，甚至法官自己也未必清楚意识到。尤其，我们应当注意，中国是1985年才颁布了统一的《民法通则》，其他相关的法律也大都是1980年代颁布的，因此，从理论上说，这种因司法稳定的格局对一审诉讼当事人的影响力必

---

18 与这一问题有关的一个实证研究，可参看，F. Andrew Hanssen, "The Effect of Judicial Institutions on Uncertainty and the Rate of Litigation: The Election versus Appointment of State Judges," *Journal of Legal Studies*, vol. XXVIII, no. 1, 1999, pp. 205–232。该文讨论的是选举制或任命制法官对诉讼率的影响，其基本逻辑与本章的分析是一致的，制度的稳定性会创立更稳定的社会预期，减少争议。

第十一章 基层法官的司法素质

定要经过一段时间才能显现出来。

我有理由相信，民事诉讼案件一审判决上诉率下降主要是基层司法质量提高引发的。

五、关于司法不公或司法腐败

这个结论是与我们的直觉相违的。近年来，人们（包括我自己）普遍感到司法不公和腐败在加剧，并且案情似乎越来越大（这一点很重要）。因此，必须对这种矛盾感受提出一种解说。

当代社会生物学研究证明，所谓的道德问题（可以理解为教化或知识的问题）其实更多受生物性的影响[19]，因此，从长时期看，人类的道德天赋和能力没有也不会有什么大的变化。但是，人类长期以来一直有一种根深蒂固的倾向，几乎每一代人都会抱怨世风日下，人心不古，道德沦丧。[20] 这可能是一个重要的因素，是因为社会变迁，特别是当代中国的快速转型，很容易致使人们对许多新的社会现象缺乏甚至是拒绝理解。人类对于法律的需要在很大程度上是因为其保守。

除此之外，就司法而言，我觉得，可能还有几个因素造成了这种错觉。

第一，由于法学家的努力，中国人对法治的预期大大提升了，甚至太高了。这种现象在许多国家的改革或变革时期都出现过。托克维尔在《旧制度与大革命》一书中就有过描述，大意是改革初期措施会扩大人们预期的进步与社会的实际进步之间的落差，而不是缩小，因此，更容易引发社会和民众的不满。[21] 另外，也必须指出，我们的许多法学家在允诺司法之正义时也确实有许多乌托邦的色彩，神话了法治。

---

19 参看，Edward O. Wilson, *On Human Nature*, Harvard University Press, 1978, 特别是第7、8章；Ernst Mayr, *This Is Biology: the Science of the Living World*, Harvard University Press, 1997, 特别是第12章。
20 参看，Derek Bok, *The State of the Nation*, 同前注2, p. 314.
21 参看，托克维尔：《旧制度与大革命》，冯棠译，商务印书馆，1992年。

由于司法不公在目前的流行话语中具有某种正当性，因此，人们往往把许多与司法不公无关的问题也归在其名下，无论是出于话语的便利，还是借此来推动司法改革。例如，以前某地方公安局局长出身的法院院长作风粗暴霸道，老百姓可能就忍了，最多批评不像共产党的干部，或不为人民服务；而如今，这种粗暴霸道的作风很可能被人们概括并上升到司法不公或腐败的层面。但说实话，这种粗暴霸道未必会带到司法判决中，也未必是为了谋求个人利益或徇私枉法。这种人只是不太文明（uncivilized），而未必是不道德（immoral）。

第二，这种感觉与传媒的发达也分不开，与近年来言论自由范围实际上的有限扩大、信息交流更为畅通分不开。改革开放前，传媒不发达，政府对有关信息的报道控制比较严，人们不大听到这类坏消息；受到限制的传播渠道导致了一种评价错觉。而现在活跃的传媒，相对说更为自由，许多记者也希望成为"人民喉舌"，以强化自己的政治合法性，并争取各种商业上的利益（收视率，收视时间，以及与此相联系的广告收益）。中国新闻实际上已经很大程度地商业化了，更倾向于多报道生活中的坏消息（尽管受到一定限制）；人们的关注力也正向这个方向转变（但其中的因果关系并不确定）。甚至常常有媒体会抓住一些司法不公的现象，甚至仅仅因媒体不太理解的司法现象，进行了带有商业意味的炒作。例如媒体曝光的所谓"制假者告打假者"的事件，似乎当地法院是搞地方保护主义，司法不公；但依据法律，哪怕是制假者也有诉权，法院必须立案。"三人成虎"，这很容易造成一种到处司法不公、腐败的印象。[22]

第三，与此相联系，同时伴随了市场经济的发展，中国民众确实已不再像以前那样相信政府官员和其他公职人员了，不再天真地把自己的命运交给政府安排。这种转变对中国的社会转型有很大的积极意义。但不能否认，这也会导致更多臆测和想象。特别是由于缺乏科学求实的传统，在这些问题上，许多人都有一种小市民的"见风是雨""好事不出门，坏事传

---

[22] 参看，苏力：《我和你都深深嵌在这个世界之中》，《制度是如何形成的》，中山大学出版社，1999年。

第十一章 基层法官的司法素质

千里"的习惯,甚至有某种"幸灾乐祸""添油加醋"的心理。

第四,法学界和律师界作为一个正在形成的利益集团希望推动司法制度的改革,借此强化自己的利益(这种说法是中性的。所以谁要神经过敏,那是他/她自己的事)。他/她们往往更看重或着力针砭现行司法制度中的一些弊端和丑恶现象,有意无意地攻其一点,不及其余。和所有的中国人一样,他/她们也喜欢利用现有的流行政治话语来谋求政治合法性,指出问题的严重性,同样喜欢把许多未必是腐败或司法不公的问题,甚至是工作难免的失误,都用政治正确和政治合法性的大词来包装。例如,庭长或院长审批案件的做法,或审判委员会制度,尽管有弊端,但对防止司法不公和腐败还是有一定作用的;然而,为了推动司法制度的整体改革和这些具体制度的改革,不少学者往往拒绝承认其好处,夸大其弊端,甚至将其笼统地归为"司法不公";甚至把在中国司法制度面临的历史性转型(从实质正义转向程序正义)中,或在道德评价日益多元的社会中,一些不可避免的问题都笼统地装进司法不公这个筐内。例如,中国绝大多数老百姓可能认为目前的司法制度过分强调了程序而不公,而法学家可能认为该制度因强调程序还不够而不公;而法律家心目中的这种司法不公与普通民众心目中的司法不公有根本性差别,甚至是取向性差别。但未必没有人就想利用这种"大词"的一致,来推进自己的私利。

第五,最重要的问题,在我看来,目前强调"司法公正"的倾向表面看来是重视法治的标识,但这种法治中隐含的仍然是德治的习惯性思维方式。由于传统中国社会的诸多特点,中国长期以来是一个更注重德治的社会,从上到下,从学者到百姓,都习惯把社会的各种问题,包括专业技术性问题,转化为道德问题来讨论,上纲上线,强调道德的重要性和绝对的优先性,强调法官个人品性的重要性;一旦出了问题,很容易不作实证调查地从道德上找根源(甚至对皇帝也是如此,地震可能引出皇帝的"罪己诏",一种道德化的自我谴责)。这种思维方式已经成了一种屡试不爽,并很容易获得社会认同性回应的,分析问题的进路,一种不用望闻问切就可以开药方的进路。当中国司法甚或中国社会遇到任何本来需要扎实细致认真的研究才能解决的实际问题时,凭借这种道德主义进路,人们不但可以迅速获得自己的道德优越感,甚至还可以获得自己的智力优越感;可以作为一种在中国社会可分享的谈资。从这个意义上看,在这种似乎日益强调法治的社会思潮中,我实际感到的却更多是一种人治和德治的话语和色彩。[23]

我并不是否认有司法腐败或不公,更不是说应当对这个问题掉以轻心。我只是说,这个概念不应当滥用,不应把什么问题都归到其麾下;也不应一说司法腐败或不公,就普遍指责法官或基层法官或没进过法学院的法官。用个已经不太时髦的法学术语来说,这叫"有罪推定"。尽管我已经失去信心,但如果法学界有谁还想实事求是地研究一点问题,而不是借助某些大词渲染感情地推动改革,那么,就应当更深入地研究有关的和可靠的实证材料,对于中国过去 20 年来司法的成绩和问题,问题出在什么层面上,法学界和司法界之间的分歧在什么地方,作出更为经验的实证研究,而不是仅仅凭着感觉或直觉说话。这应当是本章给我们的更重要的启示。而本章也试图表明,这类初步的实证性研究,即使以现在积累的资料和数据为基础,也是完全可能的。[24]

1999 年 12 月 26 日二稿于坎布里奇

---

[23] 还有一种可能,即法官的个人行为确实更腐败了,但在司法上判决不公的现象没有增加。这就是所谓的"徇私不枉法""吃了原告吃被告"的现象。在这种情况下,原被告可能都基于某种预期以各种方式影响法官,但他/她们的预期不过是一个公正的判决,法官"吃"了双方之后,由于各种制度的限制,还是给了双方一个本应如此的判决;在双方看来,会认为这是自己收买法官的效果。本章的研究无法排除这种情况,我也承认肯定会有这种情况(最近我还听说有人花了 1 万元人民币托一个据说在公安局有关系的"熟人"去办她本人完全可以按正常程序办到的护照,这种对于熟人之迷信,对于现代国家的不理解和不信任,令人吃惊)。但这种状况,究竟有多普遍,是否足以引起一审判决上诉率的改变,我很怀疑。

[24] 我的这一分析,会得罪很多人,无论是普通百姓,还是政府官员,无论是法学家,还是新闻传媒。但中国的许多学术研究被"要得民心"这一条害了。这实际上是一种"政治正确",不愿用科学实证的眼光看我们的问题,而是习惯用传统的道德和政治的眼光看学术,而且加上了近代被滥用的"民主"。这不仅是政府、官员、法官这些在朝者的问题,而且往往是法学家、律师甚或普通百姓这些在野者合作的问题。我希望本章的分析是错的。但我还是必须把研究分析的结果公布出来。我相信我自己的研究是严格的,逻辑是成立的,学术是真诚的。我讨厌有意无意的"媚俗",而这是中国法学界过去 20 年来存在的最大毛病之一。

第十一章 基层法官的司法素质

附录 刑事/经济案件一审判决上诉率简析

依据本章的思路和方法，我也对过去近 10 年来中国刑事案件（1987—1996 年）和经济案件（1989—1997 年）一审判决上诉率进行了整理和计算，制图如下。这个图表明，其他类型案件的一审判决上诉率也在逐年下降，虽然趋势不像民事案件那样稳定。为了本章的集中，我不对数据作细致介绍，不细致分析和阐述这些趋势可能的寓意。但是，会同对民事案件一审判决上诉率的分析，这里的情况可以表明，如果以一审当事人的接受程度为根据（这个根据在这两类案件上是可质疑的，我在此提醒读者），那么中国司法的总体状况是在改善，而不是在变糟（而且也表明，我仅仅使用了民事一审案件，并不是有意避重就轻，避难就易，有意掩饰）。因此，目前颇为轰轰烈烈的司法改革，尽管有些地方有合理之处，但就总体看来，我认为，实际上反映了一种对法治（制度）的不信任，对法治原则（制度稳定性自身的价值）的一种违反，与主管者好大喜功、注重公共关系的心态有关，因此实际上有很强的人治色彩；同时，这实际上也对广大法官的工作成绩和个人品性构成了某种侮辱。

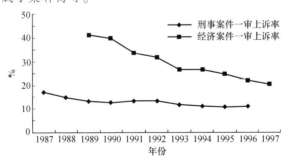

图 4　刑事、经济案件一审判决上诉率[25]

25　资料来源：http://www.chinalawinfo.com/。

第四编

研究方法的反思

第十二章　法律社会学调查中的权力资源
——社会调查过程的一个反思

> "权力"基本上是指一个行为者或机构影响其他行为者或机构的态度和行为的能力。[1]
> ——《布莱克维尔政治学百科全书》

一、问题的提起

题目很大,引发这章内容的却是一件小事。

一年多以前,我到 H 省作田野调查,见到在该省省委政法委任职的一位大学同学。闲谈中,老同学谈到他随从的省委政法委书记、公安局局长的一些轶事。这位公安局局长是一位忠诚的、富有责任感的、关心人民疾苦的共产党人,经常微服私访,调查社情民情,一丝不苟。例如,在微服私访期间,他曾几次命令我的这位朋友到当地公安派出所无中生有地"报案",借此考察当地公安干警是否真正关心人民疾苦,以及他/她们的服务态度等。报案后,直到公安干警随同我"谎报军情"的同学一同走出派出所大门,我的这位同学才亮出自己的身份,并对公安干警表示感谢。这些被考察的公安干警没有任何被愚弄的感觉。有时,在不说明自己真实身份的类似电话报案后,这位公安局局长会掐着

---

[1] 戴维·米勒、韦农·波格丹诺编:《布莱克维尔政治学百科全书》,邓正来中译本主编,中国政法大学出版社,1992年,页595。

表,看公安人员能否在规定时间赶到所谓的"案发"(例如抢劫)地点,借此了解公安的常规反应能力;如果不能按时到达,这位局长会严厉批评当地的公安部门,令其整改。这些在新闻记者或电视剧编导笔下肯定是"主旋律"绝好素材的故事,说实话,也令我赞叹和感动。但也就仅此而已;对于我的调查和学术,这似乎是一件无关的事。

一年之后,我偶然想起了这些轶事,突然发现这些事其实很有些学术意味。我的兴趣是:这位公安局局长用这种方法不也正在进行他的实证和经验研究,并由此获得他关心的——尽管他可能不称其为——"知识"吗?我们能否采用这种调查研究的"方法"呢?

至少在一定意义上讲,这位公安局局长也在获得一种真正的知识(我将在后面对此有更多的展开),而这种知识同样是我——关心当代中国社会生活的法律社会学研究者——希望获得的。而且,比起我下乡调查法院、公安干警的文化水平、收案率、破案率,或听取他/她们的介绍,观察他/她们的案件审理,这位公安局长的做法显然更有效、更直观;至少在某些问题上,他获得的有关当地"政法干警"的知识更准确,更有说服力,与普通民众的日常生活更直接关联。但显然,我不可能使用这种方法。然而,为什么?人们会说,你要是这样做了,就有大麻烦了。的确如此,我们轻则可能受到警告:报假案明显妨碍公务;重者,我也许会被拘留;甚至——如果遇到个别有点"横"且"手痒"的警察——会受皮肉之苦。

好在我不曾这样做。但我没有这样做并不是出于对后果的考虑;而是——坦白地说——因为我从来就没有想到过这种研究方法。我的社会生活经历、地位以及我接受的关于如何进行学术研究的教育塑造了我的习性,塑造了同时也剥夺了社会调查研究中我的——如果不是听说了这个故事的话——想象力。在这里,同样的对于特定知识的关切和渴望——尽管出于不同的职业旨趣——却不能获得同一知识;同样的对于了解真实情况的真诚,并不能使我逾越在此获取知识的障碍。在一定意义上讲,我们完全可以说,这一知识确实"就在那里";但对于我这个特定研究者来说,这个知识超越了我的能力,并因此在这个意义上,是确确实实不存在的。

第十二章 法律社会学调查中的权力资源

因此，要问的是，我和这位公安局局长的区别是什么？是什么构建了我和他各自对于获取知识之路径和方法的存在和不在？很明显，是权力（power）。这个非常简单的例子至少挑明了一点，权力以及在此基础上形成的求知者对于求知对象的支配关系是获得知识的一个重要条件。如果没有这一关系，至少在这一点上，知的关系就无以存在，最多只有一种求知的意愿，作为行动的知是不可能的。

由此，我看到了，我们能获取的知识势必是局限的。我这里说的局限不是通常意义上的，不是出自个人努力程度、个人聪明和敏感程度的限制，也不是其他我们通常谈论的教育训练差异、文化差异、语言差异、性别或个性差异的限制，而是出自权力和权力支配关系上的差异。

这个结论，其实在社会学研究中"至今已觉不新鲜"了。福柯在一系列著作中，特别是在《惩罚与监禁》的讨论中提出了一个关于知识产生的激烈的、后现代命题——简而言之——知识是权力的产物。[2] 萨义德在《东方主义》一书中，汲取了福柯的思想，探讨了东方学发生的历史的、社会的政治性条件。[3] 他们都将权力支配关系视为某种知识发生的——至少是——根本性条件之一。这对传统社会学研究的某些方法论命题提出根本性挑战。他们将知识形成的过程客体化，成为社会学研究反思的对象。

这一点与布迪厄主张的反思社会学或"社会学的社会学"在原则上也是一致的，尽管使用的概念、术语和进路有很多不同。如果依据布迪厄的观点，我们可以将社会学调查研究视为一个场域，在这个场域中，知识的产生取决于至少是三种资本——经济资本、社会资本和文化资本——的调动和运用[4]；那么，拥有资本的多寡以及某一资本的多寡就可能影响了调查者的知识权力，进而影响他/她可能获得的"知识"的种类、数量和质量。

---

2 参看，Michel Foucault, *Discipline and Punish: the Birth of the Prison*, trans. by Alan Sheridan, Vintage Books, 1978。
3 参看，Edward W. Said, *The Orientalism*, Penguin Books, 1978。
4 参看，皮埃尔·布迪厄、华康德：《实践与反思——反思社会学导引》，李猛、李康译，中央编译出版社，1998；以及，包亚明主编：《文化资本与社会炼金术——布尔迪厄访谈录》，包亚明译，上海人民出版社，1997。

开头的故事以及这些随想，如果要对社会学调查研究真正有些意义，还必须进一步分析、精制和阐述。一方面，可能有人会从规范的观点论辩说，社会学和人类学研究追求的知识具有特殊性，它关心的仅仅是学术、是真知；社会学和人类学的调查研究恰恰要排除这种权力和权力支配关系，因为权力和权力支配关系——至少按照传统的观点——往往（即使不总是）扭曲了学术的发展，妨碍了真知的获得。但上面的故事本身就否弃了这一观点。这位公安局局长凭其权力获得的并非谬误，对学术也并非无关紧要（例如，如果我们希望了解某地正式法律机构的反应能力，了解干警为普通百姓服务的态度和质量的话）。

可能有人会从实证的观点论辩说，即使分析上述例子得出权力和支配性权力关系是获得知识的重要条件甚至前提条件的结论，但这种权力和权力支配关系也许只是获得某些知识的前提条件之一；这个例子不足以显示这种支配关系在社会学或人类学的田野调查研究中必须存在，并总是存在。事实上，许多优秀的人类学家和社会学家在他/她们的研究报告和方法论反思中也一贯强调，要尊重你研究（求知）的对象、尊重异文化，要抱着一种谦卑的求知态度等；因此，至少在一个善良、真诚、科学和公正的研究者那儿，似乎不存在这种权力支配关系。并且，社会学家和人类学家也确实不存在上述公安局长的那种权力。据此，人们可能论辩或结论说，这个例子说明的问题缺乏一般意义。

这就意味着，要真正使这个例子对于我的研究有相关的和贴切的警醒意义，我必须进一步反思自己的田野调查，考察类似的权力和权力支配关系是否总是存在，依赖着什么以及是如何在我的调查研究中构建起来的。由此，我转向反思考察我进行的田野调查。

二、权力关系分析之一

我的研究是美国福特基金会资助的中国基层司法的运作。正是由于福特基金会的这笔资助，才支撑了我与我所关注的对象之间这种研究关

第十二章 法律社会学调查中的权力资源

系的建立。如果没有这笔钱,或者只有所谓的国家的或省、部的社科项目那少得可怜的钱(最多 5 万元人民币,不到 6000 美元),我和其他研究者就根本无法展开田野调查。注意,我并不是说,没有钱就根本不能研究基层司法;而只是说,正是靠了这笔钱——当然并不仅仅是钱,这一点我后面讨论——我们才可能到田野去实地考察基层司法。我们可以支付相关费用,可以尽量减少我们访谈的法院、公安、司法单位的负担,无须他/她们的经济花费或至少花费少一些(同时也摆脱"骗吃骗喝"的嫌疑,赢得一点在田野我们变得格外敏感的知识分子自尊心),进而可能赢得他/她们的合作,并使这种合作更为容易、更多一些。[5] 在这个意义上,并且在一定层面上,是这笔研究资金才使这一研究关系得以建立和维持下来,我们才有可能获得关于中国基层司法状况的信息。

事实上,没有钱,许多研究就根本无法进行。这一点,几乎为所有的社会学、人类学甚或所有的学科研究——而不论是自然科学还是社会科学或者人文学科——的研究者承认。尽管有了钱并不意味着研究成功,但有了钱,对于那些愿意做一点切切实实的实证研究的学者来说,至少是拥有了一种对你希望研究的问题或对象建立这种支配关系的可能,一种获得某种或真或伪的知识的渠道,一种就此问题的可能的发言权(例如出席某个会议,提交论文,发表研究结果)。在这里,钱既是权力,也是权利。这里可以说有一种非贬义的"权钱交易"。[6]

没有钱是万万不能的,诚然;但也如今人所言,钱不是万能的。钱并不足以保证这种支配关系的稳定,有时钱还会破坏和损害这种权力支配关系。例如,向受访者支付"工钱",有时可能会令他或她过分"积

---

[5] 我们访问的基层法院经费相当困难,不仅办公经费极为缺乏,而且许多法院的法官只发 80%的工资。在一个贫困县,一位法官告诉我去年 12 个月中,有 9 个月每月只发了不到 200 元,其余的 100 多元由于各种费(例如扶贫、集体组织的"自愿捐款",抗洪抢险费等)而暂时不发或扣除了。

[6] 在这个意义上,许多本来更应强调实证研究的学科,在中国目前,其"研究成果"会大量依赖抄书、"攒书",包括利用古籍,为什么?除中国文史哲"述而不作"的学术范式、缺乏实证研究训练之外,一个很重要的原因,也许就因为没钱展开实证研究。如果这一猜测成立,那么,从这一角度看,钱的问题甚至会影响一个民族的学术发展的总体格局。

极"合作，有意迎合我们；在中国当下，有时也还可能令某些人感到自己仅仅被当作信息渠道，自尊的受访者反而会拒绝合作。在某些领域，钱更是难以保证被调查者真诚有效地合作。这一点在我的有关司法的社会学调查中就很显著，如果不是更突出的话。

司法是国家权力运作的一套系统，有它内在的正式非正式的制度。这些制度使这一系统以外的人难以进入，使系统内的人对外来调查者往往会保持某种戒心、疑心，并因此拒绝与我们合作；而这实际上就是在抵抗我们试图建立的那种支配性权力关系。因此，要对他/她们施加某种影响力，使他/她做一些在没有这种影响力时即使我们不增加其经济负担也有充分的制度性或个人性理由拒绝做的事[7]，我们就必须有其他资源来保证作为我们调查了解情况之前提的支配性权力关系。

我的研究就遇到这种障碍。其实，我们的调查并非要获得什么秘密信息，我们没有任何窥探国家司法机密或单位私隐的企图。我们希望了解的都是一些非常平常的情况。但我们本能地知道，如果没有某种权力的保证，我们完全可能受到冷遇。因为受访法院和法官没有任何必要同我们这些陌生人交往，我们与他/她们没有丝毫关系、不可能给他/她们带来任何直接利益而唯有可能惹出麻烦。为了打破这种障碍，为获得受访法院和法官的信任和合作，我们调动了各类资源。

我们利用了一些上级政法机关向其下属的我们将去调查的基层法院打"招呼"，有些是口头的，也有的是从上级政法机关开了介绍信。除此之外，根据中国社会目前颇为流行的有些事情往往必须"公事私办，私事公办"才能办成的"规矩"，我们借助了同学、师生、同乡等熟人关系，向有关法院的一些人，特别是院长、副院长打了招呼。事实上，在选择调查哪些法院时，我们就考虑了诸如此类的因素，并没仅仅考虑取样的代表性——情况非常近似的两个基层法院，你为什么选了这个，不选那个？这仅仅是取样问题吗？我们选择调查的法院都有我授过

---

[7] 请注意，这实际上隐含的就是政治学上对权力的最常见的定义：行为者或机构影响其他行为者或机构的态度和行为的能力。

第十二章 法律社会学调查中的权力资源

课的学生[8],并且还考虑到这些学生在当地法院是否担任了一定职务或至少有一定的活动能力(也就是有一定支配能力)。

这也就是说,为保证他/她们与我们合作、为我们获得知识提供便利,我们至少利用了两种资源。一种是正式的、上级法院系统或政法系统的权力;另一种则是由我在先前的社会交往中累积起来的非正式的权力资源,当然这后一种资源也许只是在传统的和处于转型期的中国才有可能,甚至更为必要。这两种资源,从反思层面上看,都客观上强化了我们对于求知对象的支配性权力关系。

这里的分析是抽象的,但田野调查中,这却是我们的实在经验。当我们调动使用的这类权力资源数量不同时,我们调查访谈的收获也明显不同。当然,我不敢声称,这两者之间一定有齐整的因果关系甚至对称的关联关系。即使调查者的自身因素保持不变,资源运用之多寡也不是收获多寡的唯一决定因素;因为受访者本人的习性(有些更开朗、坦然一些,有些则交谈相当慎重)的影响,调查者运用同样的资源所形成的支配关系及其深浅、稳定程度不总是相等(此中寓意我后面还将讨论)。但是这种资源运用之多少确实与获取相关信息的难易程度关联。在某县法院,除了有我教过的一个学生在此任职,我们既没有运用正式法院系统的资源(没有从上级法院或政法委开介绍信或让它们打招呼),也没有或是没有动用其他熟人关系;我们的访谈受到了礼貌、适当的接待和配合,但当我们希望查阅他/她们在访谈中提到的一个案件卷宗时,就遇到了一些麻烦——最终也没看到。当然,如果我是对方,我也会如此行为;他们的谨慎是完全可以理解的。我们所希望了解的情况,因此,有时无法获得或无法得到原始资料的补证。在另一法院,我们动用了几乎一切可能的、后来看起来过于充分的关系[9],我们得到了很全面的合作,尽管我们希望了解的情况并不超过在前一地的法院。

---

[8] 在我们访问的一个法院中,其中有我教过的担任了各种职务的四名学生,此外,还有担任了相当领导职务的北大老校友,熟人的同学在此担任一把手。就在这个法院的辖区内,我们的访谈有最大的收获。

[9] 仅举一例,当我们抵达该城时,我们发现竟然有两个机关同时派了车接站,令我们这些调查者内心极其不安。

三、权力关系分析之二

我们既直接借助了机构的上下级关系，也通过私人启动了机构的上下级关系；但机构关系的影响力在非常具体的层面有时还是有限的，特别是当我们以访谈和参与观察为手段时。下级法院可以接受上级法院或有关机关关于协助我们学术研究的指示，但这不能保证下级法院中每个具体的受访者顺从。具体的受访者可以应付，而不是以积极的态度接受我们访谈。他/她没有必要谈自己的经验和内心感受；可以多谈，也可以少谈；这并非他/她的职责；他/她甚至会反感上级的指示——即使不一定而且也不必公开表示或流露。这时，我们调动的正式权力资源，在个体层面上实际起的作用完全有可能是负面的。

特别是当我们调查人民法庭时，这距离我们起先诉诸的省一级机构的权威已经隔了好几级，情况更可能如此。中国自古以来就有"将在外，君命有所不受""县官不如现管""强龙压不过地头蛇"之说；因此，只要这种"给予协作"的指示不是来自现管，人民法庭法官几乎可以不理，只是应付。许多人民法庭法官的根子主要扎在乡里，他/她们对上级机关几乎没有什么太多的指望（提拔或其他），从理论上看，他/她们对我们这些调查者们更可以无所顾忌。在这个意义上，依赖机构上下级关系建立起来的、获取知识所必需的支配关系不可能长期稳定，而必定如同任何其他机构的上下级关系一样，是流变的。[10] 在这样的情况下，反思起来，我发现，为强化我们借助上下级关系建立的支配性权力关系，很重要的一点是要在个体层面建立一种私人关系，特别是在我们与受访者之间，软化上下级之间的权力关系。

建立这种私人关系仍然可以诉诸多种资源，但一个可能更重要的资源就是可能对受访者个人直接发挥作用的我们的身份，我们的日常行为

---

[10] 参看，Michel Foucault, *Discipline and Punish*, 同前注 2；又参看，本书第一章"为什么送法下乡？"的第 3—6 节。

第十二章 法律社会学调查中的权力资源

等。回顾起来,我们的调查实际上大量利用了这一资源,特别是我的北京大学法律系教授这种身份。在某法院访谈调查时,一些受访者都多次强调这是中国最高学府的学者第一次来此调查,称这将在他/她们本地历史上记上一笔(这种言辞在言者方面可能非常真诚,但对我们是一种痛苦的夸张)。又如,先前我的教学曾给这些学生(法官)留下了很好印象:务实、懂得且理解法官苦衷、讲课生动、理论联系实际等,加之了解我是留美多年的博士,所有这些综合起来令他/她们觉得我的调查访谈是对他/她们的真正关心。尽管我们一再明确告诉他/她们,访谈并不打算也不可能给他/她们带来任何物质利益或工作环境改善,但他/她们还是认为自己平平常常、日复一日、年复一年没有什么理论的实际工作能得到"学者"特别是"北大学者"的重视,这本身就是对他/她们的一种承认。当我们住在乡里的8元一夜的"宾馆"时,他/她们甚至说让我们吃苦了——尽管我们指出,他/她们年复一年在此工作,我们不过是在此待两天而已。

坦白地说,我们主观上并没想利用受访者的这种心理,但我们还是感到,由于"文化资本"的悬殊,这种在受访者看来"深入基层"的姿态使我们获得了大量的布迪厄所言的"象征性(符号性)利润"。这实际上大大增加了我们可利用的资源,由此建立的互动关系更多是个人性的,而不是凭借上下级机构的权力关系。这便利了我们的调查和访谈,实际上是强化了求知上的那种支配性关系,尽管是一种双方自愿合作的支配性关系。

北大教授、留美博士的身份并不总是有效。并非所有法官都会"睬"你的这种身份。尽管社会地位的差别在一般情况下更可能给高位者带来符号性利润,但对于一些有个性的人来说,这种差别反而令他/她们更不愿合作。中国有些普通人是很有些名士风度的,而且在当代中国与我同龄的这一代人中可能更多一些,或者说残存的(令我遗憾地!)更多一些。

在各地法院的法官中,都有一定数量的军转干部和复员军人。其中有些人,就他/她们个人的能力、智识而言是相当不错的。但由于中国社会各地,特别是城市与农村的社会经济发展不平衡,他/她们当年往往只有从军才能走出农村。特别是在十年"文革"期间，从军其实是当时有一定文化的青年人的最好出路。1978年恢复高考后，他/她们也许未能考上大学，甚或因为是现役军人根本不能或没获准考大学，以后陆续退伍转业地方，安置在法院或进了法院。他/她们工作能力甚至学识都不弱，但没有文凭，专业半路出家，他/她们多少有些失落感，因此自尊心比较强。此外，他/她们毕竟是见过世面的，甚至本人就曾指挥过"千军"（但不是万马），已经不是那么容易为某个人的身份（即使是名人）左右。如果仅仅了解我现在的身份，他/她们很容易将我视为"幸运儿"，归入另一范畴，采取"敬而远之"的态度。这时，我的另一重经历——1970年入伍在部队待了5年多，再加上留美博士，这双重经历更容易打破他/她们对我的"分类"，使我的"深入基层调查研究"在他/她们眼里不再只是一种姿态，而有了一种真实的亲切感。在多次访谈中，我都听到诸如此类的话，"你们不一样，你们务实"。我不仅因此获得了更多的符号性利润，而且更容易听到一些他/她们对法院工作的真切感受。我的丰富经历不仅对法院中的军转干部有亲和效果，事实上，对我这一年龄层的许多法院干部都相当有效。

但我想强调几点。首先，绝不能将这种求知上的支配关系等同于人际交往上的支配关系；前者是一种因社会结构以及人们的社会预期不同构建起来的仅限于求知上的支配性权力关系。只有在人际交往上建立了一种常识意义上的平等关系，才可能建立并维系更为稳定可靠的求知上的支配关系。

其次，这种以看似平等的交往关系为基础的支配性求知关系并不仅仅是或主要不是个人的某种表示或努力就可以建立的。就如同我的从军生涯的例子表明的，这种关系的建立要有一定可信的社会经验作为基础，例如类似的或相近的生活经历。这（指类似的经历，而不是指有从军的经历）在当代中国的社会学的深入调查，特别是心态调查中非常重要。没有多少受访者会"对牛弹琴"的；虽然谈不上"士为知己者死"，但是"酒逢知己千杯少"在中国目前社会中，大致还是普适的；有类似的生活工作经历往往是这种"知己"的先决条件之一。

最后，这种人际关系是双方在日常行动中构建的，不是一方精心策

第十二章 法律社会学调查中的权力资源

划操纵可以实现的。因此这种关系能否建立并不是确定的,甚至总是存在各种被颠覆的可能。当我们调查行将结束离开某法院时,一位法官说,大意是,"我们看得出来你们不能喝酒,但是你们喝的时候,还很实在;都喝了下去,没有耍滑头,你们都是实在人"。我们由此得知,自己的一言一行实际上也都在对方观察之下。"你站在桥上看风景,看风景的在楼上看你。"[11] 我们同样是被调查人的研究和调查对象。假如我们平时不是那么坦诚,不是所谓的"性情中人",很有可能,我们的调查就不会有那样便利。

问题是我们的坦诚或其他努力并不需要什么额外的付出;我们的行为不过是日常一贯的为人处世。但也正因为这一点,我才有这番感慨,甚或是一种内疚?! 由于社会结构和认知因素,一些再平常不过的行动都使某些人获得了"符号性利润",进而客观上保证了我们对于知之对象的支配性权力关系。

四、启示

一位人类学家反对我的这种他认为是"后现代"的分析。[12] 他的理由是,有相当的人类学研究不是如此,并以他自己当年在我国台湾地区山地的研究为例。他细致描述了自己如何长期生活在"田野",熟悉了当地人们的各种习惯,懂得了他/她们的语言;特别是如何装作睡着了,实际上却在聆听当地小伙子评价和议论女孩子;又如何假装有事出去,在一个避人的地方将所见所闻记录下来。据说这里没有支配性权力关系。

有两点应当予以分殊。一点是一般性的命题,即权力资源并非研究的唯一条件,这我同意。权力资源是知识生产的必要条件;但这并不意味,仅仅有了权力资源就可以获得知识。事实上,有些研究项目

---

[11] 卞之琳:《断章》,《雕虫纪历》,人民出版社,1979年。
[12] 这是李亦圆先生在评论此文时的观点。

的资金并不少,有的同样获得了有关国家机关的支持,而由于研究者能力不足或干脆就是马虎,其获得的研究成果往往惨不忍睹,简直是对"研究成果"一词的亵渎(假如研究成果还有"本质"的话)。另外,有些领导干部还是无法了解真实情况,尽管他拥有很大的权力,有专门的研究机构,可以利用这种权力、动用诸多资源,他本人也真心希望了解真实情况,也不行。确实,获取知识并不仅仅要求有上面提到的各种资源;知识的产生还必须有传统意义上的研究者本人的知识和能力。[13]

我不能同意他的是,他用来支持前一命题的那些实例,以及对这些实例的分析定性。在我看来,这些"调查技术"的运用,在一定层面上,也是一种权力资源的运用——请注意,权力的经典定义是"行为者影响其他行为者的能力",其中必然包含了行为者以某种方式掩饰自己的行为、令其他行为者行为如常的能力。通过这些方式,他将自己变成——实际伪装成——被调查研究群体中的一员,研究者由此增加了其获取材料和知识的能力。"堡垒是最容易从内部攻破的。"只要熟知"智取威虎山"故事的人,就会发现至少在获取不对调查者开放的知识这一层面上,下乡调查的人类学家与假扮胡彪深入虎穴大智大勇的杨子荣先生并没有什么区别。这种类比丝毫没有一点贬低或抬高社会学或人类学研究者的意思,而仅仅是由于在原来似乎没有关系的两个现象之间建立一种联系,更有可能产生一种反思的震撼。

---

[13] 但这一点也还可以论辩。我们的知识能力是从哪里来的呢?一方面,我们的许多观察和分析能力,特别是用来分析的理论框架,并不是因为我们身体长大了,就自然获得了,这是我们从长期受教育、学习、训练的过程中获得的。另一方面,也不是所有的人或有同等智力潜能的人都能获得这种学习、训练的机会,这些机会实际上与许多个人的家庭的富裕程度,社会生活环境(请想一想"穷人的孩子早当家"以及"培养一个贵族需要三代人"这些俗话中所隐含的财富对于人的不同能力的塑造)相联系。如果将这种能力的一部分视为一种已经沉淀的财富,那么,这个关于权力资源调度的命题——至少在逻辑上——对于知识能力的形成仍然是成立的,尽管我不那么确定。相关的问题,但是在美学趣味上的研究和分析,可参看,Pierre Bourdieu, *Distinction*: *A Social Critique of the Judgment of Taste*, trans. By Richard Nice, Harvard University Press, 1984。

第十二章 法律社会学调查中的权力资源

在我看来,关键可能不在于学术研究中有没有权力资源的介入,而在于这种权力行使是否对所调查研究的人有伤害。不知因为什么缘故,在汉语世界中,我们已经赋予了权力(power)这个概念一种道德上的贬义,似乎权力总是很糟糕、很坏的东西,甚至与恶等同(尽管,在现实生活中,很多人包括我自己的行为可能都显示出对权力的追求);似乎一旦权力资源介入了学术研究,学术本身就必定有了道德耻辱。但权力并非如此,它可以是建设性的,关键看你如何使用;即使是政治性的权力也是如此。许多学者的研究已经展现了这一点[14],日常生活中也有大量的例证(那位公安局长的权力行使就是一例)。因此,我不想多论说了。

另一点是,传统的权力观不仅往往——如福柯所言——从法律上界定,而且习惯于将权力实体化了,视其为一种物,一种特权,往往为某些人所专有,因此无法更细致复杂地分析权力的运作,无法将权力视为一种结构关系,一种网络,一种综合效应。本章的分析指出,在社会学、人类学调查研究中,也有,甚至必须有权力资源的介入和调动。我们不能因为自己不是官员,似乎研究的目的纯粹为了知识,就否认研究中具有甚至是必定具有权力因素。社会学、人类学研究中有无权力资源的运用,并非研究者研究时主观上是否有伤害被调查对象这样一种道德或不道德的动机规定的。

本章指出了这一点,有什么意义呢?首先,这也许有助于我们对所谓研究方法的反思。关于社会学或人类学的田野调查,学者已经写了大量的著作。其中有许多著作,特别是教科书,往往将田野调查作为一种方法,作为一种获得"就在那里"的知识的方法,作为一种进入既定知识宝藏的路径。我们被告诫了种种调查时的注意事项,但往往是一些技术性的指导,例如通晓当地语言,注意参与观察,尊重当地的风俗习惯,不要给调查者带来不利后果,也不要让被调查者有不合理的"获利"预期,要有可信赖且熟悉当地风情的"内线"等。这些当然都是

---

[14] 除前面提到的福柯之外,又参看,安东尼·吉登斯:《民族-国家与暴力》,胡宗泽、赵力涛、王铭铭译,生活·读书·新知三联书店,1998年,页9。

重要的、必不可少的经验，随着这种经验的累积，似乎形成了一种关于社会学或人类学的普遍适用的调查方法。尽管也有对这些方法的反思，甚至不时有严格的批判，诸如关于价值无涉的讨论等。但是，比方说，这个价值无涉问题讨论的一个基本假定或前提假定就是，只要遵循这些原则，就可以获得可靠的、肯定的乃至完全的知识。本章至少是对这种方法论的一种质疑。它显示，在一定层面或针对某些问题，由于可调动的权力资源不同，人们可能获得的知识是不同的。我没有公安局长的权力资源，我就无法获得他可以获得的知识。那种抽象的、容易或已经被普遍化的社会学或人类学调查方法是可疑的。

其次，我的反思也显示，在社会学调查中，我们为求知所运用的权力不是本章一开始提到的公安局局长运用的那种正式的和法定的权力，而是一种基于多种权力的资源（但也包括正式的权力资源），由此形成的支配性权力关系也不相同。但这种支配性关系还是必须存在的。简单说来，就是要把握一个尽可能稳定、"真实"的对象。只有这样，你才可能获得某些你认为重要的信息和知识。正是在这一支配性关系形成之中，你求知的对象得以逐渐呈现，泄漏其信息，你获得了一种称之为知识的东西。知识的获得在这里实际上是一个对求知对象的支配性权力形成和发生影响的过程，是一种"征服"的过程，是一个突破障碍和开拓进路的过程。

当然，由于是同具体人打交道，在这个场域，并不仅有社会调查者拥有资本或拥有绝对优越的资本，被调查者也都或多或少地拥有某种资源，因此，这意味着任何社会学调查势必是一种双方基于各自拥有的资本的博弈，是一场没有硝烟的战争。但在另一个意义上，它也可以说是一场双方参与的游戏（在英文中博弈和游戏是一个词），一种合谋。由于获得知识的过程就是进入这个场域和把握研究对象的实践过程，是这种支配性权力关系形成的过程，因此，在调查实践中，并不存在一个先进入、再获知的先后次序。

也正是在实践的意义上，我甚至怀疑有什么独立于社会学知识产生过程之外的方法或方法论，知识论和方法论在这里是一致的。从这一结构角度看，无论人文、社会或是自然知识，其形成具有高度的相似

第十二章　法律社会学调查中的权力资源

性,如果不是同一的话。其差别也许仅仅在于研究者所面对的分别是文本、人的活动和自然。

如果这一结论成立,因此,我们就必须重新理解我们可能获得的知识之边界。由于基于资本的权力支配关系并不如同我们想象的那样,只要注意某些事项,只要有真诚的求知欲望就可以建立起来;由于赋予我们权力的资源无论是类别还是数量都是有限的,而且各种资源都会消耗(当然也会有增补),因此,拥有资本的多寡乃至某一种资本的多寡势必决定了而不仅仅是影响了调查者可能获得的"知识"的种类、数量。我们往往不能有效地建立对于求知对象的全面支配关系,我们只能在我们的权力资源的范围内构建这种关系,因此,我们绝对不能由于做出了一个出色的研究而以为获得了真理。在我看来,我也许永远不能获得本章第一节的公安局局长获得的知识,而同样,这位公安局局长由于他的权力资源构成限制也不能获得我所能获得的知识。

此外,正因为指出了社会学调查研究中有权力资源的调度和运用,有被调查者对于调查者之权力的抵抗,我们才应更加慎重地调度和运用我们手中的权力资源,对以这种方法获得知识的运用更为慎重,对可能产生的后果更要高度慎重。这不仅因为目前至少有些研究或调查采用了不那么光彩的手段,确实给那些无害于他人或不严重损害他人的被调查者带来了种种不便和难堪,而给调查者自己带来巨大的、不同形式的收益。[15] 最重要的是,如果遗忘了调查研究者自身对权力资源的调度,仅仅关心所谓的"真实","为了知识而知识,为了学术而学术",那就会为自己不恰当甚至是不正当地运用权力资源找到一种正当化理由。真实,和虚假一样,有时也是致命的(对于他人)。

本章不仅仅要给出这样一个似乎是道德主义的提醒。如果前面的分析能够成立,且推至极致,那么这种关于权力资源的分析也可能有助于重新理解许多学科的研究特点。

自然科学中,例如物理、化学的研究,由于研究对象一般是没有生

15　最突出表现在一些有关真人真事的新闻和文学报道,例如《马家军调查》(赵瑜,中国文联出版社,2000年)引发的争议。

命的，研究所需的支配性权力关系之建立往往不太需要运用社会资本或文化资本；即使偶尔调动这些资本也往往是为了获得经济资本（例如一位博士生导师更容易获得或获得更多的研究经费），社会资本和文化资本不能直接对其研究对象起作用（一个分子不会因为是一个博士生而不是一个本科生在做实验而表现得更为合作）。

人文科学中的文学或历史学研究，其研究对象实际主要是各种文本（广义的，包括史料等），因此，对文本建立支配性权力关系也不需要多少社会资本或文化资本。但由于文本的意义是社会确定的，而不是文本内含或固有的[16]，研究者的社会资本或文化资本就将扮演相当重要的往往是间接的作用。同样的关于李白的研究成果，如果研究者是一位终身研究李白的教授，而不是一个无名小辈，前者更可能为社会重视，也更可能影响社会其他读者对李白的阅读，并在一定程度上改变社会生活中这一文本的常规含义。

社会科学，特别是社会学和人类学，其研究对象往往是，尽管并不必定是，活生生的人和人的生活。相比之下，这是一种更不容易支配并要求合作的对象，这就需要更多的社会资本和文化资本来保证支配性权力关系的形成和持续。在某些情况下，甚至所有这些资本都不足以保证必需的支配性关系，不能保证研究对象给予合作。对于这些学科来说，田野工作因此不可避免。在这个意义上，田野工作未尝不可视为一种通过解除研究对象之警惕与抵抗，保证支配性权力关系之建立，保证研究对象合作的手段（请回想前面的"智取威虎山"的比喻）。

当然，许多研究并不整齐地落入某一个学科领域。例如法学，它既要同文本（法律、判例）打交道，又要同人（法官、律师、原被告等）打

---

16 这类著作很多，可参看，Stanley Fish, *Is There a Text in This Class?: The Authority of Interpretive Communities*, Harvard University Press, 1980；中文材料请看，斯坦利·费什：《文学在读者中：感受文体学》，钱彦译，集于王振逢、盛宁、李自修编：《最新西方文论选》，漓江出版社，1991年。相反的观点，可参看，赫施：《解释的有效性》，王才勇译，生活·读书·新知三联书店，1991年。

第十二章　法律社会学调查中的权力资源

交道；即使是同文本打交道，法律文本也不同于文学文本。[17] 因此，这里的分析仅仅是初步的、大略的。但这种分析或许可以作为对不同学科特点研究的一个补充性进路，尽管不是，而且也不应当是一个替代性进路？！

1998 年 7 月 16 日二稿
1998 年 7 月 25 日三稿于北大蔚秀园

17　参看，苏力：《解释的难题，对几种法律文本解释方法的追究》，《中国社会科学》，1997 年第 3 期。又参看，Richard A. Posner, *Law and Literature: A Misunderstood Relation*, Harvard University Press, 1988, 特别是第 5 章。

参引文献

1. 中文

包亚明主编（1997）《文化资本与社会炼金术——布尔迪厄访谈录》，包亚明译，上海人民出版社。

鲍建南（2000）《裁判文书制作理论与实务研讨会在京召开》，《人民司法》。

本刊评论员（1994）《法庭管理是个大课题》，《人民司法》。

博登海默（1987）《法理学——法哲学及其方法》，邓正来、姬敬武译，华夏出版社。

曹瑞林（1998）《复转军人缘何不能进法院》，《中国国防报》，2月10日。

陈海发（1991）《"水壶庭长"》，《人民司法》。

陈念华（1994）《"庄户法官"张开弟》，《人民司法》。

陈瑞华（1996）《修正后的中国刑事诉讼法典——从刑事司法国际标准角度的分析》，《现代法学》。

春森、孟天（1994）《踏浪而行》，《人民司法》。

戴建志（1994）《再唱南泥湾的歌——南泥湾人民法庭见闻》，《人民司法》。

《当代中国的司法行政工作》（1995），当代中国出版社。

〔德〕汉斯·格奥尔格·迦达默尔（1995）《真理与方法：哲学诠释学的基本特征》（上册），洪汉鼎译，上海译文出版社。

〔德〕马克斯·韦伯（1997）《经济与社会》，林荣远译，商务印书馆。

〔德〕尼采（1992）《论道德的谱系》，周红译，生活·读书·新知三联书店。

丁寿兴（1999）《加强刑事裁判文书的论证和说理》，《人民司法》。

董必武（1985）《董必武选集》，人民出版社。

恩格斯（1995）《反杜林论》，《马克思恩格斯选集》卷3，人民出版社。

《法国刑事诉讼法典》（1997），余叔通、谢朝华译，中国政法大学出版社。

〔法〕孟德斯鸠（1961）《论法的精神》，张雁深译，商务印书馆。

〔法〕米歇尔·福柯（1999）《尼采·谱系学·历史学》，苏力译，贺照田主编：《学术思想评论》辑4，辽宁大学出版社。

〔法〕米歇尔·福柯（1999）《19世纪的"危险个人"》，苏力译，《社会理论论坛》。

〔法〕米歇尔·福柯（1998）《知识考古学》，谢强、马月译，生活·读书·新知三联书店。

〔法〕皮埃尔·布迪厄、〔美〕华康德（1998）《实践与反思——反思社会学导引》，李猛、李康译，中央编译出版社。

〔法〕托克维尔（1992）《旧制度与大革命》，冯棠译，商务印书馆。

费孝通（1993）《乡土中国和乡土重建》，风云时代出版社。

费孝通（1985）《乡土中国》，生活·读书·新知三联书店。

费孝通（1948）《乡土重建》，上海观察社。

冯象（1999）《木腿正义》，中山大学出版社。

傅德（1998）《德国的司法职业与司法独立》，宋冰编：《程序、正义与现代化》，中国政法大学出版社。

傅郁林（2000）《民事裁判文书的功能与风格》，《中国社会科学》。

〔古希腊〕亚里士多德（1965）《政治学》，吴寿彭译，商务印书馆。

何良彬（1999）《论判决理由》，《人民司法》。

何昕（1999）《再审刑事裁判文书样式的修改与制作》，《人民司法》。

贺卫方（1998）《复转军人进法院》，《南方周末》，1998年1月2日。

贺卫方（1999）《关于审判委员会的几点评论》，《北大法律评论》卷1，法律出版社。

贺卫方（1998）《司法的理念与制度》，中国政法大学出版社。

贺卫方（1985）《通过司法实现社会正义：对中国法官现状的一个透视》，夏勇等编：《走向权利的时代》，中国政法大学出版社。

贺卫方（1997）《中国司法管理制度的两个问题》，《中国社会科学》。

胡健华、李汉成（1992）《谈法院司法行政工作的自行管理》，《人民司法》。

江苏省东台市三仓人民法庭（1991）《正确处理与辖区党政部门的关系，做好人民法庭的各项工作》，《人民司法》。

江苏省高级人民法院经济审判庭（1999）《提高经济纠纷案件裁判文书质量的几点思考》，《人民司法》。

瞿同祖（1981）《中国法律与中国社会》，中华书局。

参引文献

孔宪翠（1995）《人民法院独立审判有待建立法律保障机制》，《现代法学》。

李健华（1994）《理一方案情，保一方平安》，《人民司法》。

梁慧星（1995）《电视节目预告表的法律保护与利益平衡》，《法学研究》。

梁慧星（1989）《雇主承包厂房拆除工程施工致雇工受伤感染死亡案评释》，《法学研究》。

梁慧星（1995）《民法解释学》，中国政法大学出版社。

梁慧星（1996）《谁是"神奇长江源探险录像"的作者》，《法学研究》。

梁漱溟（1987）《中国文化要义》，学林出版社。

梁治平编（1994）《法律的文化解释》，生活·读书·新知三联书店。

梁治平编（1998）《法律解释问题》，法律出版社。

梁治平（1992）《法辨》，贵州人民出版社。

刘广安、李存捧（1995）《民间调解与权利保护》，夏勇等编：《走向权利的时代》，中国政法大学出版社。

刘星（1998）《法律解释中的大众话语与精英话语——法律现代性引出的一个问题》，《比较法研究》。

刘作翔、刘鹏飞（1999）《世纪之交中国法学研究问题前瞻》，《法学研究》。

吕亚中（1996）《关于完善审判委员会工作制度的思考》，《法学》。

马克思、恩格斯（1995）《共产党宣言》，《马克思恩格斯选集》卷1，人民出版社。

马克思（1995）《法兰西内战》，《马克思恩格斯选集》卷3，人民出版社。

马克思（1995）《路易·波拿巴的雾月十八日》，《马克思恩格斯选集》卷3，人民出版社。

马克思（1971）《〈政治经济学批判〉序言、导言》，人民出版社。

毛泽东（1966）《毛泽东选集》（合订本），人民出版社。

毛泽东（1991）《星星之火，可以燎原》，《毛泽东选集》卷1，人民出版社。

〔美〕艾伦·德肖维茨（1994）《最好的辩护》，唐交东译，法律出版社。

〔美〕本杰明·卡多佐（1998）《司法过程的性质》，苏力译，商务印书馆。

〔美〕波斯纳（1994）《法理学问题》，苏力译，中国政法大学出版社。

〔美〕杜赞奇（1994）《文化、权力与国家》，王福明译，江苏人民出版社。

〔美〕汉米尔顿、杰伊、麦迪逊（1980）《联邦党人文集》，程逢如译，商务印书馆。

〔美〕赫施（1991）《解释的有效性》，王才勇译，生活·读书·新知三联书店。

〔美〕黄仁宇（1997）《中国大历史》，生活·读书·新知三联书店。

〔美〕伦斯特洛姆编（1998）《美国法律辞典》，贺卫方等译校，中国政法大学出版社。

〔美〕萨拜因（1990）《政治学说史》，刘山等译，商务印书馆。

〔美〕唐纳德·布莱克（1994）《法律的运作行为》，唐越、苏力译，中国政法大学出版社。

〔美〕詹姆斯（1997）《实用主义的真理概念》，万俊人、陈亚军编选：《詹姆斯集》，上海远东出版社。

孟勤国（1996）《也论电视节目预告表的法律保护与利益平衡》，《法学研究》。

孟天（1994）《踏遍青山——云南省永蓁彝族自治县永宁人民法庭采访散记》，《人民司法》。

潘剑锋、杨素娟（2000）《日本司法制度改革之评价》，《中外法学》。

齐树洁、王建源（2000）《民事司法改革：一个比较法的考察》，《中外法学》。

强世功（1996）《法律移植、公共领域与合法性》，北京大学法律系，硕士论文。

强世功（1997）《乡村社会的司法实践：知识、技术与权力——一起乡村民事调解案》，《战略与管理》。

山西省长治市郊区故县人民法庭（1991）《推行方位化目标管理，建设规范化人民法庭》，《人民司法》。

沈岿（2000）《制度变迁与法官的规则选择》，《北大法律评论》卷3辑2，法律出版社。

盛洪（1996）《公共选择与法官裁决》，《中国社会科学季刊》（香港）。

史尚宽（1980）《民法总论》，作者自版。

世增、悦来（1991）《人民法庭花絮》，《人民司法》。

《司法行政年鉴》1996年卷，法律出版社。

宋冰编（1999）《读本：美国与德国的司法制度及司法程序》，中国政法大学出版社。

苏力（2000）《当代中国法律中的习惯——制定法的透视》，《法学研究》。

苏力（1993）《法律规避和法律多元》，《中外法学》。

苏力（1994）《法律活动专门化的法律社会学思考》，《中国社会科学》。

苏力（1996）《法治及其本土资源》，中国政法大学出版社。

苏力（1997）《关于"本土资源"的几点说明》，《北京大学研究生学刊》。

苏力（1999）《基层法院审判委员会制度的考察及思考》，《北大法律评论》卷

参引文献

1，法律出版社。

苏力（1997）《解释的难题：对几种法律文本解释方法的追究》，《中国社会科学》。

苏力（1999）《农村基层法院的纠纷解决与规则之治》，《北大法律评论》卷2，法律出版社。

苏力（1996）《〈秋菊打官司〉的官司、邱氏鼠药案和言论自由》，《法学研究》。

苏力（1998）《20世纪中国的现代化和法治》，《法学研究》。

苏力（1998）《为什么"送法上门"?》，《社会学研究》。

苏力（1996）《现代法治的合理性和可行性》，《东方》。

苏力（1998）《现代化视野中的中国法治》，苏力等：《学问中国》，江西教育出版社。

苏力（2000）《语境论——一种法律制度研究的进路和方法》，《中外法学》。

苏力（1999）《阅读秩序》，山东教育出版社。

苏力（1998）《知识的分类》，《读书》。

苏力（1998）《制度是如何形成的？——关于马歇尔诉麦迪逊案的故事》，《比较法研究》。

苏力（1999）《制度是如何形成的》，中山大学出版社。

谭世贵（1997）《论司法独立》，《政法论坛》。

王利明（2000）《司法改革研究》，法律出版社。

王铭铭、王斯福主编（1997）《乡土社会的秩序、公正与权威》，中国政法大学出版社。

王祺国、张狄秋（1989）《论审判独立的双重属性》，《法律科学（西北政法学院学报）》。

王强华（1999）《英国的"平民法官"》，《民主与法制》。

王朔（1994）《王朔文集》，华艺出版社。

王元（1998）《法院独立及其困境》，未刊稿。

王振逢、盛宁、李自修编（1991）《最新西方文论选》，漓江出版社。

吴晗、费孝通等（1988）《皇权与绅权》，天津人民出版社。

吴耀君（2000）《关于裁判文书中事实认证部分的思考》，《政治与法律》。

武鼎之（1999）《证人拒证，良策何在》，《人民检察》。

夏风（1994）《对建立书记员序列制的几点思考》，第六届学术讨论会论文评选委员编：《中国司法制度改革纵横谈——全国法院系统第六届学术讨论会论文选》，人民法院出版社。

夏勇等编（1995）《走向权利的时代》，中国政法大学出版社。

辛尚民（1994）《建立法官逐级选拔制是保障法官素质的关键》，第六届学术讨论会论文评选委员会编：《中国司法制度改革纵横谈——全国法院系统第六届学术讨论会论文选》，人民法院出版社。

徐国栋（1992）《民法基本原则解释——成文法局限性之克服》，中国政法大学出版社。

杨柳（1999）《模糊的法律产品——对两起基层法院调解案件的考察》，《北大法律评论》卷2，法律出版社。

叶自强（1999）《论判决理由》，《湘江法律评论》卷3，湖南人民出版社。

〔英〕安东尼·吉登斯（1998）《民族-国家与暴力》，胡宗泽、赵力涛译，生活·读书·新知三联书店。

〔英〕戴维·米勒、韦农·波格丹诺编（1992）《布莱克维尔政治学百科全书》，邓正来中译本主编，中国政法大学出版社。

〔英〕弗里德里希·冯·哈耶克（1997）《自由秩序原理》，邓正来译，生活·读书·新知三联书店。

〔英〕维尔（1997）《宪政与分权》，苏力译，生活·读书·新知三联书店。

〔英〕休谟（1980）《人性论》，关文运译，商务印书馆。

〔英〕亚当·斯密（1997）《道德情操论》，蒋自强等译，商务印书馆。

由嵘主编（1992）《外国法制史》，北京大学出版社。

岳礼玲、陈瑞华（1997）《刑事程序公正的国际标准与修改后的刑事诉讼法（上）》，《政法论坛》。

曾广载编著（1989）《西方国家宪法和政府》，湖北教育出版社。

张保生（1999）《法律推理引论》，中国人民大学博士论文。

张国华、饶鑫贤主编（1987）《中国法律思想史纲》（下卷），甘肃人民出版社。

张骐（1999）《法律推理与司法公正》，信春鹰、李林主编：《依法治国与司法改革》，中国法制出版社。

张希坡（1983）《马锡五审判方式》，法律出版社。

张新民（1999）《减刑、假释刑事裁定文书样式的修改与制作》，《人民司法》。

张志铭（1999）《法律解释操作分析》，中国政法大学出版社。

赵晓力（1997）《关系/事件、行动策略和法律的叙事》，王铭铭、王斯福主编：《乡土社会的秩序、公正与权威》，中国政法大学出版社。

赵晓力（1999）《通过法律的治理：中国农村基层法院研究》，北京大学法学院，博士论文。

《中国法律年鉴》（1988—1998），法律出版社，中国法律年鉴社。

《中国教育事业统计年鉴》（1997），人民教育出版社。

周旺生（1996）《中国立法改革三策：法治、体制、决策》，《新华文摘》。

朱峰（2000）《关于改革行政裁判文书的思考》，《行政法研究》。

邹海林（1996）《侵害他人权益之不当得利及其相关问题》，《法学研究》。

最高人民法院（1999）《人民法院五年改革纲要》，《中华人民共和国最高人民法院公报》。

2. 英文

Abraham, Henry J. 1993. *The Judicial Process: An Introductory Analysis of the Courts of the United States, England, and France*, 6th ed., New York: Oxford University Press.

Atiyah, P. S., and Robert S. Summers. 1987. *Form and Substance in Anglo-American Law: A Comparative Study of Legal Reasoning, Legal Theory, and Legal Institutions*, New York: Oxford University Press.

Bartell, Angela. 1986. *Judicial Decision Making in the Trial Court*, Disputes Processing Research Program Working Papers Series 8, Institute for Legal Studies, University of Wisconsin-Madison Law School.

Black, Donald. 1976. *The Behavior of Law*, Orland, Fla.: Academic Press.

Bok, Derek. 1996. *The State of the Nation: Government and the Quest for A Better Society*, Cambridge. Mass.: Harvard University Press.

Bourdieu, Pierre. 1984. *Distinction: A Social Critique of the Judgment of Taste*, trans. by Richard Nice, Cambridge, Mass.: Harvard University Press.

Carp, Robert A., and Ronald, Stidham. 1998. *Judicial Process in America*, 4th ed., Washington, D. C.: Congressional Quarterly Inc.

Danelski, David J. 1989. "The Influence of the Chief Justice in the Decisional Process of the Supreme Court," in Sheldon Goldman and Austin Sarat eds., *American Court System: Readings in Judicial Process and Behavior*, 2nd ed., New York: Longman.

Danelski, David J., and Jeanne, C. Danelski. 1989. "Leadership in the Warren Court," ed. by Sheldon Goldman and Austin Sarat, *American Court Systems: Readings in Judicial Process and Behavior*, 2nd ed., New York: Longman.

Emile, Durkheim. 1984. *The Division of Labor in Society*, trans. by W. D. Halls, New York: Free Press.

Dworkin, Ronald. 1977. *Taking Rights Seriously*, Cambridge, Mass.: Harvard University Press.

Frank H. Easterbrook. 1984. "Foreword: The Court and the Economic System," *Harvard Law Review*, vol. 98.

Eisele, Thomas D. 1997. "From 'Moral Stupidity' to Professional Responsibility," *Legal Studies Forum*, vol. 21.

Ellickson, Robert C. 1991. *Order Without Law, How Neighbors Settle Disputes*, Cambridge, Mass.: Harvard University Press.

Fish, Stanley. 1980. *Is There a Text in This Class?: The Authority of Interpretive Communities*, Cambridge, Mass.: Harvard University Press.

Foucault, Michel. 1971. *The Order of Things, Archaeology of the Human Sciences*, New York: Pantheon Books.

———. 1978. *Discipline and Punish: the Birth of the Prison*, trans. by Alan Sheridan, New York: Vintage Books.

———. 1980. *Power/Knowledge: Selected Interviews and Other Writings*, 1972—1977, ed. C. Gorden, New York: Pantheon.

Frank, Jerome. 1973. *Court on Trial: Myth and Reality in American Justice*, Princeton: Princeton University Press.

Friendly, Henry J. 1979. "The 'Law of the Circuit' and All That," *St. John's Law Review*, vol. 46.

Fuller, Lon L. 1969. *The Morality of Law*, rev. ed., New Haven: Yale University Press.

Granfield, Robert. 1992. *Making Elite Lawyers: Visions of Law at Harvard and Beyond*, New York: Routledge.

Geertz, Clifford. 1983. *Local Knowledge: Further Essays in Interpretive Anthropology*, New York: Basic Press.

Glendon, Mary Ann. 1987. *Abortion and Divorce in Western Law*, Cambridge, Mass.: Harvard University Press.

———. 1994. *A Nation Under Lawyers: How the Crisis in the Legal Profession is Transforming American Society*, Cambridge, Mass.: Harvard University Press.

Glendon, Mary Ann, Michael W. Gordon, and Christopher Osakwe. 1994. *Comparative Legal Traditions*, 2nd ed., St. Paul, Minn.: West Publishing Comp..

Goldman, Sheldon, and Thomas P. Jahnige. 1971. *The Federal Courts as a Political*

System, New York: Harper and Row.

Habermas, Jurgen. 1996. *Between Facts and Norms: Contributions to a Discourse Theory of Law and Democracy*, trans. by William Rehg, Cambridge, Mass.: MIT Press.

Hanssen, F. Andrew. 1999. "The Effect of Judicial Institutions on Uncertainty and the Rate of Litigation: The Election versus Appointment of State Judges," *Journal of Legal Studies*, vol. XXVIII.

Hayek, Friedrich A. 1973. *Law, Legislation, and Liberty*, vol. 1, University of Chicago Press.

Holland, Kenneth M. 1981. "The Federal Rules of Civil Procedure," *Law and Policy Quarterly*.

Holmes, Oliver Wendell, Jr. 1946. *The Common Law*, Boston: Little, Brown, and Company.

_____. 1952. "The Path of the Law," in *Collected Legal Papers*, New York: Harcourt, Brace and Hows, Inc.

_____. 1952. "Law in Science and Science in Law," in *Collected Legal Papers*, New York: Harcourt, Brace & Howe, Inc.

_____. 1943. "Natural Law," in *The Mind and Faith of Justice Holmes: His Speeches, Essays, Letters and Judicial Opinions*, ed. by Max Lerner, Boston: Little, Brown, and Company.

_____. 1943. "Law and the Court," in *The Mind and Faith of Justice Holmes: His Speeches, Essays, Letters and Judicial Opinions*, ed. by Max Lerner, Boston: Little, Brown, and Company.

_____. 1943. "Law and Social Reform," in *The Mind and Faith of Justice Holmes: His Speeches, Essays, Letters and Judicial Opinions*, ed. by Max Lerner, Boston: Little, Brown, and Company.

Howe, Mark De Wolfe. ed. 1953. *Holmes–Laski Letters: The Correspondence of Mr. Justice Holmes and Harold J. Laski, 1916-1935*, vol. 1, Cambridge, Mass.: Harvard University Press.

Jacob, Herbert. 1983. "Courts as Organizations," in *Empirical Theories about Courts*, ed. by Keith O. Boyum and Lynn Mather, New York: Longman.

Kalven, Harry, Jr., and Hans Zeisel. 1966. "The American Jury: Some General Observation," *American Jury*, Boston: Little, Brown, and Company.

Kronman, Anthony T. 1993. *The Lost Lawyer: Failing Ideals of the Legal*

Profession, Cambridge, Mass.: Harvard University Press.

Landes, William M., Lawrence Lessig, and Michael E. Solimine, "Judicial Influence: A Citation Analysis of Federal Courts of Appeals Judges," *Chicago Working Paper in Law & Economics* (2nd Series).

Larmore, Charles. 1996. *The Morals of Modernity*, Cambridge University Press.

Lempert, Richard O. 1975. "Uncovering 'Nondiscernible' Differences: Empirical Research and the Jury-Size Cases," *Michigan Law Review*.

Lessig, Lawrence. 1999. "The Prolific Iconoclast, Richard Posner," *The American Lawyer*, December 6.

Lithwich, Dahlia. 1999. "Richard Posner, A Human Pentium Processor has been Assigned to Settle the Microsoft Case," in http://www.slate.com/assessment/99-11-23/assessment.asp.

Macaulay, Stewart. 1963. "Non-Contractual Relations in Business: A Preliminary Study," *American Sociological Review*, vol. 28.

Max Lerner, ed. 1943. *The Mind and Faith of Justice Holmes: His Speeches, Essays, Letters and Judicial Opinion*, Boston: Little, Brown, and Company.

Mayr, Ernst. 1997. *This Is Biology: The Science of the Living World*, Cambridge, Mass.: Harvard University Press.

Mikva, Abner J. 1988. "For Whom Judges Write," *Southern California Law Review*, vol. 61.

Nietzsche, Friedrich. 1966. *Beyond Good and Evil: Prelude to a Philosophy of the Future*, trans. Walter Kaufmann, New York: Vintage Books.

O'Brien, David M. 1990. *Storm Center: The Supreme Court in American Politics*, 2nd ed., New York: W. W. Norton & Company.

Pascal, Blaise. 1931. *Pensees*, trans. by W. F. Trotter, New York: E. P. Dutton & Co.

Plotkin, Henry. 1993. *Darwin Machines and the Nature of Knowledge*, Cambridge, Mass.: Harvard University Press.

Posner, Richard A. 1981. *The Economics of Justice*, Cambridge, Mass.: Harvard University Press.

―――. 1988. *Law and Literature: A Misunderstood Relation*, Cambridge, Mass.: Harvard University Press.

―――. 1990. *The Problems of Jurisprudence*, Cambridge, Mass.: Harvard University Press.

———. 1992. *Sex and Reason*, Cambridge, Mass.: Harvard University Press.

———. 1992. *Economic Analysis of Law*, 4th ed., Boston: Little, Brown, and Company.

———. 1995. *Overcoming Law*, Cambridge, Mass.: Harvard University Press.

———. 1996. *Federal Courts: Challenge and Reform*, Cambridge, Mass.: Harvard University Press.

———. 1999. *The Problematics of Moral and Legal Theory*, Cambridge, Mass.: Harvard University Press.

———. 1999. *An Affair of State: The Investigation, Impeachment, and Trial of President Clinton*, Cambridge, Mass.: Harvard University Press.

Posner, Richard A., and Katharine B. Silbaugh. 1996. *A Guide to America's Sex Laws*, Chicago: University of Chicago Press.

Richardson, Richard J., and Kenneth N. Vines. 1970. *The Politics of Federal Courts*, Boston: Little, Brown and Company.

Said, Edward W. 1978. *The Orientalism*, New York: Penguin Books.

Satter, Robert. 1990. *Doing Justice: A Trial Judge at Work*, New York: Simon and Schuster.

Scalia, Antonin. 1989. "The Rule of Law as a Law of Rules," *University of Chicago Law Review*, vol. 56.

Shakespeare, William, *Henry V*.

———. *Troilus and Cressida*.

Schwartz, Bernard. 1983. *Super Chief, Earl Warren and His Supreme Court: A Judicial Biography*, New York: New York University Press.

Shapiro, Fred R. 2000. "The Most-Cited Legal Scholars," *The Journal of Legal Studies*, vol. 29 (pt. 2).

Teubner, Cunter. 1983. "Substantive and Reflexive Elements in Modern Law," *Law and Society Review*, vol. 2.

Unger, Roberto. 1986. *The Critical Legal Studies Movement*, Cambridge, Mass.: Harvard University Press.

Young, William G. 1998. *Reflections of a Trial Judge*, Boston: Massachusetts Continuing Legal Education, Inc.

Wapner, Joseph A. 1987. *A View From the Bench*, New York: Simon and Schuster.

Weber, Max. 1954. *On Law in Economy and Society*, trans. and ed. by Max

Rheinstein, Cambridge, Mass.: Harvard University Press.

―――. 1964. *The Theory of Social and Economic Organization*, trans. by A. M. Henderson and Talcott Parsons, ed. by Talcott Parsons, New York: The Free Press.

Wilson, Edward O. 1978. *On Human Nature*, Cambridg, Mass.: Harvard University Press.

Wyzanski, Charles E., Jr. 1986. "The Importance of the Trial Judge," January 12, 1959, in Walter F. Murphy and C. Herman Pritchett, *Courts, Judges, and Politics: An Introduction to the Judicial Process*, 4th ed., New York: Random House.

3. 案例

Marbury v. Madison, 1 Cranch 137 (1803).

Brown v. Allen, 244 U. S. 443, 540 (1953).

Plessy v. Ferguson, 163 U. S. 537 (1896)

Brown v. Board of Education, 347 U. S. 483 (1954)

State v. Wester, 126 Fla. 49, 54, 170 So. 736, 738-39 (1936).

索 引

B

保守主义 149，211

本土化（**自序**） 7，11—13

本土资源 9，11，15，68，79，107，111，149，205，209，230，310

辩诉交易 13，126，297

波斯纳 45，76—78，80，88，106，109，120，121，129，130，148，229，237，259，273，292，293，299，306，334

布迪厄 16，28，250，347，353，

布莱克 39，212，282，345

C

裁量权 5，13，14，37，90，101，142，171，172，250，307

策略 23，35，36，46，47，169，207，209，214，233

产权 95，150，165，174，176，177，179，186，187，302

阐释学 17，228，229

沉默权 44，133

陈光中 133

陈瑞华 70

程序正义 103，145，216，218，335，339

初审 8，12—14，79，80，97，126—132，134—140，162—165，167—172，179，185，216，219，220，225，228，229，232，236，242，292—298，301，306，316，320—322，324，325，327，328

初审法院　7, 18, 79, 97, 119, 121, 123, 125, 127—129, 131—133, 135—137, 139, 162, 164, 172, 212, 213, 235, 292—294, 297, 313, 315—317, 326

传统社会　188, 216, 347

纯粹理性　296

村干部　24, 32, 33, 36—41

错案追究　67, 82, 84, 98, 100, 101, 113, 208, 225

D

丹宁　163, 262

道德　28, 75, 78, 79, 81, 87, 97, 103, 105, 106, 109—111, 138, 152, 153, 181, 186, 188, 196, 198—203, 206, 208, 218, 220, 229—232, 235, 236, 249, 250, 256, 258, 273, 282, 291, 294, 318, 334, 335, 337—340, 357

道德主义　9, 16, 186, 297, 340, 359

德沃金　163

德肖维茨　76, 77

迪尔凯姆　253

地方性知识　9, 36—40, 119—122, 237

董必武　28, 75

独任审判　13, 53, 54, 59, 61, 82, 88, 89, 95, 96, 100, 128, 131

杜赞奇　42

E

Easterbrook　295

恩格斯　2, 49, 154, 188, 283, 284

F

法官轮换　111

法理学　4, 65, 66, 68, 69, 77—80, 88, 109, 111, 120, 121, 123, 124, 126, 148, 257, 299

法律工作者　19, 143, 186, 243, 245—251, 256—258, 280

法律解释　5, 12, 80, 124, 126

法律经济学　16, 148, 149, 170

法律人　7, 17, 19, 45, 125, 152, 156, 159, 160, 163, 170, 177, 192, 201,

索 引

232，239，241—245，247，249，251，253，255，257—259，274，307

法律移植　9，42

法律争议　8，13，79，80，97，124—128，130—132，136，137，146，193，220—222，226，227，230，292，297，300，303，314

法学界　6，12，14，15，51，54，59，63，67，70，71，107，126，136，141，142，170，214，227，233，234，236，262，264，265，311，312，333，339，340

法学院　19，24，51，63，79，91，107，112，119，127，130，133，147，153，163，206，215，222，231，234，248，249，254，258，259，262—265，269，272—280，288，291，293，294，296，298—306，308，318，319，327，336，340

法治　1—6，9—11，14—16，19，28，32，33，41，42，46，47，51，68，79，90，103，107，108，110，111，114，122，127，141，142，149，152，153，155，157，159，160，166，171，172，178，182，189，192，193，204，205，209，216，218，228，230，232，234，236，245，252，254，257，260，263，274，281，302，303，310，312，337，339—341

费孝通　6，16，39，41，179，193，284，304，305

冯象　1，9，159，160，205，264，295

弗兰克　76，126，131，301

弗兰克福特　292，299

福柯　16，30，75，94，123，157，170，189，218，253，254，282，302，347，357

腐败　7，65，87，89，95，107，273，310，319，337—340

复转军人　234，244，260—263，265—267，271，275，279，280，282，288，303，304，309，312

富勒　108，121

G

改革　1，6，7，12，13，18，25—28，42，57，65—67，69—71，81，86，87，93，96，100，113，127，133，144，145，155，184，242，246，261，267，274，279，280，283，284，300，302，305，306，310，312，319，331，335，337—341

高级法院　27，94，127，296，310，335

格式化　1，8，18，159—161，164，169，172，175，178，179，182，184—186，189，190，215，216，218，221，229，241，249，250，255，294

工商社会　6，258，302

公安　34，103，104，112，150，194，197，224，244，247，268，269，272，274，288，338，340，345—349，357—359

公道　17，69，76，163，224，226，232，258，285，307，321，332

公文　128，178，179，182，184，218，252，326

功能　16—19，24，25，40，41，43，49，52，53，55，56，65—68，72，75，76，95，96，101，106—108，111，114，141，142，151，179，219，232，316

官僚　27，28，30，51，52，70，91，105，134—136，231，232，251，326

管辖　87，106，127，138，216，255，268，296，297，306，311，313，315—317，324，325

规则　3，4，13，14，17，18，37—40，43，50，58，76，90，105—108，126，135—139，141—143，145—157，159，160，169，170，172，174，180，181，183，201—209，214—216，218，220，221，223—226，228，231—235，242，245，248，250，254，258，260，265，281，283—285，288，292—297，302，303，307，316，317，326，336

规则的治理　108，141—143，150，156，160，208，226，233，248，294

国家　4，5，9，10，13，17，25，26，29—34，37—43，46，49，55，57，66，68，71，72，74，75，98，108—112，120—124，126，131—133，135，141，142，144，150，153，154，181，187，188，191，193—195，200，201，204—207，209，210，213，215—217，223，224，232，243，244，246，254，261，266，267，269，274，276，279，283，286，294，301，307，308，315，319，322，327，337，340，349，350，355，357

过错责任　107

H

哈耶克　28，72，123，213

汉德　139，170，258，299

合法性　31，38，42，53，93，124，126，132，137，148，150，152，160，164，166—168，170—172，184，205，214，216，217，221，222，224，226，236，294，336，338，339

合议庭　13，53—55，57，59—64，67，82，84，88，89，95，100，101，104—

索 引

106，139，162，163，168，171，182

和解　13，125，126，145，177，196，227，293，297，331

贺卫方　50—52，70，80，91，96，105，119—121，135，260，262，274，297，311

后现代主义　149

黄仁宇　42，367

霍姆斯　44，77，125，126，129，131，141，142，160，163，171，172，191，213，228，237，258，259，262，267，294，296，299，312，318

J

基层法院　5，7，8，13，17—19，24，27，32，52—58，65，67，70，71，73，75，77，79—83，85，87—97，99，101—103，105—109，111—115，119，122，127—137，142，143，145—148，150，151，160，168，173，178，180—182，184，192，206，208，209，212—214，216，218—226，228，229，231—236，249，251，254，255，257—265，267—269，271—281，283，285，287—289，291，293—301，303—309，311，313，315，317—320，324，325，327，328，330，334—336，349，350

吉登斯　357

吉尔兹　37，169

级别管辖　127，142，296，311，324，325

集体决策　62—64，99

价值　11，12，15，41，74，87，136，143，166，168，171，177，188，198，217，235，265，294，336，341，358

检察官　125，159，243，288

强世功　23，35，42，169

交易费用　55，121，148，155，174，235，332，333

杰克逊　128，135，299

进化　10，18

经济资本　347，360

竞争　6，174，175，180，204，232，277，279，283—285

纠纷解决　18，40，43，46，106，135，137，141—143，145—149，151，153，155—157，160，161，181，187，188，190，208，215，216，218，220，221，226，228，231，233，248，288，294，295，302，307，331，332

举证责任　133，180

军人　90, 252, 260—263, 265—268, 271, 280—283, 285, 287, 308, 309, 311, 312, 353, 354

军转干部　261, 265—269, 280—282, 284—288, 290, 295, 298, 310, 353, 354

K

卡多佐　6, 66, 129, 258, 299

开发案源　57, 143, 145, 182, 183, 267

抗辩制　7, 13, 125, 126, 133, 184

柯克　79, 111, 122, 163, 213, 258, 259

柯隆曼　242

空间　18, 30—35, 58, 63, 123, 130, 136, 138, 195, 210, 212, 216, 231, 233, 236, 253, 255

孔子　206

L

老子　128, 158

离婚　8, 122, 133, 143, 144, 148, 160, 182, 183, 194, 195, 203, 218, 225, 230, 244, 245, 249, 250, 256, 257, 271, 296, 301, 336

历史　1—3, 10, 16, 17, 25, 29, 30, 42, 46, 49, 57, 59, 65, 66, 68, 72—76, 86, 108, 123, 131, 152, 155, 161, 163, 165, 175, 180, 182, 184, 218, 229, 246, 262, 302, 309, 310, 331, 334, 339, 347, 353, 360

历史唯物主义　16, 19, 149, 173

立法　3—5, 12, 14, 28, 50, 65, 70, 76, 77, 87, 90, 121, 123, 124, 127, 131, 142, 191, 192, 210, 211, 216, 224, 280, 300, 310, 313, 325

梁漱溟　42

梁治平　17, 169

刘广安　246

刘作翔　120, 121

律师　7, 8, 13, 19, 44—46, 51, 76, 91, 107, 112, 122, 124—126, 129, 132, 133, 135, 138, 139, 147, 148, 159, 160, 175, 184—186, 202, 217, 218, 223, 227, 241—243, 245, 247—250, 255—259, 264, 273, 277—280, 287, 293, 299, 300, 303, 306, 313—316, 320, 333, 335, 339, 340, 360

索 引

M

马克思 2,16,49,86,149,154,188,283,284
马锡五 27,28,242
马歇尔 4,66,75,79,106
毛泽东 4,23,27—29,42,43,47,181,222,260,282—284
美国联邦最高法院 50,51,64—66,76,77,93,101,106,108,128,147,216,262,292,293,315
孟德斯鸠 15,135
孟子 206
民法 4,7,14,26,56,60,70,79,83,92,144,148,164,166—169,172,181,196,205,210,211,220,224,225,244,245,261,274,286,296,299,300,306,307,310,324,336
民庭 55,59,182,267,269,275,278,296,299,300,302,325
民主 14,15,38,55,62—64,68,92,99,114,182,206,264,307,340
模拟法庭 129,130,299,300
陌生人社会 6,39,46,112,282,312

N

尼采 75,123,218,302

O

欧陆法 12,13,124,126,127,131,137,142,213

P

判断 3—6,8,38,41,45,50,74,75,77,79,82,85,87,88,92,95,97,100,107,110,120,125,128,130,135,139,143,151,159,163,169,171,173,174,199,200,202,209,212,220,223,224,228,229,233,236,251,279,285,292,294,305,311,321—323,327,328,332,333
判决 4,14,34,40,51,54,55,58—62,64,65,67,76,77,80,82,83,85,89,101,103—107,109,125,127—129,131,136,138,139,142,144,147,150,151,153,158,162—164,166—168,172,180,182,184,

196，216，217，219，221—231，244，249，251，256，258，292—294，315，316，318，320—334，336—338，340，341
判例法 80，90
陪审团 76，77，97，109，121，125，130—132，138，148，235，292
偏好 28，36，122，206，328
偏见 139，147，256，292
普通法 4，55，90，95，96，98，101，124，138，142，170，184，187，217，231

Q

秋菊 1，9，33，107，158—160，172，173，185，189，205
瞿同祖 194

R

人大监督司法 67，113
人类学 46，348，349，355—358，360
人民法庭 7，19，24，26，33，35，38，41，56，66，82，89，94，133，134，143，146—148，150，151，160，162，173，181，182，193，218，222，223，234，244，245，247，248，251—259，264，267，269—271，275，287，288，294—298，300，306—308，310，311，325，352

S

萨义德 348
上诉法院 119，121，123，125，127，129，131，133，135，137—139，166，178，213，235，292，294，296
上诉率 19，318，322，323，325—334，336，337，340，341
上诉审 12，79，80，115，124，126—131，135，136，138，229，235，269，292—294，297，300，316
社会结构 19，29，40，43，108，112，354，355
社会学 16，35，40，46，48，72，102，123，132，175，180，188，308，312，345—350，352，354，356—360
社会资本 347，360
深入基层 27—29，244，353，354
审判 4，7，14，17，19，26—29，35，36，40，44，49，51—71，75，76，79，

84, 87—93, 95, 99, 100, 103, 104, 107, 109, 121, 124—126, 128, 129, 131—135, 138, 139, 142, 146, 148, 150, 179, 184, 210, 213, 221, 224, 229—231, 235, 242, 244, 245, 248—251, 253, 254, 262—264, 266—272, 274, 275, 279, 285, 288—291, 293—295, 297, 298, 300, 301, 306, 307, 310, 311, 315—318

审判长 53, 55, 57, 59

审判独立 51—53, 66—68, 70, 73, 74, 76, 78, 79, 87, 96—98, 100, 104, 107—114, 119, 122, 254, 335

审判委员 13, 17—19, 52, 54—56, 59—62, 64, 66, 67, 70—75, 77—79, 81—109, 111, 113—115, 147, 150, 225, 226, 257, 289, 335, 339

审判职能 49, 52—54, 56, 58, 61, 65, 68, 105

生物学 187, 194, 195, 334, 337

盛洪 333

实践理性 5, 163, 213, 214, 264, 297

实用主义 16, 145, 154, 171, 209, 298

实质理性 149

实质正义 14, 46, 103, 107, 145, 181, 216, 252, 339

市场 7, 10, 19, 42, 68, 86, 100, 112, 114, 149, 155, 156, 162, 165, 166, 168, 174—177, 180, 185, 189, 217, 234, 235, 249, 257, 261, 276, 277, 279, 280, 304, 305, 308, 338

事实 2, 8, 9, 13, 14, 18, 19, 24, 26—28, 30, 32, 33, 36—38, 51, 53—56, 59, 61, 63, 64, 70—76, 78, 79, 82—86, 88, 93, 94, 97, 98, 100, 101, 104, 107—111, 113, 121—123, 125, 126, 128—131, 135, 138, 139, 143, 145, 147, 158—165, 167—175, 177—185, 187, 189, 193, 199, 201, 202, 208, 210, 213, 215, 217, 218, 220, 221, 225, 227—230, 232, 233, 235, 241, 262, 264, 273, 278, 285, 292, 297, 300—303, 305, 310, 313, 316, 318, 323—326, 331, 348—350, 354, 355

事实争议 8, 13, 14, 18, 76, 77, 79, 80, 97, 125, 128—130, 132, 135, 137, 160, 164, 169, 170, 178, 200, 218, 235, 292, 300

熟人社会 6, 31, 32, 37, 39, 46, 111, 114, 179, 247, 254, 258, 281, 282, 285, 308, 309, 318, 335

说法 8, 9, 13, 19, 33, 34, 38, 74, 87, 95, 103, 107, 135, 141, 159, 165, 172, 176, 185, 198, 205, 206, 213, 225, 261, 294, 298, 307, 314, 319,

323，325，329—333，339
司法不公 19，88，90，113，127，319，327，329—333，335—339
司法腐败 8，19，88，337，340
司法素质 19，40，220，229，318，319，321，323，325，327，329，331，333，335，337，339，341
司法知识 8，12，18，72，117，119，120，122，126，127，129，130，136，137，154，156，170，212—215，217，219，221，223，225，227，229，231，233—235，237，298
斯密 206，217
苏力 1，6，9，11，15，33，39，66，68，75，77，79，96，106，111，123，141，149，155，170，173，191，204，205，209，215，218，230，282，301，302，310，319，335，338，361
诉讼法 26，52—54，59，60，82，83，127，128，148，178，180，256，293，299，300，324，325，331

T

调解 8，25，28，35，36，40，41，106，107，142，146，147，150，180，184，192，196，197，219，222，223，225，227，242，244—249，251，256，271，285，288，295—297，306，325，333，334
庭务会 63
同国际接轨 9，15，45
托克维尔 15，337

W

王利明 205
王朔 164，177，185，203，273，291
王元 80，83
韦伯 27，28，30，45，141，149，158，159，178，185，189，252
维特根斯坦 47，130
文化类型（自序） 12
文化资本 347，353，360
文森 292
沃伦 66，77

索 引

X

习惯　3, 5, 10, 14, 18, 26—29, 32, 35, 38, 44, 52, 58, 59, 63, 69, 90, 97, 99, 103, 105, 107, 111, 123, 137, 145, 148, 149, 152, 164, 165, 171, 188, 191—193, 195, 197, 199—211, 217, 218, 222, 250, 268, 336, 339, 340, 355, 357

习性　28, 29, 91, 153, 250, 346, 351

下乡　2, 4, 6, 8, 10, 12, 14, 16—18, 20, 23—48, 50, 52, 54, 56, 58, 60, 62, 64, 66, 68, 72, 74, 76, 78, 80, 82, 84, 86, 88, 90, 92, 94, 96, 98, 100, 102, 104, 106, 108, 110, 112, 114, 120, 122, 124, 126, 128, 130, 132, 134, 136, 138, 140—142, 144, 146, 148, 150, 152, 154, 156, 160, 162, 164, 166, 168, 170, 172, 174, 176, 178—180, 182, 184, 186, 188, 190, 192, 194, 196, 198, 200, 202, 204, 206, 208, 210, 214, 216, 218, 220, 222—224, 226, 228, 230, 232, 234, 236, 242, 244, 246, 248, 250, 252, 254, 256—258, 262, 264, 266, 268, 270—272, 274, 276, 278, 280, 282, 284—286, 288, 290, 292, 294, 296, 298, 300, 302, 304—306, 308, 310, 312, 314, 316, 320, 322, 324, 326, 328, 330, 332, 334, 336, 338, 340, 346, 347, 349, 351—353, 355—357, 359, 361

夏勇　80, 246, 274

现代化　1, 6, 7, 10, 11, 18, 42, 43, 50, 69, 72, 73, 141, 149, 153, 155—157, 159, 189, 191, 195, 204, 216, 234, 235, 242, 303—305, 309, 312

现代性　43—48, 217, 281—283, 309

乡土社会　7, 9, 19, 25, 32, 34, 37, 39—42, 154, 173, 180, 184, 188, 189, 201, 203, 217, 222, 241—245, 247—255, 257—259, 270, 281, 282, 298, 301—305, 307

刑法　55, 103, 144, 158, 169, 194, 195, 197, 223

刑事诉讼法　32, 54, 59, 60, 63, 70, 127, 128, 133, 211, 293

刑庭　55, 94, 266, 267, 275

行政管理　17, 49—53, 55—59, 61, 63—69, 91, 135, 168

行政化　51, 57, 58, 62, 63, 65, 67, 68, 91

形式理性　30, 45, 123, 142, 149, 158, 159

休谟　72, 146, 206, 229

巡回法院　317

Y

亚里士多德　2，142，189

严格责任　107

杨柳　192，200，204

业务庭　53，55—57，59—61，63，64，82

英美法　10，12，71，76，124，126，127，137，142，211，213

院长　28，53—57，59—62，64，75，78，82—85，91—93，95，98—100，104，105，107，114，144，151，182—184，226，265—272，275，277，278，281，282，285，295，306，335，338，339，350

Z

张国华　195

张希坡　28，242

赵晓力　23，35，169，222

真理　2，12，48，72，114，121—123，145，153，154，186，200，235，298，359

正当性　9，11，71，87，96，101，108，110，126，148—150，154，192，203，214，226，294，312，338

正式制度　37，52—54，58，59，62，63，69，150，226

正义　1，9，34，44—46，50，76，80，87，91，96，107，109，126，135，160，163，181，200，205，217，229，260，264，274，294，295，313，320，337

证据　7，26，48，63，73，74，86，88，92，97，125，128，130，134，138，161，162，164，166，169，170，178—184，188，199，218，220，221，251，252，287，292，293，301，302，315，330，331，334

证人　26，32，133，138，161，168，178，179，293，300，301

政治　1，2，4，8，14，16，17，23，27，31，42，43，45，46，49，51，56，61，66，68，75，78，79，85，86，89，96，108，111，113，120，124，131，134，135，142，144，147，209，216，230，232，236，242，243，253，258，267，275，283，286，288，298，338—340，345，347，350，357

政治正确　196，339，340

支配性权力关系　33，34，348，350—352，354，355，358，360

知识的产地　10，236

索 引

知识谱系 18, 46, 122, 123, 126, 264

职能分工 58, 68, 311

职业 7, 17, 26, 50, 57, 66, 68, 76, 79—81, 86—91, 94, 109, 112, 122, 134—136, 147, 153, 171, 175, 213, 215, 229, 231, 242, 243, 249, 256, 258, 261, 264, 271, 273, 276, 278—280, 291, 301, 310, 317, 318, 334, 335, 346

制定法 4, 5, 18, 124, 125, 137, 138, 142, 143, 151—153, 166—170, 181, 189, 191—193, 195, 197—211, 217, 218, 220, 222, 223, 229, 231, 246, 249, 256, 273, 315

制度经济学 16, 19, 149

治安法官 125, 126, 131, 259, 297, 305, 307, 313—315

中国共产党 27—29, 42, 46, 58, 75, 86, 195, 242

中级法院 79, 80, 107, 162, 164, 168, 180, 275, 296, 310, 324, 325, 332

周旺生 28

专业化 19, 26, 40, 55, 66, 68, 90, 91, 94, 95, 99, 100, 107, 112, 127, 175, 231, 234, 242, 249, 251, 253, 255, 259—261, 263, 265, 267, 269, 271, 273, 275, 277, 279, 281, 283, 285, 287, 289, 291, 293, 295, 297, 299, 301, 303, 305, 307, 309—311, 313, 315, 317, 335

庄子 3, 115

邹斌（致谢） 1

最高人民法院 14, 28, 50, 53—56, 59, 60, 62, 144, 280, 306